中国社会科学院当代中国马克思主义政治经济学创新智库文库

国家社科基金重大项目《中国特色社会主义政治经济学探索》(批准号:16ZDA002)阶段性成果

王立胜　主编

中国农村现代化
社会基础研究

（修订版）

王立胜　著

山东城市出版传媒集团·济南出版社

图书在版编目（CIP）数据

中国农村现代化社会基础研究/王立胜著. —修订本.
—济南：济南出版社，2018.7

（中国社会科学院当代中国马克思主义政治经济学创新
智库文库／王立胜主编）

ISBN 978－7－5488－3264－5

Ⅰ．①中…　Ⅱ．①王…　Ⅲ．①农村现代化—研究—
中国　Ⅳ．①F320.3

中国版本图书馆 CIP 数据核字（2018）第 137696 号

出 版 人	崔　刚
责任编辑	朱向泓　任肖琳
封面设计	侯文英

出版发行	济南出版社
地　　址	山东省济南市二环南路 1 号（250002）
编辑热线	0531－86131712
发行热线	0531－86131728　86922073　86131701
印　　刷	济南龙玺印刷有限公司
版　　次	2018 年 7 月第 1 版
印　　次	2018 年 7 月第 1 次印刷
成品尺寸	170mm×240mm　16 开
印　　张	26.75
字　　数	380 千
定　　价	98.00 元

（济南版图书,如有印装错误,请与出版社联系调换。联系电话:0531－86131736）

中国社会科学院当代中国马克思主义政治经济学创新智库

顾问委员会

刘国光　中国社会科学院原副院长、学部委员、研究员
卫兴华　中国人民大学荣誉一级教授
张卓元　中国社会科学院经济研究所原所长、学部委员、研究员
吴易风　中国人民大学一级教授
逄锦聚　南开大学原副校长、教授
刘树成　中国社会科学院经济研究所原所长、学部委员、研究员
洪银兴　南京大学原党委书记、教授
顾海良　全国人大教科文卫委员会委员、教授
程恩富　中国社会科学院马克思主义研究部主任、学部委员、研究员
林　岗　中国人民大学原副校长、教授
裴长洪　中国社会科学院经济研究所原所长、研究员

编辑委员会

主　任　王立胜
委　员　（按姓氏笔画为序）

　　　　刘　刚　刘　岳　孙凤文　李连波
　　　　张　弛　张　磊　张元立　张彩云
　　　　陈　健　陈雪娟　武　志　周绍东
　　　　房洪琳　胡怀国　赵学军　姜长青
　　　　姚　宇　钱　跃　郭冠清　崔　刚
　　　　隋福民

卫兴华序

王立胜同志的《中国农村现代化社会基础研究》修订出版，嘱我作序，我欣然同意，愿写下我的一点感想和认识。

王立胜同志这本书第一版出版于 2009 年。十年过去了，我国农村情况发生了很大变化，但是今天再读这本书，丝毫没有隔膜之感。这主要是因为该书对中国农村所存在的本质性问题，提出了具有深度的思考；所阐述的观点也非停留在阶段性、暂时性的层面，而是蕴含着从实践中来的虑及长远的系统性考量。这正是该书的长处和特点，也与王立胜同志既是勤于理论思考并付诸文章的学者，又曾长期担任县市党政主要领导、对"三农"问题有着深入系统的了解密切相关。正因为如此，这本书才具有修订再版的价值。

这本书呈现出一个特点，即始终贯穿着问题意识，坚持"问题导向"。马克思指出："问题就是时代的口号，是它表现自己精神状态的最实际的呼声。"习近平总书记深刻指出，"我们中国共产党人干革命、搞建设、抓改革，从来都是为了解决中国的现实问题"，"要有强烈的问题意识，以重大问题为导向，抓住关键问题进一步研究思考，着力推动解决我国发展面临的一系列突出矛盾和问题"。理论学术研究和经济实践中的问题意识，是指对客观存在的现实和真实问题的自觉。这种自觉具有能够适时发现掩藏在一般现象之下的重大问题的敏锐意识和能力，王立胜同志的论著就体现出这种能力。该书系统阐述了"社会基础"这个概念，并以此为核心构造了一个完整的分析框架，将国家战略与农民的连接关系、政府力量与市场因素、党的领导与乡土传统等多方面整合进这个框架中，熟练使用多学科知识和技术进行分析研究，将农村现代化作为一个整体加以看待，超越了学科分野。没有很好的理论功底和驾驭能力，没有甄别"真问题"的能力，没有把握核心问题的能力，是很难做到这一点的。

习近平总书记在党的十九大报告中提出实施乡村振兴战略，并明确提出要解决好"三农"问题即"农业、农村、农民"问题，强调指出这是关系国计民生的根本性问题，是全党工作的重中之重，要加快推进农业农村现代化。长期以来，"农业现代化""现代农业"概念耳熟能详，学术研究中"农业农村现代化"概念却相当少见。中央这一提法，意味着对农村工作的定位和要求发生了重大变化。既要求农业农村优先发展，又明确要求产业兴旺、生态宜居、乡风文明、治理有效、生活富裕。这表明，要以更全面、更综合、更具整体性的思维思考和解决中国农村问题，推动农业全面升级、农村全面进步、农民全面发展，推动新时代乡村全面振兴。十年以前，王立胜同志出版的《中国农村现代化社会基础研究》一书就将"三农"问题作为一个整体加以研究，表明了他具有相当强的前瞻能力。如果单纯地将农业、农民、农村孤立地，甚至割裂地进行研究，以农业问题替代农村问题，以局部的、个体的农民问题替代总体性的农村问题，都会在理论上造成模糊，在政策导向上造成混乱。长期以来，理论界在农村研究中各说各话，涉农政策互相冲突打架，不能不说是将"三农"割裂认识的后果。王立胜同志这本书以"农村现代化"为指归，为理论研究和政策制定提供了有益的参照。

这本书中有很多深刻论述给我留下了深刻印象，特别是关于新农村建设"时空定位"问题。为了表达的完整性，我引用书中一段论述："如果认为城乡二元结构是可以在短期内（如十年、十五年）解决的阶段性问题，那么在户籍制度、城市建设、农村住房制度、农村耕地制度等方面就必然以此为前提做出相应的安排，带来的必然是积极的、快速的，甚至是激进的城市化过程。这种快速城市化不仅仅意味着人口向城市的带有不可逆性质的大量快速集中以及户籍身份的变化，实质上是政策体系的制定和供给就不会考虑和照顾农村地区的独特性，而倾向于以城市生产生活内容为标准，……当然，在政策制定时会考虑到在这种转型和对接中产生的大量摩擦成本，但由于认为城乡二元结构是可以在短期内解决的阶段性问题，因此会认为这种成本所维持的时间并不会很长，不过是'阵痛'而已，是可以容忍和接受的，是可以承受的代价，这样，政策体系将会呈现出完全不同的风格和面貌。而如果倾向于认为城乡二元结构将会是长期存在的状态，……就会十分注重当前（当然也是会长期存在的）农村地区标准化、制度化、科层化程度很低的实际状况，在强调城乡统筹的同时，更加注意农村地区的承受力，考虑政策实践的摩擦成本，重视一种外生性的政策力量'嵌入'乡村社会时会遭遇到的种种变数，会形成一种充分考虑中国国情、具有中国特色的现代化模式。……强调较为激进的时间维度分析的学者和官员事实上在有意识地或者不自觉地以西方的、现代的与中国的、传统的这种二分法看待新农村建设以及整个中国的社会转型，试图在较短时间内以城市化吞没乡村性质，以脱胎于西方历史实践和话语体系的理论架构作为指导社会主义新农村建设的政策基础理论，体现的是根深蒂固的西方中心论的观念。而这样一种在时间问题上'速胜论'的观念和理论预设必然在空间问题上体现为忽视各个地方的非'均衡性'，以指标化的方式、压力型体制推行标准化的模式，同时倾向于要求将标准化的政策直接深入到村庄，忽视内生性的力量，以简单化的思维忽视各种因素的协调综合，不给县这一级留下统筹余地。这样，我们就可以看到在时间和空间约束方面的倾向性在理论上和实践中是完全结合起来的。"读到这里，本书的读者也许会惊异于作者十年前的表述与近年来习总书记反复强调的"要有历史的耐心""要有足够的历史耐心"如此契合，与实施乡村振兴战略要求的"健全自治、法治、德治相结合的乡村治理体系""实现小农户和现代农业发展有机衔接""城镇化与逆城镇化都要致力推动""城镇化进程中农村也不能衰落，要相得益彰、相辅相成"如此契合。作者当时是一名县委书记，这样的来自实践第一线的观点明确指出了一些理论研究和政策设计的缺陷和弊端，同时很好地证明了实施乡村振兴战略的重要性和正确性。作为一名县委书记，能够以这样理论性很强的学术语言清晰论证如此抽象复杂的理论观点，发前人所未言，更足以说明王立胜同志具有非常扎实的理论功底。

我的专业是政治经济学，所以我在阅读这部书稿时，事实上是把它作为一部政治经济学著作来看待的。这本书通过对农村定位、作用、城乡关系模式、国家与农民的关系连接、经济结构与社会结构的互相嵌入、农村现代化社会基础再造等方面的深入阐述，体现了中国特色社会主义政治经济学的鲜明特色。王立胜同志是在两年多以前调入中国社会科学院经济研究所之后开始中国特色社会主义政治经济学专门研究的，也是从这时候起我和他有了较多的交往。在从事政治经济学研究的两年多时间里，他作为国家社会科学基金重大项目的首席专家，主持了重大课题"中国特色社会主义政治经济学探索"项目的研究，不仅发表了大量中国特色社会主义政治经济学方面的文章，出版了《中国特色社会主义政治经济学的国家主体性》专著，还在组织中国特色社会主义政治经济学研究方面做出了贡献。他主编的《中国特色社会主义政治经济学名家论丛》第一辑于2017年由山东城市出版传媒集团·济南出版社出版，今年还要推出第二辑；组织编写《中国特色社会主义政治经济学研究报告》，已经出版2016、2017两卷，这个报告每年都要编写；他还组织成立了中国社会科学院当代中国马克思主义政治经济学创新智库、中国社会科学院全国中国特色社会主义政治经济学研究中心；他领导的团队开展的"中国特色社会主义政治经济学大讲堂"也是创新之举。这些都为中国特色社会主义政治经济学的研究搭建了很好的平台。得知王立胜同志目前还在组织编写《中国特色社会主义政治经济学概论》和《习近平新时代中国特色社会主义经济思想研究》两本书，这都是适应时代要求的重要工作。我很惊讶于他能在如此短的时间内在这个专业研究中取得这样多高水平的成果，得到研究同行一致的高度认可和评价。看到这部写成于十年前的书稿之后，这种惊讶也就释然了。事实上，王立胜同志虽然长期从事行政工作，长期进行毛泽东哲学思想研究、农村问题和基层治理问题研究，但是他贯穿始终思考的正是中国特色社会主义政治经济学的基本问题和核心命题。可以这样说，具有丰富经济管理实践经验的县委书记为数众多，掌握比较丰富经济学知识的县委书记也大有人在，但是能从县委书记成长为政治经济学学者，王立胜同志大概是极少数当中的一位。

我很高兴看到王立胜同志这部充满新意的"旧作"再版。当然，十年来我国的中国特色社会主义经济理论与实践有了新的发展，特别是党的十九大报告提出了一系列新理论与新思想，其中多处涉及"三农"问题，"旧作"再版，当然要根据新的形势与问题补充一些相关的内容。

最后祝愿立胜同志在中国特色社会主义政治经济学研究上取得更大的成就。

是为序。

2018 年 6 月 5 日

田克勤序

　　2005 年，立胜考入东北师范大学，在我的指导下攻读博士学位。其实，早在十年前我已经熟悉"王立胜"这个名字。那时他还是个三十岁刚出头的年轻人，就出版了在中共党史学界产生较大影响的专著《晚年毛泽东的艰苦探索》，后来听说这部著作获得了山东省哲学社会科学优秀成果一等奖。这应该说是一件很了不起的事情。在赞赏立胜的勤奋、才华和天资的同时，却未曾想过日后和他会有师生关系。2004 年 6 月，在我的博士研究生李安增的介绍下与立胜相识，深谈之下发现他在从事了多年行政领导工作之后，非但没有失去学者的睿智，同时又具备了从实践工作中磨炼出的务实与练达，对转型期中国社会问题的认识达到了相当深刻的程度，而且他的知识容量和思维能力也是许多学生所不具备的。立胜为人谦虚厚道，对待学界前辈执师礼非常恭敬，我为能和他相识而感到高兴。一年后，立胜提出要报考我的博士研究生的想法，并顺利通过入学考试，开始了我们师生交往的经历。今天，他的博士论文出版了，立胜请我为这本书作序，作为导师，还有比看到自己学生的优秀专著出版更欣慰的事情吗？我非常高兴在他的著作前面写下一些自己的话。

　　立胜在他的博士论文中提出了一个以"中国农村现代化社会基础"概念为核心的理论框架，用以分析和解释近代以来中国农村现代化演进的方向、动力和机制问题，更试图以这个概念为基础分析当前中国农村现代化的实现方式和途径，找到破解"三农"问题的一个突破口。这是一个很大的理论和实践难题，又是一个宏大的学术愿望。应该说，这个愿望在立胜的博士论文中已经得到了初步的实现。中国"三农"问题的实质体现于两个方面：一是在特定资源条件下，分散的小农与市场对接的成本太高，表现为小农与资本之间的关系紧张；二是分散的小农与政府之间的交易成本太高，表现为农民与国家的关系紧张。这两种紧张关系是当前"三农"问题成为严重战略问题的历史根源所在。极度分散的小农形态与近代以来中国后发外生型的现代化道路之间有着难以克服的内在紧张，这种紧张状态促成了近代以来中国基本的社会结构形态的形成，并伴随着中国革命和建设的整个过程。化解这两种紧张状态的努力在国家战略的层面上体现为各个历史时期的不同国家政策导向。由此，立胜将农民间的连接关系、农民个体与国家的连接关系以及由农民个体经由特定的形式组成的农民群体与国家的连接关系模式，作为决定中国农村现代化发展方向、模式和形态的根本性因素，并以"社会基础"这一概念来概括这一组关系模式，与此同时，他又把调整和改变这种关系模式的努力称为"社会基础再造"。

这是论文的核心概念，更是一个新的分析视角和分析工具。难得的是，立胜能够将其操作化为一系列具有中层理论特点的分析工具，并建立了自己独到的分析框架。在立胜的博士论文中，以"社会基础"概念为核心，从市场化战略对中国农村既有社会基础的双重消解、重建中国农村基层基本连接模式、发展农村合作组织、重构农村金融、重构乡村秩序、重建农民观念世界，以及农村税费改革的社会影响和社会主义新农村建设战略等方面，对影响中国农村现代化进程的包括以村民自治为特点的农村基本政治制度、以农村合作组织为主要形式的农民一致行动能力的形成、良性农村金融环境的生成、多元化乡村秩序机制的建立、作为价值基础的农民观念世界的建构、农村税费改革对乡村政治生态的深刻影响以及社会主义新农村建设的质的规定性和着力点等关键问题进行了详尽分析。他指出，任何一种国家战略和社会理想目标的实现，必须有相应的社会基础相对接，而在我国社会主义市场经济条件下农村现代化的实践中，迄今为止的社会基础并不能与实际上的发展目标相契合，由此就必须进行两方面的努力：一方面，要在发展模式和路径上努力实现与社会基础的契合；另一方面，又要再造社会基础以实现与总体目标之间的对接关系。通过这种分析，回答了在经济全球化深入发展的背景下，如何使农民形成一致行动的能力，在保证自身福利的前提下，实现与国家战略之间的对接，为中国社会主义现代化奠定坚实的基础。

这样的一种分析范式当然不可能由某一学科的理论和方法来完成。在确定博士论文选题之前，立胜曾多次向我讲述了他在多年阅读、研究和实践过程中形成的思考和困惑。他说，这种困惑主要不是来自理论上和逻辑上，或者说不是来自从概念到概念的逻辑推演，而是来自实践中形成的真正的问题。立胜的想法是，要从问题出发，而不局限于某一个学科视角来完成他的博士论文。我支持他的这种想法。一方面，社会科学研究的目的在于回应时代要求，回答并最终解决特定时代所提出的问题，以达到增进社会福利的目的。虽然，这种问题意识并不排斥学科意识，因为任何研究对象总要有相对应的学科理论和方法，否则就不可能实现研究的分工，不可能在分工的基础上实现一般的精细化的协作。但问题在于实践，或者说实践中的问题是不会按照研究者出于职业或专业划分而形成的研究模式来"规规矩矩"地出现的。也就是说，实践中的问题并不会按照学科划分来自我塑造一个明晰的对象以供研究，作为研究者只能调动所有的学术研究资源，使用能够使用的一切学术技术手段去分析、研究、解释和解决该问题。以中国农村现代化问题为例：从问题意识出发和从学科意识出发所看到的中国农村是截然不同的，它是如此复杂，任何一种单一的视角都有可能将完整的实践割裂开来，所呈现出来的都有可能是由某种学科思维定式所描述的实践的影像，而不是实践本身。这里面存在着巨大的风险。一种学科视角可以发现一些问题，但是同时会"自觉"地屏蔽掉另一些问题；被屏蔽掉的这些问题并非不重要，它之所以被舍弃掉，往往只是因为在这个学科背景下它不重要，或者根本就是使用这种学科的手段没有办法对它进行研究所致。所谓实事求是，就是要敢于面对真正的问题，对于中国农村现代化这样一个具有战略性、全局性的复杂问题来说，更应当抱有这样的一种态度。我深切地感受到，中国农村问题，中国现代化问题，在多年各个学科研究成果积累的基础上，需要有一种综合性的表达；从实践的需要来看，要有一种综合性的、整体的解决方案。正因为如此，我赞赏立胜的这种"问题"意识，并鼓励他在这方面做出积极的尝试。另一方面，立胜采用这样一种综合性的视角切入中国农村现代化研究，也有他的独特优势。他在山东大学跟随著名的毛泽东思想研究专家樊瑞平教授读硕士研究生，20世纪90年代初到山东省委党校工作，发表了许多相关成果，获得过一些高层次的奖励，年纪轻轻就成为全国毛泽东哲学和经济思想研究界有影响的学者。从20世纪90年代末开始从事行政管理工作，先做市委副秘书长，后来当县长，又当市委书记，由学者而从事行政，是一种不同寻常的生活际遇，也是一种非常特殊的心路历程。学者的思维通常是"应然"，行政的思维通常是"实然"，二者之间有着不小的差距。但是如果长期身处其中没有变化的话，就会把自己的这种思维当作理所当然、天经地义，失去反思的能力。正如黑格尔所言，"熟知并非真知，恰恰是因为它是熟知的"。如果角色有一个大的变化，能够以学者和官员的视角同时审视和分析现实问题，能够真正地将理论放置到实践中去加以检验，就会发现理论的破绽，也会真正发现实践距离理想目标的巨大差距。这样，理论和实践都同时找到了发展的方向。从这个方面说，立胜是幸运的。他的幸运表现为他有了这样一种难得的人生经验，使他能够以经过严格训练的科学态度和缜密方法全面地进行"参与式观察"；也表现在他在从事行政工作以后还能够一直保持学者的研究精神和研究习惯，十几年孜孜以求，没有被琐碎的行政事务所淹没，而一直在试图发现中国农村基层的真正逻辑和真正问题，并且能够以规范的理论范式将其表述出来。这是他能够从问题意识出发展开研究的优势所在。

从"问题意识"角度对中国农村问题进行研究有着非常大的难度。一方面是要有这种实践的机缘，更重要的是要有多学科的知识和理论储备。在立胜的博士论文中，综合使用了马克思主义哲学、中共党史学、社会学、经济学、历史学、法学、文化人类学等多学科的理论和研究方法，从而形成了围绕"中国农村现代化社会基础"核心概念的综合分析体系。能够熟练地使用多学科的理论和方法实现综合研究，可以体现出立胜扎实的理论功底，也可以检验出他平常刻苦用功的程度。他在攻读博士学位期间，在准备博士论文的基础上，在 CSSCI 类刊物上发表了大量文章，成果数量应当是在东北师大同期博士生中最多的，同时还出版了专著《作为思想体系和价值体系的邓小平理论》。有多篇论文被《新华文摘》《中国社会科学文摘》《马克思主义文摘》《中国人民大学复印资料》等重要的学术文摘转载，体现出论文的先进性、深刻性、前瞻性，也说明立胜的学术成果已经被国内学术界高度重视，产生了较大的学术影响。由于立胜在学术研究方面的突出成就，以及在博士学位论文准备方面的出色表现，他获得东北师范大学2007 年优秀博士学位论文基金，全校文科仅有三人获此资助，并且被学校确定为以全国优秀博士学位论文为目标的重点扶持人选。作为他的导师，内心的喜悦是难以言表的。

在立胜参加博士论文答辩时，答辩委员会成员一致认为他的论文是"一篇难得的优秀博士论文"，认为他的论文在纵向的历史分析和横向的现实分析的结合方面达到了很高的水平。以"社会基础"概念为主线，重新梳理了中国近代以来历史变迁的脉络，对于国家战略实现与社会基础的改造之间的关系的分析，提供了对改革前后国家政策导向与中国社会变迁轨迹进行更深一步认识和研究的新视角，这是一个重要的学术进步。尤其是在他的论文中，对于毛泽东"组织起来"思想的深入阐述以及在现时代解决"三农"问题时如何体现这一思想精髓的论述，令人耳目一新；对于农村税费改革背景下乡村政治生态的影响的研究极其细致入微，理论阐述与现实分析的结合、对农村基层本质性问题的认识和把握、对税费改革前后农村社会结构所发生的深刻变化的理解和分析都达到了很高的研究水平；特别是对于社会主义新农村建设时空定位问题的研究发前人所未言。他认为：社会主义新农村建设时间和空间定位问题上的不同认知，不是要求速度快慢、范围大小的差异，事实上反映的是在理论预设、价值取向、发展战略方面的重大差别的观点；认为时间定位方面的激进取向会导致政策体系的制定和供给不会考虑和照顾农村地区的独特性而倾向于以城市生产生活内容为标准，会以工业化的甚至是后工业化的观念框架和概念系统去定义和解释农村社会的现象；认为空间定位包括统一的中央政策如何在经济社会发展水平差距非常巨大，同时地域文化差异也十分明显的不同区域得到全面的贯彻实施，以及社会主义新农村建设的建设单位在空间上应当定位于具体的"村庄"还是县域视野中的"农村"的观点等等，这些都具有很强的理论价值和现实意义。

从中共党史的角度来看，立胜所提出的"中国农村现代化社会基础"理论，可以理解为在新的历史条件下，在建立和完善社会主义市场经济体制、应对经济全球化深入发展所带来的机遇和挑战的背景下，党的领导的实现方式问题。如果说在新民主主义革命时期中国共产党以"组织起来"为动员手段翻转了中国基层社会，获得了广大贫苦农民的极大支持，取得了革命的成功，在新中国成立后又以唤起农民的阶级意识和培养农民的国家观念等手段使农民形成了一致行动的能力，成为实行以重工业为导向的高速工业化战略的社会基础，那么，在现阶段，尤其是在农村税费改革之后，党的领导应当通过什么样的手段和方式得以实现和强化，党在农村基层的社会动员和社会控制应当采取什么样的实现方式，就成为亟待研究和解决的问题。立胜认为，党应当有效整合各种社会力量和社会资源，使之成为能够被正式体制所内化、吸收、控制的正面积极因素，实现农民真正在党的领导下"组织起来"，实现在市场化条件下尽量减轻和避免资本力量对小农的损害，避免国家对小农的过度提取，巩固党的执政地位。从某种意义上讲，立胜在这方面的理论探讨在中共党史研究领域具有原创性的贡献。

党的领导的有效实现方式问题，对于立胜而言，不仅是博士论文中所探讨的主要问题，而且也是他日常行政工作的中心任务。或许正因为如此，他的体验才如此直接而深切，他的分析和阐述才能如此切中要害。立胜的行政职务是中共山东青州市委书记，他在东北师大攻读博士学位的三年也正是其在青州施政的三年，对于"中国农村现代化社会基础"的思考和研究同时贯穿在他的论文写作与实践工作当中。正是在实践中发现了问题，遍搜文献却没有找到令人满意的解释与答案,因此才有了探索一条新的道路的愿望和动力。这种动力既体现在理论探讨中,也体现在青州的发展变化中。这几年,我先后几次到过青州,每一次去都会看到令人惊叹的巨大变化。"奋战两年,重进全国百强"的目标仅用一年时间就实现了,青州的经验被媒体称为"科学发展的青州模式",每年来青州参观学习的考察团都有 200 多批次。在和立胜讨论青州发展变化的本质原因时,他认为正是在青州这个县域范围内自觉进行了"农村现代化社会基础再造"的工作,正是因为把握了农村税费改革以后农村形势的新变化,使农民的基本连接关系能够和县域经济社会发展战略相契合,农民才在党组织的领导下实现了高度的一致行动能力。在他看来,青州的发展变化,不仅仅是经济结构的优化、产业结构的升级、城市建设和管理方式的转型,也不仅仅是干部作风的转变、群众思想观念的解放,从本质上说,在于青州的社会关系体系、社会关系模式发生了深刻的变化。市民还是那些市民,农民还是那些农民,但是当他们之间的连接关系和交往方式发生变化的时候,他们的创造性就会以此前无法想象的方式极大地焕发出来。党组织的整合能力越强、社会组织动员能力和社会控制能力越强,这种变化和创造性也就越快越强。因此,青州的变化是社会结构方面的,具有社会变迁的含义。看不到这一点,就无法弄清青州发展变化的实质性原因;不理解这一点,也就无从把握"科学发展的青州模式"的本质内涵。

我一贯认为,评价博士生学习成功与否的标志是学位论文的质量和水平。在一定意义上说,一个立意新颖、具有可持续研究的方向是博士生安身立命的根本。博士生学习是一个艰苦的创造性劳动的过程,是融读书学习、研究思考、创新学术为一体的包括诸多环节的过程,也是一个张扬学术自主性、彰显学术研究性的过程。博士生导师的主要工作不在于能为学生开出几门课,而在于怎样去引导学生学习。或者说,导师的主要工作不在于"教"而在于"导",即在于怎样引导学生熟悉本学科或相关领域的基础理论知识和方法,怎样引导学生进行创造性学习,提高其研究能力,怎样引导学生选择一个既有研究价值和实际意义、又有创新性的学位论文题目，并确立论文的核心概念，建立新的分析框架，进而开展深入、系统地研究。

立胜的博士论文作为以应用研究为主、兼具学术研究特色的成果，提供了一个理论与实践相结合的典型范例。从这个意义上来讲，我觉得，可以把立胜的这本书作为青州以至整个中国农村发展变化的一种理论概括，或者说，可以把青州的发展变化作为本书的个案来解读。

祝愿立胜在工作实践和理论研究两个方面都能取得更大的成就。

是为序。

田克勤

2009 年 1 月 20 日于长春净月东师家园

修订版前言

《中国农村现代化社会基础研究》2009 年出版时，我在"前言"里把这本书称为我十年心路历程的阶段性总结。到现在，又一个十年即将过去了。在这十年里，我从山东青州到了新疆喀什，先是担任山东省援疆指挥部副总指挥，然后留任喀什地委宣传部长、喀什行署常务副专员，2016 年初调任中国社会科学院经济研究所党委书记。在这十年里，从事行政工作的同时，陆续又出版了四五本专著，发表了几十篇学术文章，涉及新疆问题研究、区域经济研究、农村研究和中国特色社会主义政治经济学研究，有些成果在学术界引起了比较大的反响，有些成果得到了中央领导同志的肯定，在国家政策层面发挥了一定的积极作用。但是十年前出版的这本书，于我而言最为看重。原因大概有三：一是这本书由我在田克勤先生的指导下完成的博士论文修订而来，从个人情感上来讲有纪念意义。二是在这本书中提出的"社会基础"概念，是 1998—2008 这十年研究思考的"结晶性"成果，也是 2008 年以来十年间开展进一步研究的核心概念。无论是从事哪一个领域的研究，事实上都是在围绕这个概念进行"体系性"展开，这也正是在这本书第一版"结语"中所谈到的"总论"性质所在。三是这本书所阐发的理念、方法和主要观点，在十年以后的今天看，也还是有现实意义的。党的十九大报告提出实施乡村振兴战略，并将这一战略写入党章，意味着农业农村发展改革进入新时代。十年前写就的这本书中诸多观点与中央对乡村振兴战略的安排部署非常契合，作为研究者来说，有着发自内心的兴奋与激动。第一版出版时，人民出版社、华中科技大学中国乡村治理研究中心、曲阜师范大学山东新农村建设研究中心联合举办了一个研讨会，中央党校、国家行政学院、中央党史研究室、中国社会科学院、中央编译局、北京大学、清华大学等单位的一些学者参加了这个研讨会，给了比较高的评价。这本书的第一版印数不多，近几年来不断有相识与不相识的朋友通过各种渠道索书，我手中也只有一两本了。友人建议再版，我不揣浅陋，把这本旧作拿出来求教于各位师友，也希望能以这本书对实施乡村振兴战略做一点贡献。

这本书围绕"社会基础"概念展开。19 世纪以来中国社会问题的实质，是一个超大型农民国家在实现赶超型的外生型现代化过程中所出现的诸种社会矛盾的总和。传统中国农村的社会结构是由乡土性质、儒家伦理、宗族组织、乡绅力量和国家意志几方面的综合作用而形成的，形成了特定的农民与农民个体之间、农民与农民组织之间、农民及农民组织与国家之间的稳定的连接关系与模式，这是中国传统政治与社会体制长期保持稳定状态的社会基础。近代以来，这种社会基础受到强烈的冲击与破坏，随着以西方模式为导向的现代化过程的展开，分散小农与国家之间、农民与市场或者资本之间的关系始终处于无法化解的紧张状态之中，不能够实现良性的对接，农民不能够在保证自身基本福利的前提下支持国家的现代化战略。近代以来进行的所有社会改造和革命的努力都可以视为解决这一根本问题的实践过程。而实践方式的不同在很大程度上决定着中国基本的政治和经济制度建构以及现代化道路的现实走向。也正是由于这个原因，我将农民间的连接关系、农民个体与国家的连接关系以及由农民个体经由特定的形式组成的农民群体与国家的连接关系模式作为影响中国农村现代化发展方向、模式和形态的重要因素，并以"社会基础"概念来概括这一组关系模式。相应地，我们也可以把调整和改变这种关系模式的努力称为"社会基础再造"。在这本书里，以"社会基础"概念为核心，从市场化战略对中国农村既有社会基础的双重消解、重建中国农村基层基本连接模式、发展农村合作组织、重构农村金融、重构乡村秩序、重建农民观念世界，以及农村税费改革的社会影响和社会主义新农村建设战略等方面，对以村民自治为特点的农村基本政治制度、以农村合作组织为主要形式的农民一致行动能力的形成、良性农村金融环境的生成、多元化的乡村秩序构建道路、作为价值基础的农民观念世界的建构、农村税费改革对乡村政治生态的深刻影响以及社会主义新农村建设的质的规定性分析和着力点，这些影响中国农村现代化进程的关键方面进行了比较详尽的分析。

中国共产党在革命实践中创造了党的意志与农民福利之间的良性对接关系，有效实现了农民"组织起来"的战略目标，实现了"翻转基层"的社会基础再造。新中国成立后，又通过土地改革、统购统销、合作社等进一步的行动，构建了农民的阶级意识和国家观念，农民作为有意识的、自觉的阶级的一分子成为新生的中国的公民，结成了前所未有的紧密关系，新中国的现代化有了良好的社会基础。人民公社制度的建立，使农民的组织化水平达到了前所未有的程度，农民与国家间的对接成本因此降到最低，党的意志和国家战略在这种社会基础条件下得到了顺利贯彻和推进，以重工业为导向的快速工业化目标得以实现。1978 年以后的改革，提出了一种新的社会理想取向，但由于渐进式的或者目标开放式的改革模式，相对于前两次而言，社会基础的重组和再造模式是比较模糊的。一方面，前一阶段的影响极大地延续下来，农民的连接关系并未实现转型，国家权力的运作方式没有多大改变；另一方面，总体目标实际上已经彻底改变了，进而导致市场化的目标与既定的社会基础之间都不兼容，小农与市场化目标无法实现对接。任何一种社会理想目标的实现，必须有相应的社会基础相对接，而在我国市场化条件下的农村现代化实践中，迄今为止的社会基础并不能与实际上的发展目标相契合，由此必须进行两方面的努力：一方面，在发展模式和路径上要实现与社会基础的契合；另一方面，要再造社会基础以实现与总体目标之间的对接关系。

在这本书里，我从把握农村地区诸种社会关系模式和社会连接模式出发，力图揭示中国农村现代化的根本含义。一方面，新时期国家已经不再具有控制全部社会经济资源的能力，因而也就失去了按照自身的逻辑规定农村社会生活方方面面的能力，依靠单线的方式，无论这种方式脱胎于革命的理论，还是渊源于西方的经验，都不可能在合法性的层面上完全解释农村现实，依据这种理论和经验创造出的简单化的政策体系也就无法解决农村地区复杂的社会问题。因此，国家必须重新定位自身与农民之间的关系，必须在确定现代化发展道路，制定具体经济社会政策时，充分考虑这种道路和政策在"嵌入"农村社会时，在遭遇农村社会各种复杂关系体系时可能会出现的问题，并且将这些问题作为制定宏观战略时极其重要的参考因素。这要求国家不再追求某种"纯粹"的、标准化的理论预设和政策系统，而采取更为务实的态度，构建更具弹性的政策框架，不断地吸纳和整合农村社会本身所具有的各种积极因素，使之转化为国家意志和国家制度的一部分。这样，在保证国家低成本治理效果的同时，基层国家建设也就更为有力地展开，国家的力量将更进一步地深入基层，近些年来国家不断从农村撤出的局面将得到根本性的扭转。另一方面，分散的小农无法支撑任何一种现代化发展战略，既无法保障自身的福利，也不能支持国家战略的有效展开，在市场化改革面前由于无能为力而会产生越来越强的抵触情绪。这就要求农民之间必然要以特定的方式紧密组织起来，以一致行动的名义，而不是以农民个体的名义与国家和市场进行对接。这需要调动各种资源，包括社会主义的集体主义观念，包括基于契约基础上的市场意识，也包括基于传统价值的联系纽带。市场化和全球化背景下的农村社会的复杂程度远远超过以往的任何时期，希望像曾经有过的那样，或者以宗法礼教，或者以革命理想，以一种方式一揽子地解决所有的问题是不可能做到的。这对于中国共产党的执政能力提出了更高的要求。党必须介入到农村各种关系资源中去，作为主导的力量和因素协调其他的因素，而不是试图"官退民进"，也不能指望以自身的性质完全改造和淹没其他因素的性质。在村民自治的实践中，在农村金融活动中，在农村地区社会秩序构建过程中，在农民观念的重新塑造过程中，都在反复提醒着这种现实主义态度的极端重要性。国家通过吸纳与整合民间的资源与积极因素而进一步增强对农村基层的控制和指导能力，农民经由国家的指导而利用各种有效资源形成密切的连接关系，并以这种集合体的形式与国家实施良性互动，国家战略与农民福利也就得到了较好的结合，国家与社会之间也就能够达到较为协调的关系状态。有了这样的现代化社会基础，那么，正如中国共产党在各个历史时期都反复强调的那样，就能够调动一切积极因素，全力推进中国农村现代化的顺利实现。

实施乡村振兴战略的提出并且写入党章，是一个重大历史事件。乡村振兴战略是习近平新时代中国特色社会主义思想的有机组成部分，也是我们做好新时代农业农村工作的总纲目、总遵循。2018年中央1号文件指出，在中国特色社会主义新时代，乡村是一个可以大有作为的广阔天地，迎来了难得的发展机遇。坚持把解决好"三农"问题作为全党工作重中之重，坚持农业农村优先发展，按照产业兴旺、生态宜居、乡风文明、治理有效、生活富裕的总要求，建立健全城乡融合发展体制机制和政策体系，统筹推进农村经济建设、政治建设、文化建设、社会建设、生态文明建设和党的建设，走中国特色社会主义乡村振兴道路，让农业成为有奔头的产业，让农民成为有吸引力的职业，让农村成为安居乐业的美丽家园。我们看到，实施乡村振兴战略，要实现"两个加快"，即加快推进乡村治理体系和治理能力现代化，加快推进农业农村现代化。本书的题目和主旨与这个要求非常契合，"社会基础"概念和研究路径，应当可以成为乡村振兴战略研究的独特视角。

第一，从"农村现代化的社会基础"角度出发，可以更深刻地理解"建立健全城乡融合发展体制机制"的重大意义。

"社会基础"概念具有鲜明的总体论理论品格。我们必须十分自觉、十分清醒地认识到，城乡本就是一体的、融合的，哪怕在二元结构最为典型、最为牢固的时代，城乡也是"犹如一枚硬币的两面"，是一个统一的有机体。换言之，并不存在一个所谓的"农村问题"，之所以有这个问题，是由于研究者出于研究的方便，出于操作性的可能，从总体当中构建出这样一个研究领域和研究对象；在具体工作中，也是出于工作的方便与可能性，划分出工作领域和分工分管的职能，并进行相应的部门设置。非如此不可能进行研究，也无法推动工作。但是在研究分工和工作分工长时间体制化之后，总体性的前提往往被悬置或者忽视，原本被"构建"出来的问题占据所有的视野而成为问题本身，研究领域、学科分化、工作推进、机构设置都在切割现实，最终无论是在研究中还是在工作中，完整的现实都消失了，成为从学科视角、研究兴趣和特定工作任务所造就的零碎的、片段化的现实。农村成为与城市相分割甚至相对立的区域，农村研究和农村工作随之成为独立领域，这样，手段与目的、原因与结果往往就颠倒过来，为解决总体性问题而存在的学科划分和工作分工成为阻碍解决问题的重要障碍。因此，在思想认识上，要将悬置的总体性清晰明确地找回来，要在自觉的总体性原则下开展研究分工和具体工作。这种总体性的要求也正是"战略"的本意。战略即为总纲，纲举目张，才能建立内在统一、逻辑自洽、相互支撑、形成合力的政策体系。战略即为核心，在以往的实践当中，政策打架的现象屡见不鲜，重要原因在于战略不清、核心不明，各个具体政策背后都有隐含的理论前提，而理论的背后又有特定的价值前提，源于不同的，甚至相冲突的理论和价值前提制定的具体政策，不可能不是内在冲突的，政策之间、部门之间、层级之间各自为政、自行其是、内耗严重、效率低下成为常态。有了明确的总体性的战略，就有了明确的核心、明确的指针、明确的道路，才可以据此构建完整的政策体系。从这个角度来讲，习近平总书记所强调的"城乡融合"而非"城乡统筹"，就不但是工作上的具体要求，同时具有十分重要的认识论和方法论意义。

第二，从"农村现代化的社会基础"角度出发，可以更深刻理解"城镇化与逆城镇化相得益彰"的重要论断。

本书的一个重要理论贡献是提出了"社会主义新农村建设的时空定位"命题，认为社会主义新农村建设时间和空间定位问题上的不同认知，不是要求速度快慢、范围大小的差异，事实上反映的是在理论预设、价值取向、发展战略方面的重大差别的观点。认为时间定位方面的激进取向会导致政策体系的制定和供给不会考虑和照顾农村地区的独特性而倾向于以城市生产生活内容为标准，会以工业化的甚至是后工业化的观念框架和概念系统去定义和解释农村社会的现象；提出了空间定位包括统一的中央政策如何在经济社会发展水平差距非常巨大，同时地域文化差异也十分明显的不同区域得到全面的贯彻实施，以及社会主义新农村建设的建设单位在空间上应当定位于具体的"村庄"还是县域视野中的"农村"的观点。我们知道，新中国成立以来，农村为国家工业化、现代化做出了巨大贡献，形成了牺牲农村福利、以农村为发展代价的城乡二元结构。改革开放以来，发挥农村基本经济制度独特优势，为中国成为"世界工厂"，实现"中国奇迹"提供了几乎无限供给的低成本土地和劳动力要素资源，释放出惊人的生产力，但是要素资源持续流出，城乡鸿沟差异仍然明显。近年来，随着户籍政策改革稳步推进，农业功能丰富完善，农村基础设施水平大幅提高，农村产权制度改革持续深入，农村社会事业不断发展，农村生活环境不断改善，很多农民不愿意放弃农村户籍，而选择在城乡之间自由流动，越来越多的人开始向往农村生活环境和生活方式。二元结构依然存在，但是性质发生很大变化，正在从原先带有"剥夺"意味的城乡二元结构向学术界称为"保护性二元结构"转化，城乡关系结构特点发生质的变化。习总书记讲的"让农民成为体面的职业，让农村成为安居乐业的美丽家园"就是对这一变化的形象归纳和前景展望，实施乡村振兴战略正是应对这一变化的重大举措。如果说，在经济高速增长阶段，城乡差距所导致的"推力"和城市二、三产业快速扩张形成的"拉力"共同构成强烈的"推拉效应"，农村人口、资源、资金持续流出，许多地方"村庄空""产业空""组织空"现象突出，那么在经济发展新阶段，这种状况将会有明显改变。一方面，二、三产业结构正在发生深刻变化，农民工年龄结构、知识结构与产业就业结构要求不相适应的状况越来越突出，城市生活成本也上升很快，近两年我国农村转移劳动力增幅都不超过0.5%，达到历史低点，城市"推力"开始出现；另一方面，新农村建设成效明显，农村生产生活条件持续改善，大量农村人口流出并稳定在城市使一些农村地区人均耕地面积显著增加，适度规模经营成为可能，现代农业经营体系和一二三产融合发展使农民收入大幅度提高，因此农村的"拉力"也开始显现，形成新的"推拉效应"。这样分析，农村将会快速消亡的认识是不正确的，采取政策手段加速农村消亡的做法，无论其初衷如何，也是有很大片面性的。即便我国城市化水平达到 70%，也还有超过 4 亿人口生活在农村。因此，我们必须牢记习总书记的重要指示："要有足够的历史耐心"，"城镇化与逆城镇化要相得益彰"，这是实施乡村振兴战略的基本指针。

第三，从"农村现代化的社会基础"角度出发，可以更深刻理解"实现小农户和现代农业发展有机衔接"的重要要求。

在本书中，"组织起来"是一个重要的主题，并且提出农民能够"组织起来"是中国农村经济发展的必由之路，中国农村现代化的基本前提，社会主义新农村建设的逻辑主线，增强党的执政能力建设的必然要求。到 2015 年，我国农村承包地流转水平超过 30%，这意味着将近 70% 的农村耕地仍然由小农户耕作经营，"家家包地、户户务农"仍然是我国农业生产经营组织方式的常态，小农户与现代农业发展所要求的市场体系、金融体系、法律体系、科研体系之间的矛盾仍然非常突出。必须正视这一问题并且实事求是地提出应对解决办法，而不是一味地推进土地流转，扶持规模经营。一方面，小农户经营在我国人地关系高度紧张的国情下有天然的合理性。实践证明，在当前普遍较为粗放的生产经营方式和低下的管理水平下，较大规模经营几乎无法做到土地产出率、资源利用率和劳动生产率同步提高，往往导致单产下降，浪费宝贵耕地资源。而"半耕半工"的家庭生计模式，在解决农村中老年人就业的同时，充分发挥精耕细作的传统农业优势，在保障粮食安全方面作用巨大。因此不能在观念上将小农户和新型经营主体对立起来，贴上绝对的落后与先进的标签，必须立足中国国情，走中国特色的现代农业道路。另一方面，土地流转水平其实是城镇化水平在农村土地上的投影。换言之，有多少农村人口永久离开土地进入城市生活，决定了农村土地流转水平。因此，提高农村土地流转水平，实现农业规模经营不是一厢情愿的事情，而决定于城镇化水平这一基本约束条件。必须以大力发展各种新型经营主体，实施多种创新形式来缓解小农户经营导致的土地细碎化带来的一系列问题，但是也必须要以城乡人口结构、农村人地关系结构作为建立政策体系的依据和出发点。党的十九大报告指出，要"实现小农户和现代农业发展有机衔接",切中要害。长期以来,从资金投入上看,由于"项目制"的国家扶持政策和产业资金投放方式,决定了能够承接项目的只能是大户、企业等新型经营主体,政策导向上将大户、新型主体作为先进的、正面的、积极的评价标准,基层政府为了获取项目资金只能扶持大户,作为"大多数"的小农户很难获得直接的政策资金支持;从政策供给上看,努力建立的现代农业体系,包括法律体系和金融、农业科技、市场流通、农业基础设施建设等政策体系,多数是以规模经营为指向,以满足新型经营主体需求为目的,较少考虑小农户的需求,客观上损害了小农户的利益。同时要注意到,产业资本承接政策项目资金产生的经济效益往往不能够留在农村地区实现循环拉动,对更直接、更广泛的农民增收作用有限,"平均数掩盖了大多数",这在一定程度上可以解释为什么国家支农资金投放力度与农村面貌改变程度不相匹配。因此,必须进一步完善农业社会化服务体系,平衡新型经营主体和小农户的关系,设计制定更加符合小农户利益的国家支农资金投放方式,建立能够更好地回应小农户需求的政策供给模式,建立更加符合实际的小农户与国家政策的承接对接机制,这样才能真正实现小农户与现代农业的有机衔接。这是实施乡村振兴战略的关键性问题。

第四,从"农村现代化的社会基础"角度出发,可以更深刻理解"健全自治、法治、德治相结合的乡村治理体系"的目标任务。"社会基础"概念有着鲜明的社会治理导向,认为经济结构是嵌入在社会结构当中的,农村社会结构的良性变化、农村社会治理绩效的提高,是实现农村现代化的重要内容和前提条件。因此,乡村振兴必然带有强烈的良性社会变迁的含义。近些年来的新农村建设呈现出以财政高额投入为手段,以基础设施建设为主要内容,以物质配备水平为评价标准的倾向,对由于人口结构、产业结构和生产组织方式变化所带来的社会治理内容的剧烈变化应对办法不多,依旧以行政村为社会治理单元,却忽视了在行政村层级上,行政边界、社会边界和经济边界往往已经不能够统一,以行政村为单位发展集体经济也不是唯一的形式,而农民合作社等经济组织由于功能定位单一,生产与生活相分离而不能有效发挥社会治理的功能。因此要研究探讨一种新的农村基层基本治理单元模式，形成新型农村生产生活共同体。这种新型农村生产生活共同体将带有鲜明传统乡村特色的舒适生活方式，实现"三产"融合的发达产业中心和治理有效的社会基本治理单元三者有机统一，消除了城市和农村在性质上非此即彼的对立，创造了一种既非城市也非农村的新型模式，不是简单化的城市吃掉农村，而是实质意义上的城乡融合。新型农村生产生活共同体打破行政村界限进行空间重构，统一建设高标准生产生活基础设施，统筹使用耕地和集体建设用地；依托高效农业和先进农产品加工业进行产业重构，在高度分工的基础上实现工农商学研一体化，实现职业农民在本区域的充分就业和稳定增收；通过多种纽带达成农民的再组织化，实现社会空间重构，农业生产过程与农民生活过程相统一，企业与社区互为内在，形成农民之间，农民与市场、农民与集体组织之间的新型联系。

因此，从"社会基础"视角来看，要同时做好两方面的工作。一是要大力发展农村集体经济，在发挥集体经济解决农民就业、增加农民收入功能的同时，赋予集体经济组织担负一定的为本社区提供公共服务的职能，使农民共享集体经济的基础设施，以各种类型具有集体主义色彩、体现社会主义性质的农村经济体，重塑农村社区居民的生活习惯、心理结构和精神面貌，使生产组织与生活共同体在空间上高度融合，利益诉求方面高度一致，实现物质、人口和精神三个再生产的统一。这将是乡村振兴的理想图景，也是全面提升治理绩效的理想结果。二是政策导向上应当从鼓励"资本下乡"转向大力支持外出农民返乡创业，扎实开展好正在进行的"结合新型城镇化开展支持农民工等人员返乡创业试点"，推动建立城乡相互吸纳机制和城乡精英循环机制。实践证明，资本下乡这种"资合"方式不可避免地具有社会成本高昂和"道德风险"等问题，资本逐利和流动的基本特点也在切割农村原有社会关系结构，容易引发农村社会治理中的一系列问题。外出农民返乡创业，可以将他们多年积累的经济资本、社会资本、管理经验与乡土资源、信任关系很好结合，将经营成本、道德风险降到最低，实现地缘、血缘、业缘纽带的充分联结，实现"资合"与"人合"的内在统一，实现企业与农村社区的高度融合，同时很好地发挥农村精英的"组织员"功能。

中央提出，要举全党全国全社会之力，以更大的决心、更明确的目标、更有力的举措，推动农业全面升级、农村全面进步、农民全面发展，谱写新时代乡村全面振兴新篇章。乡村全面振兴，需要有相应的社会基础与之相对接，并且作为这一战略任务顺利完成的前提。在最近的研究思考中，我逐渐认识到，社会基础概念和理论取向，以及这种研究进路，不但可以为乡村振兴提供积极的理论支持，同时可以成为中国特色社会主义政治经济学研究，成为构建中国的大国政治经济学的一块理论砖石。如果以十年为期来划分我的实践和研究阶段的话，这将是我在下一个十年主要努力的方向。站在新时代的起点上，我希望以这本书的再版，作为我的下一个十年的坚实出发点。

王立胜

2018 年 6 月 1 日

目　录

附　录

导　论

任何一项社会科学研究都有其产生的历史背景和学术背景，同时也必然有其理论意义和实践意义。中国农村现代化研究也不例外。导论在回答上述问题的基础上，对本书所使用的几个基本概念进行详细梳理，对研究内容进行概括性说明，对本书的叙事框架进行简单陈述，并表明笔者为理论创新所做的努力。

一、 问题的提出

没有农村的现代化就没有中国的现代化，已经成为学术界和各级政府机构、官员的共识，社会主义新农村建设的提出以及实践，又为中国农村现代化提供了全新的政策背景和理论支持。应当说，随着社会主义新农村建设战略的推行，农村现代化的方向和目标业已确定，关键问题在于能够有一整套具有较强操作性的中层理论以更好地指导实践的开展。这种中层理论体系必然是不但能够分析当前农村诸问题的本质原因并提出相应对策性建议，而且能够较好地解释中国农村现代化的整个历程；不但能够使用以特定概念为核心的分析框架总括式地理解中国农村现代化的核心问题，同时可以以此为工具有效地分析中国农村社会诸领域的具体现象与问题。实践需要这样一种理论体系，但是就目前的状况而言，还没有令人满意的答案。寻求这样一种答案，正是本书努力的方向。

近代以来的中国历史可以描述为一个超大型农民国家在资源禀赋极差、外界地缘环境紧张的情况下，实现赶超型的现代化的过程。正因为如此，当前中国"三农"问题实质上是一个世纪以来中国最本质最重要的社会矛盾在当代的具体体现；或者说，是一个超大型农民国家在长达上百年的向现代化转型的过程中最关键的、带有连续性特点的矛盾问题在当代的具体体现，是一个老问题而非新问题。中国"三农"问题的实质体现于两个方面：在特定资源条件下，一是分散的小农与市场对接的成本太高，表现为小农与资本之间的关系紧张；二是分散的小农与政府之间的交易成本太高，表现为农民与国家的关系紧张。这两种紧张关系自清朝末年、民国以降一直是困扰中国发展的主要因素，也是当前"三农"问题成为严重战略问题的历史根源所在。极度分散的小农形态与近代以来中国后发外生型的现代化道路之间有着难以克服的内在紧张，这种紧张状态事实上促成了近代以来中国基本的社会结构形态的形成，中国国民党和中国共产党政权前后所进行的社会改造和革命的努力即是解决这种紧张状态的实践过程。而实践方式的不同在很大程度上决定着中国基本的政治和经济制度建构以及现代化道路的现实走向。也正是由于这个原因，本书将农民间的连接关系、农民个体与国家的连接关系以及由农民个体经由特定的形式组成的农民群体与国家的连接关系模式作为决定中国农村现代化发展方向、模式和形态的根本性因素，并以"社会基础"概念来概括这一组关系模式。相应地，我们也可以把调整和改变这种关系模式的努力称为"社会基础再造"。

可以把中国农村现代化的社会基础之再造的过程简略地分为这样带有连续性的五个阶段：从民国建立到1949年中华人民共和国成立为第一阶段，从1949年到1956年社会主义改造的基本完成为第二阶段，从1956年到1978年改革开放前为第三阶段，1978年到目前为止为第四阶段，而此后一直到21世纪中叶是本书所构想的第五个阶段。从民国以来的四个阶段及其过程中的三次中国农村现代化社会基础的翻转，使中国农村现代化的目标、模式和发展道路呈现出不同的形态。中国共产党领导的1949年前的革命是一个翻转社会基层、再造中国社会基础的过程，以此实现与革命理想的对接，本身也是革命理想实现的途径与过程。这一过程中，"阶级"概念和阶级观念以及阶级建构的实践彻底地改变了农民的连接关系，使之在一种全新的关系模式中获得了一致行动的意识和能力，在共产党的组织动员下成为实现革命理想最重要的力量。1950年以后，为了实现赶超型的工业化，以国家资本主义和人民公社等方式再一次重构了中国农村的社会基础。历史地看，这两次都是较为彻底的再造，就其目标实现而言也是成功的。1978年以后的改革，提出了一种新的社会理想取向，但由于渐进式的或者目标开放式的改革模式，相对于前两次而言，社会基础的重组和再造却是模糊不清的。一方面，前一阶段的影响极大地延续下来，农民的连接关系并未实现彻底转型，国家权力的运作方式也迟迟没有多大改变；另一方面，社会发展的总体目标实际上已经彻底改变了，这就导致市场化的目标与既定的社会基础之间不兼容，小农与市场化目标无法实现对接。前述三个阶段都是中国农村现代化过程的连续性阶段，不过每一阶段都有其特定的具体目标与导向，这说明，一种社会理想目标的实现，必须要有相应的社会基础——农民连接关系相对接。而在实践当中，迄今为止的社会基础建构并不能与所提出的发展目标相契合，因此必须进行两方面的努力：一方面，在发展模式和路径上要实现与社会基础的契合；另一方面，要再造社会基础以实现与总体目标之间的对接关系。长期以来，学术界对中国农村现代化研究十分关注，研究成果可谓汗牛充栋，但一个无法否认的事实是，这些研究大都受到"学科意识"的支配，学者们局限于学科的视域和方法，因而得出的往往是局限于某一学科的无法准确全面反映中国农村现代化规律的结论。经济学从"理性人"假设出发关注农村发展，甚至把农村现代化过程还原为农业发展的效率问题，进而把农业的效率问题归结为农村农业的体制机制问题，从而认为，通过体制变革提高了效率也就找到了实现农村现代化的道路。而在现实中，农民的行为事实上表现为农户的行为，从而很难用"理性人"假设加以概括和说明，因而，这种理论也就更加无法有效解释农村诸种复杂问题的成因。政治学、社会学、文化人类学都从各个方面对农村现代化问题进行了卓有成效的研究工作，但是由于无法摆脱学科意识本身的偏狭而不能在彻底和综合的意义上取得进展。中国农村现代化是一个综合性的问题，需要的是"问题意识"的自觉。也就是说，当前需要各个学科以"问题意识"为基点，加强协作配合，综合使用各种理论方法，才能为中国农村现代化实质性的推进提供强有力的理论支持。本书认为，如果不能够从综合性和实践性的"问题意识"出发，不能从最为基本的社会基础再造角度对中国农村现代化的发展道路、发展模式做出分析，也很难以此对政治架构和权力运作方式的变迁做出真正深刻的理解和说明。

经过百余年的探索与奋斗，我们已经深刻地意识到中国农村现代化是一个极其复杂的过程，正如黄仁宇所言，"将一个农业国蜕变为一个工商国家不是一件容易的事情，我常用一个隐喻：等于一只走兽蜕化而为飞禽。以英国的农业基础、社会习惯和法规传统，而能使银行开设于乡镇之间，土地能随意典卖抵当，各地创建付费公路，人口能自由移动，17 世纪以前已是不可思议。只因日子久了，我们以为英国历来如此，想象不到要将这样一个国家当作一个城市国家那样地处理，以货币作为管制全民的工具，不可能避免一段奋斗"①。而这种奋斗的根本问题恰恰在于农村现代化社会基础的调整和重新构建，本书正是带着这样一个宏大的学术与现实愿望上路的。

二、 基本概念

明确所使用概念的内涵和外延，给予其性质上的确定性，是一项研究任务的逻辑前提，这里将对本书所要使用的几个基本概念在前人研究的基础上进行缜密的界定，并对在本书中使用这几个概念的特定角度和方式做说明。

①　黄仁宇：《中国大历史》，三联书店 1997 年版，第 6 页。

（一）中国农村与中国农民

学术经验告诉我们，越是看来含义极其清楚甚至可以认为不言自明的概念，其实往往越有可能是理论含义模糊、在学术实践中歧义丛生的概念，各种学科视角会对其进行差异很大的界定，在各个学者出于不同学术追求的研究中，这些概念也会呈现出不同的面貌。因此非常有必要对本书最为核心的概念之一——中国农村和中国农民加以清楚地分析和界定。

1. 中国农村

关于什么是农村和农民，尤其是什么是中国农村和农民的问题，学术界一直有诸多的争论。杨懋春将"乡村社会"与"农村社会"等同起来？他认为，只一个村不能算是个农村社会，一个完整的农村社会须包括一群农民家庭、数个至十余个村、一个集镇及集镇与其周围各村所形成的集镇区。这样一个农村社会就是"乡村社区"，它"以家庭为单位，以村为中坚，而以集镇区为其范围"①。梁漱溟认为，乡村是相对于城市的、包括村庄和集镇等各种规模不同的居民点的一个总的社会区域概念。由于它主要是农业生产者农民居住和从事农业生产的地方，所以又通称为农村②。美国学者 R. 比勒尔等人认为："在美国早期历史上，'农村'一词指的是人口稀少、绝对面积不大、比较隔绝、以农业为主要经济基础，人民生活基本相似而与社会其他部分，特别是城市有所不同的地方。"③ 这就说明，"农村"一词至少有三种各自独立的含义：①生态方面的；②行业方面的；③社会文化方面的。这三种含义，有相互牵连的关系④。但是从更加细致的层面来分析，农村与乡村确实又有较大的区别，"乡村是与城市相对照而言的，标志着社会活动方式的区域差别；农村是与工商业相对照而言的，标志着产业布局的区域差别。从我国的实际情况看，乡村的范围要比农村的范围大

---

① 杨懋春：《近代中国农村社会之演变》，巨流图书公司 1980 年版，第 49、58 页。
② 梁漱溟：《乡村建设理论》，上海世纪出版集团 2006 年版，第 70 页。
③ 周沛：《农村社会发展论》，南京大学出版社 1998 年版，第 3 页。
④ 肖唐镖：《转型中的中国乡村建设》，西北大学出版社 2003 年版。

一些。所谓乡村，是指由乡（及镇）与村两种社区构成的社会生活范围"①。有学者认为"'农村'主要是一个经济概念，表明的是一种不同于城市的经济活动方式，是与'农业'相联系但并不相等的概念……由于近代工商业的发展，加速了农业的分化，'农业区域'与'工商业区域'的对应关系也就越来越明显。因此，'农村'这一概念又通常用来指称近现代工商性的城市相对应的'农业性村庄'"。与此相对，则"'乡村'主要的是一个社区概念，强调的是一定社区的社会关系和社会秩序"②。实际上，"农村"，尤其是"中国农村"，一开始是一个外来色彩很浓的概念。西方社会科学在研究社会时，一开始分了两种主要类型：现代社会和部落社会。前者包括西方国家的城市与乡村，而后者则几乎泛指非西方国家。然而，当这种分类方式运用到诸如中国这种有着悠久文明历史的非西方国家时，遇到了困境。因为后者显然不是所谓的部落，但又不属于其原有框架中的现代社会。于是，人们将这种形态的区域、国家称为"农村"③。马克思所说的"亚细亚生产方式"的社会也具有这种意义。随着现代社会科学在中国及其他许多非西方国家的传播，"农村"很显然已经不再具有这么一种意义，而更多地指与"城市"相对的区域。后者以工商经济为基础，前者以农业为基础。不过，"农村"，尤其是"中国农村"，并不像于建嵘所说的那样主要是一个经济概念，而同时具有社区含义。理由有二：其一，中国农民往往以村庄聚居，在地缘上具有相对的稳定性，具备社区性的基础；其二，聚居的农民在经济活动、社会交往、教育和娱乐等方面，都强调以家庭为中心，以血缘、地缘纽带为基础的家族观念、地方观念。

我们可以这样来理解，所谓"农村"，更多地是从物质的、有形的方面来界定，体现它与特定的生产方式和物资设备密切相关的意义，是农村的"形式"，而乡村更多地是从生活方式、价值观念或者思维习惯等文化的、

---

① 秦志华编著：《中国乡村社区组织建设》，人民出版社 1995 年版，第 2、3 页。

② 于建嵘：《岳村政治》，商务印书馆 2001 年版，第 44、45 页。

③ 参看王铭铭：《乡村研究与文明史的想象》，载于《走在乡土上：历史人类学札记》，中国人民大学出版社 2003 年版，第 14—17 页。

无形的方面来界定，是农村的"内容"。所指涉的虽然是同样的一个事物，但是在着眼点上会有一些差异，同时也因此有了学科的分野。在本书中使用"农村"这种表述方式，并不说明不注重文化和价值的因素，只是为了表述上的统一和方便。事实上，本书所围绕的核心概念"社会基础"，正是综合了上述两个方面，或者说，力图做到"形式"和"内容"的统一。

2. 中国农民

在一般意义上，作为独立经济活动主体的农民常被与农民家庭或农户所等同。正是在这个意义上，日本发展经济学家速水佑次郎认为，"主要以家庭劳动力为基础的小农场通常被称为农民"①。但是，如果撇开产业不说（何况现在的大农业概念也已经涉及农林牧副渔），一旦涉及"农民"的行为逻辑，也即给农民定性时，争论就比较大了。具体而言，如下几个理论流派对农民的判断较具代表性。以舒尔茨为代表的美国农业经济学家认为，同企业家一样，农民也是利润最大化的追求者。农民的行为选择，完全符合经济学的理性原则。农民"'首先是一个企业家，一个商人'……他购买自己能买得起的东西时非常注意不同市场上的价格，他认真地计算其生产用于销售或家庭消费的谷物时自己劳动的价值，并与受雇工作时的情况加以比较，然后根据计算与比较再行动"②。与其持相同看法的还有波普金③。在对中国农村社会经济的研究中，施坚雅承袭了这一理论流派。他认为，"基层市场"是农村社会经济活动的中心，农民在集市点的选择以及集期的安排等方面都有着充分的理性思考。而且，由于农民已介入到市场体系之中，他们的行为也就必然受市场规律的引导，必须为获利而思考和选择④。

---

① ［日］速水佑次郎：《发展经济学：从贫困到富裕》，李周译，社会科学文献出版社2003年版，第289页。

② ［美］西奥多·W. 舒尔茨：《改造传统农业》，梁小民译，商务印书馆1999年版，第33、34页。

③ Popkin Samuel. The Rational Peasant：The Political Economy of Rural Society in Vietnam. Berkeley：University of California Press，1979. pp. 76—149.

④ ［美］施坚雅：《中国农村的市场和社会结构》，史建云、徐秀丽译，中国社会科学出版社1998年版，第5—20页。

国内学者徐勇也持相似观点①。与此不同，俄国学者恰亚诺夫认为，农民并不是理性的"经济人"。他提出，农民家庭是一个不同于资本主义企业的独立体系，有自己独特的运行逻辑和规则。小农家庭的生产，主要是为了满足其家庭的消费需要，而不是为了追求最大利润。农民的经济活动量由边际产品带来的满足程度和边际劳动的辛苦程度的均衡决定，而不是由边际收益和边际成本的均衡决定②。沿着同一种理论进路，斯科特在东南亚农村社会经济研究的基础上，以"道义经济学"的形式拓展了恰亚诺夫"消费需求经济学"思想。斯科特指出，小农经济行为的动机与企业家有着重要区别。农民的经济行为的主导动机是生计和消费，因此，追求安全和避免风险是最主要的原则。"由于生活接近生存线的边缘，受制于气候变幻莫测和别人的盘剥，农民家庭对于传统新古典主义经济学的收益最大化，几乎没有进行计算的机会"③。由于东南亚农业与中国农业具有某种相似性，不少学者借用此理论分析中国农民。与以上两种理论分析进路稍有不同的是，黄宗智强调应该重视农民理论模型背后的经验基础。他认为，以上两种理论对农民的不同看法，主要原因"是两者所依赖的实证根据不同"④。黄宗智提出，中国的农民既不完全是恰亚诺夫设想的生计生产者，也不完全是舒尔茨意义上的追逐利润最大化的"理性的农民"。中国的农民介于两者之间，"小农既是一个追求利润者，又是维持生计的生产者……一个经济地位上升的、雇佣长工以及生产有相当剩余的富农或经营式农场主，要比一个经济地位下降的、在饥饿边缘挣扎、付出高额地租和领取低报酬的佃、雇农，较为符合形式主义的现象。……而一个主要为自家消费而生产的自耕农，则接近于实体主义所描绘的小农"⑤。黄宗智的观点自然也受到了一些

① 徐勇：《"再识农户"与社会化小农的建构》，《华中师范大学学报》2006年第3期。
② ［俄］A.恰亚诺夫：《农民经济组织》，萧正洪译，中央编译出版社1996年版，第12页。
③ ［美］詹姆斯·C.斯科特：《农民的道义经济学：东南亚的反叛与生存》，程立显、刘建等译，译林出版社2001年版，第5页。
④ ［美］黄宗智：《华北的小农经济与社会变迁》，中华书局2000年版，第27页。
⑤ ［美］黄宗智：《华北的小农经济与社会变迁》，中华书局2000年版，第5页。

学者的质疑①，但笔者认为，它至少给了我们一个启示：农民的行为逻辑总是特定社会经济环境的产物，受制于不同的环境，农民会产生不同的行为动机，形成不同的行为理性。离开社会经济环境这个前提，我们将很难准确把握什么是农民。可以认为，在中国传统农业中，绝大多数的农民目标是养家糊口，其生存需要缺乏弹性，农民耕种者更接近于斯科特意义上的道义小农，力图避免的是可能毁灭自己的歉收，并不想通过冒险获得大成功、发大财。费孝通、黄宗智等人的分析表明，新中国成立前尽管中国农业生产中没有稳定严密的劳动分工，但基于长期的经验，农民在农作活动的时间、空间和劳动力安排上，都达到了相当严谨的程度②。不过，我们也必须看到，改革开放以来，在温饱有余的基础上进入市场经济的中国农民，在某种程度上已经具有企业家式的理性。在生存需要得到充分满足的条件下，个体对生产领域扩展，生命形态完善，生活质量提高，社会身份改善，社会地位提高，有了"经济人"的追求。如今的问题也十分清楚了：当小农以个体形式进入市场时，缺乏组织应对市场竞争的各种资源的能力，成了当代中国农民的重要特征。正如潘维所分析的，最早实行家庭经营的农村地区，集体组织的解体也最彻底，只能以个体形式进入市场的农民，成为最失败的"输家"③。从某种意义上说，虽然在全国各个地方进行了一些实质性的努力，但从总体上来说，今天的中国农民比历史上任何一个时期都更像一个"小农"。这也正是本书的逻辑起点之一。

（二）现代化

现代化概念在本书中至关重要，但是这一概念正如前文所分析的"中国农村和中国农民"概念一样，在此前的不同研究中表现出大相径庭的含

---

① 赵峰、余艳琴：《农民理性：传统、市场和国家》，《远东中文经贸评论》2005年第2期。

② 参看费孝通、张之毅：《云南三村》，社会科学文献出版社2006年版；黄宗智：《长江三角洲小农家庭与乡村发展》，中华书局2000年版。

③ 参看潘维：《农民与市场：中国基层政权与乡镇企业》，商务印书馆2003年版，第104页。

义。笔者将通过对早期现代化理论的回顾和分析，通过对现代化理论的反思性理解，表明本书对这一概念的基本认识与态度。

1. 早期现代化理论关于"现代化"概念的认识

很少有一个概念像"现代化"这样歧义丛生。出于各种学科背景和研究兴趣，学者们对于"现代化是什么"的问题的争论从来没有停止过。一些著作倾向于从更加物质化的方面来界定它，如吉尔伯特·罗兹曼解释道："我们用非生命动力资源与生命动力资源之比率来界定现代化的程度。当上述比率达到这种状态，即在不发生深远社会变革的情况下，生命动力（在人类历史的大部分时间里指的乃是人力）资源的增长已经变得无法补偿非动力资源的哪怕相当少量的减弱，此种社会或国家便可以被认为是现代化了，而且这种比率越高，现代化程度也就越高。"① 当然，更多的学者倾向于从价值观和生活方式的改变角度来界定现代化，从马克斯·韦伯社会学传统出发，可以认为现代化就是合理化，是全面的理性的发展过程②。用最简略的表述方式来说，所谓"现代化"，就是从"传统"社会向"现代"社会的转化，因此现代化理论的核心概念也就是"传统"与"现代"。那么，什么是"传统"社会，什么是"现代"社会呢？怎样才能实现从"传统"社会向"现代"社会的转化呢？对这些问题的回答，在过去和今天都构成了现代化研究的核心内容。

综合早期的现代化理论家从不同的学科领域对"传统"和"现代"的特征以及两者的差异做出的研究，大致可以得出这样的结论：

（1）从经济方面看，现代社会是工业和服务业占据绝对优势的社会，或所使用的全部能源中非生命能源占据较大比重的社会；传统社会则是第一产业占据绝对优势的社会，或所使用的全部能源中生命能源占据较大比重的社会。

（2）从政治方面看，现代社会普遍具有一个高度差异和功能专门化的

① ［美］吉尔伯特·罗兹曼：《中国的现代化》，国家社会科学基金"比较现代化"课题组译，江苏人民出版社1998年版，第4、6页。

② 参看罗荣渠：《现代化新论》，商务印书馆2006年版，第15页。

一体化的政府组织体制，它采用理性化和世俗化的程序制定政治决策，人民怀有广泛的兴趣积极参与政治活动，各种条例的制定主要是以法律为基础，而传统社会则多数不具备这些特点。

（3）从社会结构方面看，现代社会是高度分化的社会，各组织之间的专业化程度和相互依赖程度很高；社会的流动率也很高；人口大规模集中于城市；角色和地位的分配主要是依据个人的能力和业绩；调节人际关系的规范是标准化的、普遍主义的；科层制普遍发展；家庭功能缩小、地位下降等。传统社会则是低度分化的社会，组织间的专业化程度和相互依赖程度低；社会流动率低；人口主要分散在乡村；角色和地位的分配主要依据出身、年龄等先赋因素；调节人际关系的规范是特殊主义的；科层制即使有也限于某些领域；家庭具有多重功能，是基本的社会组织形式，等等。

（4）从文化方面看，现代社会的文化强调理性主义、个性自由、不断进取、效率至上、能力至上等观念。传统社会的文化则强调超验的、反个性的、知足常乐的、先赋性至上的、情感至上的价值观念。

（5）从个人人格与行为特征上看，现代社会的成员有强烈的成就动机，在处理有关事务时有高度的理性和自主性，对新事物有高度的开放性，对公共事务有强烈的参与感，对生活在其中的世界有较高程度的信任感等等。传统社会的成员则缺乏这些基本素质。

"现代化"的过程就是一个具有这样一些"传统"特征的社会，逐渐消除这些特征，同时获得种种"现代"特征的过程。对于这样一个过程，早期的现代化理论家也都基本同意它具有以下特点：

（1）现代化是一个彻底的转变过程。为了使一个社会从传统形态转变到现代形态，必须从经济、政治、社会、文化等方面彻底改变这个社会，用一套全新的"现代"的经济、政治、社会和心理结构来取代旧的"传统"的经济、政治、社会和心理结构。

（2）现代化是一个系统的过程。它涉及社会各个领域、各个方面的嬗变。一旦某个领域（比如经济领域）开始了现代化的过程，就必然要求或导致其他领域的现代化过程的发生。

（3）现代化是一个长期的过程。它不可能在短暂的时间就得以完成，往往要以世纪来计算。从一定意义上可以说它又是一个渐进性的进化过程。

（4）现代化是一个阶段性的过程。它从传统阶段开始，以现代阶段告终，中间还可以划分出几个小阶段。而且，一切社会都要经过大致相同的若干阶段。

（5）现代化是一个内在的过程。它必须具有内部的动力和条件才能够得以发生和持续。

（6）现代化是一个全球化的过程。它从欧洲开始，通过传播等途径扩散到全世界。所有的社会都曾经是传统社会，而所有的社会也都将转变成现代社会。

（7）现代化是一个趋同化的过程。随着时间的流逝，人们的相似性将日益增加。现代化程度越高，各社会在各方面的相似程度也就越高。最后整个世界将变成一个同质的实体。

（8）现代化是一个不可逆转的过程。现代化是一种"普遍的溶剂"，所有与之接触的社会与领域都不可能长期抵抗住它的溶解力。而且在任一社会中，现代化一旦开始，就不可被真正抑制。可能有暂时的挫折和倒退，但总的方向却不会不同。

（9）现代化是一个进步的过程。虽然在现代化的过程中，会产生一些问题，带来一定的痛苦和代价，但从长远来看，现代化增加了人类在各方面的福利。

有些学者进一步认为，所谓现代化，必然呈现出这样一些典型的特征和重要的标准：

（1）人口较高地向城市集中，整个社会日益以都市为中心组织起来；

（2）非生物能源高度利用，商品广泛流通，服务性行业发达；

（3）社会成员在广泛空间范围内相互作用，社会成员普遍参与经济和政治事务；

（4）村社和世袭社会群体普遍解体，个人社会流动性增大，个人的社会表现范围更加多样化；

（5）伴随个人非宗教地并日益科学地应付环境，普及读写能力；

（6）广泛的、具有渗透性的大众传播网；

（7）政府、企业、工业等大规模社会设施的拥有，这些设施的组织日益科层化；

（8）各庞大人口集团逐渐统一在单一的控制（国家）之下，各国之间相互作用（国际关系）日益加强①。

2. 对"现代化"的反思

上述这些关于现代社会和现代化过程之特点的看法，构成了早期现代化理论的基本命题。这些看法 20 世纪五六十年代间曾经在西方和非西方社会得到了普遍的接受。然而由于一些固有的缺陷，这种早期的现代化理论模式很快便受到了人们的怀疑和挑战。

（1）对传统和现代这两个概念及其关系理解过于简单。首先，"传统"与"现代"的两分法是一种过于简化的抽象，事实上无论是已现代化的国家还是未现代化的国家都是多种多样、丰富多彩的，将它们笼统地归为两类，对现代化研究弊多利少；其次，将"传统"与"现代"当作相互对立、相互排斥的两极也是错误的，实际上它们不仅是可以相互共存的，而且是可以相互促进的，这在许多非西方国家中表现得十分清楚；再次，将"传统"等同于"落后"、"现代"等同于"先进"也是不恰当的，"传统"并非什么都不好，"现代"也并非处处都好；最后，更为严重的是，现有的"传统"与"现代"的两分模式实际上是从已"现代"化的西方国家与未"现代"化的非西方国家的差别中归纳出来的，因此它带有十分浓厚的西方中心主义色彩，从而将"现代化"变成了"西方化"。

（2）对现代化的过程与道路理解得过于简单。它蕴含了一种"单线进化"的社会发展模式，认为现代化过程是所有社会、所有民族都将经历的普遍的进化过程，而西方发达国家已经走过的道路正是非西方国家将要走的道路，并由此将西方国家现代化过程所具有的一些特点如渐进性、系统

<hr>

① 参看［美］西里尔·E·布莱克：《比较现代化》，杨豫、陈祖洲译上海译文出版社 1996 年版，第 5 页。

性、长期性、不可逆转、进步性、彻底性等当作现代化过程的一般特征，完全忽视了非西方国家现代化过程中可能存在的其他发展路径及其特点。这种模式从理论上完全排除了非西方发展中国家选择不同发展模式的可能性，以及发展停滞的可能性。而这正是事实上所存在的。

（3）理论表述过于抽象。关于"传统"、"现代"以及现代化过程的讨论都停留在最一般的抽象层次上，缺乏具体的有时空限制的所指对象——这种脱离具体时空限制的理论模式，在运用于不同时空条件下的历史过程时，自然会遇到很大的困难。

美国学者西里尔·E·布莱克主编或撰写的《俄国和日本的现代化》《现代化的动力》和《比较现代化》等书，对现代化理论的发展给予了另一个推动。布莱克明确反对现代化即西化、现代性与传统性截然对立的观点，认为每个社会的传统性内部都有发展出现代性的可能，现代化是传统的制度与价值观念在功能上对现代性的要求不断适应的过程。他指出，对受到西方影响的其他社会来说，面临着这样一个问题：是应当完全抛弃自己的文化遗产，以便利用现代知识呢，还是应当促使自己运用制度方面的遗产去适应现代化的要求？西方先进社会产生的最初影响是那么深刻，以致其他社会往往倾向于抛弃自己的制度而去全盘照搬西方先进社会的制度。这样的照搬多半是不成功的。这就要求现代化理论家们去对不发达国家内部的传统性与现代性之间的相互作用进行深入的具体的研究。

正如韦伯等人明确指出的那样，"现代化"的基本精神就是"理性化"。现代化的各个方面，如以自然科学知识为基础的技术的普遍运用（技术现代化），以机器大生产为基础的工业化（经济现代化），一体化、法治化和集权化的国家体制的建立（政治现代化），科层制的普及（组织现代化），以功能、绩效原则为基础的高度分化与流动的各种社会结构的形成（社会现代化），理性至上、个人至上、成功至上、能力至上、效率至上的价值观的确立（文化现代化）等等，都不过是社会生活"理性化"的不同方面[①]。

---

① 参看谢立中、孙立平主编：《二十世纪西方现代化理论文选》，上海三联书店2002年版，第12页。

现代化社会的许多特点如专业化、标准化、同步化、集中化、规模化、系统化、控制化等都是社会生活全面"理性化"的条件与结果。现代化说到底依赖于人类借助（工具）理性来实现的对自然界和人类社会生活本身的控制能力的增长。这种以（工具）理性为基础的控制能力的增长，虽然给人类带来了巨大的物质财富，但同时也给人类带来了空前的灾难性后果。人类对自然界的大规模征服造成了严重的环境污染和生态失衡，它对人类自身的持续生存造成了威胁；对社会生活本身的有效控制则使人类本身陷入全面的、无所不在的被监禁和被支配状态之中；科学、理性取代传统和宗教成了唯一的、不可反抗的合法性准则，因而也就成了支配—被支配关系的新的基础。据此，"后现代"理论认为，自启蒙运动以来的现代化工程是一项失败的工程。"后现代"理论家们竭力瓦解现代文明的理性基础，试图推动一种建立在比单一性更为宽广的多元基础之上的新文明"后现代"世界的出现。

　　但是也有很多理论家反对"后现代社会"的提法，吉登斯是最为著名的一位。吉登斯明确地否定"我们正在进入一种与现代性完全不同的后现代性时期"的说法。他认为我们并没有超越现代性而只不过是生活在它的一个更为激进的阶段上。与其说我们正在进入一个后现代性阶段，不如说我们正在进入这样一个阶段：在这个阶段上，现代性的各种后果正在变得比以往更加激进化和普遍化而已。吉登斯认为，从动态上看，现代性包括了时空分离、社会体系的脱域和社会关系的反思性重组三方面的基本特征；从制度层面上看，现代性则包括四个方面的内容或维度，即工业主义、资本主义、现代监督体系和对军事力量的集中控制。虽然 20 世纪后半期以来西方社会发生了并且还在发生着重大的变迁，但无论是从现代性的动态特征上看还是从制度维度上看，这些变迁都还没有使西方社会超出现代性的范畴，而只不过是现代性（包括它的上述动态的和制度的特征）变得更加纯粹、更加典型和更加激进①。吉登斯指出，由于现代性的动态特征，现代

---

　　① 参看［英］安东尼·吉登斯：《民族—国家与暴力》，胡宗泽、赵力涛译，三联书店 1998 年版。

性内在地包含着不断向全球扩张的趋势。随着全球化过程的不断展开，不但时空延伸、社会体系脱域以及社会关系反思性重组的程度都已经达到一个前所未有的水平，而且现代性的各种制度维度也发展成为一些全球性的制度，出现了国际性的劳动分工、世界资本主义经济、民族国家体系以及世界军事秩序等。当前社会中被人们归为"后现代性"的种种现象，如社会结构的碎片化、权力的分散化、民族国家作用的衰减、不确定性的增加、对理性的怀疑、多元主义观念的传播等，都是作为这种现代性向全球扩展的结果或反应而出现的。因此，我们不仅依然生活在现代性之中，而且还是生活在一个激进化的现代性之中①。这个激进化的现代性既隐含着种种比以往更大的风险，但也包含着种种控制或消除这些风险并最终从根本上超越现代性的可能性。作为一种对现代性之超越的"后现代性"有可能会到来，但时间却是在将来而不是在现在②。

杨中芳在论及中国人的现代化时写道："更重要的是，个人在社会化或现代化的过程中，不应再被看成是被动地接受传统或新元素的机器，而应将现代人看作一个有选择能力及变通能力的自主个体，通过接纳、包容、排斥、回归、反思、反叛、重组、整合等，在应对日常生活之际，不但形成了自己的、新的、现代的价值信念体系及生活方式，也做到既把传统秉承下来，也做出了创新的转化。"③ 本书认同这种观点。必须注意到，中国农村现代化所面临的其他国家历史上未曾有过的世界背景，一方面是非常落后的或者说是"前现代的"物质条件和生产力水平，另一方面是完全敞开的社会交往环境。随着电视等媒体的普及，大量对于农村而言"异质"的"现代"和"后现代"的信息大量涌入并洗刷着农民的头脑，同时，一个极其现代化的并且越来越与国际接轨的行政管理系统和市场经济网络力

---

① 参看［英］安东尼·吉登斯：《现代性与自我认同》，赵旭东等译，三联书店1998年版。

② 参看［英］安东尼·吉登斯：《第三条道路及其批评》，孙相东译，中共中央党校出版社2002年版。

③ 杨中芳、彭泗清：《中国人人际信任的概念化：一个人际关系的观点》，《社会学研究》1999年第2期。

图更加深入地进入并掌握农村社会。以小农生产为主的经济社会形态已经无可避免地与全球化的政治、经济、文化潮流与事件实现"共振",对于农村而言,所谓"现代化"的风险前所未有地加大了,这也是为什么强调在中国农村现代化的路径选择和节奏把握方面,在传统与现代的对接方面必须抱有极其谨慎的态度的原因。

(三)"社会基础"

"社会基础"是本书的核心概念。在多数社会研究中,"社会基础"一词虽然极其常见,但通常是作为含义不言自明的概念来处理的,并不会对其进行严格的界定和说明;在这些时候,"社会基础"实际上并不具备学术术语的意义,更近乎于一个普通的习语。而在本书看来,"社会基础"概念是分析中国农村现代化路径、因素与实现方式时最为核心的重要概念,本书力图在对其进行学术说明的同时阐发其丰富的理论和实践意义,使"社会基础"概念成为中国农村研究中一个新的、有用的分析工具,并由此建立一种中国农村研究的分析框架。

1. "社会基础"的基本含义

从一般意义上看,现代化的推进,既要有所需要的社会动员力量和机制,又要有维护社会秩序的内部整合机制,而这两者之间往往存在着紧张关系。中国农村现代化的历史基点是中国传统社会关系模式,而中国传统社会内部整合方式与现代化所需的社会动员机制之间存在着结构性的冲突,解决这一冲突是考量中国农村现代化问题所必需的。从中国历史看,传统社会是依靠皇权、绅权、族权三个组织层次整合起来的,儒家文化为这三个层次提供权威支持和合法性辩护,协调这三个层次的运作。皇权通过绅权和族权管理农村,对于维系农村社会内部整合固然十分有效,但绅权和家族组织不可能同时担当现代化所必需的政治和经济动员。从 19 世纪后半叶到 20 世纪初中国传统社会政治组织解体,就是它不能同时胜任内部整合和现代化动员双重任务之证明。1860—1895 年 30 多年的洋务运动力求在保持社会整合的前提下推行现代化,但是结果并未达到日本明治维新那样的成功,而是以失败告终。其后清廷在"新政"中不顾社会内部整合去推动现代化，结果是大一统王朝被推翻，中国陷入军阀割据局面，面临严重的整合危机。此后国民政府在社会整合方面仍然显得无能为力。中国共产党从根本的意义上完成了民族独立和社会的高度整合，为中国现代化奠定了坚实的社会基础。然而随着经济全球化和市场化趋势的确立，为推进中国农村现代化所必需的适应经济社会发展要求的社会内部整合方式和现代化动员方式必须进行重新建构。本书所提出的"中国农村现代化社会基础"之"社会基础"这一概念就是着眼于探讨当下推进中国农村现代化所需要的社会内部整合方式和现代化动员方式的结合。这里的"社会基础"是相对于中国农村现代化而言的，社会基础之重构意味着社会整合方式和现代化动员方式的双重合理建构。

正是在上述意义上，笔者认为，"社会基础"概念的基本含义可以界定为：在一定的历史阶段上，存在着由于各种因素所促成的发生于农民之间、农民与各种社会阶层之间以及农民与国家之间特定的连接关系。由于这种连接关系而形成某种制度化了的关系模式，农民个体的行动和农民的一致行动都直接决定于这种关系模式；同时，因某种连接方式而具有一致行动能力的农民与国家、市场之间的互动方式和结构必然呈现出在其他连接方式条件下极为不同的面貌。任何政治和经济制度的建立、稳固与延续都必须一方面适应和协调这种关系模式，另一方面又要想方设法地调整和改造这种连接方式以使特定的社会理想和制度设计得以实现。

在这个意义上，农民之间的连接方式和连接关系成为决定中国农村现代化方向和形态的社会基础。在这个意义上，我们也可以认为所谓"社会基础之再造"含义在于针对当前的社会理想、国家目标或现代化导向，有目的、有意识地对农民之间的连接关系以及由此形成的农民与国家、市场之间的关系结构进行调整和改造，使得两者之间能够有高度的契合，能够实现顺利的对接。

学术的积累在某种意义上可以视为概念的分化和精细化，使用越来越具有深刻刻画能力和解释能力的概念，分析在人们认识当中越来越复杂化的生活世界，从而能够越来越接近于社会的"奥秘核心"。概念同时是指标，使用新的概念也意味着用更为精确的指标对社会进行愈益精微的描述和测量；概念同时也是方法，决定着在观察中能看到些什么和在研究中能得到些什么，在原先概念体系中不是问题之处，在新的概念视野中可能会成为真正的问题。而概念的创新和发展也必然建立在对此前概念的充分认识的基础上，因此，对本书所使用的"社会基础"概念与相关概念进行简要的比较性说明是很有必要的。

2. "社会基础"概念与"权力文化网络"概念

"权力文化网络"概念由杜赞奇提出。他指出："在组织结构中，文化网络是地方社会中获取权威和其他利益的源泉，正是在文化网络中，各种政治因素相互竞争，领导体系得以形成。文化网络由乡村社会中多种组织体系以及塑造权力运作的各种规范构成，它包括在宗族、市场等方面形成的等级组织或巢状组织类型。"① 他认为，任何追求公共目标的个人和集团都必须在这一网络中活动，并且，"正是文化网络，而不是地理区域或其他特别的等级组织构成了乡村社会及其政治的参照坐标和活动区域"②。"权力文化网络"概念在杜氏那里是作为对施坚雅"市场体系"理论和此前的"乡绅社会"理论的反动抑或补充出现的，他正确地认识到，"20 世纪，国家政权在竭尽全力放弃甚至摧毁文化网络时，其建立新的沟通乡村社会的渠道又进展甚微，这只能削弱国家政权本身的力量"③。因此，"如果国家政权想创造出可行的新型权威，那它必须将其建立在适应社会变迁需要的组织之上"④。但是，文化网络虽然如杜氏所言是一个"内容十分广泛"的概念，但确实又是以文化作为核心的，这样一种分析框架是否能够全面解释历经彻底的革命冲击和市场化洗礼之后的、与"乡土中国"迥然有异的当前农村社会，解释在此背景下的国家政策在农村地区的实践过程就成了问

① ［美］杜赞奇：《文化、权力与国家：1900—1942 年的华北农村》，王福明译，江苏人民出版社 2003 年版，第 10 页。
② ［美］杜赞奇：《文化、权力与国家：1900—1942 年的华北农村》，王福明译，江苏人民出版社 2003 年版，第 11 页。
③ ［美］杜赞奇：《文化、权力与国家：1900—1942 年的华北农村》，王福明译，江苏人民出版社 2003 年版，第 24 页。
④ ［美］杜赞奇：《文化、权力与国家：1900—1942 年的华北农村》，王福明译，江苏人民出版社 2003 年版，第 25 页。

题，同时这一概念是分析性的而非建构性的，这是"社会基础"概念力图"疗补"的重要方面。

3. "社会基础"概念与"关系共同体"概念

"关系共同体"概念是胡必亮新近提出的概念，旨在对关系网络或关系群体进行新的概括①。他从血缘关系圈、地缘关系圈、业缘关系圈和华人网络社会等表现形式中抽象出"建立在现实生活中各种实体的小共同体的基础上的而又超越于小共同体的共同体现象"②，这一概念与"社会网络"研究紧密相关，并且从中国社会"人情与面子""差序格局"等特点出发构造了一种特殊关系基础上的人们的团结形式和组织单位。"关系共同体"概念强调中国人利用关系和运作关系在较大范围内建立普遍信任，从而实现合作的特点，认为人们可以利用关系跨越社区的界限，成立一种开放性的组织。他实际上阐述的是人们如何利用关系这种资源以及如何再生产出这种关系资源的组织方式，这是"社会基础"概念所赞同的，但"社会基础"概念更为注重的是国家力量、特定的社会理想与农民的互动关系，要进一步说明的是在这种组织方式基础上如何生成较为稳定的农民与国家之间的结构模式，从而在更为宏观的层面上对中国农村现代化的道路和方式做出说明。

4. "社会基础"概念与"村庄社会关联"概念

贺雪峰提出的"村庄社会关联"概念令人信服地解析了村庄秩序得以生成的内部原因，"村庄社会关联关注的是处于事件中的村民在应对事件时可以调用村庄内部关系的能力……当村庄中很多村民具有足够应付事件的关系时，村庄秩序也就有了基础"③。贺雪峰强调"依赖社区社会自身来获得秩序，是转型期国家治理的重要特点，也是社区社会在国家无力提供秩序时的应对策略……真正有效的村民自治还要有特定的社会基础"④。可以注意到，在这里贺雪峰也将村民之间的特定联系方式作为制度建构的基础

---

① 参看胡必亮：《关系共同体》，人民出版社 2005 年版，第 11 页。

② 胡必亮：《关系共同体》，人民出版社 2005 年版，第 14 页。

③ 贺雪峰：《乡村治理的社会基础——转型期乡村社会性质研究》，中国社会科学出版社 2003 年版，第 4、6 页。

④ 贺雪峰：《乡村治理的社会基础——转型期乡村社会性质研究》，中国社会科学出版社 2003 年版，第 16、26 页。

加以看待，而且也使用了"社会基础"一词，但首先，正如前所述，对"社会基础"概念并无明确的界定，仍然是在一般意义上来使用；其次，在谈论这种"社会基础"时，是以村庄和在村庄内部的行动者为分析单位的，这种做法将农民的连接关系界定在一个有较为明确的物理边界和容量的组织和区域内部，局限在村庄分析这一层面，在农民流动性增强、跨村庄甚至跨区域行动普遍展开的背景下，对某些现象的解释就会出现困难。而本书所指出的"社会基础"概念正是要在更为广阔的范围内，针对农民更为多样化的连接方式，不局限于村庄内部对农民之间、农民与其他社会阶层之间以及农民与国家之间的关系进行充分的讨论，村庄社会关联方面的研究可以视为其中的一个重要的组成部分。

5. "社会基础"概念与社会资本概念

社会资本概念近些年来在国内社会学研究中大行其道。布迪厄在1980年正式提出了"社会资本"这一概念，并把它界定为"实际或潜在资源的集合，这些资源与由相互默认或承认的关系所组成的持久网络有关，而且这些关系或多或少是制度化的"①。而且，"个体行动时可以决定社会资本引入的多少和类型，正因为个体行动时可以把社会关系网络加以工具性地利用，所以关系才不仅仅为一种对个人的结构强制，而是一种资源"②。林南认为，社会资本是"行动者在行动中获取和使用的嵌入在社会网络中的资源"③。科尔曼也对社会资本概念进行了深入的讨论④。社会资本所说明的是社会中的行动者利用各种关系资源以增进福利的过程与方式，但作为典型的西方社会理论，对中国农村社会中国家与社会纠结局面，政策实践过程中诸种复杂因素构成的特定结构及行动者的复杂行动难以有切近的解释

① 转引自李惠斌、杨雪冬主编：《社会资本与社会发展》，社会科学文献出版社2000年版，第3页。

② 张其仔：《社会资本论——社会资本与经济增长》，社会科学文献出版社1999年版，第104页。

③ 林南：《社会资本——关于社会结构与行动的理论》，上海人民出版社2005年版，第24页。

④ ［美］詹姆斯·S. 科尔曼：《社会理论的基础》，邓方译，社会科学文献出版社1999年版。

力。"社会基础"概念更为强调的是农民作为行动者如何使用各种资源获取一致行动的能力，并且在此基础上与国家形成良性的互动关系，实现中国农村现代化这一社会理想和国家目标的过程和方式。

总之，"社会基础"概念与上述概念之间有着紧密的联系，但是出于不同的关注方向和研究取向而呈现出自身的特点。这一点在后面的论述中将得到进一步的说明。

三、 研究内容及叙事框架

问题意识是本书的出发点，为解决问题而提供理论支持和政策建议是本书的最终目的。因此，在明确几个重要的概念之后，就需要有逻辑地阐明本书要展开的具体内容和叙事框架。

（一）研究内容

本书从"社会基础"这一创新概念出发，指出特定的社会理想的实现必须与相应的社会基础实现对接，中国共产党领导的革命和建设的胜利正是再造中国农村社会基础的胜利。重点研究 1978 年以后，主要由于市场化因素的迅速发育，中国农村社会由乡土社会到基层社会的演变轨迹面临的巨大变局；研究在传统的、现代的、后现代的因素掺杂在一起的复杂历史背景下，在国际化、市场化、民主化因素的冲击下，在中国共产党一党执政的中国基本国情条件下，农民之间应当形成怎样的连接关系模式才能实现一致行动的能力；农民与国家之间、农民与市场之间应当形成怎样的对接关系才能形成推动农村现代化的强大动力，并在此基础上实现党提出的新世纪的战略目标。本书将在全面回顾与整理相关文献和理论的基础上，从农村现代化社会基础的政治制度框架、农民合作与农村合作组织、农村金融、农村社会秩序的构建、农民的观念世界等方面透视重构农村现代化社会基础的重要意义，并且对农村税费改革、社会主义新农村建设这两项最为重要的政策体系与农村现代化社会基础再造的对接问题做出初步的论述。本书力图在中国市场化进程已无可避免也不可逆转的背景下，提出一种在较为彻底的意义上解决一个世纪以来的农民问题——中国最基本的社会矛盾的理论取向和现实思路，使得中国农民能够在自身利益不受到巨大侵害的前提下温和地支持和认可市场化的改革，使得农民与资本、农民与国家之间的关系能够处于可长期维持的一种较为平稳、较为协调的关系状态之中，实质上推进市场化和民主化的进程，而这种进程必然是明显有别于欧美等原发型资本主义国家的。中国农村现代化的社会基础之再造将使得中国社会主义市场经济、民主政治、先进文化和谐社会真正成为可能，使中国特色社会主义现代化真正成为可能。

本书以"社会基础"为基本概念工具，在三个层面上实现对中国农村现代化社会基础问题的深入分析：

微观分析结构：我们必须要回答，在一个特定的社区范围内，农民能够以什么样的形式组织和连接起来、农民赖以组织起来的资源是什么等问题。比如，在市场化过程中，传统（村庄记忆、传统的人际纽带和组织资源等）在发挥什么样的作用，如何促进了农民的合作、促进了与农民市场的对接，同时在这一过程中也消灭了作为传统形态的传统本身；或者说，传统以另外的一种形式留存下来了，形成带有现代性特征的一部分，是不是存在这样的一个过程？举例来说，农民如何获得金融支持？关键在于怎样有效降低作为现代市场主体的金融机构与极度分散的农户之间的交易成本，而实现这一目的的关键又在于农民怎样实现有效的连接关系，在内部能够获得彼此的信任，在金融市场上能够获得足够的信用。这种关系如何形成，形成的过程、机制、资源是什么？比如，村庄内部的种种纠纷如何化解，仅仅依靠正规化的法制建设和科层制的司法系统能否完成这一任务？具有中国特色的调解等制度和方法在什么样的社会基础上能够得到有效的使用，同时又不会瓦解国家对农村地区实施有效控制的努力？等等。农民在具体生产生活问题方面的合作能力和农村社区秩序形成、新农村建设的途径成为"社会基础"概念在微观层面上所要面对的问题，相应地也形成在这一层面上的分析结构。

中观分析结构：这一层面所要面对的主要问题是在县域范围内农民与基层政权之间的互动关系。不但要考察历史上这种关系的变迁，尤为重要的是关注税费改革以后，在基层财力弱化、基层政权行为模式、行政方向转型等问题交织在一起的过程中，农民的行为方式、国家权力在农村地区的运行机制以及国家对农村实施治理的技术和策略，以此能够在具体的政策制定及实施方面进行深入分析，并提出有针对性的政策建议。农民的连接形式和组织形态与现有体制之间的关系十分复杂，新的社会基础意味着新的治理方式和新的权力结构，它们在具体实践中究竟表现为什么样的形态？需要做出什么样的重大调整？这意味着乡村建设与基层政权间的关系必然以新的角度进入研究视野。

宏观结构分析：在这一层面，将涉及国家与社会这个极为重大同时又是长期以来争论不休的主题。按照黄仁宇的说法，国民党完成的是中国社会上层的重组，共产党完成的是中国社会基层的再造，是一个翻转社会基层的过程，也可以理解为是一个改造了中国人（主要是农民）的连接关系的过程，同时也形成了新的国家与农民、社会理想之间的关系模式。那么，在当前的背景下，农民之间的普遍关系是什么？作为总体的农民如何实现与改革以来市场化的目标相对接，与一个越来越"现代化"的国家相对接，与全球化的时代潮流相对接？这是在社会基础宏观结构分析中所要试图回答的问题。

（二）叙事框架

根据上述研究内容，本书共分导论和九章进行叙述。

导论：在导论中，介绍选题背景并对本书的几个基本概念进行详细的阐释分析，介绍研究内容及叙事框架，对创新观点和进一步研究展望进行说明。

第一章——基本理论及研究基础：在这一章中，首先，对与"中国农村现代化社会基础"概念及理论联系最为密切的马克思、恩格斯关于"关系"和"社会关系"的论述进行了系统梳理；其次，结合本书主题，对毛泽东"组织起来"重要思想进行了进一步的阐发和分析；第三，对有关"关系"和"社会关系"的社会学理论进行了较为全面的整理与分析。实际上是对中国农村现代化社会基础中的"社会基础"理论的理论渊源方面做必要的交代；以核心概念和理论原型两个方面为切入点，对海内外关于中国农村现代化研究的理论成果进行综述；对"社会基础"概念的理论品格进行全面的阐述，搭建一个基本的理论分析框架。

第二章——市场化战略的实施：对中国农村现代化既有社会基础的双重消解。本章构成以下部分的总论。市场化因素的发育是1978年以后农村社会变迁最主要的影响力量，一方面，市场化在消解着传统乡土社会的秩序形成要素；另一方面，市场化又在消解着党长期以来形成的"总体性社会"或"基层社会"的社会基础。但是，消解的过程与建设的过程并未实现同步，党在农村地区的治理逻辑，农村的社会基础与市场化进程，与党制定的战略目标之间存在着诸多不协调甚至紧张的关系，迫切需要在社会基础方面做出调整，使之与国家目标之间实现良好对接。市场化背景下农村现代化社会基础的再造是当前解决"三农"问题的核心所在。

第三章——构建农村基层基本连接模式：农村现代化社会基础再造的政治制度供给。本章从决定农村地区政治生态的农村基层基本连接关系入手，详细梳理传统中国社会乡里与保甲构成的纵横交织的关系体系、中国共产党在革命过程中翻转农村基层所形成的农村地区基本政治制度、人民公社时期完全体现国家意志的组织形态以及当前所实行的村民自治制度之间的关系，从纵贯的历史分析中进一步说明重构社会基础对于农村现代化的重要意义，并在总结历史经验的基础上提出实现国家意志与社区偏好和谐统一的农村基层政治制度的理论建议。

第四章——发展农村合作组织：中国农村现代化社会基础再造的重要社会组织形式。农村生产生活条件的特殊性决定了农村公共产品生产在很大程度上要依赖农村合作组织来提供，不管这种合作组织以什么样的名义和形式出现。本章论述了历史上农村地区以生产公共产品为目的的农民合作组织的结构形式，指出农民合作与农村合作组织在农村现代化社会基础的再造过程中的重要意义，描述和分析了当前农民合作的困境与原因，从"组织员"和组织资源两个方面对实现农民一致行动、化解农村合作组织困境提出了政策性建议。

第五章——重构农村金融：农村现代化社会基础再造的重要经济纽带。本章重点研究分散的小农如何能够和越来越市场化的现代金融机构实现对接的问题。分散的农户必须以某种方式实现组织和合作才能够降低交易成本，与作为市场主体的金融机构实现互动，在城乡二元格局暂时无法彻底改变的背景下，如何一方面改造农村社会基础，同时适应这种社会基础建立有别于城市的农村地区的金融体系是本章关注的问题。本章指出，一味强调金融体系的市场化和正规化并非解决之道，再造社会基础，提高农民组织化水平，增强农民一致行动能力是解决农村地区金融问题的根本路径。

第六章——重构乡村秩序：农村现代化社会基础再造的社会治理实践。农村地区社会秩序的形成与维护是现代化社会基础再造在实践中的主要内容和目的，本章集中讨论历史上和现实中农村地区使用什么样的制度和技术用以维持乡村秩序的问题。乡土中国主要以伦理的原则形成以"无讼"为理想状态的社会秩序，1949 年以后行政力量对农村生活的深度介入成为构造新的社会秩序形成机制的主要原因，20 世纪 80 年代以后国家开始更多地强调农村的法制化。当前，由于农村地区极不标准化和科层化的社会现实，依靠条文化的严格法律事实上是无法有效维持农村社会秩序的，那么各种地方性知识、传统因素、党的政策体系、基层干部的创造性行动是如何与法律条文一起构建了农村社会秩序的，这在农村现代化过程中具有什么样的理论和实践意义？这是本章的中心议题。本章从私力救济、社会性救济、公力救济在乡村社会的实践几个方面集中探讨实现实践合理性的乡村社会秩序的途径与方法。

第七章——重建农民的观念世界：农村现代化社会基础再造的文化视域。观念决定行动，农村现代化社会基础的再造也就意味着农民对自身、对自己与其他的农民个体、对作为整体的农民阶层的态度的变化，也意味着农民对于自己与市场、与国家间关系的认识方式的变化。在农民那里，什么是市场、什么是国家、农民怎样看待处于现代化进程中的世界与自己的联系？这是本章所关注的核心问题，也是农村现代化社会基础理论所关注的基本问题之一。本章从传统农民的观念体系的形成与维护、作为认知的农民观念世界、农村日常生活中的观念世界、农民的国家观念几个方面对此做出了回答，进一步阐明了社会主义核心价值体系建设在社会主义新农村建设过程中的重要意义。

第八章——农村税费改革：中国农村现代化社会基础再造的行政策略。在这一章中阐明税费改革政策与农村现代化社会基础之间的逻辑关系，对农村税费改革的社会影响，尤其是对乡村关系、农民的国家观念、国家权力在农村地区的运行机制和实现方式等方面的影响做出深入分析，说明税费改革已经开始从实质意义上对中国农村现代化的社会基础进行改造和重组，但是这一努力尚存在诸多缺陷，方向尚不十分明确，理论准备和政策的连续性、配套性都十分不足。提出进一步深化农村税费改革、重构当前乡村治理结构、推进社会主义新农村建设的理论和政策建议。

第九章——社会主义新农村建设：中国农村现代化社会基础再造的国家整合战略。在这一章中，在以上内容的基础上，通过对社会主义新农村建设的质的规定性的研究，以及对社会主义新农村建设的时间及空间维度分析，指出农村现代化社会基础的再造是社会主义新农村建设的着力点和中心环节，集中地论述社会主义新农村建设需要有什么样的社会基础与之相对应和对接，农民之间、农民与国家之间、农民与市场之间应当形成怎样的关系模式和连接方式，在农村地区应当设立怎样的权力结构和治理方式，党在新时期应当以怎样的形式发挥作用，怎样有效促进和控制农村现代化社会基础的再造过程。

论文的最后是结语部分，总结全篇，进一步提炼观点，指出今后进一步研究的方向和构想。

四、 创新观点和进一步研究展望

本书力图实现在问题意识前提下的理论创新，形成了一系列创新的观点、概念和研究方法，对学术积累和指导实践都能够起到一定的促进作用，但是也存在着一些方面的局限，需要在今后的研究中进一步完善和深入。

首先，从"社会基础"这一核心概念出发，为揭示中国农村现代化发展的路径、方向和动力提供了一种新的视角和分析框架。这种分析框架突破了此前农村现代化研究"经济决定论""文化决定论""制度决定论"等理论的限制，也力图克服这些理论的缺陷，实现从大历史的高度对中国农村现代化过程的宏观把握。这在理论上具有创新之处，而且其意义超出农村研究的领域。

其次，论证了推进中国农村现代化进程的一个十分重要的因素是社会基础的再造问题。指出社会基础的再造——即在新的历史条件下，重新构建农民之间普遍的、基本的连接关系和连接模式，重建农民与国家之间的关系模式以及农民与国家主导的社会理想之间的对接关系，是中国农村现代化进程中必须引起高度重视并加以切实解决的关键问题。这种研究是中共党史研究和中国现代化研究的重要创新。

再次，从解决"三农"问题的现实需要来看，本书所呈现的综合性的特点有利于弥补近年来由于"三农"问题的重要性和紧迫性所引起的经济学、政治学、历史学、社会学等多学科从单一学科角度实施研究的不足，克服单一视角的局限性以及在政策建议方面的片面性，从而为从问题意识出发建构多学科共同参与的、致力于综合解决"三农"问题的"乡村学"奠定基础。

最后，从认识论的角度看，本书综合运用多学科理论方法，特别是用中国农村现代化的"社会基础"概念这一分析工具，深刻揭示中国现代化的路径和特点，深刻理解中国农村现代化的独特模式的内涵，加深对"中国特色社会主义"这一命题的认识，从而增强自觉实践中国特色社会主义理论体系和科学发展观的自觉性。

在本书的基础上，可以以"社会基础"概念为分析工具，分专题对当前中国农村社会诸现象和问题进行深入研究，同时可以使用这一概念工具对中国历史演进过程进行重新梳理，可以对中共党史的材料加以重新利用，对中国革命和建设的成功经验以及教训加以更进一步的分析。

第一章　基本理论及研究基础

重构中国农村现代化的社会基础，作为一种理论假设，作为一项政策建议，作为一个分析研究工具，都具有理论和学术创新的价值与意义。但这一创新绝不可能是没有根据的臆造，一方面我们可以从马克思主义经典作家的论著和思想中吸取大量的知识精华；另一方面，吸取其他学科的出色研究成果，在充分吸收前人研究成果的基础上，紧密结合时代精神，紧密联系时代主题，实现发展的理论创新。

一、　基本理论

马克思、恩格斯关于社会关系的理论研究，毛泽东关于"组织起来"的有关思想为社会基础理论的提出提供了直接的理论来源，可以成为中国农村现代化社会基础研究的理论依托。而西方经典社会学研究也提供了大量可供借鉴的学术资源，许多学者关于中国社会关系的研究无疑也具有重要的参考价值。这些学术积累为我们的研究提供了理论支点。

（一）马克思恩格斯关于"关系"和"社会关系"的论述

马克思说："人的本质并不是单个人所固有的抽象物。在其现实性上，它是一切社会关系的总和。"① 人的本质"是一切社会关系的总和",要求人们从发展着的社会关系去理解人的本质,而不是从固定的人的本质的概念去理解社会。一切社会关系的总和包括两个基本的方面:一是生产,二是交往。生产指人与自然的关系,是人对自然的征服和改造。交往指的是人们的相互关系,而人们的相互关系又受制于人们的物质生产活动。这是因为,物质生产活动中的交往是人们社会生活中的基本关系,而生产本身又是以个人之间的交往为前提的,这种交往的形式又是由生产决定的。

由此可见,对人的本质至少可以从以下两个关系中去理解:

(1) 人与自然的关系。马克思主义认为人是自然的一部分,人有其自然属性,人的自然属性是构成人的本质的基本要素之一。马克思在论述人的本质时指出:"任何人类历史的第一个前提无疑是有生命的个人的存在。第一个需要确定的具体事实就是这些个人的肉体组织,以及受肉体组织制约的他们与自然界的关系。"② 但是马克思主义不是抽象地讨论人的自然属性,而是把自然属性与自然的、实践的、能动的关系作为基点。人与自然的关系之所以对理解人的本质有价值,在于人通过自己的能动的活动改造了自然,使自然人化。正是由于自然的人化,自然界便能更深刻地被用来说明人的本质。马克思指出:一个对象世界的实践的创造,非有机的自然的加工再造是人类作为一个有意识的族类存在,作为一个本质的证明。人类恰恰就在对象世界的加工中才作为一个族类的存在来现实地证明自己。这种生产是他的勤劳的族类生产。经过生产,自然就表现为他的作品和他的现实世界。这种能动活动就是人的本质活动——劳动。劳动创造了人本身,从而使人也具备人的本质,人的自然属性、语言、思维、理性、交往、社会活动均是从劳动中产生的。人们不断地征服和改造自然,人自身的能力不断发展,受这种活动制约的社会关系不断改变,从而人也不断呈现其本质特征。

(2) 人与社会的关系。人在社会生活中,随着物质生产活动的推进,

---

① 《马克思恩格斯选集》第 1 卷,人民出版社 1995 年版,第 56 页。
② 《马克思恩格斯选集》第 1 卷,人民出版社 1995 年版,第 67 页。

必然要结成各式各样的人与人之间的社会关系。人与人之间的社会关系多层次、多向度地展开，从简单到复杂，从直接到间接，从局部到整体，展现出无比繁复的网络。人们生活在社会之中，生活在这个网络之中。这是现实的人的具体展开。社会关系最初、最简单的关系是人和人之间的自然关系，即男女关系。人与人之间的简单的关系随社会物质生产的发展而逐步扩大，走向家庭、村落、氏族、部族、民族、国家、世界。社会关系不仅有其形式，还有其不同的质的规定性。随着分工和私有制的产生，社会关系中又有以阶级、财富、分配、政治、法律、宗教、意识形态等为轴心的关系。每个个人均生活在社会复杂的关系之中，受其制约，同时又反作用于它们。值得注意的是，马克思、恩格斯强调，在所有社会关系中，首要的是人们为满足自下而上的需要在物质生产活动中结成的生产关系，"由于他们的需要即他们的本性，以及他们求得满足的方式，把他们联系起来（两性关系、交换、分工），所以他们必然要发生相互关系"①。人的本质是一切社会关系的总和，要求人们从现实的人的各种社会关系上去把握人的本质，注意生产关系、阶级关系、人际关系、思想关系、文化关系等社会关系对人的作用，把握社会关系的历史共性和时代特性，全面认识人的本质。

人的本质"是一切社会关系的总和"，包含着人与社会统一的辩证观念。在一定的社会中，人的社会本性由其生活的社会状况所决定，生物本性通过社会本性而起作用，孤立的生物本性不能说明人在社会中的真正地位。马克思批判了18世纪流行的资产阶级人性论，他指出："18世纪流行过的一种臆想，认为自然状态是人类本性的真正状态。当时有人想用肉眼去看人的思想，因此就创造了自然状态的人的形象。"②"吃、喝、性行为等等，固然也是真正的人的机能，但是，如果使这些机能脱离了人的其他活动，并使它们成为最后的唯一的终极目的，那么，在这种抽象中，它们就是动物的机能"③。

---

① 《马克思恩格斯全集》第3卷，人民出版社1979年版，第513页。
② 《马克思恩格斯全集》第1卷，人民出版社1979年版，第97页。
③ 《马克思恩格斯全集》第42卷，人民出版社1979年版，第94页。

人与社会统一的辩证观念包括：

（1）人通过自身的实践来获得与社会的统一，使社会关系构成自我的本质规定性。实践在历史唯物主义的人性观中特别重要，马克思强调实践是"真正现实的感性活动"，是"客观的活动"，人们在改造客观世界的同时改变主观世界。

（2）人与环境之间存在着作用与反作用的关系。人创造环境，同时环境也创造人，"历史的每一阶段都遇到有一定的物质结果、一定数量的生产力总和，人和自然以及人与人之间在历史上形成的关系，都遇到有前一代传给后一代的大量生产力、资金和环境。尽管一方面这些生产力、资金和环境为新的一代所改变，但另一方面，它们也预先规定新的一代的生活条件，使它得到一定的发展和具有特殊的性质。由此可见，这种观点表明：人创造环境，同样环境也创造人"①。

（3）人的本质通过自己的实践活动不断改变和发展，人没有一成不变的社会本性和本质，人的本质随着人的实践和社会的发展而发展。在阶级社会中，人性和人的本质不可避免地要体现社会上存在的阶级关系；而在未来无阶级的社会中，人的本质又将除去阶级的属性，除去资本主义社会对人的本质的扭曲和压抑，在更高层次上实现人性的复归。"人的本质是一切社会关系的总和"是发展的辩证的观念。马克思主义关于人的本质的观念指明了观察人的本质的唯物主义的方法，蕴含着其政治学说的出发点和终点，从人出发，分析人在现代社会中的状况，通过改造社会、变革生产关系达成新的社会结构，为人的发展创造全新的社会关系。

政治活动的一定格局形成一定的政治关系。马克思指出："以一定的方式进行生产活动的一定的个人，发生一定的社会关系和政治关系。经验的观察在任何情况下都应当根据经验来提示社会结构和政治结构同生产的联系，而不应当带有任何神秘和思辨的色彩。"② 社会的政治关系是错综复杂的，包括很多方面，如政治家之间的关系、政党之间的关系、阶级之间的

---

① 《马克思恩格斯全集》第1卷，人民出版社1979年版，第92页。
② 《马克思恩格斯全集》第1卷，人民出版社1979年版，第112页。

关系、民族之间的关系、人民之间的关系、国家之间的关系、利益集团之间的关系、政党和群众之间的关系、领袖与人民之间的关系等。政治关系是在一定的政治活动的基础上形成的。政治活动各主体围绕政治权力进行活动的同时，它们之间必然会形成这样或那样的关系。这种由政治活动主体在各项政治活动中形成的相互关系就构成一般意义上的政治关系。马克思主义政治分析很注意分析政治关系。列宁在分析帝国主义时代的政治生活时就深入分析了当时的政治关系。列宁也曾说过"政治就是各阶级之间的斗争，政治就是反对世界资产阶级而争取解放的无产阶级的关系"①。"政治是各个民族、各个阶级等等之间的关系"②。政治就是"一切阶级和阶层同国家和政府的关系"③。只有把政治学的研究深入到政治关系的分析上，才能更好地揭示政治现象的本质特征，而不仅仅研究表面，不停留在孤立的政治机构、政治团体或政治体制上。

　　马克思在分析社会经济运动和生产方式时曾经说过："经济范畴只不过是生产的社会关系的理论表现，即其抽象。"④ 这个思想对进行本书的写作是具有极大启发意义的。从这个角度来理解问题，政治范畴也就是政治权力的社会关系的理论表现，即其抽象。恩格斯说的另一段话对我们也同样具有启发意义："经济学所研究的不是物，而是人与人之间的关系，归根到底是阶级和阶级之间的关系；可是这些关系问题同物结合着，并且作为物出现。"⑤ 因此，政治现象虽然主要地表现为国家政权的活动和种种政治主体的活动，但更重要的是这里体现了各种复杂的人与人之间的关系。依照这种理论，我们就把中国农村现代化过程中诸种现象和问题的实质归结于"关系"和"社会关系"上，以此为总的逻辑主线展开研究。

---

① 《列宁选集》第 4 卷，人民出版社 1995 年版，第 308 页。
② 《列宁选集》第 35 卷，人民出版社 1959 年版，第 262 页。
③ 《列宁选集》第 5 卷，人民出版社 1959 年版，第 391 页。
④ 《马克思恩格斯全集》第 1 卷，人民出版社 1979 年版，第 141 页。
⑤ 《马克思恩格斯全集》第 2 卷，人民出版社 1979 年版，第 44 页。

（二）毛泽东"组织起来"思想

1943 年 11 月 29 日，毛泽东在中共中央招待陕甘宁边区劳动英雄大会上做了题为《组织起来》的重要讲话。在当时的历史背景下，《组织起来》的直接目的是为发展边区生产、克服经济困难指出一条明确的道路和具体可行的实践机制，但是，《组织起来》的理论意义远远不止于此。在"中国农村现代化社会基础"视野中，"组织起来"思想包含着多方面、多重重要的理论原则。

1. "组织起来"思想的理论内涵

首先，这一思想强调要使分散的力量成为集中的力量。从具体的层面上，针对具体的现实任务来看，"组织起来"意味着使根据地的军民大众为了克服当时的实际困难而共同投身到劳动生产运动中去，使分散的力量成为集中的力量，使分散的行动成为集中的行动，从而使处于个体状态的社会成员成为一个强有力的集合体。正如文中所言："抗日战争六年半中，敌人在各抗日根据地内实行烧杀抢的三光政策，陕甘宁边区则受到国民党的重重封锁，财政上经济上处于非常困难的地位，我们的军队如果只会打仗，那是不能解决问题的。"① 因此必须把群众组织起来，把一切老百姓的力量、一切部队机关学校的力量、一切男女老少的全劳动力半劳动力，只要是可能的，就要毫无例外地动员起来，组织起来，成为一支劳动大军。在这里，"组织起来"更多地体现为完成特定任务的操作性手段。这也是对此最为普遍的理解方式。

其次，这一思想强调要具有鲜明导向和严格纪律的组织实体和组织形态。在哲学家萨特那里，群体构成的过程有四个阶段：序列、群集、集团和制度，呈现出一种组织形态从松散到严密，组织规则从模糊到清晰，组织边界从开放到封闭的渐进过程。在这一过程中，群体成员越来越不再表现为孤立的个体的特征，而将群体本身作为共同的目标，接受并服从组织

_____

① 《毛泽东选集》第 3 卷，人民出版社 1991 年版，第 929 页。

的价值观念，将群体规则内化为自觉的意识，产生强烈的归属感，使个人意志服从于组织目标的实现。毛泽东所讲的"组织起来"，事实上也是针对这样一个过程而言的。"如果在地方工作中不批评官僚主义倾向，在军队工作中不批评军阀主义倾向，那就是愿意保存国民党作风，愿意保存官僚主义灰尘和军阀主义灰尘在自己清洁的脸上，那就不是一个好党员。"① 这时的"组织起来"就不再是为了一个阶段性的、当前的具体任务而形成的个体的集合，而是要保证建立一个具有高度稳定性、延续性的严密组织系统。毛泽东一直将组织视为革命成为可能的不可或缺的手段。列宁也认为，无产阶级在反对资产阶级的斗争中，除了组织，没有其他的武器②，革命的严酷性一直在强化着这种观念。"无产阶级政党一开始就是非法的，被统治者认为是极度危险的，因而必须置于国家机器的严密监视之下，这意味着无产阶级通往政权的道路具有极其紧张的性质……这样一个党必然按秘密工作的要求发展成一个职业革命家组织，而不能将各色各样的人都变成党员，必然强调党的高度集中和高度统一，而不能像孟什维克那样把党建成西欧模式的群众性政党"③。这就要求将组织的严密程度和组织的纯洁性作为革命能否成功的首要问题来加以重视，因此，列宁的这段话就在中国革命历程中被反复引用："没有铁一般的和在斗争中锻炼出来的党，没有为本阶级全体人所忠实信赖的党，没有善于考察群众情绪和影响群众情绪的党，要顺利地进行这种斗争是不可能的。"④ 这样，"组织起来"以及如何"组织起来"就成为毛泽东思考的首要问题。

第三，这一思想强调"组织化"过程以及依托这一过程形成的特定的关系结构。马克思在《路易·波拿巴的雾月十八日》一文中说："小农人数众多，他们的生活条件相同，但是彼此间并没有发生多种多样的关系，他

① 《毛泽东选集》第 3 卷，人民出版社 1991 年版，第 934—935 页。
② 转引自谢遐龄：《1930 年代中央苏区的农村社区重建》，《复旦社会学论坛》第 1 辑，上海三联书店 2005 年版，第 27 页。
③ 陈明明：《现代化进程中政党的集权结构和领导体制的变迁》，《战略与管理》2000 年第 6 期，第 10—11 页。
④ 《列宁选集》第 4 卷，人民出版社 1995 年版，第 200 页。

们的生产方式不是使他们相互交往，而是使他们相互隔离……法国国民的广大群众，便是由一些同名数相加形成的，好像一袋马铃薯是由袋中的一个个马铃薯所集成的那样。"① 民众虽然人数众多，有相近的境遇，但是缺乏相应的组织资源、组织手段、组织能力，因而无法形成特定的结构形式，同时也更加不可能产生所谓的组织意识。在这样一种组织条件下，对外无力对抗外侮，对上无法抵制压迫，对内无法形成公正协调的秩序，因此孙中山对中国农民做出了"一盘散沙"的表述。如何解决这一问题，正是毛泽东"组织起来"最深层的理论思考和战略性眼光之所在。换句话说，就是要使无数社会个体围绕既定的中心，为着特定的目标，依照一定的规则，构成新的关系模式，这是一个组织化的过程，而力量的积累和显现正是在过程当中产生的，不断组织起来的过程就是革命的过程，就是建设的过程，就是社会理想不断实现的过程，同时也是阶级意识萌发、革命信念坚定以及其后国家观念产生的过程；最重要的，这也正是组织起来的、形成新的关系结构的中国农民创造历史的过程，组织起来的过程也就是完成新的社会结构建构的过程。

2.《组织起来》中体现的鲜明思想

首先是合作社思想。《组织起来》指出："目前我们在经济上组织群众的最重要形式，就是合作社。"② 毛泽东给予合作社以极高的评价和地位，他说："我们有了人民群众的这四种合作社③，和部队机关学校集体劳动的合作社，我们就可以把群众的力量组织成一支劳动大军。这是人民群众得到解放的必由之路，由穷苦变富裕的必由之路，也是抗战胜利的必由之路。"④ 这种"必由之路"的思想在 1949 年以后成为改造农村社会的基本思路，从互助组到初级社、高级社再到人民公社，无不贯穿着《组织起来》中明确表述过的理论观点。当然，《组织起来》强调的是"我们的合作社目

---

① 《马克思恩格斯选集》第 1 卷，人民出版社 1995 年版，第 677 页。
② 《毛泽东选集》第 3 卷，人民出版社 1991 年版，第 931 页。
③ 笔者注：指农业生产合作社、综合性合作社、运输合作社和手工业合作社。
④ 《毛泽东选集》第 3 卷，人民出版社 1991 年版，第 932 页。

前还是建立在个体经济基础上（私有财产基础上）的集体劳动组织……总之，只要是群众自愿参加（决不能强迫）的集体互助组织，就是好的"[1]。这与新中国成立后不久就全面推行排斥私有财产的农业合作化运动有相当大的区别。历史已经证明这种带有强制性色彩的运动造成了一些较为严重的负面后果，但是必须承认正是由于农民合作化程度的大幅度提高，才使得中国赶超型的现代化进程在短期内得以实现，也使得中国农村第一次摆脱了"循环的陷阱"[2]，合作化所发挥的作用一直延续到今天。

第二是处理好"公"与"私"之间的矛盾关系的思想。《组织起来》指出："如果不能够帮助群众组织生产，改善生活，只知道向他们要救国公粮，而不知道首先用百分之九十的精力去帮助群众解决他们救民私粮的问题，然后仅仅用百分之十的精力就可以解决救国公粮的问题，那么这就是沾染了国民党的作风，沾染了官僚主义的灰尘。"[3] 这是在强调"公"与"私"之间的辩证关系，强调政权对农民"予"与"取"之间的辩证关系。在革命和建设过程中，凡是这两个矛盾处理得好的时候，事业都能够实现快速健康的发展，新中国成立前后的土改运动和十一届三中全会以后一系列政策的出台对革命成功、政权稳固以及农村经济社会发展的巨大推动就是极好的证明；而在处理这两个矛盾方面出现失误的时候，农村形势就会发生明显的逆转，20 世纪 90 年代以后由于农民负担过重所引发的一系列严重的社会和政治问题也是很好的证明。

第三是党必须与群众紧密结合的思想。《组织起来》指出："我们共产党员，无论在什么问题上，一定要能够同群众相结合……我们应当走到群众中间去，向群众学习，把他们的经验综合起来，成为更好的有条理的道理和办法，然后再告诉群众（宣传），并号召群众实行起来，解决群众的问

---

① 《毛泽东选集》第 3 卷，人民出版社 1991 年版，第 931 页。

② 参看林毅夫、蔡昉、李周：《中国的奇迹：发展战略与经济改革》，上海三联书店 1999 年版；罗平汉：《农业合作化运动史》，福建人民出版社 2004 年版；张乐天：《人民公社制度研究》，中国出版集团·东方出版中心 1998 年版。

③ 《毛泽东选集》第 3 卷，人民出版社 1991 年版，第 933 页。

题，使群众得到解放和幸福。"① 毛泽东之所以强调这一点，是因为中国共产党所要完成的是彻底改造旧社会的任务，或者说是动员社会成员对原有社会结构彻底地颠覆与重组，在这一过程中，所有其他的动员手段和组织资源都成为从属和次要的，只有党的领导成为最为关键甚至在某些时候是唯一的组织资源。为了克服 20 世纪以来中国社会的全面危机，"只有先建立一个强有力的政治机构或政党，然后用它的政治力量、组织方法，深入和控制每一个阶级、每一个领域，才能改造和重建社会国家和各个领域的制度与组织，才能解决问题，克服全面危机"②。毛泽东清醒地意识到，党组织必须成为新社会的基本框架，整个社会结构将依托这个框架而形成和生长起来，基于这一点，党组织必须深入或者"融入"被组织和动员的群众之中，使理论掌握群众同时也使群众掌握理论。同时，党的领导是在持续不断的行动过程中被建构起来的，因此，"一切革命实践都是由党动员、组织群众广泛参与，也就是说，居民自己都介入、参与了重要的革命活动，并通过革命实践对党的领导之正确和必不可少形成直接的、切身的体验……没有这些在社会行动中不断获取党的领导价值的新鲜体验，党的领导就渐渐失去群众基础。假如党的基层组织脱离社区群众，蜕化为行政官僚机构，积累日久，就会有危险性"③。从这个意义上来讲，《组织起来》中所要求的生产运动并不仅仅是为了克服经济困难而开展的经济生产行动，而是与在土改中"诉苦"④ 同样的组织和动员农民，重组社会关系结构的特殊技术手段和机制，而这种技术和机制在其后的历史过程中被大量使用，成为中国社会运转的鲜明特征之一。

　　总之，可以认为，毛泽东在《组织起来》中所阐述的"组织起来"蕴

---

① 《毛泽东选集》第 3 卷，人民出版社 1991 年版，第 933 页。

② 邹谠：《中国 20 世纪政治与西方政治学》，载于《思想家：跨世纪的探险》，华东化工学院出版社 1989 年版，第 19 页。

③ 转引自谢遐龄：《1930 年代中央苏区的农村社区重建》，《复旦社会学论坛》第 1 辑，上海三联书店 2005 年版，第 31—35 页。

④ 参看郭于华、孙立平：《诉苦：一种农民国家观念形成的中介机制》，载于《当代中国农村的社会生活》，中国社会科学出版社 2005 年版。

含着上述由具体到抽象、从静态到动态、由实体到关系的不同层次的理论意义，包含着多方面极为重要的基本原则，这是社会基础理论最重要的理论基点之一。

3. "组织起来"思想对中国农村现代化的深刻启示

首先，组织起来是中国农村经济发展的必由之路。毛泽东指出："在农民群众方面，几千年来都是个体经济，一家一户就是一个生产单位，这种分散的个体生产，就是封建统治的经济基础，而使农民自己陷于永远的穷苦。克服这种状况的唯一办法，就是逐渐地集体化，而达到集体化的唯一道路，依据列宁所说，就是经过合作社。"① 这段话对于今天的农村现实有着极强的指向性。极度分散的小农在变动不居的市场面前往往显得十分脆弱，"有些农村人口的境况，就像一个人长久地站在齐脖深的河水中，只要涌来一阵细浪，就会陷入灭顶之灾"②。如果不想重蹈历史上多次出现过的在市场冲击下小农大量破产的覆辙，就只能使农民以集体的形式、以集体的名义和力量进入市场。中国的人地关系紧张的基本国情决定了土地不可能私有化和大量兼并集中，农业在可预见的时期内也不可能实行大农场的规模化经营③。在此前提下，近些年来农业产业化大行其道，尤其以龙头企业加基地（万千小农）模式最为著名，但是必须注意到，龙头企业虽然在一定程度上组织了农民，分担了农户的市场风险，增加了农民收入，但它毕竟是定位十分明确的以营利为目的的市场主体，资本的力量使龙头企业不可能在增加农民福利方面更进一步，反而在很多时候会在营利动机的驱使下做出许多损害农民利益的事情来。自20世纪90年代后期以来农民收入增长出现瓶颈而长期无法实现突破就证明了这种方式效果的有限性，农业合作化和合作经济组织又一次被人们所关注并进入国家决策视野。从国际的经验来看，在主要的西方发达国家，农户加入合作经济组织的比重都在

① 《毛泽东选集》第3卷，人民出版社1991年版，第931页。
② ［美］詹姆斯·C. 斯科特：《农民的道义经济学：东南亚的反叛与生存》，程立显、刘建等译，译林出版社2001年版，第1页。
③ 温铁军：《中国农村基本经济制度研究——"三农"问题的世纪反思》，中国经济出版社2000年版。

80%以上，丹麦和日本达到100%，以大农场经营为特点的美国，农户合作化的比重也在83%左右，而在中国这一比重仅为5.27%①。20世纪80年代，在荷兰，农业合作组织提供了90%的奶制品和60%的谷物；在法国，提供了90%的奶制品和67%的谷物以及42%的水果；在美国，农业合作组织提供了71%的奶制品、45%的谷物和34%的猪肉②。也就是说，摆脱意识形态方面的考虑，仅就农业这一特殊产业而言，合作化是保障农民经济利益的普遍选择和大势所趋，市场经济条件下的农民合作在发达国家已经有了较为成熟的经验模式。提高农民的组织化程度，广泛发展在私有产权基础上的农民合作化和多种形式的农民经济合作组织（包括生产性、消费性、金融合作等合作社）是成本最低、最具操作可能性也最能够保障农民利益，克服农户与资本之间紧张关系的现实选择，因而也是中国农村经济发展的必由之路。

其次，组织起来是中国农村现代化的基本前提。对于实现中国农村现代化的关键因素，各个时期、有着不同观念的精英人物得出了大致相近的看法。孙中山指出中国的问题在于"一盘散沙"；黄仁宇认为现代国家相对于传统社会的最大特点在于能够"从数目字上进行管理"③，即能够以特定的方法、途径将国民纳入到组织化的框架中来；晏阳初、梁漱溟等人进行的"乡村建设运动"也正是从这一点出发。晏阳初认为："对于民族的衰老，要培养它的新生命；对于民族的堕落，要振拔它的新人格；对于民族的涣散，要促成它的新团结新组织。所以说中国的农村运动承担着民族再造的使命。"④ 梁漱溟认为，进行乡村建设事业，就必须从建设一新社会组织构造入手，创造一种以理性和伦理为基础的新团体组织，由此推动经济、政治与社会的全面进步⑤。但是他们的努力都因为没有办法使农民在一种强

---

① 程同顺等：《农民组织与政治发展》，天津人民出版社2006年版，第19页。

② 徐更生、熊家文主编：《比较合作经济》，中国商业出版社1992年版，第2、249—250页。

③ 参看黄仁宇：《资本主义与二十一世纪》，三联书店1997年版。

④ 宋恩荣主编：《晏阳初全集》第1卷，湖南教育出版社1989年版，第294页。

⑤ 参看郑大华：《民国乡村建设运动》，社会科学文献出版社2000年版。

有力的关系纽带联结下组织成为一个整体，因而不可能获得实质性的效果。只有毛泽东意义上的"组织起来"，才使中国农村现代化看到了真正的希望。

第三，组织起来是社会主义新农村建设的逻辑主线。社会主义新农村建设所要求的"生产发展、生活宽裕、乡风文明、村容整洁、管理民主"涵盖农村社会生产生活的各个方面，要求形成较好的生产和生活条件、良好的经济与社会秩序、良性的乡村治理结构，要求具备适合农村现实的金融环境和金融秩序等等。其核心内容仍然在于如何充分发挥各种组织资源和整合手段的作用，使农民形成旨在增加自身福利，同时又能够被国家制度框架充分容纳的组织方式和一致行动的能力。无论国家的愿望多么良好、资金供应多么充足、政策配备多么完善，如果没有农民组织起来的基本条件，不能形成农民一致行动的意识和能力，而是直接面对极为分散的农户，社会主义新农村建设的任务是不可能实现的。

第四，组织起来是增强党的执政能力建设的必然要求。如果说强调组织起来对于农村经济发展的重要作用更多地是从农民的角度出发，那么探究组织起来对于党的执政能力建设的影响则更多地倾向于国家的视角。

国家政权建设要求"组织起来"。20世纪以来的国家政权建设的过程就是国家力量不断深入农村地区的过程[①]，是农民不断摆脱社区的色彩和个体的身份，成为现代民族国家的一分子，而且，"（现代民族国家）使以往忠实于地域共同体和血缘共同体的个体，不再直接作为政治共同体的整合对象，而是首先被功能性地重新聚合在彼此关联的社会治理空间中，然后再通过国家组织上和意识形态上对社会的强力渗透，来实现政治共同体的政治整合"[②]。也就是说，社会个体越来越不再成为政治整合的直接对象，而必须通过组织起来的形式纳入到国家政权建设的框架中去，国家政权建设

---

① ［美］杜赞奇：《文化、权力与国家：1900—1942年的华北农村》，王福明译，江苏人民出版社2003年版，第10页。

② 胡位钧：《中国基层社会的形成与政治整合的现代性变迁》，《复旦政治学评论》第2辑，上海辞书出版社2003年版，第41页。

客观上要求有越来越高的社会组织化程度，而不是相反。同时，作为"权力集装器"① 的现代民族国家对社会控制水平的要求大大提高，昔日"日出而作，日落而息，帝力于我何有哉"的图景事实上已经不复存在，国家多种形式的监控体系必须要覆盖整个社会和人群。"清晰性是控制的前提。任何国家对社会的大规模干预——接种疫苗、生产产品、动员劳动力、贯彻卫生标准、普及教育——都需要清晰识别的个体单位……不管这些个体单位被如何控制，它们都必须按照一定方式被组织起来，从而它们可以被识别、观察、记录、计数、统计和监测。"② 组织起来，使农村地区摆脱模糊和涣散的状态，对于国家政权建设和执政党的执政基础而言都具有极为特殊的重要意义。

中国共产党所面临的新的社会背景要求迅速提高农民组织化水平。可以从以下三个方面加以说明：

（1）总体性社会③的解体导致党和国家垄断一切社会资源的状况不复存在。在城市面临的是"单位制"解体后的巨大社会控制空白，在农村则面临人民公社解体、国家力量大量退出后导致的社会控制真空地带，大量原本被严密控制在有形组织体系中的社会个体甚至是党员游离于体制之外，无从把握，无法控制，这对于始终强调"支部建在连上"的中国共产党而言是一个巨大的考验。这就要求迅速提高对社会成员特别是农民的组织化水平和程度。

（2）与以上密切联系的是市场化因素的充分发育和开放性社会的来临，导致社会成员流动性大大增加。村庄在很多地区只存在居住社区的意义，原本作为党在农村地区的战斗堡垒的作用和基本社会控制单元的作用消失殆尽，这种状况迫切要求迅速提高农民组织化水平。

（3）一个高风险社会的来临。越开放的政治系统越要求有较高的监控

---

① ［英］安东尼·吉登斯：《民族—国家与暴力》，胡宗泽、赵力涛译，三联书店1998年版。

② ［美］詹姆斯·C. 斯科特：《国家的视角：那些试图改善人类状况的项目是如何失败的》，王晓毅译，社会科学文献出版社2004年版，第243页。

③ 参看谢立中：《当代中国社会变迁导论》，河北大学出版社2000年版。

能力，以降低不确定性和风险，全球化的背景与中国相对涣散的农村组织化状况之间的高度不协调使得爆发各种危机的可能性大大增加。近些年出现的"非典"和"禽流感"就是非常鲜明的例证和惨痛的教训，如果任由农民"去组织化"持续下去，那么中国社会抗击风险的能力就会越来越弱，中国共产党的执政地位也一定会受到严重影响。这也要求迅速提高农民的组织化水平。

总之，党的执政能力的增强，政权合法性的提高，都有赖于社会组织化程度的提高，即"组织起来"的水平和能力。"组织起来"既是社会动员的重要手段，也是实施社会控制的重要机制与技术，从某种意义上说，执政党的执政地位就是建立在高度的"组织起来"的基础之上的。

正因为"组织起来"思想所独具的理论内涵和现实意义，毛泽东"组织起来"思想成为本书最重要的思想和理论来源之一。

（三）关于"关系"和"社会关系"的社会学理论

"关系"和"社会关系"是"社会基础"概念与理论形成的核心要素，在社会学理论当中，这两个概念占据着十分重要的地位，形成了大量的研究成果，这些成果成为本书得以顺利展开的重要前提。

1. 西方经典社会学理论对于"关系"和"社会关系"的论述

一定的社会关系是社会秩序形成的基础，是反映社会结构及其变迁的重要向度。几乎所有的社会学经典在论述社会秩序时，都非常注重社会关系问题，并形成了诸多重要的思想。

德国社会学家斐迪南·滕尼斯就以"共同体（Gemeinschaft）"和"社会（Gesellschaft）"这两个概念表明人类共同生活的基本形式，其实质在于说明，正是这两种不同的社会关系构成了两种不同的社会。滕尼斯之后，埃米尔·涂尔干在《社会分工论》中，根据人们结成的关系特点区分了传统社会和现代社会这两种不同的社会关系结构类型："机械团结"和"有机团结"。马克斯·韦伯也把社会关系作为社会学的一个重要概念，并把它与社会行动联系起来考察。他指出："'社会关系'这一术语用于表示众多行动者的行为……社会关系完全存在于或外在于某种或然性的存在，即存在着某种有意义的社会活动过程。"而美国社会学家塔尔科特·帕森斯和爱德华·希尔斯则提出了特殊主义与普遍主义（particularism-universalism）这一对概念，用以说明不同的社会关系或角色特征。在他们看来，特殊主义是指行动者按特定的标准行事；普遍主义则是指行动者按普遍的标准行事，重事而非重人。这对概念是帕森斯用以描述社会关系和社会结构特征的模式变项之一，因此，它不仅是关于社会关系的一种两分法，也是关于传统社会与现代社会的两分法：特殊主义取向的社会关系是传统社会的特征，而普遍主义取向的社会关系则是现代社会的特征。在经典社会学中，社会角色—社会行动—社会关系—社会结构形成了一个完备的说明系统，旨在阐明一个社会是如何有秩序地运转的。

2. 中国社会研究中的"关系"和"社会关系"理论

在中国人的社会活动及生活中，由于"关系"具有突出的意义，因此对社会关系的研究显得尤为重要。许多学者常常把"关系"作为理解中国社会结构特征的一个重要切入点。

费孝通在《乡土中国》一书中提出了"差序格局"这一极为重要的概念，以说明中国传统社会中社会关系的特点。"西洋的社会有些像我们在田里捆柴，几根稻草束成一把，几把束成一扎，几扎束成一捆，几捆束成一挑。每一根柴在整个挑里都属于一定的捆、扎、把。每一根柴也可以找到同把、同扎、同捆的柴，分扎得清楚不会乱的。在社会，这些单位就是团体。我说西洋社会组织像捆柴就是想指明：他们常常由若干人组成一个个的团体。团体有一定的界限的，谁是团体里的人，谁是团体外的人，不能模糊，一定分得清楚。在团体里的人是一伙，对于团体的关系是相同的，如果同一团体中有级别或等级的分别，那也是先规定的。"对于这种性质的社会关系，费先生称之为"团体格局"。而中国传统社会中的社会关系则与此明显不同。"我们的格局不是一捆一捆扎清楚的柴，而是好像把一块石头丢在水面上所发生的一圈圈推出去的波纹。每个人都是他社会影响所推出的圈子的中心。被圈子波纹所推及的就发生联系。每个人在某一时间某一地点所动用的圈子是不一定相同的。"费先生将这种社会关系模式，称之为"差序格局"①。

从费先生的表述来看，他认为的这种社会关系至少有以下几个特点。第一，"自我主义"。从上面对这种关系的描述中就可以看出，在这种关系格局之中，自己总是这种关系的中心，一切价值是以"己"作为中心的主义。第二，公私、群己的相对性。在这种格局中，站在任何一圈里，向内看可以说是公，是群；向外看就可以说是私，是己。两者之间没有清楚的界限。第三，特殊主义伦理。中国的道德和法律都得看所施加的对象与自己的关系而加以程度上的伸缩，一切普遍的标准并不发生作用。"一定要问清了，对象是谁，和自己是什么关系之后，才能决定拿出什么标准来。"第四，人治社会。其特点在于，用于维持秩序时所使用的力量，不是法律，而是人际关系的历史传统。第五，长老统治。这是一种包含着不民主的横暴权力、民主的同意权力以及教化权力等复杂内容的权力结构。在费先生那里，整个中国传统社会中的制度安排和权力运作，都是以这样的一种社会关系模式为基础的②。在此基础上，李沛良提出了一个重要概念："工具性差序格局"。这个概念表明了人们运用传统的文化资源来在竞争激烈的现代社会中建立功利性社会关系的努力。李沛良说明了"工具性差序格局"这个概念的五个方面的含义：①社会联系是自我中心式的，即围绕着个人而建立起来；②人们建立关系时考虑的主要是有实利可图，所以，亲属和非亲属都可以被纳入格局之中；③从中心的格局向外，格局中成员的工具性价值逐级递减；④中心成员常要加强与其他成员亲密的关系；⑤关系越亲密，就越有可能被中心成员用来实现其实利目标③。一些学者以这个概念为工具对香港近些年来社会关系的变迁进行了描述和分析。

由于关系在中国人生活中的地位之重要，关于中国人关系研究的文献

---

① 费孝通：《乡土中国》，三联书店 1985 年版，第 25 页。
② 参看孙立平：《现代化与社会转型》，北京大学出版社 2005 年版。
③ 参看李沛良：《论中国式社会学研究的关联概念与命题》，《东亚研究》，北京大学出版社 1993 年版。

也就十分丰富。大部分的研究成果主要集中在三个方面：一是关系对中国人社会秩序的影响；二是对关系本身的研究；三是关系与乡镇企业、私营企业、民工流动方式、家庭经营的研究以及关系的现代化研究。金耀基通过分析儒家理论强调个人在中国社会中，特别是在人际关系中的相对自主性①。

金耀基还探讨了"人情"问题。他认为，人情是指人与人相处之道，它可以推究到儒家的社会理论。他的另一贡献是，他平衡地看待中国社会中特殊主义的盛行和普遍主义规范的存在。在认识到个人关系的重要角色的同时，他敏锐地意识到"就在中国文化体系内，也存在使人情或关系实践失效或冻结的文化机制，而给对于维持经济的和官僚的（在韦伯意义上）生活来说是必要的工具理性开辟出空间"②。他指出："关系、人情和面子是理解中国社会结构的关键性的社会—文化概念。"③ 网络建构是许多文化中普遍存在的一种现象，但关系网则是中国式的网络建构。

黄光国运用社会学和社会心理学的交换理论，提出了一个人际关系的框架。试图描述中国社会中的社会行为，而且勾勒出"一个阐明在大多数文化中的社会互动过程的一般模型"④。与金耀基一样，黄光国将关系、人情和面子视作理解中国人行为的关键。他认为，与西方的个人主义导向相对，中国人的行为是集体主义导向的，但在日常的生活中，儒家伦理、社会取向、集体主义等观念通过人情、面子、关系等一套社会机制来影响人们的日常行为。由此，他指出，在中国社会中，"人情"与"面子"是个人影响家庭之外其他人的重要方法。他尤其关注个体用以影响他人的权力，并发现"面子功夫"和寻求私人网络是中国社会中最为基本的权力游戏。

---

① 金耀基：《儒家学说中的个体和群体》，《中国社会与文化》，牛津大学出版社1992年版，第75—76页。

② 金耀基：《儒家学说中的个体和群体》，《中国社会与文化》，牛津大学出版社1992年版，第75—76页。

③ 金耀基：《关系和网络的建构——一个社会学的诠释》，《金耀基自选集》，上海教育出版社2002年版，第93页。

④ 参看黄光国：《中国人的权力游戏》，台北巨流图书公司1988年版。

他得出结论：与西方社会截然不同，在中国，互惠规范在很大程度上由等级性结构化了的社会关系网络型塑，并通过"面子功夫"而达成。杨中芳也从社会学的角度对中国人际关系做了深入的研究，如他和彭泗清通过对中国人际关系结构中信任问题的研究提出：①已有的研究为中国人的信任建立机制提供了两个重要线索：关系运作是建立发展新信任的重要途径；②关系是理解中国社会结构和中国人心理与行为的一个核心概念①。一些海外华人学者也认为"关系"是研究中国社会、把握中国社会特征的重要角度，如林南指出："在个人、家庭和组织运作中社会关系是极其强大的动力。经济理性和关系理性是交换行为的两个动力。"②

　　边燕杰对华人社会里的关系在个人找工作时的作用进行了实证研究。他在1988年和1994年分别对天津地区和新加坡的职业流动中的影响因素做了调查，发现在天津，求职渠道往往是通过强关系而非弱关系来实现的。边燕杰认为，尽管弱关系在信息传播方面作用非常大，但基于信任和义务的强关系在获取代价更高、更难获取的影响上有更大的作用。边燕杰认为，中国的人际关系有三个特点：熟悉和亲密性、值得信任、互惠义务③。在对新加坡的调查中发现了社会网络是人们生活的重要方面，强关系意味着较高程度的信任，通过强关系实现的职业变迁有助于降低企业招募新员工的成本④。

　　林南将社会资本和社会网络理论的结合，则使人能更清晰地认识到关系在社会网络中的作用。而内地的学者随后纷纷从不同的方面发表了若干理论研究成果。

————————————

　　①　杨中芳、彭泗清：《中国人人际信任的概念化：一个人际关系的观点》，《社会学研究》1999年第2期。
　　②　林南：《中国研究如何为社会学理论做贡献》，参见周晓虹主编《中国社会与中国研究》，社会科学文献出版社2002年版，第64页。
　　③　Bian, Yanjie, 1997, Bringing Strong Ties Back In: Indirect Ties, Network Bridges and Job Sesrches in China. Anerica Sociological ReView, June, Vol. p. 62.
　　④　参看边燕杰：《中国和新加坡的关系网和职业流动》，《国外社会科学》1999年第4期。

郭于华认为，传统亲缘关系的作用是整个社会人情关系网的基础和模本。在中国农村社会的变迁中，事实上是传统亲缘关系与现代社会关系并存，而且前者在一定阶段有可能成为有重要意义的可利用资源，在农村新的经济结构启动发育过程中，亲缘关系是信任结构建立的基础，也是实际获得资源的重要途径，从而使中国的乡村工业带有先天的血缘或亲缘特性①。李培林认为，在乡镇企业的人际关系中，业缘关系与血缘、地缘关系交织在一起，并给企业提供担保银行信用一样有效的人情信用。乡镇企业中的人情交换取决于信任和承诺。在乡土社会，承诺的担保是因身份而产生的人情、面子、名誉②。张宛丽认为，中国人的地位身份观念几乎等同于势力范围观念，而势力则源于从血缘到亲缘、以自己为核心推出去的"熟人"社会关系圈子。在中国人看来，从社会关系网中获得自己所期望的资源，已有几千年历史的潜移默化，并积淀成为"自然而然"的社会知识。在中国，社会群体成员的地位观念是"势力"观念，而不全是西方社会中的"身份"观念，因而，在中国社会结构的地位分配系统中，"层"的对应物应该是"范围"（差序式的圈子），而"圈子"势力范围的形成，主要依赖社会关系网络、以己为核心的观念、对信任的情景需要以及相应的行为规范③。彭庆恩在对北京市建筑行业包工头的研究中证实，关系资本是影响包工头地位获得的第一要素④。

翟学伟在对"脸"与"面子"研究的基础上，提出了人缘、人情和人伦的理论模式。其中，人缘是指命中注定的和前定的人际关系，人情是指包含血缘关系和伦理思想而延伸的人际交换行为，人伦是指人与人之间的

① 郭于华：《农村现代化进程中的传统亲缘关系》，《社会学研究》1994年第6期。

② 李培林：《新时期阶级阶层结构和利益格局的变化》，《中国社会科学》1995年第3期。

③ 张宛丽：《非制度因素与地位获得——兼论当代中国社会分层结构》，《社会学研究》1996年第1期。

④ 彭庆恩：《关系资本与社会地位获得——以北京建筑业农民包工头的个案研究》，《社会学研究》1996年第4期。

规范和秩序。三者构成的三位一体成为中国人际关系的特质，指导着人们的社会行为①。孙立平在对费孝通提出的"差序格局"做出深刻分析后指出，"差序格局"实际上也是一种对社会中的稀缺资源进行配置的模式。他指出：在中国传统社会中，血缘关系和地缘关系之所以能占有这样一个重要的地位，根本的原因在于，社会中的那些最为重要的资源正是按照这两个基础，特别是血缘的基础来进行分配的。财产是按照血缘关系来继承的，生产和消费是以家庭来进行的，合作的形式是以血缘为基础的家庭和以地缘为基础的邻里，交换基本是以地缘为基础实现的。正是在这种基础上形成了血缘关系和地缘关系的权威性，形成了个人对血缘关系和地缘关系的效忠。而1949年之后，稀缺资源配置制度的根本性变化就是，用社会主义的再分配经济体制取代了过去以血缘和地缘为基础的配置制度。在社会主义的分配体制中，国家垄断了社会中几乎所有的重要的稀缺资源。这里所说的稀缺资源，不仅包括物质资源，而且也包括就业和得到权力、威望的机会。举凡生产资料、就业机会、居住的权利，都直接控制在国家手中。国家机构对稀缺资源的垄断和再分配，直接造成了两个方面的结果。一是能够支持传统的"差序格局"的资源被剥夺了。当家庭的财产仅仅剩下最低限度的生活用品的时候，家长的权威就被削弱了；当血缘关系和地缘关系不再能够向人们提供利益的时候，特别是人们自下而上发展的机会主要不是来自这里的时候，其重要性无疑就会迅速下降。可以说，所拥有的资源的被剥夺，对于传统的血缘和地缘关系来说，起到了一种釜底抽薪的作用，这种作用比起口诛笔伐的意识形态批判来，要更为有力得多。二是国家利用这些资源得以构筑一种新的组织框架，以重组社会。这种新的组织框架既是向社会成员进行稀缺资源再分配的机构，又是构造新型社会关系的最基本的基础。正是这种稀缺资源的配置方式，成为新的社会关系形成的基础。在这种稀缺资源的配置体制中，社会关系的血缘和地缘的基础，不能不日益失去重要性，人们不得不在新的资源配置方式的基础上重构人

---

① 参看翟学伟：《中国人际关系的特质——本土的概念及其模式》，《社会学研究》1993年第4期；另参看翟学伟：《中国人的行动逻辑》，社会科学文献出版社2001年版。

与人之间的关系①。从社会稀缺资源配置的角度来分析"差序格局"这种人际关系结构，能够更有效地从微观和宏观两个层面考察中国社会，与本书的意旨意气相通。

从本书的着眼点来看，梁漱溟对于"关系"的观点论述与"社会基础"则更加相近。他认为，西洋国家的统治靠的是阶级，阶级用武力维持社会秩序，以武力强制维持秩序的就是政府，西洋的民主政治制度是先靠阶级过渡来的，从特权的封建阶级到新兴的资产阶级，先要有一个阶级来锻造国家，然后过渡到民主政治，但中国则不同。他说："中国旧社会没有阶级，政治是一人在上万人在下的局面，没有阶级，所以不能武力统治，只能以教化维持秩序，不好以法律强制，只好用礼俗维持。"② 而清朝灭亡之后，"这时政治上一律平等，没有特殊地位的人，可是平等是平等了，而也完全散了，社会上无阶级集团势力可为中心，武力遂无所属，从前承认皇帝做主，武力尚可交给个人，现在不承认个人做主，武力交给个人大家不服，而除了个人又无可交代"③。他认为这是民国时期军阀混战的根源所在。他又说："自由保障，政权公开，皆需靠阶级为过渡的梯子，中国既无阶级势力，故民治不得成功"④，"民治与阶级统治本是相反的，但民治之成功必先靠有阶级做过渡"⑤。因此他所说的"乡村建设运动"，就是一个从乡村入手，重新建立中国人之间的基本连接关系，重新构造新社会组织的过程。这种思路正是本书所强调的"社会基础"的出发点所在。梁漱溟对中国社会的基本分析与中国共产党有相通之处，但是在问题的解决办法上却大异其趣，以至于在多年之后他感慨道：自己所要完成的事情，共产党都完成了。

3. 作为"关系"的社会学理论的"实践"性取向

在这一方面，本书受到布迪厄社会理论的深刻影响。布迪厄通过强调

---

① 参看孙立平：《关系、社会关系和社会结构》，《社会学研究》1996 年第 5 期。
② 梁漱溟：《乡村建设理论》，上海世纪出版集团 2006 年版，第 70 页。
③ 梁漱溟：《乡村建设理论》，上海世纪出版集团 2006 年版，第 71 页。
④ 梁漱溟：《乡村建设理论》，上海世纪出版集团 2006 年版，第 75 页。
⑤ 梁漱溟：《乡村建设理论》，上海世纪出版集团 2006 年版，第 65 页。

实践概念来主张社会结构与行动的统一性。布迪厄通过倡导方法论的关系主义，以取代方法论上的个体主义和整体主义。即强调关系的首要性地位，他指出："在社会世界中存在的都是各种各样的关系——不是行动者之间的互动或个人之间交互主体性的纽带，而是马克思所谓的独立于个人意识和个人意志而存在的客观关系。"① 可以很清楚地看到，在这一点上，布迪厄深受马克思的影响。布迪厄用场域和社会空间概念来说明"社会"这一概念，即认为社会是一种空间，由过去的人类实践构成，又为现在及将来的人类实践提供了一个竞争的场所。其中包含一系列彼此重叠的"场域"。他提出，场域是指由附着于某种权力（或资本）形式的各种位置间的一系列客观历史关系所构成的。每个场域都规定了各自特有的价值观，拥有各自特有的调控原则。这些原则形成了一个社会建构的空间。在这样的空间里，行动者根据他们在空间里所占据的位置而行动，以求改变或维持其空间的范围或形式。因此，布迪厄认为，场域首先就是由一些客观力量所构成的定型的系统，是一种被赋予了特定引力的关系形式。布迪厄主要是从关系的角度来说明场域的概念的。布迪厄说："从分析的角度看，一个场域可以被定义为由各种位置之间的客观关系构成的一个网络，或一个构型。"② "场域都是关系的系统，这些关系系统又独立于这些关系所限定的人群。"③ 他说，在高度分化的社会里，社会世界是由大量具有相对自主性的社会小世界即场域构成的，这些社会小世界就是具有自身逻辑和必然性的客观关系的空间，而这些小世界自身特有的逻辑和必然性也不能化约成支配其他场域运作的逻辑和必然性。例如，艺术场域、宗教场域或经济场域都遵循着它们各自的特有的逻辑。布迪厄同时指出，场域是一种竞技场，"场域也是

---

① ［法］皮埃尔·布迪厄、［美］华康德：《实践与反思：反思社会学导引》，李猛、李康译，中央编译出版社2004年版，第133页。

② ［法］皮埃尔·布迪厄、［美］华康德：《实践与反思：反思社会学导引》，李猛、李康译，中央编译出版社2004年版，第133页。

③ ［法］皮埃尔·布迪厄、［美］华康德：《实践与反思：反思社会学导引》，李猛、李康译，中央编译出版社2004年版，第145页。

一个斗争的场域，目标在于维护或改变力量的构型。"① 场域也是一种竞争性的市场，其中有各种资本，如经济的、文化的、社会和符号的资本，都会被利用和调集。"只有在与一个场域的关联中，资本才得以存在并且发挥作用。"② 因为这种资本赋予了某种支配场域的权力。也就是说，在场域中，位置是与资本密切联系的。人们是根据各自占有资本量的多寡和相对的分量来决定各自在场域中占据何种分量。正是资本使得人们能控制自己的命运和他人的命运。所以，关于场域与个体行动之间的关系，布迪厄一方面肯定了前者对后者的决定作用，另一方面也指出了行动者的能动作用。他说在场域中，行动者，而不是生物性的个体，他们作为主体而存在着，他们仍是积极的和有为的。"社会主体行动者并非是被外力机械地推来扯去的粒子。正相反，他们是资本的承载者，而且基于他们的轨迹和他们利用自身所拥有的资本（数量和结构）在场域中的所占据的位置，他们具有一种使其积极地作为的倾向，即要么是去维护现存的资本分配格局，要么是去颠覆这种分配格局。"③ 布迪厄指出，社会结构和组织由于个人活动而变得一体化和内在化；同时，在其行动中，个人又"外化"他们的利益、世界观以及他们参与社会实践的意向。由此，那些构成社会结构和组织的个人具有共同的条件，他们发展出了共同的习惯。正是由于社会结构反映在个体行动的习惯之中，因而任何一种行动都与更大的社会结构相联系，并反映着进行社会再生产的实践。这些理论元素构成了"社会基础"理论的基本理论品格。

（四）社会基础分析框架的理论品格

社会基础分析框架的理论品格具体体现为相互联系的三种理论取向，

---

① ［法］皮埃尔·布迪厄、［美］华康德：《实践与反思：反思社会学导引》，李猛、李康译，中央编译出版社 2004 年版，第 135 页。

② Bourdieu, Pierreand L. Wacquant. An Invitation to Reflexive Sociology. Chicago: The UniVersity of Chicago Press, 1992. p. 101.

③ ［法］皮埃尔·布迪厄、［美］华康德：《实践与反思：反思社会学导引》，李猛、李康译，中央编译出版社 2004 年版，第 145 页。

而这三种取向又可以归纳为四个重要特点。

1. "社会基础"概念的理论取向

（1）实践取向。长期以来，国内社会学研究中所采用的指导性理论大多是具有帕森斯传统的结构功能主义理论，农村研究中尤为常见。帕森斯的结构功能分析模型，从功能分化的角度，将社会结构概念发展成一种庞大的旨在解释一切人类行动的系统理论。"帕森斯始终认为，总体社会中的四个子系统之所以能够充分发挥功能，其关键在于社会拥有那些将成员整合在一起的共同的价值体系。所谓共同的价值体系，意指由一系列价值模式组成的，并已成为众人认同的规范体系。这些规范作为行为的导向、依据和标准，可以约束行动者行为的边界。通过规范众人行动的准则，或通过价值内化实现的行动者人格结构的塑造，产生一定的效力，并进一步形成社会性的共识……结构由功能体现，结构是互动关系模式，结构即规范，同时这三者是依靠中介变量'地位—角色'做串接的。"同时，在结构功能主义那里，"行动者的互动体现为一连串具有地位—角色的行动者之间的互动，互动中的个人不管怎样变化，角色互动作为社会模式化的准则则是相对稳定的，而社会结构就成了一系列相对稳定的、模式化了的成分之间的关系"[①]。依照这种理论，社会结构的事实是一种超越个人并对个人有制约力的思维类型，它们独立于个人之外并且强加于个人之上。这样，作为行动者的个体面对结构和规范时的能动性消失了，从而他们的创造力也就在很大程度上消失了，这就意味着这个世界并不是由生活中的他们创造出来的，而是先验地存在着这样一种确定而稳固的框架，他们是无能为力的，而且这时作为具体的人也变得无关紧要了，或者说，人消失了，剩下的只是抽象而凝固的关系框架。而在相比于城市生活更像是一种"戏法"的中国农村社会中，我们看到的是另外一种以此理论无法解释的现实。中国农村社会程式化和模式化的程度都很低，大多数社会成员并没有被整合进高度科层化的正式组织中，而像政府这样的正式组织也由于其面对的是极为

---

　　① 周怡：《社会结构：由"形构"到"解构"——结构功能主义、结构主义和后结构主义理论之走向》，《人大复印资料（社会学）》2000年第8期。

复杂的同时是极不"标准化"的现实因素，而不可能采用既定的、严格的、规范的手段实施治理，正式的规则也就只能以极富弹性的方式表现出来。

正是由于科层化、标准化和理性化程度低，在很多时候农民与干部（国家）、基层与上级之间的角色关系就不是确定的，而是不断地被行动者"创造"出来的，是一种"权益性行动"，这样就不能说社会秩序结构总是具有先验性和外在性，也不能说行动者在规范面前总是被动的和服从的，或者说这时规范不再显现为凝固的结构，而成为流动的过程。这样，结构功能主义在一定程度上就失效了。同时，"在帕森斯的理论体系中，功能概念由于为社会系统内一切制度化结构提供了合理存在的依据而占据着核心地位。通过功能概念，帕森斯为社会描绘了一幅以均衡、和谐为特征的理论图景"①。而就中国农村社会中的国家政策执行过程来看，政策在很多时候却没有实现其制度化的功能，即没有实现某种特定结构的功能，或者说，实现的是另外一种为这种结构始料未及的后果。这种现象也不是默顿提出的"潜功能"，而是吉登斯所讲的"意外后果"。结构功能主义强调了结构与功能之间的对应关系，但并没有关注结构事实上是如何发挥作用的，即一定的结构是通过什么样的过程完成了功能或是没有能够完成功能。因此用结构功能主义理论对中国农村社会进行分析和解释就不可能将研究推进到深入的程度。

正是由于这些原因，我们在使用"社会基础"概念时把中国农村社会作为一个在实践中不断创造出来的过程加以看待，"社会基础"概念强调国家力量和政策（革命、改革或具体的政策）进入农村社会时所面对的诸种极其复杂的局面，强调国家与农民的关系、国家对农村的治理都是一种实践过程，这样，在社会基础视域中的国家政策就不再是作为文本的政策而是政策文本，而作为实践形态的政策或政策的实践过程，是国家力量"遭遇"社会基础时所产生出的种种意料之中或意料之外的实践后果。中国共产党十六届五中全会提出"建设社会主义新农村"的目标，并将其归结为"生产发展、生活宽裕、乡风文明、村容整洁、管理民主"五个方面，而农村建设的主体归根到

---

①　贾春增主编：《外国社会学史》，中国人民大学出版社 2000 年版。

底是生活于其中的农民，成败的关键在于农民如何与这一目标实现对接，这样，所谓的建设社会主义新农村便成为农民如何形成一致行动的能力与国家力量相配合实现国家目标并获取自身福利的实践过程。因此，"社会基础"概念实践性的理论取向也可以体现于现象学社会学的创始者许茨所言："生活世界就是不断被我们的行动所修正并不断修正我们行动的世界。"①

黄宗智提出了"从实践到理论再到实践"的研究路线，这实际上也是"社会基础"概念的理论品格，孙立平指出要从实际运作的角度，即实践的角度对社会关系、社会结构等现象重新加以关注，以社会基础为理论的出发点意味着要注重国家权力怎样和农民、农民之间的关系模式和行动模式展开互动，怎样"使日常生活变成上下两种力量互动的舞台"②。更进一步地，以社会基础为理论出发点必然要求更加关注福柯意义上的"毛细血管的权力"或"关于权力的微观物理学"③，即"应当是在微观层面，应当在权力运作的末梢，在一种权力与另一种权力交界的地方，只有在这里，我们才能真正了解权力是如何实现的"④，并在这样的前提下，系统地考察中国农村走向现代化时各种因素交织的局面。从实践的理论取向而言，孙立平等人的社会学研究⑤、苏力等人的法学研究⑥与本书所提出的"社会基

---

① ［奥］阿尔弗雷德·许茨：《社会实在问题》，霍桂桓译，华夏出版社2001年版，第285页。

② 孙立平：《实践社会学与市场转型过程分析》，《中国社会科学》2002年第5期。

③ ［法］福柯：《规训与惩罚》，刘北成、杨远婴译，三联书店1999年版，第289页。

④ 参看苏力：《送法下乡——中国基层司法制度研究》，中国政法大学出版社2000年版，第36页。

⑤ 参看孙立平：《"过程—事件分析"与当代中国国家—农民关系的实践形态》，参见清华大学社会学系主编：《清华社会学评论（特辑）》，鹭江出版社2000年版，第1—20页；孙立平、郭于华：《"软硬兼施"：非正式权力正式运作的过程分析——华北B镇定购粮收购的个案研究》，参见清华大学社会学系主编：《清华社会学评论（特辑）》，鹭江出版社2000年版，第21—46页；马明洁：《权力经营与经营式动员——一个"逼民致富"的案例分析》，参见清华大学社会学系主编：《清华社会学评论（特辑）》，鹭江出版社2000年版，第47—79页；应星：《大河移民上访的故事》，三联书店2001年版。

⑥ 参看苏力：《送法下乡——中国基层司法制度研究》，中国政法大学出版社2000年版；《法治及其本土资源》，中国政法大学出版社2004年版。

础”概念及分析框架是一致的。

(2) 内生性取向。毛泽东指出:"一国之内,在四周白色政权的包围之中,有一小块或若干小块红色政权的区域长期的存在,这是世界各国从来没有的事。"① 中国共产党正是一直围绕着中国这些"世界各国从来没有的事"展开革命和建设实践,坚持从中国实际出发,从而不断从胜利走向胜利。正如黄宗智所言,"正是因为在革命过程之中中国共产党别无选择地要依赖农民的支持来与国内外敌人做斗争,才迫使共产党必须准确地掌握农村的实际状况,从而寻找出一条行之有效的动员农民的行动路线。也正是在这种必要之下形成了世界上最最重视社区田野调查的社会科学传统。……我们甚至可以说,唯有在中国的现代史中才能看到西方人类学的认识方法被成功地当作革命战略而运用于全社会"②。这是共产党一贯坚持的思想路线在现代社会科学语境中的表达。中国农村的很多社会、经济、法律等现象是世界上迄今为止未曾有过的,理解这些现象的关键在于解析中国农村的社会基础方面,从中国农民的关系结构、连接方式以及在这一前提下的农民行动模式出发,而不是以在西方国家历史上被证明行之有效的理论出发;政策的制定与实施要以"非均衡的中国政治"③ 出发,而不是以政策制定者的一厢情愿出发。首先,长期以来,学界所关注的是中国现代化"后发外生性"的特点,着重考察的是使用参照西方世界而形成的一套现代化指标体系来测量中国现代化的水平。这些高度量化的指标在很多时候并不能够真实地反映中国经验和生活于其中的中国人的真实感受,而如果——一种指标体系是独立于生活主体而存在的,那么它的意义就是值得怀疑的。在这个意义上,"社会基础"概念认同这样一种观念:"从长期来看,使本国的传统制度适应新的功能比或多或少原样照搬西方的制度更

① 毛泽东:《中国的红色政权为什么能够存在?》,《毛泽东选集》第 1 卷,人民出版社 1991 年版,第 48 页。
② [美] 黄宗智:《走向从实践出发的社会科学》,《中国社会科学》2005 年第 1 期。
③ 徐勇:《乡村治理与中国政治》,中国社会科学出版社 2003 年版。

为有效。"① 并且，"有意识地把旧的最好的东西和新的最好的东西结合在一起的企图，无论其动机多么的美好而善良，都将由于现代化模式和社会其他结构之间的奇异依存性而注定要失败"②。第二，当今中国农村所处的经济社会背景的复杂性事实上超过历史上一切时期和国际上一切地区，这种分属不同世纪的严重问题交织在一起的图景，是应用任何现成的理论都无法给出清晰的解释和说明的。因此，必须强调一种由内而外的研究视角，从农民真实的生活世界和行动入手，把握农村问题的复杂性和中国农村走向现代化道路的独特性。第三，从制度建设方面来看，自上而下的政策安排和制度设想在农村社会中由于具体的社会基础方面的差异往往呈现出大相径庭的面貌，在与各种地方性因素或"地方性知识"③ 的互动交织中，政策执行并非是一个按部就班的线性过程。贺雪峰已经证明，村民自治制度在不同的农民连接关系结构中实践的结果极为不同④；关于家族文化与农村宗族的研究证明农民基于传统纽带形成的特定连接关系和连接方式对于农村现代化和国家政策的实践影响重大⑤；大量的人类学研究也已经说明，国家力量与农民关系结构的对接是否顺畅以及国家权威与民间力量的冲突与整合是导致治乱变迁的重要因素⑥；近来的研究中所敏锐注意到的国家制度

① ［美］西里尔·E·布莱克：《比较现代化》，杨豫译，上海译文出版社 1996 年版，第 5 页。

② ［美］吉尔伯特·罗兹曼：《中国的现代化》，国家社会科学基金"比较现代化"课题组译，江苏人民出版社 1998 年版，第 4、6 页。

③ ［美］克里福德·吉尔兹：《地方性知识：事实与法律的比较透视》，参见梁治平编《法律的文化解释》，三联书店 1994 年版。

④ 参见贺雪峰：《乡村治理的社会基础——转型期乡村社会性质研究》，中国社会科学出版社 2003 年版；《新乡土中国》，广西师范大学出版社 2003 年版。

⑤ 参看王沪宁：《当代中国村落家族文化——对中国社会现代化的一项探索》，上海人民出版社 1999 年版；肖唐镖《村治中的宗族——对九个村的调查与研究》，上海书店出版社 2001 年版。

⑥ 参看费孝通：《乡土中国　生育制度》，北京大学出版社 1998 年版；王铭铭：《溪村家族——社区史、仪式与地方政治》，贵州人民出版社 2004 年版；吴毅：《村治变迁中的权威与秩序——20 世纪川东双村的表达》，中国社会科学出版社 2002 年版。

安排与农村社会的"遭遇"性质①事实上也尤其体现了学者对本书所言社会基础意义上的内生性理论取向的关注。综合以上这些因素，可以认为，如何深入理解内生性的农民的关系结构与中国农村现代化走向之间的关系是"社会基础"概念提出的重要动因，而梁漱溟在总结民国"乡村建设运动"失败的原因时所讲的"号称农村运动而农民不动"正是说明了不能够从社会基础方面、从内生的视角分析农村现实，就不可能获得实际意义的进步，只可能是"乡村建设运动与农民从心理上根本合不来"②。事实上，如果参照西方先发展国家的历史经验，同样清楚地证明，一定的经济政治制度必然以某种特定的社会关系结构为基础③。总之，"社会基础"概念分析框架要求一种由内而外的理论视野，在实践过程中，在以农民连接关系为基础的"舞台"上对中国农村现代化的过程和机制展开描述与分析。

（3）现实主义的取向。几乎所有后发国家都有强烈的赶超愿望④，这种愿望带来的往往是不顾社会基础以及其他现实约束的现代化的高速推进。斯科特在其《国家的视角》一书中详细地分析了那些试图改善人类状况的项目是如何失败的，其中包括苏维埃的集体化、坦桑尼亚的强制村庄化、巴西利亚等极端现代主义的城市建设等项目，无一例外地遭到彻底的失败，同时给社会经济带来巨大损害。这些完全忽视社会基础的乌托邦力图使用这样一种逻辑："模式化、设计相同的单位，按照相同的配方和工作程序生产相同的产品。相同的单位可以很容易地在各个地方被复制，巡视员可以进入一个清晰的领地，用一张核对一览表来核对他们的工作。"⑤ 为了国家的清晰化和便于管理控制，造成国家简单化的后果，出于某种改造社会的

---

① 参看仝志辉：《选举事件与村庄政治》，中国社会科学出版社 2004 年版。

② 中国文化书院学术委员会编：《梁漱溟全集》第 2 卷，山东人民出版社 1989 年版，第 575 页。

③ 参看厉以宁：《资本主义的起源》，商务印书馆 2003 年版。

④ 参看林毅夫、蔡昉、李周：《中国的奇迹：发展战略与经济改革》，上海三联书店 1999 年版。

⑤ 参看林毅夫、蔡昉、李周：《中国的奇迹：发展战略与经济改革》，上海三联书店 1999 年版。

雄心壮志，造成社会的崩溃和生态的严重退化。与之相反，社会基础分析框架要求一种现实主义的理论取向，要充分考虑到社会的多样性、复杂性和不可重复性，要在国家政策与社会基础之间达成一致、平衡和对接，哪怕这种对接从表面上看有损于某种社会理想的迅速实现。用更为清楚的语言来表达就是："小心翼翼。每行走一段距离便要对原有的信息存量进行一次修正，而那种跳跃式前进很可能命丧谷底。"① 在前述传统农业社会和高风险社会交织在一起的复杂背景下，在中国社会已经出现"断裂社会"② 趋向的背景下，尤其要求要以一种现实主义的取向来考虑问题。

2. "社会基础"概念理论取向的特点

以上对"社会基础"概念的理论取向做出了说明，可以发现，在所描述的三种理论取向之间存在着密切的内在联系，也正因为如此，以"社会基础"概念为核心和基础才能够构造出具有首尾一贯性的，没有内在冲突的理论框架来。

第一，这三种理论取向所共同认同的是作为"关系"的社会学理论。社会首先体现为各种关系交织而成的网络体系，所谓社会研究在某种意义上便可以视为对这些社会关系的关系的研究以及对"挂"在这些关系网络上的诸种事件的研究，这也是本书所谓"社会基础"概念的核心理念。这样，从思维方式上就从传统社会学的实体论转向关系论，更加强调重视行动者的行动和主观意义。

第二，社会基础的三种理论取向都认同马克斯·韦伯意义上的"理解"的方法。马克斯·韦伯将自己的社会学理论称之为"理解社会学"。"所谓理解社会学中的'理解'，从思维的抽象上包含两方面的因素，其一是说明原因，这主要与对社会现象做因果性考察有关；其二是解释意义，亦即探询动机、意图对诱发社会行动的重要性。但在实际的操作过程中，说明和解释是相互包容的，或者是解释性的说明（Interpretive explanation），或者是

① 张军：《过渡经济学：我们知道什么？》，《社会科学战线》1998年第5期。
② 孙立平：《断裂——20世纪90年代以来的中国》，社会科学文献出版社2003年版；《失衡——断裂社会的运作逻辑》，社会科学文献出版社2004年版。

说明性的解释（Explanatory interpretation），这一过程就是理解（Understanding）。"① 用韦伯自己的话来说："理解具有两方面的意义，首先它是对诸如此类的给定活动包括言词的表达的主观意义所做的直接观察理解；也可以是另外的一种样子，即解释性的理解，这是对动机的理性理解，它存在于置该活动于可理解的和更加内在的意义之中……行动在理性上是明显的，这主要是指在我们对各种行动因素在其有意向的意义中获得其完全清晰和理智的把握的情况下才是如此，我们只有通过同情的参与，并能适当地把握住行动在其中发生的情感环境时，才能获得移情或欣赏的精确性。"② 要清醒认识到，在进行农村研究时（当然不仅仅是在农村研究时），研究者进入的是一个"他们的世界"，研究者必须要通过"同情的参与"来把握农村世界中的各种行动的意义和由此产生的复杂关系，这样才能达到一种真实的理解和获得深刻的"洞察"。这样的一种理解方法必然是带有实践性、内生性而且是现实主义的方法。

第三，社会基础的三种理论取向都将农村社会的图景和各种国家政策、社会理想在农村地区的实践作为"再生产"的过程来看待。考察社会系统的再生产或结构化过程就意味着诸如此类的系统在互动中被反复生产出来的方式③，即"结构如何经由行动构成，反过来行动又如何被结构性地建构"④，在"社会基础"概念的理论视野中，农村的现代化并不是一个在给定的结构中线性发展的，而是处于不同连接关系中的行动者使用各种规则和资源"永无休止"地创造的过程，在这一过程中，新的规则和资源同时被不断地再生产出来，形成相对稳定的社会结构。也就是说，"社会基础"概念力图在动态的过程中把握行动者行动的意义，并且考察行动者在具体

<hr/>

① 苏国勋：《理性化及其限制——韦伯思想引论》，上海人民出版社1988年版，第288页。
② ［德］马克斯·韦伯：《社会科学方法论》，杨富斌译，华夏出版社1999年版，第37—41页。
③ ［英］安东尼·吉登斯：《社会的构成》，李康译，三联书店1998年版。
④ ［英］安东尼·吉登斯：《社会学方法的新规则——一种对解释社会学的建设性批判》，田佑中、刘江涛译，社会科学文献出版社2003年版。

互动中是如何使用这个制度性结构的规则和资源的,从而能够认识大尺度、长期存在的制度性结构,也能够从微观的互动出发推演出宏观的趋势和走向。

第四,在实践意义上,社会基础的三种理论取向都坚持"和谐社会"的理念。"社会基础"概念反复强调的就是市场、国家与特定的农民连接方式的对接与契合,强调一定的社会理想、国家政策与特定的社会基础之间的契合与对接,强调的是农民因特定的连接关系和方式而形成的一致行动的能力是中国农村现代化最为重要的实现条件,要求在农民之间、农民与基层政权之间、农民的生活世界与国家政权建设之间、国家主导的社会理想与农民的连接关系之间实现一种相互包容的良性互动关系,这是和谐社会理念的一种具体化了的表现。

二、 研究基础

从"社会基础"概念角度出发,可以大致将农村现代化研究成果概括为理论原型及核心命题两个部分,这构成了本书的研究基础。

(一) 理论原型

之所以称之为理论原型,是因为这些研究和理论构成了中国农村现代化研究最为基本的研究路径、思维和分析框架以及研究范式,为后来的研究提供了基本的、但是又是较为完整的参照系统。可以说,其后的中国农村研究都是在这几种理论原型的深刻影响下展开的。在笔者看来,中国农村现代化研究大体可以归纳为以下四种理论原型。

1. 毛泽东对中国农村社会的深刻洞察

毛泽东以其深刻的洞察力对中国社会结构、社会发展运动的方向和动力做出了科学精辟的分析和预言,不但指导中国共产党领导人民取得了革命的胜利,同时在学术研究方面为后人留下了极其宝贵的财富。

黄仁宇认为,蒋介石与毛泽东作为前后连贯的中国历史的代表者,其主要贡献是，蒋介石创造了中国社会的高层机构，毛泽东翻转了中国社会的底层机构，这两方面的工作在历史进程中前后衔接，使中国有了实现现代化的可能。

黄仁宇所谓"翻转社会底层机构"① 事实上指的是将历来被称之为"一口袋马铃薯"（马克思语）或一盘散沙（孙中山语）的中国农民以极为有效的方式组织成为坚强有力的整体的过程。这一成果依赖于毛泽东对于中国农村实际的深刻洞察。他在《湖南农民运动考察报告》中指出："没有贫农，便没有革命。若否认他们，便是否认革命。若打击他们，便是打击革命。"② 在《新民主主义论》中指出："农民问题就成了中国革命的基本问题，农民的力量是中国革命的主要力量。"③ 阐明了农民的革命主体地位，阐明了依靠农民自身的力量改造社会的可能性和必要性。但是，这种可能性建立在农民对于自身困苦状况的清醒认识以及对这种状况之所以产生的根本原因的清醒认识，建立在改造农民之间的普遍连接关系前提下的农民一致行动的能力。毛泽东自觉使用的阶级分析方法以及在此基础上形成的农民组织和农民运动的理论在一切方面都在发挥着指导性的决定作用。毛泽东在高度评价农民作为中国革命主力军地位的同时，也清醒认识到小农自发的资本主义倾向，因此才有了《论人民民主专政》中的"严重的问题是教育农民"④。毛泽东在很多重要文献中都详细地反复阐明农民作为中国革命的主体和中国革命的对象的矛盾关系问题，反复强调改造农民之间连接关系，使之真正成为中国革命成功和社会理想实现的主力军的重要性和具体措施。诚如黄宗智所言，"正是因为在革命过程之中中国共产党别无选择地要依赖农民的支持来与国内外敌人作斗争，才迫使共产党必须准确地掌握农村的实际状况，从而寻找出一条行之有效的动员农民的行动路线。也正是在这种必要之下形成了世界上最最重视社区田野调查的社会科学传

---

① ［美］黄仁宇：《大历史不会萎缩》，广西师范大学出版社 2004 年版。
② 《毛泽东选集》第 3 卷，人民出版社 1991 年版，第 21 页。
③ 《毛泽东选集》第 3 卷，人民出版社 1991 年版，第 692 页。
④ 《毛泽东选集》第 3 卷，人民出版社 1991 年版，第 1477 页。

统。……我们甚至可以说，唯有在中国的现代史中才能看到西方人类学的认识方法被成功地当作革命战略而运用于全社会"①。可以认为，毛泽东的农村研究是 20 世纪上半期农村和农民问题研究的最辉煌成果，也是新民主主义理论的重要组成部分。不仅在革命时期，直到今天，毛泽东的以改造社会基础来实现社会理想的思想仍然是建设中国农村现代化的关键要点。

2. 乡村建设运动及理论

20 世纪二三十年代，梁漱溟、晏阳初等知识分子发起了"乡村建设运动"。通过定县实验、邹平实验、无锡实验及徐公桥、乌江、镇平和江宁实验，一时间给中国农村带来了兴旺的希望。这一社会改造实践产生了丰富的理论成果，成为今天进行中国农村研究时必须参照的重要学术资源。

晏阳初认为："对于民族的衰老，要培养它的新生命；对于民族的堕落，要振拔它的新人格；对于民族的涣散，要促成它的新团结新组织。所以说中国的农村运动承担着民族再造的使命。"② 在这种认识基础上，晏阳初把中国农村的基本问题归结于"愚、弱、贫、私"四个方面，相应地要开展文艺教育、生计教育、卫生教育、公民教育四大教育来解决之③。梁漱溟从文化保守主义出发，强调中国的特殊性，认为中国近代以来乡村败坏的原因在于向西方学习，因此解决问题的根本出路在于"认取自家精神，寻取自家的路走"④。所以，"救济乡村是乡村建设的第一层意义，至于创造新文化，那便是乡村建设的真意义所在……所谓乡村建设，就是要从中国的旧文化里转变出一个新文化来"⑤。他认为中国的问题是，中国"伦理本位、职业分途"的社会结构被破坏后，西方式的"个人本位，阶级对立"的社会结构又未能建立起来，"遂陷于东不成、西不就的状态中"，因此，

---

① ［美］黄宗智：《走向从实践出发的社会科学》，《中国社会科学》2005 年第 1 期。
② 宋恩荣主编：《晏阳初全集》第 1 卷，湖南教育出版社 1989 年版，第 294 页。
③ 参看郑大华：《民国乡村建设运动》，社会科学文献出版社 2000 年版。
④ 梁漱溟：《中国民族自救运动之最后觉悟》，参见中国文化书院学术委员会编《梁漱溟全集》第 5 卷，山东人民出版社 1989 年版，第 112 页。
⑤ 梁漱溟：《乡村建设大意》，参见中国文化书院学术委员会编《梁漱溟全集》第 1 卷，山东人民出版社 1989 年版，第 611 页。

要创造新文化，救活旧农村，进行乡村建设事业，就必须从建设新社会组织构造入手，创造一种以理性和伦理为基础的新团体组织；由此推动经济、政治与社会的全面进步①。作为主要的代表人物和推动者，"乡村建设运动"正是在这两种基本观念指导下展开，但结果，无论是晏阳初的"要化农民必先农民化"的平民主义路线，还是梁漱溟强调知识分子作用、带有典型精英主义色彩的行动路线，都没有取得实质意义上的成功。如梁漱溟所言"号称农村运动而农民不动"，究其原因只可能是"乡村建设运动与农民从心理上根本合不来"②。从"社会基础"概念的角度来看"乡村建设运动"理论，其重要的贡献在于在当时深刻认识到中国问题的实质是农村问题，而农村问题的实质是人的问题——农民问题，解决这一问题的出路在于改造农村的社会组织结构，即农民的连接和组织方式。这在某种意义上与中国共产党的主张是一致的，但是依照乡村建设理论却没有办法使农民在一种强有力的关系纽带联结下形成一个整体，无法形成在广泛范围内真正发挥作用的农民一致行动能力，因此，这种理论虽然看起来力图从农村本质问题出发，却由于文化本位的局限，没能够涉及农民根本的需求，不能够使农民成为乡村建设真正的主体，不能使农村内生出巨大创造性力量。归根结底，不能够解决农民如何紧密地、持久地组织起来的问题，其结果只能是善良愿望的一厢情愿。如果以乡村建设理论与毛泽东的农民理论相比较，这种差别就十分明显了。而为什么会有如此巨大的差别，正是使用"社会基础"概念研究现时代中国农村现代化时特别关注的一个理论问题。

3. 费孝通的乡土理论

费孝通最具声望的著作是《江村经济》和《乡土中国》，前者通过对一个村庄的微观解析回答乡村变迁的动力问题，并形成了费孝通基本的"农村工业化"的思路，这种思路与20世纪80年代以后乡镇企业的蓬勃兴起遥相呼应；后者对中国农村社会结构的特点进行总括式的描写，并回答了形

---

① 参看郑大华：《民国乡村建设运动》，社会科学文献出版社2000年版。
② 中国文化书院学术委员会编：《梁漱溟全集》第2卷，山东人民出版社1989年版，第575页。

成这种特点的诸种要素。在《乡土中国》中，费孝通提出了"礼治秩序"和"差序格局"两个对中国农村研究极为重要的概念，揭示了中国农村社会秩序得以形成的内在原因。他指出："礼和法不相同的地方是维持规范的力量，法律是靠国家的权力来推行的，维持礼这种规范的是传统。"[①] 因此，"所谓人治和法治之别不在人和法这两个字，而是维持秩序所用的力量和所根据的规范的性质。"[②] 这一方面说明，研究中国农村现代化时必须注意传统与现代、中国与西方的对接，而不是一概地否定传统的功效；另一方面，要注意到中国农村社会秩序的形成有赖于一个变迁缓慢的社会，"在一个变迁很快的社会，传统的效力是无法保证的"[③]。这样也就同时印证了毛泽东对于市场化、国际化因素冲击下急剧变化的中国社会的阶级分析，印证了中国共产党"翻转社会基层"的紧迫性和可行性。"差序格局"概念进一步细致地揭示了中国农民基本的组织资源和共同行动的纽带。"长老统治""熟人社会"等概念对农村社会的刻画精微入里，是今天进行农村现代化研究时很方便使用的"理想类型"。从"社会基础"概念出发，我们需要注意的是，经历了革命洗礼、长期的人民公社体制的熏染、市场化的猛烈冲击这三重根本性变革之后，费孝通所描述的农民之间的这种组织资源和联系纽带还在多大程度上、以什么样的方式存在着，现代性与"乡土因素"之间的纠结呈现出怎样的实践状态，切实地回答这一问题对当前的农村研究和农村政策制定极为重要。

4. 西方汉学界的中国农村研究

这一方面最重要、影响最大的成果是根据日本"南满洲"铁道株式会社所做的"中国农村惯行调查"资料而形成的一系列著作。出于了解中国农民、了解中国农村，搜集中国的社会经济情报，制定侵华政策依据的目的，满铁在河北省良乡县的吴店村、顺义县的沙井村、昌黎县的侯家营、栾城县的寺北柴，山东省历城县的冷水沟、山东省恩县（今平原县）的后

---

① 费孝通：《乡土中国　生育制度》，北京大学出版社 1998 年版，第 50 页。
② 费孝通：《乡土中国　生育制度》，北京大学出版社 1998 年版，第 49 页。
③ 费孝通：《乡土中国　生育制度》，北京大学出版社 1998 年版，第 52 页。

夏寨六个村庄进行了非常严密细致的调查，内容涉及家庭、家族、村落组织、社会团体、共同作业、民间信仰、土地的借贷与买卖等社会活动和社会规范的各个方面，形成了数量极大的调查数据和原始资料，调查结果汇编为《中国农村惯行调查》6 卷出版。虽然收集资料的目的是为日本殖民中国做准备，但从学术价值而言，这些资料对于了解和研究 20 世纪上半叶中国乡村社会是极为宝贵的。主要根据这些资料，20 世纪 60 年代，马若孟完成了《中国农民经济：河北和山东的农民发展，1890—1949》，80 年代，黄宗智完成了《华北的小农经济与社会变迁》，杜赞奇写成了《文化、权力与国家：1900—1942 年的华北农村》，这三部著作成为中国农村研究的经典文本。

马若孟的《中国农民经济》[①] 通过对华北四个村土地所有制、资本、劳动力、借贷、农民收入和储蓄、村庄领导权和农民组织、村和县的财政状况的考察，对农户生产结构、土地利用和生产发展、租佃关系、地主的经济行为、商业与农户的关系、地方政府与农户的关系、农村市场结构等方面进行了详尽地分析和描述。他认为，在华北农村，市场经济是高度竞争的，垄断从来没有长期存在过，农户、乡村和集镇都依赖于发展中的市场经济以获取更大的福利，农村生产的发展有赖于中央和地方政府对基础设施的更多投入。他并不认为在华北农村存在制度变迁和农民连接关系变迁的必要性，也就更加不认为在当时存在彻底变革社会制度与革命的必要性，只是从技术的角度分析农村经济的发展，这是有很大局限性的，也是本书所强调的"社会基础"概念力图补充的一个方面。

杜赞奇的《文化、权力与国家：1900—1942 年的华北农村》[②] 提出了几个重要概念：权力文化网络、国家政权内卷化、保护性经纪与营利性经纪。他指出："在组织结构中，文化网络是地方社会中获取权威和其他利益的源泉，正是在文化网络中，各种政治因素相互竞争，领导体系得以形成。

---

① 参看［美］马若孟：《中国农民经济》，史建云译，江苏人民出版社 1999 年版。
② 参看［美］杜赞奇：《文化、权力与国家：1900—1942 年的华北农村》，王福明译，江苏人民出版社 2003 年版。

文化网络由乡村社会中多种组织体系以及塑造权力运作的各种规范构成，它包括在宗族、市场等方面形成的等级组织或巢状组织类型。"① 他认为，任何追求公共目标的个人和集团都必须在这一网络中活动，并且，"正是文化网络，而不是地理区域或其他特别的等级组织构成了乡村社会及其政治的参照坐标和活动区域"，② "诸如市场、宗教、宗族和水利控制的等级组织以及诸如庇护人与被庇护者、亲戚朋友间的相互关联，构成了施展权力和权威的基础"。③ "权力文化网络"概念在杜氏那里是作为对施坚雅"市场体系"理论和此前的"乡绅社会"理论的反动抑或补充出现的，他正确地认识到，"20 世纪，国家政权在竭尽全力放弃甚至摧毁文化网络时，其建立新的沟通乡村社会的渠道又进展甚微，这只能削弱国家政权本身的力量"④。因此，"如果国家政权想创造出可行的新型权威，那它必须将其建立在适应社会变迁需要的组织之上"⑤。他以村庄的政治权利与文化网络的脱节过程，分析了 20 世纪上半期国家在基层乡村丧失合法性的原因，这是使用"社会基础"概念研究当今农村时十分重视的方面。而保护性经纪与营利性经纪概念清晰地揭示了国家政权在对农村不负责任地扩张、渗透和肆意提取过程中传统的乡村权威结构崩溃、社会秩序混乱、乡村破败的现实，这对于从中观层面研究当今基层政权与农民之间的关系有很大的启示作用。

　　黄宗智的《华北的小农经济与社会变迁》⑥ 考察了 20 世纪上半期华北农村宗族与村政、村庄经济的关系，指出现代化所导致的国家权力扩张对

---

　　① 参看［美］杜赞奇：《文化、权力与国家：1900—1942 年的华北农村》，王福明译，江苏人民出版社 2003 年版，第 11 页。

　　② 参看［美］杜赞奇：《文化、权力与国家：1900—1942 年的华北农村》，王福明译，江苏人民出版社 2003 年版，第 3 页。

　　③ 参看［美］杜赞奇：《文化、权力与国家：1900—1942 年的华北农村》，王福明译，江苏人民出版社 2003 年版，第 24 页。

　　④ 参看［美］杜赞奇：《文化、权力与国家：1900—1942 年的华北农村》，王福明译，江苏人民出版社 2003 年版，第 25 页。

　　⑤ 参看［美］杜赞奇：《文化、权力与国家：1900—1942 年的华北农村》，王福明译，江苏人民出版社 2003 年版，第 25 页。

　　⑥ ［美］黄宗智：《华北的小农经济与社会变迁》，中华书局 1986 年版。

于新型的国家与村庄社会关系的影响。他注意到了农村地区商品化的发展，但同时认为，中国的小农经济具有极为顽强的生命力，它战胜或者阻碍了以追求利润为动力的经营式农场的发展，使商品化无法过渡到资本主义的生产方式中去。在华北地区的农村，商品化在一定程度上促进了经营式农场的出现，但同时也使这种追求利润的农场发展到一定规模便不能再发展下去，商品化带来了小农家庭的更加充分的完善和强化。这种分析对于今天同样面临市场化和国际化压力的农户经济而言意味着什么？如何实现极度分散的小农与市场的顺利对接？这都是需要围绕"社会基础"概念继续深入探索的问题。

以上四个方面构成了中国农村现代化研究学术史的经典内容，20世纪80年代以来的大多数中国农村研究从概念抽象到方法路径都受到这几方面思想和理论的深刻影响，也可以这样说，以上理论是中国农村现代化研究的理论原型。

（二）中国农村现代化研究的核心命题

中国农村现代化研究由于其综合性和复杂性，涉及诸多方面的问题，但通过仔细梳理可以证明，农村宗族与文化研究、村民自治研究、人民公社研究、乡村秩序与乡村治理研究以及农民合作化与组织化研究五个方面是作为最为核心的命题出现的。

1. 农村宗族与文化研究

中国当代宗族研究的代表性作品是肖唐镖的一系列成果[1]。值得注意的是，这种研究是以村庄治理为背景展开的，即"村治中的宗族"，这种实践导向和问题导向的研究在现实中的解释力就显得尤为突出。特别是在中国南方农村地区宗族势力普遍复兴、宗族力量大量参与村级选举和治理的背

---

① 参看肖唐镖、兴珍宁：《江西农村宗族情况考察》，《社会学研究》1997年第4期；肖唐镖：《农村宗族重建的普遍性分析》，《中国农村观察》1997年第5期；肖唐镖：《农村宗族势力与国家权力的互动关系分析》，《探索与争鸣》1998年第7期；肖唐镖：《村治中的宗族——对九个村的调查与研究》，上海书店出版社2001年版。

景下，肖唐镖力图回答这样一些问题：传统性的宗族与现代性的民主是否有亲和力？民主发展是否能与传统宗族相对接？宗族是否具有催发现代性民主的内生力？更具体地来看，在研究中，宗族能否成为保障农民利益、制约权力非法侵害的组织？能否演变为开放的民主性组织？宗族是民主化的桥梁还是障碍？联系费孝通对乡土中国的论述，可以看到，这种研究反映了传统中国农民最为紧密的一种连接关系在农村市场化、民主化、现代化过程中的变迁方式，是国家政权建设行动与乡土社会在微观层面上的激烈互动，是意识形态因素减弱后农村社会形成新的社会秩序的历程。这种研究与农民的合作能力、农村社会基本的信任结构的形成、农村经济组织形式密切相关，因而必然地成为社会基础研究关注的重要方面。

王铭铭基于社区研究之上的人类学研究形成了中国农村文化研究的代表性作品[1]。在这些研究中讨论了民族—国家与传统家族社会组织之间的关系、现代化过程中民间传统的地位、地方性互助制度、民间生活观念与现代幸福观的可比性、现代权威制度形成中民间权威的延续等问题，对 20 世纪以来国家政权建设对乡土社会经济、社会、文化的渗透和冲击，以及地方社区对政治运动和"规划的社会变迁"的反应方式和过程做出了令人信服的解释和分析。这些成果建立了村落与超越村落的国家与社会力量之间关系的分析框架，从理论上和技术上为农村现代化研究打开了新的视域。与之相对应，王沪宁的研究[2]也将村落文化作为中国农村现代化的核心内容加以看待，但是改造和消亡是这一研究的主题。他认为虽然村落文化在现阶段有着积极的一面，但是村落文化血缘性、聚居性、等级性、礼俗性、农耕性、自给性、封闭性、稳定性的特质与带有社会性、工业性、开放性、广泛性和变革性特点的现代社会主义文化是不相容的，因而村落家族文化的消解是不可避免的历史趋势。

---

① 参看王铭铭：《社区的历程：溪村汉人家族的个案研究》，天津人民出版社 1997 年版；《村落视野中的文化与权力：闽台三村五论》，三联书店 1997 年版。

② 王沪宁：《当代中国村落家族文化——对中国社会现代化的一项探索》，上海人民出版社 1999 年版。

2. 村民自治研究

这方面成就最大的当属徐勇的研究，他的系列成果将村民自治研究推进到了真正深入的程度①。在对村民自治制度和实践进行全面把握的基础上，徐勇以现代国家建设包含着双重含义即民族国家建设和民主国家建设为出发点，认为村民自治是中国民主政治发展的新的突破点，而中国村民自治的成长从上看需要体制性的行政放权，从下看则需要现代社会组织的发育。村民自治是现代民主国家建构中产生的，其制度设计中蕴含着现代民主理念。但中国的村民自治具有国家赋权的特点，民主自治的立法精神能否落实取决于行政放权所提供的体制空间，村民委员会为村民自治提供了制度性的自治平台，但是需要农民组织化参与。传统的家族组织不可能为村民自治提供所需要的组织资源，反而会扭曲村民自治的精神。只有市场化过程中形成的理性化社会和农民的自我组织，才能为村民自治的成长提供必要的社会条件。因此，民主自治社会将是一个长期发育的过程。他还特别指出，各类农民合作专业经济组织将在村委会这一自治制度平台上发挥积极作用，构成村民自治运行的组织基础。这与本书所强调的"社会基础"概念是意气相通的。

景跃进的研究②从村委会和村支部关系的特定角度对村民自治制度的实践形态做出了细致的分析，对两委矛盾的生成逻辑做出了理论上的解释，对化解两委矛盾的实践探索过程如"两票制""一肩挑""一制三化"等做出了模式化的说明，对其合法性和绩效进行了比较，从党政关系维度、国家与社会的关系维度以及群众路线维度对解决村民自治中的两委关系问题提出了理论方向。金太军等人从乡村关系与村民自治的角度③将村民自治研

---

① 参看徐勇：《中国农村村民自治》，华中师范大学出版社 1997 年版；《流动中的乡村治理》，中国社会科学出版社 2003 年版；《乡村治理与中国政治》，中国社会科学出版社 2004 年版。

② 参看景跃进：《当代中国农村两委关系的微观解析与宏观透视》，中央文献出版社 2004 年版。

③ 参看金太军：《乡村关系与村民自治》，广东人民出版社 2002 年版。

究置于更加宽阔的框架之中，仝志辉的研究①从"选举"角度切入村民自治制度的研究，展现了乡土社会在"遭遇"选举时产生的社会变迁图景。从"社会基础"概念角度来看，这些出于不同学术视角的研究在深化村民自治这一农村基本制度研究的同时，也体现出农民之间的普遍的、基本的连接方式正在发生着深刻的改变，这种改变也许比村民自治制度本身更有积极的意义。

3. 人民公社研究

人民公社具有两个方面的重要意义：一方面，它曾经是中国农村最重要的制度模式和中国农村社会的存在方式，是最基本的和重要的农民组织方式和连接关系，是农村社会秩序生成的核心制度性力量。作为特定社会理想的具体实现方式，它为中国农村的现代化乃至整个国家的工业化做出过非常特殊的贡献，它彻底打破了乡土中国的传统循环模式，是农业集体化运动史无前例的创举。另一方面，人民公社制度及其实践构成了农村社会的"改革前史"，为农村改革提供了最基本的社会背景，今天观察到的乡村两级治理的技术和逻辑还带有极多的人民公社的痕迹，从发生学的意义上讲，人民公社制度及其后果是进行农村现代化研究绕不过去的一个主题。张乐天出版了关于人民公社制度的第一部系统的、实证性的研究②，提出了"外部冲击—村落传统互动"模式，以浙江海宁一个人民公社为基本研究对象，从公社制度的总体性、公社的经济管理和社会生活、公社具体制度安排和制度特征、制度与农民行为等方面，对人民公社的导入到终结的全过程进行了详尽的描述分析，指出正是人民公社制度对传统的"嵌入"使农村摆脱了"循环的陷阱"，对人民公社的功能、缺陷以及公社对农村现代化的意义有着十分深入的阐发。从"社会基础"概念意义上来看，张著的贡献在于他开创性地全面描述了在人民公社这种制度体系内，农民固有的联系模式和组织方式怎样被社会动员与国家力量所摧毁，农民所形成的新的基本的连接关系以及在此基础上产生的行动能力，阐述了国家对原有社会

---

① 参看仝志辉：《选举事件与村庄政治》，中国社会科学出版社 2004 年版。

② 参看张乐天：《告别理想——人民公社制度研究》，中国出版集团·东方出版中心 1998 年版。

基础的改造以实现国家目标与社会基础相对接的过程与机制，也理性而深刻地反省了这种强制性的对接关系的致命缺陷。这对于理性看待传统与现代、乡土性质与国家力量的矛盾，构造现时代合理的乡村治理结构，组织农民与市场化相对接，实现农民与国家力量的动态制衡，从而很好地实现社会主义新农村建设的目标有极大的借鉴意义。在张乐天以外，罗平汉①和辛逸②的著作也从制度史的角度和人民公社分配制度的特定角度对公社研究的深化做出了贡献，特别是辛逸的著作对公社体制内"按劳分配"和"按需分配"的关系、公共食堂的本质、工分制和家庭副业等专题做了更加具体细致的研究，这对于探究农民组织资源和组织成本问题有非常切实的意义。

4. 乡村秩序与乡村治理研究

在费孝通的乡土中国研究中，我们可以十分清晰地看到传统中国农村秩序得以形成、社会得以正常有序运转的根由，但是在后人民公社时期，特别是进入 20 世纪 90 年代后期，在社会分化剧烈、失范严重的背景下，村庄社会秩序何以生成？村庄治理如何进行？这些问题构成了这一时期农村研究的主题。在贺雪峰看来，解决这些问题的前提在于对转型期中国农村社会性质有深刻的认识③。他的《新乡土中国》就很明显地表现了继承先贤的宏大理论追求。贺雪峰提出了有关乡村社会性质研究的"村庄社会关联""村庄面向""半熟人社会""村级权力结构的模化"等一系列重要概念，令人信服地解释了村民自治等理论上相当完善、动机十分善良的制度却无法收到良好效果的根由所在。他以经济社会分化和社区记忆的强度为指标，构建了关于村庄社会关联的四种理想类型，他指出："村庄社会关联关注的是处于事件中的村民在应对事件时可以调用村庄内部关系的能力……当村

---

① 参看罗平汉：《农村人民公社史》，福建人民出版社 2003 年版。

② 辛逸：《农村人民公社分配制度研究》，中共党史出版社 2005 年版。

③ 参看贺雪峰：《新乡土中国》，广西师范大学出版社 2003 年版；《乡村治理与秩序》，华中师范大学出版社 2003 年版；《乡村研究的国情意识》，湖北人民出版社 2004 年版。

庄中很多村民具有足够应付事件的关系时，村庄秩序也就有了基础。"① 贺雪峰强调"依赖社区社会自身来获得秩序，是转型期国家治理的重要特点，也是社区社会在国家无力提供秩序时的应对策略……真正有效的村民自治还要有特定的社会基础"②，当然，这种提法将农民的连接关系界定在一个有较为明确的物理边界和容量的组织和区域内部，局限在村庄分析这一层面，在农民流动性增强，跨村庄甚至跨区域行动普遍展开的背景下，对某些现象的解释就会出现困难。而本书所指出的"社会基础"概念正是要在更为广阔的范围内，针对农民更为多样化的连接方式，不局限于村庄内部对农民之间、农民与其他社会阶层之间以及农民与国家之间的关系进行充分的讨论，村庄社会关联方面的研究可以视为其中的一个重要的组成部分。村庄社会性质的类型不同，在民主选举、村民合作、村庄治理乃至农民上访、计划生育、乡村债务等方面就都会迥然有异，这也是为什么同样的动机良好的国家政策在不同地区的农村实施会得出完全不同的结果的内在原因，更为细致地论证了"非均衡的中国政治"③ 的现实，试图说明制度安排于不同乡村社会之间的规律关系，为克服政策的一刀切从理论上提供了初步的依据。在此基础上，贺雪峰进一步明确提出了"乡村研究的国情意识"，提出了从个案调查到分类研究这一乡村政治研究的路径，这些成果将乡村性质的研究进行到了前所未有的精致和精细的程度，为以"社会基础"概念为核心的农村现代化研究提供了宝贵的理论资源。

　　苏力等人的法学研究④展示了作为文本的法律在乡土社会中的运作过程与逻辑，从制定法与习惯之间、法律条文与地方性知识之间的纠结关系入

---

① 贺雪峰：《乡村治理的社会基础——转型期乡村社会性质研究》，中国社会科学出版社 2003 年版，第 4、6 页。

② 贺雪峰：《乡村治理的社会基础——转型期乡村社会性质研究》，中国社会科学出版社 2003 年版，第 16、26 页。

③ 徐勇：《流动中的乡村治理》，中国社会科学出版社 2003 年版。

④ 参看苏力：《送法下乡——中国基层司法制度研究》，中国政法大学出版社 2000年版；《法治及其本土资源》，中国政法大学出版社 2004 年版；《道路通往城市——转型中国的法治》，法律出版社 2004 年版。

手，对法制与本土资源的关系问题进行了深入探讨。苏力从"送法下乡"的困境阐述了法律制度必须与农民的生产生活方式相契合，他认为"真正要实行规则之治，一个非常重要的前提是规则之治的治理对象本身要具有一定的规则"，"而这种规则性不可能通过我们制定规则，将不规则的现象纳入一个规则的条文就可以解决了"①，"中国基层和乡土社会中大量的纠纷都很难被纳入到目前主要是移植进来的法律概念体系（而不是法律）中，很难经受那种法条主义的分析"②。从"社会基础"概念角度来看，苏力的贡献在于他从法律运作的视角展示了国家权力怎样和农民、农民之间的关系模式和行动模式展开互动，怎样"使日常生活变成上下两种力量互动的舞台"③。回答了在与西方国家相比极不标准化和"现代化"的中国农村社会，正常的社会秩序如何形成，国家政权建设如何有效推进，农村如何在法治方面实现适合中国国情的现代化的问题。在"乡土中国"与"新乡土中国"、"文字下乡"与"送法下乡"的对照呼应中，我们看到了苏力、贺雪峰等人与费孝通共同的理论取向。在这些成果基础上，我们可以进一步探讨诸如村庄内部的种种纠纷如何化解，仅仅依靠正规化的法制建设和科层制的司法系统能否完成这一任务，具有中国特色的调解等制度和方法在什么样的社会基础上能够得到有效的使用，同时又不会瓦解国家对农村地区实施有效控制这些极为重要的问题。

5. 农民合作化与组织化研究

由于强烈意识到原子化的农户无法实现与市场经济的对接，也很难与国家在农村地区正规化、科层制的努力相契合的窘境，近年来对农民合作化与组织化的研究成为农村研究中极重要的方面。程同顺④、赵凯⑤、梅德

---

① 苏力：《送法下乡》，中国政法大学出版社 2000 年版，第 193 页。
② 苏力：《送法下乡》，中国政法大学出版社 2000 年版，第 216 页。
③ 孙立平：《实践社会学与市场转型过程分析》，《中国社会科学》2002 年第 5 期。
④ 参看程同顺：《中国农民组织化研究初探》，天津人民出版社 2003 年版。
⑤ 参看赵凯：《中国农业合作经济组织发展研究》，中国农业出版社 2004 年版。

平①、尤小文②、冯开文③等人的研究从农村经济组织及农村合作经济发展的角度对农民如何有效率地组织起来以促进生产、增加自身福利进行了深入的探讨，对农民合作的历程和实现方式的理论归纳，对农民组织化的形式、机制的微观分析也达到了较为深入的程度。但这些研究共同的问题在于，一方面，这些研究没有能够将农民组织化和合作化的行动置于国家力量与农民的互动过程中进行深刻的分析，更没有从国家—地方政府—乡镇政权—村级组织—农民行动这样一个更为复杂，却更为说明中国实际的互动网络中来加以考察，因此，无论从理论上如何证明其正当性和合理性，都由于简单化的缺陷而无法实际解释和解决现实当中农民组织化程度低、合作困难的问题；另一方面，经济不是，也从来不是物与物之间的关系，也不是人与物的关系，归根到底只可能是人与人之间的关系，因此，虽然农民的组织化、合作化在形式上更多地表现为经济组织和经济联系，但是从本质上看，这是在形成一种新的、微观层面上的农民之间的连接关系和关系模式。这种连接关系必然是综合性的，它的形成包括了经济利益方面的计算（作为理性人的一面），也会包括传统的血缘、社区记忆等纽带，在面对相近的市场经济规则时，各种地方性知识也会发挥很强的影响力，如果不能以深刻的理解方法去考察农民的观念和行动，以及他们形成一致行动能力的因素和过程，仅仅从经济因素一个维度出发，就无法理解农村社会的复杂性，更不能解释和解决农民如何组织起来这个当前农村最为核心的问题。也正是在这个意义上，本书所提倡的"社会基础"概念及其分析框架可以发挥更大的作用。

与之相对应，其他的一些研究在各个方面克服着上述研究的理论缺憾。胡必亮④提出了"关系共同体"概念，他从血缘关系圈、地缘关系圈、业缘关系圈和华人网络社会等表现形式中抽象出"建立在现实生活中各种实体

---

① 参看梅德平：《中国农村微观经济组织变迁研究》，中国社会科学出版社2004年版。
② 参看尤小文：《农户经济组织研究》，湖南人民出版社2005年版。
③ 参看冯开文：《合作制度变迁与创新研究》，中国农业出版社2003年版。
④ 参看胡必亮：《关系共同体》，人民出版社2005年版。

的小共同体的基础上的而又超越于小共同体的共同体现象"①；强调中国人利用关系和运作关系在较大范围内建立普遍信任，从而实现合作的特点；认为农民可以利用关系跨越社区的界限，成为一种开放性的组织。这是对农民组织资源和组织方式的一种新的阐述方式。于建嵘②对农民有组织上访群体的研究从政治观念和政治诉求的角度对农民组织关系的建立、组织形态的演化做出了说明，并且鲜明地提出了普遍建立农民协会这一解决农村问题的对策性建议。潘维③提出了一种有别于国内学术界主流意见的观点，认为在市场化的过程中，正是基层政权为中国农民走向市场架起了一座桥梁，扮演了市场中介的角色，在基层政权的带领下，农民以小型农村集体为单位闯荡工业市场，保障了自身的安全，换取了地区的经济发展和稳定乃至全国的繁荣稳定，也因此没有出现市场化过程中普遍出现过的农民抗议运动。强调了社会主义传统和集体主义精神对于农民和农村的发展和现代化的决定性作用，不但认为不能削弱基层政权，而且认为农民、农村社区、农村基层政权三位一体、不可分割，必须要加强基层政权的组织力量，否则农村社会就会退化，农民就又会变成一盘散沙。"乡镇企业死了，乡镇企业的精神万岁"④ 或许是作者观念最明确的表达，意味着固有的国家力量和基层政权的政治动员能力是形成农民一致行动能力的最有效的资源。在一些与市场对接程度较高的村庄的研究中，如折晓叶⑤、毛丹⑥对"超级村庄"和"单位化村庄"的研究也都在致力于揭示农民基本连接关系的改变对于农村现代化的根本性意义。

---

① 胡必亮：《关系共同体》，人民出版社 2005 年版，第 14 页。

② 参看于建嵘：《农民有组织抗争及其政治风险》，《战略与管理》2003 年第 3 期。

③ 参看潘维：《农民与市场——中国基层政权与乡镇企业》，商务印书馆 2003 年版，第 373 页。

④ 参看潘维：《农民与市场——中国基层政权与乡镇企业》，商务印书馆 2003 年版，第 373 页。

⑤ 折晓叶：《村庄的再造——一个超级村庄的社会变迁》，中国社会科学出版社 1997 年版。

⑥ 毛丹：《一个村落共同体的变迁——关于尖山下村的单位化的观察与解释》，学林出版社 2000 年版。

　　以上从"社会基础"概念的角度对中国农村现代化研究成果的理论原型及核心命题进行了分析。这是一种从特定视角出发所做的类型学分析，试图说明"社会基础"概念的理论渊源，强调农民组织资源的凝聚、连接关系的改变以及一致行动能力的形成是中国农村现代化的核心问题，而其他问题都要建立在这个核心问题得到较好解释和解决的基础之上。社会主义新农村建设的主体是农民，农民主体地位的实现、农民主体力量的发挥、农民与其他社会阶层和利益集团关系的协调是决定新农村建设成败的关键。此前的学术研究已经在这方面做了大量的理论和经验的积累，本书将从"社会基础"概念角度把这种理论探索进一步推向深入。

第二章　市场化战略的实施：对中国农村现代化既有社会基础的双重消解

　　经历了近代以来各种思潮的洗礼、各种文化样式的侵蚀，以及各种政治经济制度的重大变革，今天我们很难说中国农村还会保持着某种"纯粹"的模式，除了极少数村庄可以被人类学家作为案例做解剖性的分析以外，从总体上看，我国农村社会已经进入一种较之马克斯·韦伯所言"戏法"更加让人眼花缭乱的复杂局面。从韦伯意义上的"理想类型"角度来看，或者更加形象地从"基因"或"血统"上来看，影响中国农村面貌的最主要因素有两个，即乡土的和革命的因素。这两种因素构成近代以来特别是1949 年以后中国农村社会的底色，也成为理解农村社会的关键。由此而形成的乡村社会基本关系模式——本书所指的"农村现代化社会基础"也就形成了特定的两种基本类型。1978 年以后，这种状况发生了重大的转变，市场化的因素开始凸现并逐渐发挥越来越大的作用，乡土的和革命的因素在市场化的思想浪潮冲击和文化的渲染以及制度的约束下开始褪色；既有的农村现代化社会基础被消解了，面临着重构的巨大空间，也面临着很大风险。

一、 市场伦理与传统伦理——乡土社会的消逝

"乡土"概念之所以被学术界广为接受，大概与费孝通先生的著作《乡土中国》关系甚大，"乡土"成为用以描述传统中国农村的可以被读者"心领神会"的学术概念。在"乡土中国"当中，乡土性质、宗族、士绅、儒家文化构成了不可或缺的四个方面，或者说，成为中国乡土社会最基本的构架。1978 年以后市场化的兴起对这一切实施了彻底的冲击，在各地农村，乡土社会的特质正在以前所未有的速度消解，中国农村社会的性质正在呈现出与此前时代非常不同的面貌特征。

（一）乡土社会的内在结构

一种特定的社会结构形成并不是各个部分或各种因素的简单累加，而是必须要求社会结构各部分之间存在一种系统性的特征，即这些要素必须要以特定的方式实现相互支持和配合，在理论上成为一个首尾一致的、无内在冲突的逻辑整体，在实践中形成制度化了的规则体系，以此实现社会顺畅运转。中国乡土社会的内在结构在这一方面可以视之为一个典型。

1. 乡土性质

关于中国社会的乡土性质，费孝通认为，首先，从人和空间的关系上来看，乡土社会是不流动的，表现在：（1）乡土社会的人谋生方式凝固单一，除了种植业不知道还有别的利用土地的方式；（2）乡土社会人口流动很少，而是直接黏着于土地上；（3）乡土社会的人安土重迁。同时，就人与人的关系而言，乡土社会的人际关系是对外以聚居集团为单位的孤立和隔膜，而对内则以熟人社会为特色。乡土社会的基本单位是村落，由于人口流动性低，农业生产本身一般不需要社区之间的合作，村与村之间的疏离与隔膜是很自然的事情了。所以乡土社会的生活富于地方性，"在熟悉里得来的认识是个别的，并不是抽象的普遍原则，在熟悉的环境里生长的人，不需要这种原则，他只要在接触所及的范围之中知道从手段到目的间的个

别关联"①。人们的生活由于地域上的限制，使村落成了自给自足的生活圈子。人们共同享用乡土社会中形成的信用，这种信用"并不是对契约的尊重，而是发生于对一种行为的规矩熟悉到不假思索的可靠性"②，也正因为如此，乡土社会成为"礼治"社会，礼成为社会公认合适的行为规范。合于礼则说明这些行为是做得对的，是合适的，礼不需要国家的政治权力机构来强制推行和保证，维持这种规范的是传统，是世代积累的经验。行为规范的目的是配合人们的行为以完成社会的任务，而社会的任务则是满足社会中每一分子的生活需求，人们想要满足需要就必须相互合作，采取各种技术手段来获取资源。这套技术手段不是每个人自行的设计，或临时的规划，在乡土社会中，上一代遗留下来的经验可以完整地交给下一代，一代一代地积累出帮助人们生活的全套方法。就个人而言，在他出生之前，已经有人替他准备好怎样去应付人生道路上可能发生的所有问题了，前人所用来解决问题的方案，完全可以照搬来作为自己的行动指南，越是前代证明行之有效的，越是应当遵守并且流传下去的。当人们习惯了行动与目的之间的关系不需要自己去推理探究，只需要照规矩去做时，规矩也就演化成了一种带有神圣性的仪式，从而进一步地强化了自身的约束性，乡土社会的性质也就作为"乡土伦理"顺畅地延续下来。

2. 宗族体系

在乡土社会中，基本的社会单位是家庭而不是个人，若干家庭形成一个家族，费孝通以"差序格局"形象地说明了这一点，并与西方式的"团体格局"做出了对比③，以此表明乡土伦理中基本的人际联系模式。在乡土社会中，家族承担着诸多极其重要的功能。它要保证村落社区和社区成员的生存，尽管获取生活资源的具体活动是发生在每个家庭内部的，但是家族要在整体上予以保障，例如社区土地的不被外来侵犯；它要以特定的方式维持内部的秩序，处理和解决村落内部的纠纷，不仅要防止诉讼而且要

① 费孝通：《乡土中国》，上海人民出版社 2006 年版，第 9 页。
② 费孝通：《乡土中国》，上海人民出版社 2006 年版，第 8 页。
③ 费孝通：《乡土中国》，上海人民出版社 2006 年版，第 20—26 页。

提高教化水平；它要保护村落社区的安全和利益，内部的合作与外界的冲突都必须由宗族出面协调解决；它还必须承担极为重要的文化功能，通过一系列意识与活动促成社区居民的族化，达成社区的有机团结并实现家族的绵延。也就是说，这样的家族实际上掌握着社区的政治、经济、外交甚至是军事职能。在另外的意义上，家族以"族权"的方式演化成一种超个人、超家庭的巨大力量，而且与渗透进村落社区的行政组织结合成政治力量，于是"家族系统"便在毛泽东那里和"国家系统""神鬼系统"一起成为支配中国农村的权力系统。"我国历史上大部分时期，血缘共同体（所谓宗族或家族）并不能提供——或者说不被允许提供有效的乡村自治资源，更谈不上以这些资源抗衡皇权。"① 中国长期实行的保甲制度对基层社会有着十分严密的控制功能，"诸户以百户为里，五里为乡，四家为邻，五家为保，每里设正一人，若山谷阴险，地远人稀之处，听随便量置，掌按此户口，课植农桑，检查非违，催驱赋役"②，"保甲体系带来的是自上而下的政治轨道，它可以直达每家每户，事实上，这个体系可以说是把警察体系引进了每家每户"③。而乡里制度也同样发挥着这种功能，"编成里社使就约束，如鸟之在笼，兽之在柙，虽欲放逸，有不可得"④。清代人戈涛说："保甲与里甲，相似而实不同，里甲主于役，保甲主于卫。"⑤ 这样就将国家的财政赋税与地方治安稳定这至关重要的两个方面通过乡里制度和保甲制度严密控制起来了。然而，乡里制度利用宗族家庭的财力和势力及其在乡里社会的凝聚力从事乡里社会的建设和管理是很有必要的，冯桂芬即认为，宗法组织是乡里组织的基础和保障，"宗法为先者，祭之于家也；保甲为后者，聚之于国也"，主张宗法组织与保甲结合起来，"宗法行而保甲、社仓、团练一切事可行"，若此，"亿万户故以若网在纲，条分缕析，于是以保甲

---

① 秦晖：《传统中华帝国的乡村基层控制：汉唐间的乡村组织》，黄宗智主编《中国乡村研究》第1辑，商务印书馆2004年版，第30页。
② 《通典》卷三，《食货典·乡党》，中华书局1988年版，第63页。
③ 费孝通：《中国绅士》，中国社会科学出版社2006年版，第54页。
④ 陈子龙等编：《明经世文编》卷八十一，徐司空奏议：《议处勋阳地方疏》。
⑤ （清）徐栋辑：《保甲书》卷三，《广存》。

为经，宗法为纬，一经一纬，参稽互考，常则社仓易于筹资，变则团练易于合力"①。也就是说，如能将国家—农民之间的纵向关系和农民—农民之间的横向关系都处理得很好，则国家的繁盛和民间的安定都可以实现。正如顾炎武所言："太祖损益千古之制，里有长，甲有保，乡有约，宽有老，相互纠正，当时民醇俗美，不让成周。"② 家族系统可以通过一系列独特方式达成国家系统的要求，族权可以深入到国家政权势力鞭长莫及、保甲制度无法建立、无法派遣士兵官吏的穷乡僻壤，家族防卫体系能够弥补基层政权的漏洞，甚至比保甲制度还要严密。在乡土社会中，家族成为最为深刻和有力的"组织"农民的手段，完成着完整村落社区的延续，也遮挡了农民的视线，使国家不能够直接地进入农民的心灵和事业，这样也就消除了乡土社会中一部分人与社区外的力量相结合来改变社区结构的可能性。从另一个方面来看，乡土社会中的宗族大大简约了中央政权组织的管理范围，提高了国家政权的管理能力，也极大地降低了管理成本。宗族通过家法族规维护乡村秩序，抑制越轨行为，使得在很多时候不需要国家机器的参与就能够协调处理大部分可能危及乡村"稳定"的社会事务；宗族内部守望相助和"同族相恤"，生产了必需的公共产品，可以在一定程度上抵御天灾，缓解社会矛盾；在某种意义上，国家政权所面对的不是单个的农民，也不是单个的农户，而是一个个宗族组织，农民通过宗族与国家发生联系，在宗族内部形成明确的身份角色系统，为稳固的社会基础提供了条件。正因为如此，虽然我们明确地认识到，在乡土社会中，人与人之间在需要、能力、利益和活动方面都非常相似，同质性程度很高，但是并不完全能够成为马克思所描述的那样："一小块土地，一个农民和一个家庭；旁边是另一小块土地，另一个农民和另一个家庭。一批这样的单位就形成了一个村子，一批这样的村子就形成了一个省……好像一袋马铃薯是由袋中的一个个马铃薯所集成的那样。"③ 但是马克思的这一观点却是完全正确的，"他们

---

① （清）冯桂芬：《显志堂稿》卷十一，《复宗法议》。
② （清）顾炎武：《天下郡国利病书》卷四十六，《山西二》，《风俗》。
③ 《马克思恩格斯全集》第 25 卷，人民出版社 1974 年版，第 891 页。

的利益同一性并不是他们彼此间形成共同关系，形成全国性的联系，形成
政治组织，就这一点而言，他们又不是一个阶级。因此，他们不能以自己
的名义来保护自己的阶级利益，无论是通过议会或国民大会。他们不能代
表自己，一定要别人来代表他们，他们的代表一定要同时是他们的主宰，
是高高站在他们上面的权威，是不受限制的政府权力……所以，小农的政
治影响表现为行政权支配社会"①。小农无法自己代表自己，在多数时候，
能够在一定程度上履行代表职能的就是乡绅。

3. 乡绅力量

学术界对传统中国农村社会的总体认识，可以概括为"皇权不下县，
县下有宗族，宗族有自治，自治靠伦理，伦理造乡绅"，这种观点试图概括
传统中国农村基层社会的政治体制与政治逻辑。马克斯·韦伯评论道："事
实上，正式的皇权统辖只实行于都市地区和次都市地区，出了城墙之外，
统辖权威的有效性便大大减弱乃至消失。"② 有学者进一步将其总结为："三
代之始虽无地方自治之名，然确实有地方自治之实，自隋朝中叶以降，直
到清代，国家实行郡县制，政权只延于州县，乡绅阶层成为乡村社会的主
导性力量。"③ 毛泽东对此做出了更加透彻的说明："在封建国家中，皇帝有
至高无上的权力，在地方分设官职以掌兵、刑、钱、谷等事，并依靠地主
绅士作为全部封建统治的基础。"④ 费正清这样概括乡村士绅的特征："首
先，他们具有较平均水平多的财产，包括土地及财物。其中很多就是当地
的地主。经济实力是他们占有地位的基础。由于有了土地，他们才可能摆
脱日常的劳动，有精力关注社区的公共事务。其次，他们有较多的社会关
系，有些乡村士绅曾经做过官，或者亲属中有人做官，有能力在关键时候
与各级官员打交道，再次，乡村士绅一般都受过较多的教育，一些还通过

---

① 《马克思恩格斯选集》第 1 卷，人民出版社 1995 年版，第 677 页。

② ［德］马克斯·韦伯：《儒教与道教》，洪天富译，江苏人民出版社 1993 年版，
第 110 页。

③ 吴理财：《民主化与中国乡村社会转型》，《天津社会科学》1999 年第 4 期。

④ 毛泽东：《中国革命和中国共产党》，《毛泽东选集》第 2 卷，人民出版社 1991
年版，第 624 页。

科举考试取得过功名，他们在农村代表着知识阶层。由于有了知识，他们便有了指导农民的权力，成为农村文化的典范。"① 中国古代科举制度所形成的亦官亦民的乡绅成为国家政权最有效的意识形态工具和最忠实的皇权拥护者②，乡绅处于正式的国家权力与乡土小农之间，由于在土地、声望、权力方面的三重优势，乡绅在农村社会具有巨大影响力③。一方面，通过科举制度，国家意识被乡绅所全面接受吸收，内化成为自觉意识，同时，乡绅以在乡土社会中的优势地位，将国家意识和国家目标以多种方式灌输给农民，在维护国家权威的同时也在不断再生产着自身的合法性与权威，这样，国家意志和目标、国家制度与乡绅之间就建立起一种彼此配合、相互支撑的紧密关系，使得对乡村的有效控制成为可能。费孝通认为，皇权政治"在人民实际生活上看，是松弛的和微弱的，是挂名的，是无为的"④。他论证了乡绅在国家权力系统与乡土社会之间的连接作用：（1）在传统中国的权力结构中，有两个不同的层次，顶端是中央政府，底部是地方自治单位，其领袖是绅士阶级。（2）这里有着对于中央政府权威事实上的限制。地方上的事情是由社区的绅士所管辖的，是中央当局难以干涉的。（3）虽然在法律上只有一条从上而下贯彻帝国命令的轨道，但在实际生活中，中间有政府的官吏和地方上选择的乡约或者相同类型功能的人物，通过这种中介，不合理的命令可以打回去。这种自下而上的影响，在中国正式的政治制度的讨论中通常是不予承认的，然而，它实际上是有效的。（4）自下而上的影响的机制，是绅士们通过他们当官的亲戚和参加过相同考试的台上台下的朋友施加的非正式压力发生的；中央和地方当局之间有必要保持一些交往，这就意味着地方绅士总是在地方组织中占有战略性和主导的地位⑤。乡绅作为地方权威的拥有者，由于其影响力超越乡里组织和宗族组织

---

① ［美］费正清：《美国与中国》，世界知识出版社 2000 年版，第 33 页。
② 贺雪峰：《乡村治理与秩序》，华中师范大学出版社 2003 年版，第 202 页。
③ 徐勇：《非均衡的中国政治：城市与乡村比较》，中国广播电视出版社 1992 年版，第 56 页。
④ 费孝通：《乡土中国　生育制度》，北京大学出版社 1998 年版，第 63 页。
⑤ 费孝通：《中国绅士》，中国社会科学出版社 2006 年版，第 52 页。

的界限，自然而然地成为乡村社会多种权力发生联系的桥梁，可以说，没有这些乡里精英作为纽带，官府与乡里组织，甚至乡里组织领袖与乡民都无法联系和沟通①。但是，如果这种体制走向反面，就会带来巨大的破坏作用，正如历史典籍当中反复记载的"诸村多诡名，税存户亡，每岁户长代纳"②，"家有千金之产，当粮长一年，有几为乞丐者矣；家有壮丁十余，当粮长一年，有几为绝户者矣"③，在官府沉重差役的压力下，以及道德价值系统的毁坏，"乡里领袖一面以其贪婪之心对乡里百姓横征暴敛以备后患，一面又以忐忑不安的心情害怕灾难到来，一有机会就伺机金蝉脱壳"④。当"保护型经纪"逐渐演化成为"营利型经纪"⑤ 的时候，这种"以保甲为经，宗法为纬，一经一纬，参稽互考"的制度也就难以为继，就必须用一种新的制度取而代之了。

4. 儒家文化

显而易见地，之所以乡土性质、宗族和乡绅这三种因素能够相互支持成为一种稳定结构，背后必然有特定的文化系统或者说"精神文化气质"作为背景和支撑，这就是传统的儒家文化，正是这种文化使上述的这些因素黏合成为一个整体。首先，儒学以及儒家文化与中国传统社会的生产方式高度契合。自给自足的小农自然经济是中国传统社会的基本经济形态。在这种生产方式下，人们内在地形成对农业、对土地的依赖以及与之相关的保守、安土重迁的心理；对家庭宗族的依赖以及与之有关的崇古崇老崇长心理；对男性家长的依赖以及与之相关的依附心理。在小农自然经济形态基础上形成的社会心理，从根本上讲必然是也只能是以宗法血缘关系为核心的伦理性的社会心理，而这正是儒家学说的本质内涵。因此，一方面，我们可以将小农自然经济看作是儒学国家意识形态化的社会经济基础；另

---

① 于建嵘：《岳村政治》，商务印书馆 2001 年版，第 96 页。

② （宋）司马光：《沭水纪闻》卷六。

③ 《明经世文编》卷一〇〇，《李康惠公奏疏》。

④ 赵秀玲：《中国乡里制度》，社会科学文献出版社 2002 年版，第 167 页。

⑤ 参看杜赞奇：《文化、权力与国家：1900—1942 年的华北农村》，王福明译，江苏人民出版社 2003 年版。

一方面，我们也可以说儒家学说之所以成为意识形态的主流，成为统治阶级的指导思想，正是由于它理论化地反映并抽象出了中国传统生活方式的基本原则和内在精神。

儒学和儒家文化与宗法族制的社会结构的内在契合。宗法族制是以家庭为细胞，依靠血缘亲情网络联结而形成的社会组织形式。以父子关系为中心、以血缘关系为纽带的"亲亲""尊尊"核心精神，父家长制以及政权、族权、神权和夫权的相互渗透等基本原则仍得以延续并进一步发展，最终嬗变为封建的宗法族制。宗法族制在主观上是建立以宗族为范围的族权统治，在客观上却收到了与专制主义政治互为表里的效果：以血缘编织起来的人伦关系的放大则成为国家政治统治秩序；宗法族制中的仆从精神则演化为国家政治生活中的人身依附关系，父权族权成为君权的渊源，宗法伦理关系孕育着国家政治统治的总模式。正因为如此，历代统治者总是精心呵护宗法制和依据宗法制建立起来的社会秩序，并意识到与其单纯靠国家强制力来规约人们的行为以达到维护宗法社会秩序之目的，不如用与这种社会基础相适应的包括合法性论证、伦理道德、行为规范在内的一整套理论和实践系统，从外部与内心来约束和规范人们的行为，可能会更为有效的维持宗法伦理秩序的稳定。

儒家学说从本质上讲是宗法血缘社会品质的理论反映和提炼，是宗法族制社会组织结构的系统化的理论形态。这样，儒学作为对传统宗法社会秩序的解释系统也就很自然地被统治者所选中，并在权力的支持下将其制度化。可以说，是中国的宗法族制的社会结构产生了儒家学说，而儒家学说反过来又滋养着这个社会结构，两者具有内在一体性。在儒家伦理的核心概念"礼"的规范下，建立起了一种等级序差清晰、由中心向边缘逐渐扩散、文明等级也逐渐递减的国家与社会秩序，礼要求每一个生活在其中的人，都应当在这一秩序中有条不紊、恰如其分地生活，以保证社会秩序的稳定。礼铸造了社会秩序，社会秩序反过来滋养了礼，使其拥有了不容置疑的真理和正义，拥有了存在的意义。所以说，儒家学说被确立为主流意识形态绝非偶然，是以小农自然经济为基础，以宗法血缘关系为纽带，以王权专制为中轴的中国传统社会的必然选择。儒家文化与乡土性质、宗族、乡绅一起构成了中国乡土社会的基本要素，形成了农民之间、农民与组织之间、农民组织与国家之间的连接关系模式，在实现自身福利的同时，与国家意志和政策目标之间实现紧密对接，构成了传统中国农村社会的社会基础，也构成了当下中国农村现代化展开所面对的基本背景。

（二）市场化的兴起对乡土社会的冲击

1978 年以后市场化的兴起对上述这一切而言意味着彻底的冲击，传统社会结构的各种组成要素以及这些要素之间的结构关系都发生了巨大的变化，在各地农村，乡土社会的特质正在以前所未有的速度消解。

1. 对于乡土性质的冲击

市场经济意味着在无限的空间中展开经济活动，它天然是一种流动性的经济方式、交往方式和生活方式，相对于乡土性质而言，市场所呈现出的流动性和开放性是不可想象的。正是这种流动和开放的基本特征对闭合的、固态的乡土性质构成了毁灭性的打击。在一个开放性的环境中，变化成为常态，是生活于其中的人必须要接受的事实，甚至要成为一种本能，在迅速变化的环境中，传统和过往的经验都不能够再成为当下和将来实施行动的依据，创新成为最为响亮的口号，或者成为唯一的生存之道。传统不再受到尊重，导致费孝通先生所描述的乡土社会中"礼治秩序""长老统治""无为政治"没有了基本的前提。市场经济的开放性天然地决定它必须具有超出社区范围的标准化的特征，因此，对于乡土的"地方性知识"的冲击随之而来，生活方式、思维方式、审美情趣、交往方式等等都不能够再遵循本社区的偏好，而是要被市场所引导、被市场所塑造。大工业生产的流水线方式所生产的物质和文化产品在彻底地改变乡土的物质外壳和文化内核，人们不能够再按照传统习惯来生活了，标准化的各种制度和规范开始影响和约束农民的生活，以"无讼"为特点的乡土纠纷解决方式开始失去功效，甚至失去合法性依据。乡土社会的图景开始模糊甚至消逝了。

2. 对宗族组织的冲击

宗族意味着一个先赋性质的封闭群体，它不由当事人自由选择，不靠自身的努力获得或抛弃，具有最典型的熟人社会的性质，其血缘性基础使边界完全闭合，这与市场的性质格格不入。市场化经济活动要求必然地超出熟人社会的领域，或者说，要把信任的对象扩展到陌生人领域中去，这样所遵循的法则就只能来自群体外部，或者说来自国家，不可能再是内生性的、具有独特色彩的规矩了，交往的扩大化使与陌生人的经济联系超过同血缘的人，陌生人的重要性在经济和生活方面超过了自己的亲戚，宗族不再构成一个经济意义上的共同体，它能够带给宗族内部的人的实际利益已经十分有限。合作领域的扩大使公共产品的生产提供不能够再依仗宗族的力量，无论是教育、水利、治安、纠纷化解都必须要由市场来提供了，宗族的重要性在明显地衰落。农民的行动单位基本上回归了家庭，宗族在市场面前成为一个名义上的共同体组织，而它可以动员农民实现一致行动的范围和能力已经十分有限。如果考虑到中国革命的历史在此前已经有过对于宗族的沉重打击，那么市场化的冲击就显得更加沉重了。

3. 对乡村精英力量的冲击

由于中国革命的成功，乡绅作为一个独特的阶层和群体已经消亡，取而代之的是各种身份和名目的乡村精英人物，他们都在某种程度上发挥着历史上乡绅曾经发挥过的功能。但必须注意，"乡绅"具有一个典型的特征，即不但在经济方面具有明显的优势，同时在道德方面具有起码名义上的优势地位，具有一定的声望，也就是说，乡绅不是一个纯粹的经济意义上的衡量尺度。必须注意到，在市场经济条件下，特别是在当下的中国农村，"能人"甚至成为官方意识形态当中的标准用语，这是一个摆脱了道德评判的，或者是起码在字面上没有任何价值含义的"价值中立"的概念，这说明一方面对于这一部分农村精英并无道德方面的过多要求，另一方面他们也没有在道德方面的明显优势，这样他们在农村社会当中的组织动员能力就会大打折扣了。历史上的乡绅之所以能够在国家与农民之间发挥重要的中介作用，甚至可以帮助国家低成本地实施农村地区的管理，很重要的原因在于他们在农村拥有土地，同时也在农村生活，即所谓的"在乡地主"，因此他们的生活世界与经济来源即经济世界大部分是重合的，生活世界与价值世界也是重合的，乡村构成他生活的全部内容和意义，这样就使得乡绅有对于乡村社会进行关注和关切的起码的压力，这种压力使他们会在一定程度上发挥良性的功能。而当乡村衰败，大量的乡绅移居城市而成为"在城地主"，乡村只作为他的经济来源而不是生活世界和意义世界的时候，情况就发生了明显的变化①。市场经济条件下，农村社会的能人的经济来源不一定来自于社区内部，他的参照群体也不再是本社区的农民，他消费的场所和希望居住的场所不一定是在农村，生活世界、经济世界和意义世界的分离使他们很难主动地、同时是制度化地为本社区农民履行某种正面的义务。

4. 对儒家伦理的冲击

在价值层面上，开放性的市场化极大地改变了农民之间的交往模式，当农民的交往范围远远超出血缘和地域的限制的时候，传统的基于血缘推演而构造起来的儒家伦理对人们的约束力量也就随之瓦解；市场化所带来的纯粹的现实主义和消费主义的观念，使市场伦理在彻底的意义上消解了儒家伦理的影响，正如马克思所论述的："在一切社会形式中都有一种一定的生产决定其他一切生产的地位和影响，因而它的关系也决定其他一切关系的地位和影响。这是一种普照的光，它掩盖了一切其他色彩，改变着它们的特点。这是一种特殊的以太，它决定着它里面显露出来的一切存在的比重。"② 市场伦理要求农民与农民之间，农民与国家之间结成另外一种关系，按照市场化的逻辑重新构造一种社会关系体系。

通过以上这几个方面的改变，中国农村基层的社会结构性质产生了重大变化，基本的社会关系体系开始依赖新的逻辑得以生成，虽然在许多地方，生产力发展水平还不高，村庄面貌与生活方式也还在很大程度上保持

---

① 参看吴滔：《在城在乡：清代江南士绅的生活空间及对乡村的影响》，黄宗智主编《中国乡村研究》第 2 辑，商务印书馆 2004 年版，第 34—65 页。

② 《马克思恩格斯选集》第 2 卷，人民出版社 1995 年版，第 24 页。

着"传统"的模样，但是，类型化的乡土中国的面貌已经极大地模糊了。

二、 市场逻辑与革命逻辑——总体性社会的瓦解

1949 年，中国共产党建立中华人民共和国，这是取得革命胜利的标志，但是毛泽东却说这只是万里长征走完了第一步，也就是说我们可以这样来理解，此后的国家建设的艰苦努力依然是"革命"的历程，只不过是方式方法上有所不同。这样，我们也可以将新中国成立后的各种经济和社会建设的实践逻辑称之为"革命逻辑"，而不是特指新中国成立前的武装斗争，也不局限于政治实践的范围之内。革命逻辑结合当时特定的国际国内形势，在 1949 年以后将中国社会改造成一种典型的总体性社会，革命逻辑作为塑造社会形态、形成社会基本连接关系模式的主导性力量发挥着特殊的重要作用。1978 年以后的以市场化为导向的改革实践对革命逻辑和总体性社会进行着深刻的瓦解。

（一）总体性社会形成的历史逻辑

"最终结束乡村崩溃和分离格局的，是以 1949 年作为时间标志的中华人民共和国，此时，摆脱了地方武装割据势力身份的中国共产党，一方面出于制度建设上的路径依赖，另一方面，则由于政治资源和社会资源的极度匮乏，开始集中运用民族国家的创构力量，将基于苏区经验形成的政治沟通系统扩展至全国范围，党作为沟通的唯一介质，将个人与集体、城市与乡村、国家与社会贯串成一个整体，至此，继近代城市之后，整体意义上的传统乡村正式转变成为基层社会。"[①] 这是从政治学理论出发对 1949 年后的历史做出的抽象描述。由于"先夺取政权，然后用政权的力量建立全新的生产关系的社会主义革命逻辑，决定了革命后重新组织社会的首要力量，不是经济的力量，而且是政治的力量，即通过政权对社会结构和组织

[①] 胡位钧：《中国基层社会的形成与政治整合的现代性变迁》，《复旦政治学评论》第 2 辑，上海辞书出版社 2003 年版，第 59 页。

进行变革和改组来重新组织社会"①，这样，脱胎于革命根据地的单位制组织形态就随着党的组织网络而向国家和一切社会组织延伸，成为改造基层社会的制度资源，进而外化为基层社会的空间表现形态。

这样一种组织形态不仅是一种革命的"惯性"，而是在经济上有着十分明确的目的。1949 年以后，共产党人首先需要确定的是经济发展战略，即选择一种能够快速实现国强自立的发展途径，当时，新中国面临着极为严峻的国际国内形势，这在客观上要求中国尽快建立起完备的工业尤其是重工业及国防工业体系，以保证国家主权的独立和国内局势的稳定。这种局面直接导致了中国选择了一种优先发展重工业的赶超式的发展战略，这种赶超战略也可以表述为以追求经济高速增长为主要目标的重工业导向发展战略。1951 年 2 月，毛泽东提出"三年准备，十年计划经济建设"的思想，明确宣布从 1953 年开始进行全面经济建设，开始酝酿制定"一五"计划。1952 年 7 月，中央财政经济委员会编制出《一九五三至一九五七年计划轮廓（草案）及其总说明》，该文件指出"工业建设以重工业为主，轻工业为辅"②。在此基础上，周恩来在 8 月执笔起草了《三年来中国国内主要情况的报告》，指出："五年建设的中心环节是重工业。特别是钢铁、煤、电力、石油、机器制造、飞机、坦克、拖拉机、船舶、车辆制造、军事工业、有色金属、基本化学工业。"③ 同年 12 月，中共中央《关于编制 1953 年计划及长期计划纲要若干问题的指示》也明确指出："我们必须以发展重工业为大规模经济建设的重点"，集中有限的资金和建设力量，"首先保证重工业和国防工业的基本建设，特别是确保那些对国家起决定作用的，能迅速增强国家工业基础与国防力量的主要工程的完成。"④ 至此，优先发展重工业的发展战略在中共内部达成共识。

---

① 林尚立：《集权与分权：党、国家与社会权力关系及其变化》，《复旦政治学评论》第 1 辑，上海辞书出版社 2002 年版，第 265 页。

② 房维中、金冲及主编：《李富春传》，中央文献出版社 2001 年版，第 422 页。

③ 金冲及：《周恩来传》，中央文献出版社 1998 年版，第 1070 页。

④ 《1952 年 12 月中共中央关于编制 1953 年计划及长期计划纲要若干问题的指示》，《党的文献》1989 年第 4 期。

　　但是，重工业作为资本密集型产业所具有的基本特征，与中国当时的经济状况相冲突，使重工业优先增长无法借助市场机制得以实现。解决这一困难的办法就是做出适当的制度安排，人为地压低重工业发展的成本，即压低资本、外汇、能源、原材料、农产品和劳动力的价格，降低重工业资本形成的门槛。于是，适应重工业优先增长的发展战略，一套以全面扭曲产品和要素价格为内容的宏观政策环境就形成了。相应的制度安排是对经济资源实行集中的计划配置和管理的办法，并实行工商业的国有化和农业的集体化直至人民公社化，以及一系列剥夺企业自主权的微观经营机制①。这种重工业优先发展战略使得我国的产业结构脱离了劳动力富裕和资金、技术短缺的客观实际，无法发挥比较优势，朝向资本密集型而非劳力密集型发展，造成资本形成要素中短缺的资金对过剩的劳动力的替代和排斥，非农产业在产值比重增长的条件下却无法同时增加就业，无法吸纳更多的农村剩余劳动力，甚至连城市居民本身的就业问题都难以解决。在当时唯一的选择就是在城乡之间设置壁垒，将农民排斥在城市之外。新中国工业化资金积累模式是高积累、低消费的模式。其主要特点是：通过农产品国家定价的方式，从农民手中低价收购，又对城市居民和企业低价销售，用以维持大工业低工资和低原料成本，提供不断产生工业超额利润的条件，最后通过大工业利税上缴，由国家财政统一起来形成工业化建设的积累资金。在这种条件下，农业积累必然实现向工业的大量转移。

　　为了实现这一国家经济发展战略目标，在社会政策方面必然做出相应的安排，或者说，要形成相应的社会基础与这一战略实现对接。1952年，随着国民经济的恢复和大规模经济建设的开始，城市人口迅速增加。农村非种粮人口和因灾害减产造成大量缺粮人口，需要供应商品粮的也有1亿人左右，加上粮食市场的混乱，就出现了1953年春全国性的严峻的粮食购销形势。这反映出落后的农业生产力同迅速发展的工业化需要之间的矛盾。

　　为了解决粮食问题，1953年10月，中央接连召开几次会议，通过了

———————

　　① 参看林毅夫：《中国的奇迹：发展战略与经济改革》，上海三联书店1999年版，第29页。

《中共中央关于粮食统购统销的决议》；11 月 19 日，政务院通过《关于粮食的计划收购和计划供应的命令》；到 1954 年夏，又分别对食油和棉花实行了统购统销。统购统销制度的建立，对于扭转当时粮食购销紧张的被动局面起到了重要作用。但这一制度奠定了后来中国城乡二元社会结构的一个重要基础，对于决定中国农民弱势地位产生了深远的影响。

1956 年以后，在全国范围内出现了严重的"盲流"问题。这些流动的农民开始对城市造成巨大冲击。1956 年 12 月，周恩来总理签发了《国务院关于防止农村人口盲目外流的指示》，但盲流问题并没有得到制止。为此，中共中央、国务院又于 1957 年 3 月、9 月和 12 月连续下发通知和指示，要求各地采取坚决措施制止农民外流，开展生产自救战胜灾荒，同时禁止城市粮食部门向没有城市户口的人员供应粮食，禁止工矿企业私自招用农村劳动力。1958 年 1 月，经第一届全国人民代表大会常务委员会第 91 次会议通过，公布实施了《中华人民共和国户口登记条例》。

户口管理和统购统销两项制度的建立，起初并未作为限制城乡人口迁移的手段，但后来随着"大跃进"和人民公社化的发展，农村出现饥荒，城市商品粮供应也日趋紧张，到 20 世纪 60 年代初，严格的正式户口管理和粮食供应相结合，城市一步步走向封闭，农民不能自由流入城市，这就在城乡之间划出了一条界线。这时城乡人口流动，城市从农村的招工和城市人口向外边的疏散，都纳入到国家计划的控制之下。中国的城乡分割和封闭，就是在这种社会经济条件下形成的，也可以说是计划经济体制的产物。

进一步看，要保证这样一种发展战略的顺利实施，要建立一整套极其严密的社会政策体系，形成新的社会结构模式和社会管理体系，可以将其归结为不可或缺而又互相补充的四个结构要素：（1）户籍制度。这是城乡二元社会结构划分的基础条件。通过这一制度，把整个社会一分为二：农村人和城市人。他们分别具有农村户口和城市户口，不得随意转换，特别是农村户口不能自由转换成城市户口。目的是阻止城乡之间人口的社会流动，主要是阻止农村人口流出农村进入城市。采取的手段是：一方面，在农村把户口同土地相结合，有农村户口就有在农村的土地，就有从事农业劳动和成为农民的条件。另一方面，在城市把户口同劳动就业和生活供应相结合，有城市户口就可以被安排就业并享受商品粮和其他生活必需品的供应；反过来，没有城市户口就不能在城市就业和生活。户籍制度发挥了一道强有力的闸门作用。（2）统购统销制度。在城乡分离的条件下要实现交换，就需要建立起一种独特的制度，这就是农产品统购统销制度。国家从农村以低价统一收购农产品，保证对城市居民的计划供给，同时也保证工业生产的原料来源。反过来，国家利用手中掌握的紧缺的工业产品，换回农民手中国家需要的农副产品。（3）人民公社制度。有了城乡之间的分割和交换，还需要从农村和城市两方面来保证各自的稳定。农村的稳定就是通过人民公社制度来实现的。人民公社通过土地的集体所有制、集体的生产和分配，通过"三级所有、队为基础"所控制的各方面资源，实现对农民的集中管理和控制，这就形成农民对人民公社的依附性，同时也制止了可能出现的土地兼并和两极分化，防止了流民的产生。（4）城市劳动就业和社会福利保障制度。这是城市方面的稳定条件。它保证了对城市市民的劳动就业安排，并为其提供完备的生活保障，从出生到上学，从就业到退休，包括生老病死、衣食住行，都纳入到城市的社会福利和保障体系之中。反过来，农民因无法进入这一体系，就无法在城市定居和生活。

要建立这样一套社会管理和控制网络，必须实现政党、国家和社会权力关系特殊的体系，"在改革开放前的中国社会和中国政治形态中，党、国家和社会通过权力组织网络形成的基本关系是：党全面领导国家，国家全面主导社会，党通过国家或自身组织领导社会。在这样的关系格局下，只要党加强控制，党就能迅速积聚权力，从而拥有绝对的权力。这样的党、国家和社会的关系，为权力高度集中提供了政治基础、经济基础和社会基础"①。由此形成的三位一体的权力格局，使党能够"把自己的活力扩大到职能领域，如指导经济生产，提供社会和教育服务，而在革命前这些都不属于国家的活动领域，既能够自行发出和贯彻自己的政策，又能够深入和

---

① 陈明明主编：《革命后社会的政治与现代化》，上海辞书出版社 2002 年版，第 168 页。

深刻地影响基层社会生活的各个方面"①。这样，相应地，在社会结构方面，与国家战略相适应，总体性社会开始形成并逐步固化。

"总体性社会"指的是一种结构分化程度很低的社会。国家对经济以及各种社会资源实行全面的垄断，政治、经济、意识形态三个中心高度重叠，国家政权对社会进行全面控制。国家对大部分社会资源实行直接垄断，不仅指生产资料，也包括城市中的住房等生活资料、日常生活用品的供应以及就业等机会资源，国家不仅成为生产资料的垄断者，而且也是生活资料的发放者，权力和威望的配置者。总体性社会中，社会政治结构的横向分化程度很低，意识形态是总体性的，政治是高度意识形态化的，经济与其他社会生活是高度政治化的②。由于总体性社会的结构性质，使它具有非常鲜明的特点：社会动员能力极其强大，可以利用全国性的严密组织系统，动员全国人力、物力，达到某一特定国家目标，这是一种社会高度一体化，整个社会生活几乎完全依靠国家机器驱动的社会，这种社会体制对于解决近代以来中国政治解体和社会解组并存的总体性危机，适应并推动以重工业为导向的赶超发展战略发挥了至关重要的作用。而其基本形式，在城市中表现为单位制，在农村则表现为人民公社制度。

(二) 市场逻辑对总体性社会的消解

1978 年开始的经济体制改革开始触及这种总体性社会体制，在农村随着人民公社制度的终结，市场的逻辑开始全面替代总体性社会中革命的逻辑。由于市场因素的出现并逐渐强大，市场开始成为配置各种社会资源的主要渠道。在农村改革开放初期，统分结合的双层经营体制尚具有一定的实质意义。但自从农户成了独立核算、自负盈亏的经营单位之后，尤其是随着市场经济的发展和体制改革的深化，农村经济中"统"的成分，即集

---

① ［美］斯科克波：《国家与社会革命》，刘北成译，台湾桂冠图书公司 1998 年版，第 366—367 页。
② 孙立平：《转型与断裂：改革以来中国社会结构的变迁》，清华大学出版社 2004 年版，第 31 页。

体统一经营的内容和比例已越来越少。也就是说,农户越来越直接与市场相衔接,而不是通过集体经济组织与市场打交道。正如李静所分析的那样,农户不仅是农业生产的经营主体,更成为农村生产要素和农村财产的产权主体①,而这些生产要素都已与市场紧密相连。从产权关系和产权的构成要素——所有权、经营权、分配权、处置权看,农户已获得农村经济的主体地位,直接面对市场。

第一,农户在许多领域属于所有权者,可直接参与市场交换。在农村的各种生产性固定资产中,农户已是最主要的所有者,到2002年,集体所有的固定资产进一步从2001年的24.16%下降到20.39%,而农户所有的固定资产则从2001年的35.52%上升到了40.95%②。

第二,农户在经营和分配领域更是高度自主的市场主体。2002年,在农村经济总收入中,农民家庭经营收入占总收入的比重为51.4%,村组集体经营收入的比重只占12%③。据农业部农研中心的调查,在土地经营方面,集体统一经营的耕地占全部耕地面积的比重在2002年和2003年分别只有2.1%和4.1%,而农户经营的耕地比重则分别为96.7%和94.7%;在经营费用上,2002年农户的经营费用占全部经营费用的38.5%,而集体只占全部经营费用的16.3%;在经营收入上,2002年农户经营收入占经营总收入的41.6%,而集体经营仅占15.9%;在上缴国家税金方面,农户上缴的税金是集体上缴税金的3.22倍④。

第三,农户对自己的所有物及土地使用权在法律许可范围内有很大的处置权,可直接根据市场价格和个人偏好行使处置权。到目前为止,农户在自由配置其劳动力、资金、承包地的租赁或流转方面已有完全的自由,这种自由表现在农民的收入上,就是农民收入来源的多样化。其中,最为显著的变化是在农民收入中,来自工资性收入的比重不断提高,2003年,

① 参看李静:《中国农村生产要素市场化程度分析》,未刊稿。
② 参看农业部:《中国农业发展报告》,中国农业出版社2003年版。
③ 参看农业部:《中国农业发展报告》,中国农业出版社2003年版。
④ 参看农业部:《中国农业发展报告》,中国农业出版社2003年版;农业部:《中国农业发展报告》,中国农业出版社2004年版。

工资性收入占农民人均纯收入的比例已达35.03%，比2001年增加2.6个百分点，占农民收入增加额的54.11%。另外，在家庭经营纯收入中，来自传统农业的收入也不断下降，2003年，农户生产经营人均纯收入1540元，其中，来自传统农业的收入只有881元，占家庭经营纯收入的57.2%，占农民人均纯收入的比重只有33.6%①。从农户对产品的处置权看，随着农产品流通体制的改革和2004年全面放开粮食收购市场，农户已拥有了对其所生产的全部产品的处置权和交易权（除烟草外），产品销售和销售价格完全由市场决定。

同时，农村剩余劳动力开始直接进入劳动力市场，并与城市相连。

改革开放之初，随着农村家庭承包责任制的实行，农民有了择业的自由，但对于农民到城市就业还是有很多限制，只允许"离土不离乡"，所以当时的农民多选择在迅速发展的乡镇企业就业。1984年，中共中央《关于1984年工作的通知》和国务院《关于农民进入集镇落户问题的通知》明确指出，允许农民自备口粮进入小城镇，至此，在中国持续近30年的城乡劳动力市场分割的历史宣告结束。以后，中国农村劳动力转移迅速增长，从1992年起，中国农村从事农业的劳动力数量开始绝对下降。到2003年，农村非农劳动力就业的人数已达到16950万人，占农村劳动力的比例为34.9%。从这些已转移出来的劳动力的行业分布看，转移到第二产业的占40%，转移到第三产业的占60%。从地域分布上看，在转移劳动力中，县域经济吸纳了11050万人，占65%，地级以上大中城市吸纳了5900万人，占35%②。

从1984年开始，农业剩余劳动力以空前的速度向非农产业（主要是与市场紧密相连的城市）转移，1985年与1982年相比，农村非农业就业人数净增2909万人，年均增加970万人。从1985年开始速度稍有减慢，但绝对

---

① 参看中国社会科学院农发所、国家农调总队：《2003—2004年：中国农村经济形势分析与预测》，社会科学文献出版社2004年版。

② 参看国家农调总队：《2004中国农村经济调研报告》，中国统计出版社2004年版。

数量仍十分可观。1988 年与 1985 年相比，农村非农就业人数增长了 1897 万，年均增加 632.3 万人。之后，劳动力转移就缺乏精确的数据，自由流动增加。据有关专家估计，1992 年流入城市的农村人口已达 3500 多万人，而 1993 年开始又进入了一个飞速发展的时期，该年外出农村劳动力估计在 500 万～600 万人。1992—1996 年间，累计转移农业劳动力 4122 万，平均每年 824 万，转移劳动力的总量平均每年增长 7.9%。20 世纪 80 年代的快速转移时期和 20 世纪 90 年代中期，累计转移农业劳动力近 9700 万人[①]。2006 年 3 月 27 日授权发布了《国务院关于解决农民工问题的若干意见》，之后国家有关部门对农民工数量进行了估算。比较一致的意见是，截至 2006 年底，我国农民工的数量约有 1.2 亿。如果加上在农村经营非农产业的人员，这个数字则会更加庞大得多。

而且，农村生产投资也已开始市场化，农村建设不再是自给自足，而开始直接面临各种各样的融资问题。

根据对农村生产要素的市场化程度分析，目前农村资金要素的市场化有四个方面的表现：一是农村固定资产投资中，农村经营性单位即企业和农户投入成为主体；二是在企业和农户的资金投入中，借贷资金成为主体；三是在借贷资金中，正规借贷的供给明显不足，正规借贷在农户和乡镇企业的借贷资金中至多占 1/3；四是在正规金融中，农村信用社改革和利率市场化已取得很大进展[②]。

2003 年，农村固定资产投资完成额为 9754.9 亿元，其中，企业完成的固定资产投资额为 5108.4 亿元，占 52.37%；农户完成的固定投资额为 3201 亿元，占 32.81%。企业的投资方向主要是第二产业，其中制造业的投资占全部投资的 74.94%；农户的投资方向主要是农业和住房，其中投向农业的为 746.5 亿元，投向房产业的为 1788.1 亿元，二者合计占农户投入的

---

① 参看刘怀廉：《农村剩余劳动力转移新论》，中国经济出版社 2004 年版，第 47—48 页。

② 参看李静：《中国农村生产要素市场化程度分析》，未刊稿。

79.2%①。这说明，作为农村市场经济主体的企业和农户，不仅成为生产和经营的主体，也是农村投资的主体。

在农户和乡镇企业的投资中，其资金来源也主要来自于民间借贷，来自国有金融机构和农村正规金融机构（农村信用社）的资金只占很小部分。例如，在2002年全年乡镇企业新增投资中，民营投资占55%，外商投资占11%，银行贷款占16%②。据有关调查，农户借款数额中有72.8%来自各种非正式渠道，其中农户之间的借款占非正式渠道借款的93.2%，从民间金融组织、其他各种经济组织所获取的借款所占的比重仅分别为2.1%和4.7%③。市场化已经全面地改变了农民的生活世界。

由经济联系的变化、经济资源获取方式的变化而产生的国家对于农村基层控制和管理方式的变化，导致以革命逻辑为主线的农村关系模式生成机制迅速改变了，市场逻辑开始、事实上也已经以自己的方式塑造农村社会结构的方方面面。

三、　市场化背景下农村现代化社会基础的再造——
　　　真正的问题

对于当前农村现代化所面临的根本性问题是什么，学术界有激烈的争论。学者们往往将视野集中在具体的农村现实问题上，比如重视土地问题的学者认为关键在于如何实现耕地的集约化使用，如何实现在双层经营体制下的土地流转；重视资金问题的学者倾向于认为金融问题是制约当前农村现代化的关键所在，因此大力发展农村金融是重中之重；而重视农村产业发展的学者就强调农村产业结构的升级与优化是关键，不如此就无法实现产业化和国际化，农村经济社会发展就会受到根本性的制约；重视农业

---

① 参看国家统计局：《中国农村统计年鉴》，中国统计出版社2004年版。

② 中国社会科学院农发所、国家农调总队：《2002—2003年：中国农村经济形势分析与预测》，社会科学文献出版社2003年版。

③ 参看李锐、李宁辉：《农户借贷行为及其福利效果分析》，《经济研究》2004年第1期。

技术的学者认为农业现代化，技术装备水平的全面提升才是解决农村问题的根本之道；等等。当然，这些论述都具有极其重要的意义，就具体问题的解决也会产生积极作用，但是，这些论证都是局限于某一学科视野、着眼于某一具体现象，而忽视了解决其中某一问题的前提恰恰在于其他问题的顺利解决，中国农村现代化是一个"问题丛"，多个方面存在着互相联系、互相制约、互为因果的复杂关系，如果仅就这些具体问题出发，就不免会就事论事，甚至陷入到循环论证的僵局中去。市场化条件下，农民可以自由地通过各种方式从市场当中得到资源的分配，在自然空间和社会空间当中也基本上实现了自由的流动。这一方面导致党和国家对农民个体控制能力的极大减弱，另一方面也导致农民内部出现比较明显的社会分化，出现了由于在财富、声望等各方面的差别而产生的较为清晰的阶层，这与此前以阶级标准进行划分的社会结构迥然有异。但是农民的阶层意识并未与社会分化实现同步，在国家力量随着对农村经济抽取力度不断下降而日渐撤出的背景下，农民的去组织化十分严重，甚至出现"碎片化"和"原子化"的趋势。当市场逻辑消解了革命逻辑，农民摆脱诸种限制，但同时也失去种种庇护，不再以革命的话语出现，而是以独立的市场主体地位，依照市场的法则独自面对国家和资本时，他们的命运实际上也就处在一个分界点上。中国农民的前途系于社会主义新农村建设的成效，在于能否建立一种良性的社会关系体系和连接模式，能否以此统合经济系统、政治系统、意识形态系统，能否实现农民与国家和市场的顺利对接，在于市场化背景下农村现代化社会基础的再造。这是决定中国农村现代化能否顺利推进的核心问题。

第三章　构建农村基层基本连接模式：农村现代化 社会基础再造的政治制度供给

　　各个历史时期，在农村基层都必然存在一种基本的政治制度框架，一方面作为当时的生产力水平和意识形态的集中体现，另一方面又作为最为重要的制度保障维护着经济和社会文化制度的稳定与运转，成为农村社会基础的最重要的构成因素。传统中国农村基层形成的农民之间以及农民经由宗族、乡绅等中介形成的组织与国家产生联系的方式、基本组织方式和控制体系，以此实现社会的秩序，实现社会顺畅运转，并在此过程中体现国家的意志，实现国家的统治目标。中国共产党领导在革命时期形成的独特政治制度、在新中国成立后形成的人民公社体制，以及人民公社解体后建立的村民自治制度，都是在为农村基层提供基本的政治架构，形成基本的政治生态环境。本章力图勾勒出一个农村基层社会基本政治连接关系的演化轨迹，从政治制度供给方面对当前再造农村社会基础的途径做出说明。

一、纵横交织：传统中国农村政治构架的特点

　　所谓纵横交织，指的是自上而下的国家力量与水平方向的民间力量能够实现比较有效的互动和配合，形成网络状的社会控制和管理体系，实现在正常状态下低成本的社会治理。

（一）保甲制：传统乡村社会自上而下的政治控制

　　保甲制度是中国历史上持续时间最长、推行朝代最多的基层政权组织形式，它以家或户为编制的最小单位，所以保甲制度又往往与户口调查或户籍管理联系在一起，即所谓的"编户齐民"。正如清代徐栋所言："治天下必自一国始，治一国必自治一乡始，治一乡必自五家为比，十家为一联始。予尝作《治乡三约》，先按地方分邑为数乡，然后什五其民，条分缕析，令皆归于乡约张，凡讼狱、师徒、户口、田数、徭役，皆缘此而起，颇得治邑贯通之道。""保甲之役，固以稽查奸恶，实以劝勉良善，诚久安长治道也。"① 保甲制并不单纯是一般意义上的乡村行政管理制度，而是为了保障专制王朝统治秩序而确立的一种强控制机构。

　　它的准军事特征，表现为两个方面：

　　首先，从其主管机构的历史演变来看，它最初隶属于兵部；后移属于户部；其后又归属于步兵统领与兵马指挥使；最后设立保甲局，仍成专一之系统②。至清末新政始，保甲局遂依次撤废，代之以近代政治意义的警察制。隶属机构的性质，大体上都属于军事系统。

　　其次，从其基本职能上看，保甲制具有双重功能：一是使高度分散的乡村居民整体上纳入国家控制体系之中，达到"制一人足以制一家，制一家亦足以制一乡一邑"③，实现稽其犯令作匿以保安息之政的理想目的。二是以"节节相制，彼此相保……所谓共同担保，共同责任之义"的株连方式④，"强制地使平民百姓之间实施横向的水平监视，以达到有效的社会控制"⑤。与建立在调整居民利益关系基础上并以双向作用为特点的地方内生

---

　　① 闻钧天：《中国保甲制度》，商务印书馆1936年版，第262页。
　　② 闻钧天：《中国保甲制度》，商务印书馆1936年版，第14页。
　　③ 黄强：《中国保甲实验新编》，正中书局1936年版，第15页。
　　④ 王先明：《近代绅士——一个封建阶层的历史命运》，天津人民出版社1997年版，第74页。
　　⑤ 冉绵惠、李慧宇：《民国时期保甲制度研究》，四川大学出版社2005年版，第3页。

型权力组织完全不同，保甲制建立在对于居民完全"猜疑"或敌视的基础之上，更近乎于一种单向性的作用机制。有论者指出保甲制的四大功能："管就是管制、管理，主要指保甲管理户口，束缚管制居民的功能；教就是教化教育，主要指保甲教化居民、惩恶扬善、兴办学校的功能；养就是相生相养，主要指保甲在劝奖农作和其他生产上的功能，通过生产一方面保证居民生存的需要，更重要的是满足国家征发劳役，收取赋税的要求，同时通过设立义仓或社仓，救助饥馑，渡过灾荒；卫就是自卫、保卫，主要指保甲在维护地方治安，防治匪盗方面的功能。"① 通过保甲制度严格的编制和连坐法，国家既可以有效地控制居民，将一家一户散居的农民以军事化的方式组织起来，牢固地束缚在土地上，又可以使农民邻里之间在互相监督的同时也可以实现互相救助，这样，国家的统治可以低成本地延伸到农村基层甚至每一个家庭。从这个意义上，假如把皇帝比作封建专制主义的神经中枢的话，郡县可以比作封建专制主义国家统治农民阶级的中间环节，而以保甲制为特点的郡县以下的乡村基层机构，则是封建专制主义的神经末梢②。

　　自宋代以降，无论王朝如何更迭，保甲制作为国家政权控制基层社会的一项基本制度，在相当长的时期内得到平稳发展，不仅元明清各代相沿不替，而且在清代中期规模大备，兴盛一时。直到近代以后，随着内外危机的骤然降临，封建社会体系的全面崩坏，尤其是乡村社会封闭、平衡状态的被打破，保甲制相对平稳的发展状态才遭致冲击。

　　保甲制又不是单独发挥作用的，它必须与其他的因素紧密地配合成一张严密的权力网络。从中国封建时代乡村社会的现实状况来看，作为草根社会，它拥有一个高度独立，同时又表现出一定灵活性的自治系统。乡土面积的辽阔，封建王朝行政力量的单薄和管理效率的低下，交通及信息手段的落后，使乡村社会拥有了相当大的自主空间；自主的乡村社会又借助和依托官方承认或支持的价值资源，构建了一个游离于国家政权之外、但

---

① 白钢：《中国农民问题研究》，人民出版社 1993 年版，第 142、131 页。
② 白钢：《中国农民问题研究》，人民出版社 1993 年版，第 142、131 页。

保持与其对话的相当强大、相当稳定的权力生成系统，即杜赞奇所谓的"权力的文化网络"。它"由乡村社会中多种组织体系以及塑造权力运作的各种规范构成"，既是"地方社会中获取权威和其他利益的源泉"①，又是其中"各种政治因素相互竞争，领导体系得以形成"的舞台；既是乡村权力结构的型塑者，又是乡村权力运作的监控者。如果我们把乡村社会看作一个"权力容器"的话，那么，任何一种异类"权力物质"在被装进这个"容器"之前，都不得不接受架构在"容器"之上的文化之"网"的过滤和改造。

乡村权力网络的一个最突出的特征，是它的地缘性和血缘性。中国封建时代乡村的各种权威实体几乎都建构在地缘或血缘的基础之上。其中地缘因素突出的主要是一些规模较小、聚合力较弱、职能单一、等级结构简单的二元或多元的单线水平组织，如庙会、水会、看青会等。血缘因素起决定作用的则首推规模庞大、聚合力强、职能多样、等级结构森严复杂，融二元单线关系、二元多线结合及多元多线结合于一体的垂直的宗族组织。实际上，由于中国农耕社会的固有特征，在地缘性组织中，往往渗透了血缘因素；同时，血缘组织的辐射范围，也往往与地缘区位相重合。简而言之，形形色色的乡村权力组织，大都是地缘与血缘因素混生的产物；因而，任何一种外来权威力量要想在乡村社会立足并发挥作用，都不能忽视这一权力空间中地缘、血缘势力的存在。如果不具备摧毁乡村文化网络和权力网络的力量，保甲组织就只能接受乡村为其预留的空间。也就是说，保甲制度这一主要体现国家意志的权力系统必须与主要来自民间的各种力量实现结合与对接才能够发挥其功能。

第一，保甲要想真正成为国家政权借以向乡村社会延伸行政触角的权力代表，首要的前提是必须具备一个强大的支配结构，而这一支配结构能否生成和稳定与否，又直接取决于支持这一结构的资源情况。这些资源起码应该包括：①保证组织生存和顺利履行其职能的物质供给；②有能力承

---

① ［美］杜赞奇：《文化、权力与国家：1900—1942 年的华北农村》，王福明译，江苏人民出版社 1996 年版，第 13 页。

担组织重要职责的权威载体；③沟通国家政权与乡土社会，以完成上意下
会、下情上达任务的可靠媒介。不幸的是，从保甲制度本身来看，它的资
源状况并不乐观。虽然封建国家通过它来延伸行政力量的愿望非常强烈，
但显然既无力为它提供所需不菲的物质资源，也不可能为之单独提供或培
育一个集权威载体与上下中介角色于一身的理想的附着体。另外，主要依
赖平民阶层的保甲组织，也不可能强有力地从乡村社会束聚资源。这样看
来，保甲是无法获得自身独立的支配结构的。

第二，作为一个社会组织，特别是一个其"运作完全靠当地居民自己，
地方官只是监督其执行，而不以任何方式直接参与进来"的基层组织①，保
甲不可能超乎其周围特定的社会关系而存在。保甲制不仅给予士绅、耆老
等某些特权，如规定"有乡绅两榜贡监生员，不便与庶民同例编查"②，
"官幕乡绅，邻人有犯，不与相干"③ 等，以减轻二者对保甲制的敌意，还
放宽对保甲任职资格的限制，动员士绅、耆老充任保甲长，所谓"保卫闾
里，贤者之所应为。古者里宰、党正皆士大夫之选，并非里胥贱役可比。
宜踊跃从公，以襄善事"④。

第三，保甲制度必须与乡里制度和宗族制度共同发挥作用。乡里制度，
正如清人所言："周礼五家为比，比有长。五比为闾，闾有胥。四闾为族，
族有师。五族为党，党有正。五党为州，州有长。五州为乡，乡有大夫。
其间大小相维，轻重相制，纲举目张，周密详细，无以加矣。"⑤ 清代张望
也说："朝廷垂意为县矣，勤勤于必得其人，得人矣，又虑以一邑之大，民
之众，上与下不相属，政令元与行，威惠无与遍，虽谨且廉，而其政不举，
于是里有长，乡有约，族有正，择其贤而才者授之，然后县令之耳目股肱

---

① 萧公权：《十九世纪之中国乡村》，华盛顿大学出版社 1960 年版，第 45 页。
② 于成龙：《强盗条约》，《皇朝经世文编》，第 2654 页。
③ 朱镇：《苏省保甲说》，《皇朝经世文四编》，第 693 页
④ 王先明、常书红：《晚清保甲制的历史演变与乡村权力结构——国家与社会在乡村社会控制中的关系变化》，《史学月刊》2000 年第 5 期。
⑤ 顾炎武：《日知录集释》卷八，《里甲》。

备也。县令勤于上，约与正与长奉于下，政令有与行矣，威惠有与遍矣。"①正是由于"乡里制度这一纵深型网状控制体系"②的特点，与保甲制结合起来形成纵横交织的农村基层政治控制网络。封建国家把多数社会事务交由基层乡里组织处理的事实，"也表明封建国家事实上承认了没有办法彻底控制基层社会，而且只能认可并且利用基层乡里组织在基层社会的影响力，达到控制基层社会的目的"③。

（二）士绅：联结传统乡村社会"双轨政治"的中介

在传统中国乡村社会自上而下和自下而上相结合的"双轨政治"构架下④，士绅是一个连接点，以至于费孝通先生在研究士绅时，把士绅研究看作理解传统中国乡村社会的钥匙⑤，乡绅力量在传统中国农村政治架构中作用非常特殊。

已有的研究成果比较关注在传统与近代社会结构变迁过程中，士绅阶层与地方精英的时代性差异，认为"士绅虽然生活在地方社会，但是他们的活动在国家场域。地方精英研究关注的是帝国末期，而且是在国家政权以保甲制渗入并分解传统的村庄共同体社会之后，相对于前一时期来说是一个较混乱无序的时期，针对的是地方社会中起实际作用的人物……关注的是地方场域"。所以表面上看来，二者虽然都是"乡居"的权势力量，但实际上"这是两个不同的对象，并非是同一对象在不同时期的延续……乱世的地方精英并非完全由治世的士绅转变而来"⑥。不同于传统时代，民国时期的乡村社会权力是由地方精英而非由士绅支配。"地方精英是在地方舞

---

① （清）张望：《乡治》，参见（清）贺长龄、魏源编：《清朝经世文编》卷二十三，《吏政九》，《守令下》。

② 赵秀玲：《中国乡里制度》，社会科学文献出版社 2002 年版，第 167、307 页。

③ 王威海：《中国古代乡里社区组织的嬗变及其与国家关系的两面性》，参见《复旦社会学论坛（第 1 辑）》，上海三联书店 2005 年版，第 101 页。

④ 费孝通：《乡土中国》，上海人民出版社 2006 年版，第 145—160 页。

⑤ 费孝通：《乡土中国》，上海人民出版社 2006 年版，第 5—20 页。

⑥ 李培林等：《20 世纪的中国学术与社会·社会学卷》，山东人民出版社 2001 年版，第 88 页。

台上（指县级以下）施加支配的任何个人和家族，这些精英往往比士绅的范围广泛得多，也更具有异质性，既包括持有功名的士绅，也包括韦伯论述过的地方长老，此外还有各种所谓职能性精英，如晚清的士绅—商人，商人，士绅—经纪，以及民国时代的教育家、军事精英、资本家、土匪首领"①。"他们的场域是'地方舞台'，他们的首要特征是在地方发挥着实际的支配作用"②。然而，清末民初的历史演变进程，即使在乡村社会层面也并非是地方精英替代士绅的历史运动。事实上，"地方精英"这个移植的话语并不足以反映近代中国社会变动的内容，也不为乡村社会所接纳——"地方精英"只是研究者借用西方话语的一个研究表达，而不是乡土社会的存在实体表达。乡村社会仍旧认定这些作用于社区的人物属于"士绅"，尽管他们是不同于传统时代的士绅。因此，力求揭示其时代特性的话语可以是"劣绅""豪绅""土劣"或"正绅""开明士绅"等，但这仍是以士绅为中心语义的表达。

但"精英"理论并不是对于社会结构分层主体存在的表达，它是基于社会运行机制的描述。这一概念本与现代社会科层结构相融合，指的是社会制度管理的社会力量，即"管理精英"。最早运用"精英"概念的帕累托所建构的社会分析系统是"两极三层"结构：即"精英"——由统治精英和非统治精英构成与"非精英"③。因此，这样一个相对宽泛的概念不是对社会结构体系中某一阶层或阶级定位的精确指称，而是基于社会控制体系中对社会成员地位的一个模糊性描述。它的意义，相当于中国传统社会中"劳心者治人，劳力者治于人"的分类，因此有些西方学者也径直将"精英"表述为"治者"，非精英即"大众"表述为"被治者"。精英与大众作为一对范畴，完全类同于中国传统文化中"治人者"与"治于人者"的含义，而不具有相对明确的社会阶层或一般社会分层的意义。以具有西方社

---

① 李猛：《从士绅到地方精英》，邓正来《中国书评》1995年第5期。

② 李培林等：《20世纪的中国学术与社会·社会学卷》，山东人民出版社2001年版，第88页。

③ Vilfredo Pareto. The Mindand Society：A Treatieson General Sociologv. New York. Dover Publications Press，1963. pp. 142-1424.

会历史情境意义的概念为原型在中国寻找对应或对比，"固然可以发现原本忽略的历史事实或对其做出新的解释，但不可否认的是，其对中国社会解释的有效性是有限的"①，且容易导致对与"范型"相关现象的强调以至"过度阐释"，而忽略对中国乡村社会的本土性特征的深度把握。孔飞力在研究晚清时期以地方精英为核心的团练、地方武装的活动以及由此引起的社会结构的变化时，使用了"名流"（偶尔也用"绅士"）这一社群概念，并区分了"全国性名流"、"省区名流"和"地方名流"，认为后者在乡村和集镇社会中行使着不可忽视的权力②。这样一个本是随着工业化时代以后或在科层化社会中出现的西方社群的表达，它与中国乡土社会权力或权威阶层的实体特征相去较远。

首先，在乡村社会结构里，士绅是社会普遍认同的权势阶层，它所具有的社会性、文化性特征根本不能被"地方精英"概念所取代。例如，杨懋春曾如此分析道："村庄中有许多人尽管不担任公职，但是从某种意义上说，他们在公共事务和社区生活中的影响可能比官方领导大得多，虽然不太公开。他们实际上是受人尊敬的非官方领导，其中最主要的是村中的长者，给全村提供特别服务的人和学校教师，可以说，这些人构成了村庄的绅士。"③ 费孝通也论述道："士绅阶层是晋身政治权力结构的阶层，由于取得了经济、社会与政治利益，其地位甚为巩固。"④ 晚清时期的士绅们是政府在地方上的代理人，胡林翼说："自寇乱以来，地方公事，官不能离绅士而有为。"⑤ 同时，"士绅阶层又是人民的保护者与地方官吏权力的挑战

---

① 张百庆：《吸毒与卖淫——近代中国市民社会一瞥》，《二十一世纪》2004 年第 2 期。
② 参看孔飞力：《中华帝国晚期的叛乱及其敌人》，中国社会科学出版社 1990 年版，第 3—4 页。
③ 杨懋春：《一个中国村庄——山东台头》，江苏人民出版社 2001 年版，第 176、177—179 页。
④ 费孝通：《中国绅士》，中国社会科学出版社 2006 年版，第 5 页。
⑤ 参看王先明：《士绅构成要素的变异与乡村权力——以 20 世纪三四十年代的晋西北、晋中为例》，《近代史研究》2005 年第 2 期。

者"①。就对乡村公共权力的控制情况而言，士绅虽无直接的政治权力，但却扮演着两种不同的社会角色，绅士是掌控县域地方组织的领袖。可以说，士绅作为一个特定权势力量或特殊社会阶层的称谓和传统文化资源的熟语，仍为社会普遍认同。

其次，士绅的内在规定性使其与其他社会阶层有明显区别。士绅的阶层特征十分明显，并以此区别于其他社会阶层。在身份上，士绅与地主、富农、商人有分别，在乡村社会结构中，无论是从习惯性权威还是从体制性权威上而言，士绅的身份和地位都不是其他阶层可比拟的，尽管其他阶层的成员也可以占据公权位置。

再次，"士绅"有基于"士"的身份性和社会权威性特征。杨懋春在研究山东台头村的士绅特征时曾写道，"构成台头村非官方领导的'乡绅'"主要构成成分为："商人，经奋斗获得成功；教师，一个文化权威代表；儒生，并成为新式村学校教师"。作为乡村权势阶层的士绅，"以前和现在一样，领导资格是一种看不见摸不着的东西，但渐渐与某些特征相关——年龄、财富、学识"②。显然，士绅构成要素的多元性是一个超越区域性的共趋性问题。

从更进一步来看，整个结构只有在各种群体或阶级的功能中才能观察得到，士绅的特征及其功能也是在社会结构的关联性中才得以充分体现。周荣德对于士绅的研究，从社会结构层面上彰显了士绅阶层的地位。他写道，"在昆阳县城的东门外有一块由'昆阳的官绅民众'竖立的巨大的纪念石牌。官绅和民众确是当地人们自己公认的社会阶层，虽然阶层的划分从来没有凝固成世袭的、明确而无流动的界限"③。然而，"作为一个阶层性的群体，士绅不是组织严密布局完整的社会群体。他们之间的关系是个人的……士绅阶层包含了各种不同的社会关系的网络……虽然士绅内部也分

---

① 苏云峰：《中国现代化的区域研究》，中研院近代史研究所1981年版，第80页。
② 杨懋春：《一个中国村庄——山东台头》，江苏人民出版社2001年版，第177—179页。
③ 周荣德：《中国社会的阶层与流动——一个社区中士绅身份的研究》，学林出版社2000年版，第55页。

层次和派系，他们却构成一个共同行动所需要的紧密团结的合作群体"①。所以，作为士绅阶层的同质性，在官、绅、民社会—权力结构中，社会分层仍然是政治、文化标准优先的。这是士绅阶层依然保持其传统地位和角色的前提，它从深层意义上体现着社会结构的凝固性和基层社会结构的传统性。

一直到了近代，尤其是到民国时期之后，传统的身份等级体系和"士农工商"社会结构，才在乡村社会开始动摇，财富取向开始取代身份等级取向。这使得士绅与富商原本清晰的界限变得十分含混。因商而绅或由绅而商的社会流动，使得财富与功名共同成为社会结构重构的重要因素②。而这一过程恰恰又是与传统农村社会结构动摇崩溃是同步的，我们可以在"在城"与"在乡"地主对乡村影响的差异中更清楚地看到这一过程③。

(三) 差序格局：传统乡村社会基础的内核

在中国传统乡村社会中，体现人们生存与生产活动的基本组织形态是家庭和以村落为空间单位的区域社会，它是人们繁衍发展的自然单位，也是个人与群体取得社会化资格的文化认同单位。而文化认同的渠道又包括家庭和社区的群体活动。在这样一种空间单位和生活情景中，差序格局是社会得以维持和运转的核心力量之一。具体说来，这可从如下几个方面做出分析。

第一，家庭在社会结构与文化中居支配地位。

传统乡村社会男尊女卑，形成了以血缘关系为重心的家族体系，姻缘关系服从于血缘关系。家庭成员的地位在血缘关系中寻找。具体又可分为血缘九族制和血亲五服制两种。血缘九族制，即以本人为基准，向上、下

---

① 周荣德：《中国社会的阶层与流动——一个社区中士绅身份的研究》，学林出版社 2000 年版，第 159 页。
② 马敏：《官商之间：社会剧变中的近代绅商》，华中师范大学出版社 1995 年版，第 55—60 页。
③ 参看吴滔：《在城与在乡：清代江南士绅的生活空间及对乡村的影响》，《中国乡村研究》第 2 辑，商务印书馆 2003 年版，第 34—65 页。

各推衍四代，共九代，为九族。九族是传统中国最典型的家族制度，也有的以父族四、母族三、妻族二为九族。血亲五服制，即以本人为基准，向上推四代的直系亲属称祖先。孝祭有严格的规定，五服以内是近亲，五服以外不是亲族，是同宗。

与此社会结构相适应，乡村社会当中存在一整套乡土文化。围绕家庭、家族的组织链条，有族谱作为文化排序的链条相辅。家谱大致包括谱序、像赞、祖训、世表、世系表、字辈派语、家谱传记、祠堂制、坊墓、余庆录、五服图和义谱等，是维系家庭文化的经典。由家谱而建构起了一个基于家庭、家族延续的记忆链，可以把家族成员的传衍系统跨时空地记忆几百年、上千年。家谱规定了家族内部的角色差别和士也位等级，辈分高的成员享有相应的尊荣，比辈分低的人说话有分量。

在这样的组织和文化下，家庭对内，对人生仪礼有重要影响。按照传统乡村社会的习惯，在一个家庭成员的幼年、成年和老年等不同人生阶段，要分别举行诞生礼、成年礼、婚礼、寿礼和葬礼等予以纪念。未被纪念者，不能算作正式的家庭成员，也不会得到社会的承认。家庭的亲属成员总是有限的，家庭要承担它的社会义务，消解它所承受的社会压力，还要与其他熟人关系相结合，形成一个社会关系网络。与此类似，家庭对外——无论在血缘上还是地缘上都具有凝聚力。从血缘上来看，家族共同体中的宗姓首先是血亲家族的符号家族内的每一个家庭按照父系的血缘认祖归宗，单系传递。它排斥血亲内部的婚姻，以发展严格的家族体制并维持家庭的伦理秩序。家庭中的女性成员虽被冠以宗姓，但她出嫁后，她的后代随从外姓，以表明血亲系统与姻亲系统的主次关系，在她死后享受夫家宗族的祭祀。从地缘上来看，家族共同体的情感归属离不开特定地域。在农耕社会中，人们的定居生活必须以土地为基础。对家庭来说，共同的土地资源是他们分享生命快乐的依据，是养育所有定居家庭的同一条血脉。家族共同体的地缘合作表现在三个方面：一是生产互助，如实行无报酬的劳力和畜力支援，在地多人少与地少人多的家庭之间开展换工互助，以保证春种秋收不违农时；二是生活互助，如生活资料的互惠原则，每到逢年过节的时候，互赠自己的农副特产，以调剂余缺，改善关系；三是在公共地的建设上实行基层治理，用以维护村民的共同利益。

家族共同体在精神信仰上的层面更复杂，往往具有超地方社会的类型性，带有民族共同体文化的色彩。信仰拥有一个共同祖先的人们，还会以某一传说中的同一祖先祭祀对象，定期举行祭祖活动，巩固地缘情感，教育后人热爱家乡，增强本土文化意识。

第二，以"差序"为基础的礼俗社会。

中国传统农村生活的乡土性特点，在费孝通的研究中得到最为经典的概括。他曾用"熟人社会"概括了这种社会的基本特性，并指出，"乡土社会的生活是富于地方性的。地方性是指他们活动范围有地域上的限制，在区域间接触较少，生活隔离，各自保持着孤立的社会圈子。乡土社会在地方性的限制下成了生于斯、死于斯的社会。常态的生活是终老家乡……这是一个'熟悉'的社会，没有陌生人的社会"①。"在这种熟人社会当中，社会结构的基本格局是差序格局"，即"从自己推出去的和自己发生社会关系的那一群人里所发生的一轮轮波纹的差序"，"好像把一块石头丢在水面上所发生的一圈圈推出去的波纹。每个人都是他社会影响所推出去的圈子的中心"②。"在差序格局中，社会关系是逐渐从一个一个推出去的，是私人联系的增加，社会范围是根根私人联系所构成的网络"③，这使得其社会秩序成为一种礼治秩序④。礼治社会不依靠外在的权力来推行礼，而是从教化中养成个人的敬畏之感，礼是人们生活甚至于生命本身的一部分。

在这样的村庄生活当中，文化网络的力量处处得到了体现。例如，在解决村庄水利、道路等公共品建设和维护问题上，往往以宗族牵头合作，农忙时节的帮工，农闲时节的串门频率都比较高，邻里亲缘、老人在连接社会关系纽带方面的作用非常明显，村庄舆论对村庄成员的约束能力比较

---

① 费孝通：《乡土中国 生育制度》，北京大学出版社 1998 年版，第 9 页。
② 费孝通：《乡土中国 生育制度》，北京大学出版社 1998 年版，第 26 页。
③ 费孝通：《乡土中国 生育制度》，北京大学出版社 1998 年版，第 30 页。
④ 费孝通：《乡土中国 生育制度》，北京大学出版社 1998 年版，第 48 页。

强。在村庄的文化生活及闲暇方式上，也是折射出尊老爱幼、讲究公德的"仁义礼智信"精神。而所有这些蕴含了以集体为本位的精神内核因素，都糅合在集生产、生活与娱乐为一体的村庄共同体当中。

简要地说，这集中表现在两个方面：

首先是血缘关系基础上的礼俗社会。血缘社会的文化以血缘家族共同体为基础，结合地缘关系和社缘关系，形成集体观念和行为事象。它维系个人与群体、家庭与社会之间的平衡关系，提倡祖宗观念、孝养观念、家庭观念和乡土观念，努力营造亲睦祥和的气氛。以至于梁漱溟认定这种社会为"伦理本位"的社会，他分析道："所谓伦理本位者，关系本位也。"①因为重个人间伦理关系而不重团体，从而少有用普遍的道德标准处理关系的需要。梁漱溟将此形容为"话应当看是谁说的，离开说话的人，不能有一句话。标准是随人的，没有一个绝对标准，此即所谓相对论"②。

同时，梁漱溟还指出，以"伦理本位"为特征的社会构造也与具体层的社会治理面貌相关联。在经济方面，"伦理本位"直接导致了共财之义、分财之义和通财之义。兄弟之间，或近支亲族间，有分财之义，分财时强调照顾贫者和弱者。在亲戚朋友之间，也有互通有无之无形规定，"在经济上皆彼此顾恤，互相负责；有不然者，群指目以为不义"③。在政治方面，由于"伦理本位"的基本原则，人与人之间的联结并无固定的边界，而是一个开放性的系统，能否纳入到一个以"己"为中心的人际关系网络当中来，全凭能否私人间的联系。是故，"伦理本位"社会中人以群分，却依然保持着由近及远、引远入近的可能性，难以形成团体性的对抗，从而也造就了中国"政治皆伦理"的特点④。在社会信仰方面，能否在现世当中获得人生的意义满足，是人们是否依赖宗教的一个十分重要的原因。而正是在这一点上，中国人大体上是现世主义的，在"伦理本位"社会中，道德代

---

① 《梁漱溟全集》第 3 卷，山东人民出版社 2006 年版，第 82 页。
② 《梁漱溟全集》第 3 卷，山东人民出版社 2006 年版，第 95、96 页。
③ 《梁漱溟全集》第 3 卷，山东人民出版社 2006 年版，第 83 页。
④ 《梁漱溟全集》第 3 卷，山东人民出版社 2006 年版，第 85—86 页。

替了宗教①。

其次是耕读社会的奋斗精神。儒家赞美士耕、尚贤举才的思想，由于适应中国农业社会的经济、政治和文化发展水平，因而对上下阶层的文化都发生了深刻影响。隋唐以后，实行科举，寒士崛起，更塑造了中国人的读书心态和生活道路。在社会各阶层中，耕读成了一种社会理想，也成了一种进己途径，人人都可以有选择的机会和对前途的自信。它还造就了农民的奋斗传统，使他们愿意通过自身努力获得向上的社会流动机会。以"伦常"道德秩序为基础的"礼治秩序"，重在"礼"和教化，故而在人格上个人服从家庭和国家②，甚至出现即便歪曲事实也要做到表面无违家长的"名实分离"局面③。从人生发展来看，这就形成了向里用力的人生。在讨论中国文化之"要义"时，梁漱溟认为，此乃中国式人生的最大特点④。进而，他在其乡村建设理论中再次论述，"伦常"道德秩序和职业分立的社会构造，使得乡村社会处处训练人向里用力。前者所得教训，如反省、自责、克己、让人和学吃亏，后者所得教训，如勤俭、刻苦、自励与要强（进取）。总之，贯乎其中者，盖有一种自反的精神，是谓"向里用力的人生"⑤。

概而言之，可以说，以家庭为基础形成的"差序"性社会结构，以及以血缘、地缘为基础形成的礼俗性社会文化，正是传统中国农村社会基础的核心特征所在。正如同瞿同祖所论证的那样："家族实为政治、法律的单位，政治法律组织只是这些单位的组合而已。这是家族本位政治法律的理论的基础，也是齐家治国一套理论的基础，每一家族能维持其单位内之秩序而对国家负责，整个社会的秩序自可维持。"⑥

① 参看《梁漱溟全集》第3卷，山东人民出版社2006年版，第88—89页。
② 参看《李亦园自选集》，上海教育出版社2002年版，第241—254页。
③ 参看费孝通：《乡土中国 生育制度》，北京大学出版社1998年版，第76—80页。
④ 《梁漱溟全集》第3卷，山东人民出版社2006年版，第194—197页。
⑤ 《梁漱溟全集》第12卷，山东人民出版社2006年版，第177—181页。
⑥ 瞿同祖：《中国法律与中国社会》，中华书局1981年版，第26—27页。

二、 革命的实践——以阶级的名义

从 20 世纪初开始，中国的知识精英们认识到中国富强的出路在农村，农村的出路是解决土地制度问题，因而也纷纷寻找改造农村的各种办法和道路，设计出了许多对农村改造道路的探索方案，但大多数还局限在理论上，付诸实践的不多。这方面可算独树一帜的，是晏阳初的平民教育和梁漱溟的乡村建设。但这些运动，也未能从根本上改变农村的面貌，更没有达到"农村复兴"和"民族自救"的目的，结果是"号称乡村运动而乡村不动"①。至于国民党新军阀的农村政策，不仅没有解决农民土地问题和农村发展问题，反而加速了农民的大批破产和农村社会的全面危机以及农村经济的全面崩溃。中国农民问题的解决和发展农村的任务，历史地落到了中国共产党的肩上。

（一）革命政权建设：塑造工农阶级主导的政治基础

中国共产党高度重视农村的改造与发展问题，在根据地、解放区选择了一条共产党领导农民以革命的方式，开展土地革命、武装斗争和农村根据地建设紧密结合的发展道路，获得了巨大的成功，成为中国农村社会基础转型的新曙光。

共产党自成立之日起，就注意到中国的农民问题。1922 年 7 月，中共二大讨论了农民问题，强调指出，"中国三万万的农民，是革命运动中的最大要素"，"那大量的贫苦农民能和工人握手革命，那时可以保证中国革命的成功"②。会后，共产党人在广东海丰地区发动了农民土地斗争。1923 年 6 月中共三大，制定了党的历史上第一个农民问题决议案，并明确指出：

---

① 参看秦兴洪：《共和国农村的发展道路》，广东高等教育出版社 2002 年版，第 21—22 页。

② 中央档案馆：《中共中央文件选集》第 1 册，中共中央党校出版社 1992 年版，第 113 页。

"国民革命不得农民参与，也很难成功。"① 在党成立初期，先后在浙江萧山县衙前村、广东海丰和湖南衡山开展了农民运动的实践。其主要特点是：第一，它们的领导力量已不是小资产阶级或资产阶级，而是无产阶级政党——中国共产党；第二，它们都提出了以先进思想指导的革命纲领，分析了造成广大农民贫困落后的社会制度方面的根源，提出了一些解决农民土地问题的主张和政策，正确估计了自己的力量，指明自己解放自己的途径；第三，建立了现代革命组织形式，把分散的个体农民组织团结起来，如农民协会等。这是过去传统的农民运动所不具备，也不可能具备的。

从具体制度来说，党领导的农村基层政权建设也并非一成不变，而是分阶段视实际情况而定的。具体而言，可概要地分为如下几个阶段。

第一阶段，即基层政权的开创阶段，也就是大革命时期。党领导的基层政权最早是从农民协会发展起来的。1921 年 9 月，党首先在浙江省萧山县衙前村建立了农民协会。1922 年六七月间，彭湃在海丰建立了农民协会，以后又在陆丰、惠阳等地建立了农民协会。1923 年 1 月在海丰建立了农民总会。继后毛泽东等又在湖南等地建立起了农民协会。这些农民协会实质上就是基层政权的雏形。农民协会的建立，开始把乡村中的政治权力"内绅士夫豪之手，而移至农会"。

第二阶段，是基层政权的形成时期，即土地革命时期。在这个时期主要是建立乡苏维埃政权。1931 年 12 月《中华苏维埃共和国临时中央政府关于苏维埃建设的重要训令》规范地方政权设立省、县、区、乡四个级次，乡一级即基层政权。并且当时还规定了乡大小划分的原则。原则是"应按距离远近与居民多少划分若干村，但每乡至多不得超过五个村"。这样就统一了革命根据地内乡苏维埃政权的划分、层级以及管理幅度。乡苏维埃由全乡的选民选举产生，其一切权力归人民所有。在这一时期，通过苏维埃政权的建设，党领导的基层政权已经完全形成。

第三阶段，基层政权的发展时期，即抗日战争时期。抗日战争爆发以

---

① 中央档案馆：《中共中央文件选集》第 1 册，中共中央党校出版社 1992 年版，第 139 页。

后，为了实现国共合作，团结一致抵抗日本帝国主义的侵略，取得抗战的胜利，党关于基层政权力的建设，主要是根据国民党政府颁布的省参议会组织法的基本原则进行的。乡参议会和乡政府构成了抗日战争时期的革命的基层政权。当时的乡参议会是基层政权中的最高权力机关。1939 年的《陕甘宁边区各级参议会组织条例》规定了乡参议会的职权。主要有：①选举乡长和乡政府委员；②监察和弹劾乡政府之人员；③议决本乡之单行公约；④议决乡长或乡政府委员会提交审议的事项；⑤议决本乡人民及民众团体提交审议的事项；⑥督促及检查乡政府执行乡议会决议之事项；⑦决定本乡应兴举事项。但是根据当时的规定，乡参议会由人民直接选举产生。在乡参议会的人员组成上，党采取了具有统战性质的"三三制"。但是基层政权中的人员不是绝对按以上比例分配，而是根据情况适当酌情变通。

第四阶段，这是基层政权的定型时期。1945 年 10 月颁布的陕甘宁边区参议会和边区政府的联合会议上，决定由乡人民代表大会逐渐取代乡参议会。乡人民代表大会为基层政权的最高权力机关。解放战争开始以后随着根据地的不断扩大，基层政权也蓬勃发展起来，当时在解放区实行土地改革时陆续建立了贫农团和农会以适应迅速变化的形势，这些组织在一些地方代行了基层政权的职权。随着土地改革的深入，在解放区里陆续建立起了区村（乡）两级政权机关和区村（乡）两级人民代表会议。

（二）嵌入传统乡村社会结构的基层政权建设

当共产党试图在乡村建立自己的一套控制体系时，它不得不面对乡村既有的一套社会运作秩序。也就是说，党必须实现与传统农村社会基础的对接，首先要融入这一套秩序当中去，然后利用党的意识形态和政策目标改造它，因此，"嵌入"乡村社会结构当中是必须完成的任务，只有在这个前提下，基层政权建设才是牢固的。

杜赞奇在对华北农村的研究中发现，村领袖们往往由富裕而有声望的人充任①。宗族是研究乡村社会运作体系不能回避的一个问题，宗族的领导者通常是那些具有更多财富资源的人。共产党领导下的打土豪运动，打杀的大都是一些土地众多的大土豪乡绅和伴随军阀摊款而出现的从中中饱私囊的捐棍。不可否认，由于害怕在党领导的斗争中遭到打击而逃走，乡村一些旧有势力瓦解了。但对于传统的乡村来说，土地众多的大土豪及农民怨恨的捐棍毕竟只占少数，并且正如在华北农村所发现的那样，乡村的领袖们大都是由小地主、富农及中农担任，这股数量庞大的群体以各种妥协的方式在革命斗争中得到了生存。

共产党建立的苏维埃组织，是一种群众代表大会制度，即从工农群众中选派代表参加政权的管理。由于割据的形成有内生型和外力型两种形式②，这两种形式的党组织发展状况和群众基础不同，政权建设的情况也有所差异。对于外力型割据来说，以前的党组织和群众基础较差，当军队占领某处后，需要外派大批的同志去进行苏维埃的组建工作，虽然他们中会留下一些在刚组建的苏维埃里工作，但大多数的席位需要在本地人中产生。在这些革命未经深入的乡村，并没有因革命运动而产生一批新的乡村精英，依靠群众选举的方式，原有的乡村领袖也就有了重新进入领导机关的机会。

各地关于苏维埃组织被党组织替代、群众只信服党组织的报告，反映了党组织在乡村中拥有的权力，党员在有些地区成了特殊群体。在兴国永丰区，一定要是共产党员才能在政府办事，不是共产党员，即使是群众领袖，也不能进入政府③。但党员身份在为原有领袖提供机会的同时，为普遍身份的农民也敞开了大门。在革命实施的过程中，党组织选派工作队到各农村社区，讲清理论、发动群众，发现积极分子，培养骨干，建立农会组织，建立苏维埃政权，再由苏维埃和农会率领农民没收土地、重新分配土地，建立新的生产关系。"每一次行动都是群众与党组织的互动，每一次行

---

① ［美］杜赞奇：《文化、权力与国家：1900—1942 年的华北农村》，王福明译，江苏人民出版社 1996 年版，第 115 页。

② 黄琨：《中共乡村动员：1927—1928》，《二十一世纪》2004 年第 6 期。

③ 参看中共中央文献研究室：《毛泽东农村调查文集》，人民出版社 1982 年版，第 246 页。

动都是人们接受党组织的领导并重新体验党的领导之必不可少……群众也一次又一次地从自己的切身体验（革命行动的成功与失败）中感受到党的领导是革命胜利的根本前提，在党的引导下形成自觉接受党的领导的态度，因此革命的过程同时是不断加强党的领导地位的过程”①。这一过程便是党重新整合社会、再造社会基础的实践过程。

在一定意义上来看，"党的三大法宝的精髓就是大众动员，要求党深入乡村、家庭乃至个人，广泛发动群众，把军事努力、建立政权和解决社会经济问题结合起来"②，"在这一过程中，人们在所承担的绝大多数旧的社会、经济、心理义务趋于解体的同时获得了新的社会化模式和行为模式"③。这种新的社会化模式和行为模式集中体现在对自己新的政治角色的认知和对红色政权合法性的认同，从而使党能够以比较小的代价积聚起巨大的革命能量，这样，在发动民众支持根据地政权和军队的过程中，党的组织深入到并改造了中国的地方基层社会，而农民作为一个被动员起来并被灌输了阶级意识的阶级，获得了一种在传统农业社会结构中未曾有过的有组织的自治④。正如吴重庆所言："不管是高度的组织化还是行政区域的集约化，都是为了革命的需要——'使苏维埃密切接近于民众，使苏维埃因管辖地方不大得以周知民众的要求，使民众的意见迅速反映到苏维埃来，迅速得到讨论与解决，使动员民众为了战争为了苏维埃建设成为十分便利。'明于此，我们便可以理解红军为什么要把支部建在连上，同时也可以进一步理解基层政权只延伸到县级的国民党为何不得不撤离大陆。"⑤ 这是 1949 年以前为了革命成功的社会理想与战略目标所采取的翻转基层，再造社会基础

① 谢遐龄：《1930 年代中央苏区的农村社区重建》，《复旦社会学论坛》第 1 辑，上海三联书店 2005 年版，第 29 页。

② 陈明明：《在革命与现代化之间》，参见《革命后社会的政治与现代化》，上海辞书出版社 2002 年版，第 238 页。

③ Karlw Deutsh, social mobilization and political Devolopment, Amerimenlt political sciencereview, 55. 1961, p. 495.

④ 陈明明：《在革命与现代化之间》，参见《革命后社会的政治与现代化》，上海辞书出版社 2002 年版，第 239 页。

⑤ 吴重庆：《革命的底层动员》，《读书》2000 年第 1 期。

的实践行动。更加说明新的战略目标与社会基础再造之间存在着高度的契合关系，战略目标的实现以社会基础的再造为前提和保障，新的战略的实施总是以社会基础的再造为起点，并且以社会基础的再造为着力点和逻辑主线的。

革命成功的经验必然地要影响甚至决定党在新中国成立以后的执政思路。1949 年 9 月 30 日，毛泽东在中国人民政治协商会议第一次全体会议上宣读了《中国人民大团结万岁》的大会宣言，其中讲道："我们应当进一步组织起来。我们应当将全中国绝大多数人组织在政治、经济、军事、文化及其他各种组织里，克服旧中国散漫无组织的状态，用伟大的人民群众的集体力量，拥护人民政府和人民解放军，建设独立民主和平统一富强的新中国。"① 林尚立认为，"这种组织行为从一开始就包含着很强的价值取向，即不仅要把中国社会组织成一个整体，而且要把中国社会组织成一个社会主义社会，要在建设社会主义总目标下对中国社会进行全面的组织改造，即重新组织化"②。

（三）扎根并翻转基层："革命"中的社会基础改造

从中国农村社会的基础来看，这个过程就是一个以"革命"手段改造社会基础的过程。具体而言，这个过程包括多个层面，最基础的是生产关系的翻转，其次是社会分层的调整（主要指贫苦农民的翻身，同时也包括宗族、地主权力的削弱），再次是妇女的翻身和解放。

在生产关系上的翻转，主要是依靠土地革命、减租减息和土地改革来完成的。解决土地问题在革命中只是一个比较低级的初步的目标，但从一个较长的历史阶段来看，它却并非只居次要的地位，它在一个长时间内是党领导农村革命的基本内容。

新中国成立后的土地改革运动，虽然其总路线是原来解放战争时期所

---

① 《建国以来毛泽东文稿》第 1 册，中央文献出版社 1992 年版，第 11—12 页。
② 林尚立：《集权与分权：党、国家与社会权力关系及其变化》，《革命后社会的政治与现代化》，上海辞书出版社 2002 年版，第 155 页。

确立下来的，但新中国成立后实施过程中，也根据新的情况做了一些调整。首先是对富农经济进行一些保护的政策。这是毛泽东最早提出来的，后来以法律的形式确定下来。对地主，只依据法律的规定进行没收，保留其基本的生活资料和一份平均数的土地。

土地改革的胜利完成，在经济、政治、思想和文化上都产生了巨大的影响，对恢复和发展农业生产力起到了决定性的作用。土地改革后，全国大约有 3 亿多农民获得了 4666.7 万公顷土地，免除了每年向地主缴纳的大约 3500 万吨粮食地租。据全国农村统计调查资料统计，土地改革后，占人口 52.2% 的贫雇农占有 47.1% 的耕地，人均 2.93 亩；占人口 39.9% 的中农占有 44.3% 的耕地，人均 3.67 亩；占人口 5.3% 的富农占有 6.4% 的耕地，人均 3.8 亩；占人口 2.6% 的地主占有 2.2% 的耕地，人均 2.52 亩。这就实现了耕者有其田，提高了农业生产力。土地改革中建立起来的农民协会会员人数，占农村人口的 70% 以上，具有最广泛的社会基础，农民协会的骨干多数成为乡镇基层政权的领导力量[1]。经过土地改革，农民还积极热情地要求学习文化，农民夜校在农村迅速发展，给沉闷的农村带来勃勃生机。

土地改革在中国农村发展史上具有划时代的意义，它彻底地完成了新民主主义革命的任务，实现了由封建地主土地所有制向农民土地所有制的转变，使中国农民的生产积极性空前提高。例如，在思想觉悟和精神风貌方面，革命政权在发动群众进行反帝反封建的斗争中，十分注意对农民的教育工作，引导启发他们摈弃传统的落后思想观念，提高思想觉悟。农民在提高觉悟、解放思想、有了一定文化的基础上，不但生产积极性高涨，而且在技能方面也有很大提高，涌现出大批生产能手。此外，在旧时代的农村中，女子除了受政权、族权、神权的支配外，还受夫权的支配，这种权力"代表了全部封建宗法的思想和制度，是束缚中国人民特别是农民的四条极大的绳索"[2]。而在党的领导下，不论是在土地革命战争时期、抗日战争时期还是解放战争时期，根据地都有大批劳动力参军，这中间主体是

---

[1]　参看吴镕、唐传阳：《中国农村改革的背景与基础》。

[2]　《毛泽东选集》第 1 卷，人民出版社 1991 年版，第 31 页。

男劳动力。传统上农业生产也是以男性劳力为主要力量,妇女劳动力只起无关轻重的辅助作用,甚至基本上不参加田间耕作。这样,革命根据地的农业生产首先就面临劳动力严重不足的困难。革命政权解决这一问题的重要办法之一,就是大力发动妇女劳动力投身到农业生产中来。在后来的抗日战争时期,在各抗日民主根据地,也都有大批妇女被发动投入生产运动,成为重要力量。再加上党倡导新式婚姻,妇女大都在婚姻上有了很大的自主权,其在革命、生产和日常生活中的作用日益增大。相应地,其社会地位也大为提高。

土地改革从来不是一场单纯的要求土地的经济行动,正如杜润生所言:土地改革自始至终是一场激烈争夺政权的阶级斗争①。刘少奇也说过:整个土改工作"不是采取行政命令,或是恩赐土地给农民的简便办法,而是致力于唤醒农民的阶级意识"②。民众动员才是土地改革的真正目的。通过土改中"启发阶级觉悟""划分阶级成分""斗争大会""发展党组织""建立群众组织"等程序与过程③,农民日益摆脱"马铃薯"状态而成为紧密团结起来的阶级整体,为夺取政权,建设一个新中国奠定了基础。在此过程中发育出了一整套行之有效的动员和发动农民,使之产生阶级意识和阶级觉悟,产生阶级归属感并直接指向一致行动能力的技术和机制,"诉苦"便是其中非常重要的一种。"将农民在其生活世界中经历和感受的'苦难'归结提升为'阶级苦'的过程,不仅成为日后与之相伴的阶级斗争的基础,而且是在农民的内心世界中塑造农民与国家关系的基础"④。也诚如李康所言:"痛苦的个体如何感知集体的被剥夺?还要把自身痛苦视为集体被剥夺

---

① 参看杜润生:《关于中国的土地改革运动》,《中国现代史》1997 年第 1 期。

② 刘少奇:《第八届中央委员会政治报告》,转引自卢晖临《革命前后中国乡村社会分化模式及其变迁:社区研究的发现》,参见《中国社会学》第 3 卷,上海人民出版社 2004 年版,第 131 页。

③ 王友明:《解放区土地改革研究:1941—1948》,上海社会科学院出版社 2006 年版。

④ 郭于华、孙立平:《诉苦:一种农民国家观念形成的中介机制》,参见《当代中国农村的社会生活》,中国社会科学出版社 2005 年版,第 22 页。

的一部分？如何把这种被剥夺转变为普遍的革命推动力，导向改变处境的集体行动？而使人们意识到冤情，找到归咎处和改变处境的道路，这正是革命动员的过程。"① 没有诉苦，就没有"翻身"② 的深切感受，没有群众动员与组织，就没有农民的阶级意识和国家观念的形成，没有农民间新的连接方式的出现和制度化，就不会有革命的胜利与新生政权的存在。土地改革用强有力的事实表明了超出个人常规性生活手段的一种逻辑：在无须个人做出实质性努力的情况下，一种来自外部的力量，用人们从未见过的方式，改变了无数人的命运。正是在这个改变身份与财富的巨变过程中，人们感受到一种来自外部的强大力量的存在，形成一种"建立在感激和敬畏双重基础之上的国家认同"，而从个体的角度来说，形成的则不是现代意义上的公民，而是阶级的一分子，或是相对于国家的"人民"或者"群众"，广大农民是通过成为贫下中农这一阶级的成员而成为新国家的人民的③。土改在村庄内部的深入开展，摧毁了革命前乡村社会分化体系本身及其合法性，"社会基础"的再造是革命成功的最基本的保障，也是革命过程的逻辑主线。

三、 人民公社——国家意志的压倒性体现

农村土地改革的完成，只是将封建地主土地所有制改变为农民的土地所有制，农村经济结构依然是在私有制的状态之下。土地改革完成后，中国农村的生产方式仍然是一家一户的小农经济生产，这与党领导人民走集体化道路的宗旨是不相符合的，这就产生了政策方面的巨大压力。同时，新中国成立后所制定的高速工业化的国家战略也迫切要求在农村地区建立一种新的组织形式以实现和这一战略的对接。人民公社的产生有着深刻的

---

① 李康：《西村十五年：从革命走向革命——1938—1952 冀东村庄基层组织机制变迁》，北京大学博士论文（未刊稿），1999 年，第 67 页。
② 韩丁：《翻身：中国一个村庄的革命纪实》，北京出版社 1980 年版。
③ 郭于华、孙立平：《诉苦：一种农民国家观念形成的中介机制》，《中国社会学》第 5 卷，上海人民出版社 2006 年版，第 186、192 页。

思想和经济背景。在当时的情况下，又不能一步到位，一下子走向集体化，必须有一个过渡的阶段来引导农民走上集体化的道路。互助组就成为一种必然的选择。一开始，合作化运动还是稳步发展，后来出现了一些急躁病。1955 年 6 月，中央对合作社的方针还是"停止发展、全力巩固、适当收缩"，全国初级社减少 2 万个，达到 65 万个，但在毛泽东批评"小脚女人"以后，各地合作社的发展速度又急剧加快①。同年 10 月末上升到 127.7 万个，11 月末上升到 l58.3 万个，12 月末，再上升到 190.5 万个。1955 年冬到 1956 年上半年就实现了全国初级社化。办高级社更是你追我赶，争先恐后。1955 年 6 月末，全国试办高级社 500 个，入社农户 4 万户，尚不到农户总数的千分之一。1956 年 1 月入高级社农户占 30.7%，6 月上升到 63%，年底达到 87.8%，而参加互助组和初级社的农户则分别下降到 7.6% 和 0.9%。至此，参加农业互助合作的农户达到 96.3%②。在 1956 年底，中国完成了"高级形式的农业合作化"。在这个过程完成之后不久，中国乡村开始进入了最能体现计划经济特点的人民公社体制。

（一）人民公社：国家目标与社会基础的对接

中国共产党在革命中形成了农村基层政权的基本原则，试图在中国农村建立一个比较平等，而且又能体现现代政治要求的农村基层政权结构。这种政权起码要满足以下几个方面的要求：一是要最大限度地体现公平原则，不能有剥削和压迫，也不能有产生剥削与压迫的政治与经济基础；二是这个政权要承担对农村社会、政治、经济文化的控制、组织与协调功能，能够将农村社区的各种各样的事务管理起来，使农村社会成为一个经济发展、政治开明、文化健康的社区；三是这种基层政权具备高效的动员与组织能力，能随时随地围绕党和国家的大政方针运转，而且要为这些大政方针服务。

随着社会主义建设的展开，特别是在赶超战略下，国家必须尽可能大

---

① 参看高化民：《农业合作化运动始末》，中国青年出版社 1999 年版，第 29 页。
② 参看高化民：《农业合作化运动始末》，中国青年出版社 1999 年版，第 259 页。

程度地从农村提取资源，以支持重工业优先的经济发展路线。而要从农村
提取资源就需要将农民组织化，国家要从高度分散的农户提取资源，其
"交易成本"① 将高得惊人，对此，陈云曾说过："困难不单来自我们对于
统购统销缺乏经验，主要的是对这样众多的农户，要估实产量，分清余缺
及其数量，很不容易。"② 关于通过合作化达到保证收购、增加产量和降低
政策的实施成本，陈云早在 1955 年 7 月《坚持和改进粮食的统购统销》的
讲话中就十分明确。他说："我们发展农业大量增产粮食，主要是靠农业的
合作社。就是说，应该积极而稳步地发展农业合作社，把一亿一千万农户
组织到生产合作社里来。到那个时候，我们的粮食产量就会大大增加起来，
向农业生产合作社实行统购统销的工作，也要容易得多，合理得多。"③ 事
实证明，合作社确实降低了国家收购难度并确保在缺乏必要的价格刺激的
情况下，继续维持农业再生产的正常进行。但问题是，合作社作为农村的
集体经济组织，有着自己的经济利益。尽管合作化把统购统销从行政机构
与个体农民之间转移到行政机构与合作社之间，避免了行政机构同个体农
民发生直接的利益冲突，但随之又产生了基层政权与合作社之间的矛盾。
这意味着，当县、乡政权发出的各项指令与合作社自身利益冲突时，有着
相对独立性的合作社有可能不执行或抵制这些指令，这就会影响统购统销
的实施，影响到工业化资金的积累④。

要弥补基层政权与合作社之间矛盾，最佳选择就是合二为一，把作为
基层政权组织形式的乡与作为农业集体经济组织的合作社合并。于是，政
社合一的人民公社就应运而生了。1958 年元旦，《人民日报》发表了题为
《乘风破浪》的社论，除了提出 15 年赶英、20 年超美外，还提出要争取

---

① ［美］科斯：《社会成本问题》，参见科斯、阿尔钦、诺斯主编《财产权利与制
度变迁——产权学派与新制度学派译文集》，上海三联书店、上海人民出版社 1994 年
版，第 20 页。

② 《陈云文选（1949—1956）》，人民出版社 1984 年版，第 276 页。

③ 《陈云文选（1949—1956）》，人民出版社 1984 年版，第 276 页。

④ 焦金波：《在"工业化视野中的人民公社"》，《河南师范大学学报（哲学社会
科学版）》2005 年第 2 期。

1958 年农业生产的"大跃进",由此形成"大跃进"的强大舆论。与此同时,"大跃进"的计划指标也开始酝酿并层层加码。1958 年 1 月,中央在杭州会议和南宁会议上初步安排农业总产值 643 亿元,比上年增长 6.5%,粮食总产量 19600 万吨。同年 3 月的成都会议上,农业总产值增长幅度调整到 16.2%,粮食总产量指标提高到 21580 万吨。5 月的中共八大二次会议上,正式通过了毛泽东提出的"鼓足干劲,力争上游,多快好省地建设社会主义"的总路线。会议又对 1958 年农业生产计划进行了调整,提出将农业总产值提高到 793 亿元,粮食总产量提高到 21985 万吨。到同年 8 月的北戴河会议上,确定 1959 年全国粮食总产量计划指标为 4 亿~5 亿吨[①]。

与此同时,人民公社作为比高级社公有化程度更高的社会基层组织开始出现。1958 年 3 月,中央在成都会议上,通过了《关于把小型的农业合作社适当合并为大社的意见》,此后全国迅速掀起了并社高潮。1958 年 7 月 1 日,陈伯达在《红旗》杂志上首次使用"人民公社"这一名称,因此,各地农村在并社运动后不久,又开始试办人民公社。河南省遂平县有 27 个合作社一马当先地将大社改称为人民公社。由于该社曾在全国率先放小麦高产"卫星"而闻名,故取名为卫星人民公社,这是中国历史上的第一个人民公社。1958 年毛泽东在视察河南省七里营人民公社时说,"看来,'人民公社'是一个好名字",同时指出人民公社的特点是"一曰大,二曰公"。毛泽东"人民公社好"的号召发表后,全国各地很快由并社运动升级为兴办人民公社的高潮。1958 年 8 月,中央下达《中共中央关于在农村建立人民公社的决议》,《决议》指出"人民公社是形势发展的必然趋势","共产主义在我国的实现,已经不是什么遥远将来的事情","我们应该积极运用人民公社的形式,探索出一条过渡到共产主义的具体途径"[②]。此后,人民公社运动在高级社立足未稳之际,只用了一个多月的时间便在全国农村推

---

① 参看秦兴洪:《共和国农村的发展道路》,广东高等教育出版社 2002 年版,第 123 页。

② 参看陈吉元等:《中国农村社会经济变迁(1949—1989)》,山西经济出版社 1993 年版,第 303—305 页。

开了。

中共中央关于在农村建立人民公社的决议在全国公布以后，全国各地农村迅速掀起了一股建立人民公社的热潮，其速度远远快于合作化运动中建立高级社的速度。从北戴河会议的决议公布到 9 月份，全国农村人民公社化就基本上完成了。9 月底，全国共建立人民公社 23000 多个，入社农户达 1.1 亿多户，占全国总农户的 90% 以上。在人民公社化过程中，有许多地方贪大求快。中央决议要求，人民公社以 1000 户左右为宜，但有相当一部分地区突破了这个要求。全国有一百多个县是一县一社，有的一个社农户竟高达 20000 户以上。全国公社平均 4700 多户，远远超出了中央决议所规定的规模要求①。在人民公社体制之下，国家收购农业剩余的难度也大大减小，1.2 亿分散的农户被组织到 2.6 万多个公社之中。向 2.6 万个组织严密的人民公社实行收购和积累，比同 1.2 亿户农户打交道要容易得多②。正如毛泽东所说的，"社并大了，头少了，好管，好纳入计划，好领导；工农商学兵结合，便于领导"③。

1962 年 2 月，中共中央发出《关于改变农村人民公社基本核算单位问题的指示信》，正式规定农村人民公社的基本核算单位，应该是生产队（即原来的初级社）。从此以后，三级所有、队为基础的人民公社管理体制，在中国农村基本稳定下来。

应该说，人民公社作为一种农民组织化的制度，在改造农村社会基础适合国家战略发展需要方面，在特定的历史条件下发挥了其应有的作用。改革开放前三十年间，国家通过农产品与工业品交换的比价差（其中很大程度上依靠人民公社组织而实现），农民少收入 955.9 亿元，多支出 449 亿元，两项合计，农民为国家提供了积累资金 1404.9 亿元，每年的资源提取

---

① 参看秦兴洪：《共和国农村的发展道路》，广东高等教育出版社 2002 年版，第 124 页。

② 李守经等：《中国农村基层社会组织体系研究》，中国农业出版社 1994 年版，第 69—70 页。

③ 薄一波：《若干重大决策与事件的回顾》（下卷），人民出版社 1997 年版，第 765—767 页。

额占当年财政的 39.4% ~ 75.7%①。

这种发展模式就是美国发展经济学代表人物刘易斯所说的"反哺"模式，即在落后的农业国家，经历"农业经济——农业和工业并存的二元经济工业经济"的演变过程走向工业化。为尽快完成向工业化国家的演变，国家一般采取向工业经济倾斜的政策，在产业政策、价格政策上获取农业剩余，用农业哺育工业，待工业化完成后，再来扶持农业的发展，用工业经济的成果来"反哺"农业。而如果要在发展农业的基础上发展轻工业，再带动整个工业化的发展，将要花费更长的时间，并可能要付出更大的代价。一方面，这种农业剩余的提取依靠的是农民的单位化，直接从生产大队手中收取农业剩余的成本，远远低于从单家独户的农民手中收取剩余。不过，从绩效与成本的对比来看，这只是节约了"交易费用"，并不能从根本上解决积累的需要。因此，另一方面，国家在节约与农民在农业剩余提取上的交易费用的同时，不得不提高农业的剩余总量。在当时化肥与良种作物都尚未研制和普遍生产、推广应用的情况下，基本农田水利建设就成了最主要的一条路径。全国土改时，每个农民平均只分得 0.2 公顷耕地，南方地区每个农民只有几分地②。直到新中国成立后，我国的耕地面积才因为农田水利基本建设而有了根本的突破。至 1952 年，我国耕地灌溉面积达到了 1995.9 万公顷，1957 年前达到了 2738.9 万公顷，1978 年达到了 4496.5 万公顷③。灌溉耕地面积占总耕地面积的比例也逐年提高，由 1952 年的 18.5% 到 1957 年的 24.4%，到 1978 年提高到了 45.2%④。在这些工程建设中，由于国家困难，国家投入的资金都十分有限，主要是经过人民公社组织农村劳动力资源，而创造出奇迹。它在改造农村社会基础的同时，实现了农民组织化与国家战略目标的对接，为国家现代化建设奠定了坚实的基础。

---

① 参看余红：《中国农民社会负担与农村发展研究》，上海财经大学出版社 2000 年版，第 48 页。

② 参看秦兴洪：《共和国农村的发展道路》，广东高等教育出版社 2002 年版，第 83 页。

③ 参看吴天然：《中国农村工业化论》，上海人民出版社 1997 年版，第 93 页。

④ 参看林毅夫：《制度、技术与中国农业发展》，上海三联书店、上海人民出版社 1994 年版，第 26 页。

　　当然，这种"急行军"式的组织机制，也在一定程度上造成了农村社会基础的不和谐。一方面，在大规模劳动力集中劳动的前提之下，如果没有有效的考核，并把考核的结果同劳动者的个人所得直接联系起来，就有可能使某些思想觉悟比较低的劳动者出工不出力，混在大规模的劳动人群体中，滥竽充数；另一方面，大规模的集中劳动，必然要推行半军事化的管理方式，行动上要保持高度的一致，这对于长期以来一直习惯于自由、分散式生活和生产的中国农民来讲，是很不适应的，这种不适应最终也会使农民对这种管理方式产生抵触情绪。抵触情绪最容易在劳动过程中发泄出来，直接表现就是在大堆人马中消极怠工，不利于劳动生产率的提高。

　　（二）集体主义：赶超战略下重构农村社会基础的实践及其运作机制

　　新中国成立后，国家政权力量对于乡村社会的渗透日益深入，村庄社会的运转是在国家建构性秩序的规划中进行的，农民之间的连接关系以及农民与国家之间连接关系的再造自然依靠外部力量的强行进入。这主要表现在，人民公社是以党的完全控制下的运动式的动员方式来建构的。在动员中以集体主义为主要的思想和政治导向，强化宣传和行政的外力作用，特别是采用带有暗示、规劝、示范、强制的组织型动员，用政治理想和口号作为教育群众的思想动员武器。

　　考察人民公社的建立过程，我们看到无论是并大社，还是转人民公社，都是由领导机构做出决定、基层权力机关实施的，是通过行政权力用行政命令和群众运动方式完成的。1958 年，《中共中央关于在农村建立人民公社问题的决议》发布后不久，中央又不失时机地公布了《关于今冬明春在农村中普遍开展社会主义和共产主义教育的指示》，它要求采取大鸣、大放、大辩论、大字报、现场会、展览会等形式，"把一切'白旗'以至'灰旗'统统拔掉，把红旗普遍插起来，"以"使广大农民充分了解人民公社比原有的农业社具有更伟大的优越性，自觉自愿地把农业社转为人民公社"①。《指

---

　　①　中共中央文献研究室：《建国以来重要文献选编》第 11 册，中央文献出版社 1995 年版，第 452—454 页。

示》为公社化运动大造了舆论，一切对公社化持怀疑、观望的人和思想观念，都将作为"白旗"或"灰旗"被批判和斗争，这就为公社化扫清了障碍。

随后，以思想批判开路，利用一切宣传工具，大力批判运动的反对者是所谓保守、右倾，把是否支持人民公社同是走资本主义道路还是走社会主义道路这一事关当时每一个人命运的重大原则性问题相联系，从而在运动的发动阶段就使整个社会感到有股强大的政治压力，使多数人不敢提出异议，表示支持，并积极参与这场运动。这种动员的结果，就是使得愿做先进而不愿戴政治帽子以求自保的广大群众极力参与进来，完全配合政府的行为。而事实也证明，"凡是抓紧了政治挂帅，运用大鸣、大放、大辩论这一工作方法的地方，在处理各项经济问题时，都做到又快、又好、又顺利"，反之则"影响了运动的健康发展"①。

与此同时，国家还通过大力宣传人民公社化在理论上的科学性、合理性，向广大农民群众描绘了一幅极具诱惑力的美好的生活图景：人民公社是通向共产主义的"金桥"，在那里广大农民群众将过上平等、富裕、幸福的生活。这些极具正义性和道义感的价值目标与长久以来就蕴藏在中国农民心中的理想社会蓝图高度契合，无疑会激发起他们的积极性和巨大热情。在群众被广泛动员起来后，又以敲锣打鼓、表彰先进、频传捷报、领导接受群众"自愿"加入人民公社的庆祝大会等诸多方式来进一步激发和助长群众的热情和积极性，从而使公社化成为一股不可逆转的洪流。这些强制性动员方法，加上人们对领袖人物的崇拜、急于求成的社会心态等其他时代因素的综合作用，中国共产党迅速完成了自己主导的第二次社会基础的翻转。

在人民公社体制之下，国家权力史无前例地延伸到每一家农户，通过支配每个农民的日常生活而将农民整合到自上而下的集权体系之中，强制性的公共生活和集体生产方式取代了农民的传统生活方式，传统的血缘和

---

① 国家农委办公厅：《农业集体化重要文件汇编》（下），中共中央党校出版社1981年版，第85—86页。

地缘关系及家族组织被进一步摧毁，农民的生存方式、传统乡村社会的组织状态、农民间基本的连接关系模式被改变了，中国农村的社会基础实现了彻底地翻转。

首先，在农民与农民之间的连接关系方面，社队共同体取代了家族共同体。传统农民聚村而居，自然村落是血缘或准血缘共同体，也是地缘群体。公社重构了农民间的联结关系，血缘纽带和家庭宗族等传统乡村社会基础的构成要素被地缘纽带和生产队、大队等行政区划所代替，广大农民作为生产队的社员几乎完全依赖在行政体系之下，行政关系取代了血缘、地缘关系而成为主要的社会关系。

人民公社的生产特点是统一经营，集中劳动，简单协作，在生产劳动和生活安排上，实行组织军事化和生产集体化。乡村社会由各级党组织和生产大队及生产队这类准行政化的组织控制。在这一格局中，家庭不再是独立的生产单位，统统都要服从人民公社这一组织的硬性安排，家族组织不仅在生产组织协调方面失去了效用，而且原来家族组织负责的社会教育、治安、司法诉讼以及收缴赋税等功能都收归公社。

农民只不过是集体经济和正式组织的附属，村庄成员被划分到不同的公社、大队和生产队，用行政纽带作了重新组合和联结。人们在"队为基础"的原则下生活、生产、分配和消费，粮食制度和户籍制度进一步明确了固定的地理边界，农民被紧紧束缚在以地域为基础的公社共同体内，对乡村以外的社会呈封闭状态，公社对农民进行较为严格的人身控制。没有公社的批准，村民很难离开这个组织；再加上公社控制着乡村社会的一切资源，在城乡二元体制下作为社员的农民一旦离开公社，将无法生存。公社限制了人们的流动，也就是说，个体农民从生到死完全被移置到另一个生存网络中，这个网络所依从的运行逻辑截然不同于原先的村落组织，其集生产与生活、经济、政治、文化、思想于一体的体制取代了村庄中原有的人情秩序的整合关系。正如张乐天所指出的："传统的血缘因素被有意地淡化或去除，地缘因素在公社中被强化了，被赋予了新意义。首先，公社改变了传统的地缘图景。村落之间都有自己的自然的边界，各村农民都耕种自己生产大队的土地。村落在地缘上变得比以前更封闭。其二，村落的边界与行政区划的边界完全一致，村落就是生产队，生产队也就是村落。随着时日的推移，村民对队的认同甚至超过了自然村落"①。

第二，农民与国家的连接关系方面，达到了前所未有的紧密程度。在"政社合一""三级所有、队为基础"的公社体制中，党务机构和行政机构的触角一直延伸到村落一级，将农民直接纳入国家设置的正式组织网络中，破坏和取代了乡村社会中原有的以血缘关系为基础的家族集团或分散的个体状态。通过强有力的超经济控制，国家控制囊括了整个乡村社会，建立了农民和国家之间从未有过的紧密联结。

人民公社实行党政合一，人民公社内的党委会、支部、党小组，是中国共产党在农村中的基层组织，是农村工作的领导核心。大队一级的管理委员会、青年团、妇联、民兵连等组织全部接受党支部的领导。党支部的职能无所不包，其权力是至高无上的。在整个公社时期，党组织处于垂直性的乡村组织的核心位置，排斥和抑制了其他非正式权力的存在，经过严格审查并履行了正式手续的农民党员和普通农民群众，都处在党组织的领导之下。

从公社党委、大队支部和生产队党小组的纵向关系看，在"下级服从上级，全党服从中央"组织原则规制下，党的权力集中且层次分明，党支部向党委负责，党小组向党支部负责。国家通过公社内各级党组织和党支部书记将执政者的领导权一直延伸到了乡村最基层，并可以随心所欲地贯彻和落实服务于特定社会理想和现代化目标的各种路线、方针和政策；广大农民则通过党小组、党支部和党委表达自己的愿望和要求，实现与国家的连接。显然，各级党务机构是公社时期农民与国家之间发生联系的主要纽带。由于各级党组织的存在，就使得横亘在党中央和农民之间的空间距离不再成为阻隔二者顺利联结的障碍，对于生活在公社中的农民来讲，党中央无处不在。有趣的是，即使是在高度中央集权的皇权专制时代，生活

———————
① 张乐天：《告别理想——人民公社制度研究》，中国出版集团·东方出版中心1998年版，第263、264页。

在偏远地区或穷乡僻壤的人们与国家政治权力之间仍有"天高皇帝远"的疏离感。但是，在公社体制下情况发生了根本性的变化，通过各级党组织，广大农民无论在哪个角落都可以随时听到党中央的声音。

在公社体制下，除了党组织这条联结纽带外，在农民与国家之间还存在着另一条联结渠道，就是公社管理委员会——大队——生产队这一行政系统。通过公社、大队和生产队，政府的意志得以贯彻，通过社长、大队长以及生产队长这批干部，政府的意图得以在实践中展开，政府的政治权力在自然村落中通过这批干部得以合法化。广大农民则通过生产队、大队和公社这一渠道接受国家的各种计划和指令，并通过这一渠道将工业化所需的各种资源不断地输送给国家。

其中，公社管理委员会在行政上，受县人民委员会（即县人民政府）和县人民委员会派出机关的领导，行使人民政府权力，管理公社内的财政、贸易、文教、卫生、治安、调解民事纠纷等工作。同时，公社又是生产大队和生产队的上级。公社管理委员会随时监督和检查生产大队和生产队执行中央既定政策和法令的情况。它向各生产队提出关于生产计划的建议并且对各生产队拟定的计划进行合理的调整。它还督促和检查生产队的生产工作、财务工作以及国家任务的征购情况。必要时，公社还组织大队之间进行生产协作推广和供应良种、农具、肥料等。

生产队是人民公社中的基本核算单位，是以自然村落为基础组成的一个共同生产、独立核算的组织，也是村民日常交往的内核组织。生产队是人民公社的基础，掌握着所辖范围内的土地所有权，支配着本队所有的劳动力，享有一定的组织生产、经营管理和收益分配的自主权。不过，生产队所有活动都是在公社、生产大队的领导和直接控制下进行的。例如，直接从事农业经营的生产队必须接受公社、大队下达的种植计划，公社和大队则通过下达计划指标、不断地督促和下队检查、批评甚至批判"自由种植的资本主义倾向"等方式来确保政府种植计划的完成。

在公社的行政系统中，大队成为连接农民和国家的中介，是将农民和国家紧密联系起来的关键环节。这具体表现在，大队在上传下达的过程中存在着对上和对下两种关系，其中，大队对上要接受、贯彻和落实公社下达的各种国家政策、计划和指令。谢淑娟在对广东顺德北水村现存的1969年10月至1983年8月的《北水大队接收公社下达的通知记录》进行分门别类的统计后发现，自1969年10月至1983年8月，北水大队接收到上级单位——杏坛公社通过电话下达的《通知》共2169个，内容包罗万象，涉及政治、经济（包括农业生产、农田水利等基础设施建设、财经、企业、水电等公用事业）、军政（包括民兵、战备、征兵工作等）、治保、司法、民政、妇女工作、共青团工作、知青工作、计划生育、人口、医疗卫生、教育、预防自然灾害、侨务、组织人事、文体等。对于上述名目繁多的指令，大队必须无条件服从，并加以贯彻落实。"开会"是贯彻执行上级关于生产计划的主要方式。谢淑娟从《北水大队接收公社下达的通知记录》中统计出1969年10月—1983年8月间公社要求召开的大大小小的会议共有1694场，平均每年大约开121场，每3天左右就要举行一次会议。当然这些还不包括没有被记录下来的各场会议。"开会"成为这一时期村庄生活的重要组成部分，大队正是通过各种会议来接受和获取国家的各项政策、计划、指令的①。

在通过参加公社召开的各种会议接受了有关指示后，大队管理委员会同样要通过"开会"向生产队或者直接向全体社员进行"传达""贯彻"，具体"研究"与"部署"如何落实。这样，"开会""传达""贯彻""研究""部署""落实"也就成为大队管理委员会日常管理工作的主要方式。大队通过这种方式把国家方针政策、指标计划传达贯彻落实到村民的日常生产生活中，使得每一个农民无论身处多么偏僻的角落都能在国家政策的统一指挥下，按照国家的意志步调一致、整齐划一地去行动。在这一过程中，大队作为最为重要的中介，组织农民与国家紧紧地联结在一起。

历史地来看，一方面，人民公社制度改造了农民之间、农民与国家之间的连接关系和模式，空前地强化了农民的国家意识与观念，同时在制度层面上建立了国家力量直达基层的网络体系，从而使得党和国家的意志几

① 参看谢淑娟：《人民公社体制下的村庄经济——以解读〈通知〉为中心》，《中国经济史研究》2006年第2期。

乎没有障碍地贯彻到每一个微观组织，国家的社会组织能力、动员能力和控制能力极大加强，历来被视为"一盘散沙"的中国农民被整合为具有高度共同意识和一致行动能力的整体，中国也因此摆脱了"循环的陷阱"①，在此基础上迅速实现了工业化，并成为真正意义上的现代民族国家，这些对于当下急需"组织起来"的社会主义新农村建设具有极强的启示作用；另一方面，人民公社制度彻底摧垮了多数地区传统的文化网络，以单纯的行政权力取代了其他所有农村地区的权力形式，以行政动员方式取代了其他所有的动员方式，因而农民间的关系被简化为纯粹的行政化的"社员"联系，这种抛弃了其他"关系丛"而高度依赖于纵向的行政体系的简单关系模式是非常脆弱的，国家治理社会的雄心壮志与治理技术的粗疏之间的矛盾②使得这种制度难以长期存在下去，国家无法以行政方式提供农村社会生活以及农村现代化所有的社会资源。这同样是今天建设社会主义新农村要注意避免的一个倾向。

四、 村民自治——构建中的农村基层政治秩序

村民自治制度代替人民公社制度，使中国农村现代化社会基础出现了根本性的变化。村民自治制度是处于特定的国家行政架构之中的，这样就存在兼容与不兼容两个方面的因素。同时，村民自治制度力图在重构农村社会基础方面实现实质性的突破，但是这一任务的完成并不是非常顺利，作为当前中国农村主要的政治秩序生成的政治因素，村民自治制度还有许多需要改进的地方。

（一）"遭遇"自治的农村社会

关于村民自治的起源，以村民自治研究为重点研究对象的部分华中学

---

① 参看张乐天：《告别理想——人民公社制度研究》，中国出版集团·东方出版中心 1998 年版。
② 参看应星：《大河移民上访的故事》，三联书店 2001 年版。

者曾做出过各种各样的解释①。但概括起来主要有两个方面的观点：第一，村民自治源自联产承包责任制的成功，后者不仅大大提高了农民的经济收入，发展了农业生产，而且根本性地改变了人民公社时期形成的农民与政府的关系。国家从经济改革的成功中很容易推论出政治改革的经验，即调动农民自身的积极性对于办任何事情都十分关键，此思路与民主化的努力相结合，就为村民自治的产生提供了政治基础；第二，与联产承包责任制的成功不相协调的是农村社会治安状况和公共建设事业大幅滑坡，以"政社合一"为基础的人民公社逐步空壳化，如何在政治上重组农民成为20世纪80年代初十分紧迫的问题。而联产承包责任制的成功和农村社会矛盾"非国家指向"的特征②，就使民主化的选择具有合理性。从这个角度来看，正如党国英所说的，我国选择村民自治的确具有很大的偶然性③。也就是说，村民自治制度对于农村社会而言，确实具有某种"遭遇"的性质。

村民自治究竟是一个什么样的制度，对乡村治理的社会基础而言究竟意味着什么呢？

村民自治是国家根据法律的规定，在农村实行的基层民主形式。经过《村组法》试行和正式执行，村民自治的制度建设取得了较大进展，已经建立起一个较完善的制度体系。国内村民自治研究专家徐勇认为，村民自治的制度框架可分为三个层次：一是国家层面，即国家权力机构及有关行政机构；二是地方层面，即各级地方权力机构及有关行政机构，包括省、地（市）、县、乡四级；三是村级层面，即村民自治组织④。这三个层面的制度建设各有特点。国家层面有关村民自治的法律、法规适用于全国，具有普

---

① 更为详细的分析可参看贺雪峰与徐勇的分析（贺雪峰：《乡村治理与秩序——村治研究论集》，华中师范大学出版社2003年版，第105—116页；徐勇：《中国农村村民自治》，华中师范大学出版社1997年版，第21—33页）。

② 参看贺雪峰：《当前乡村治理模式的形成与面临的挑战》，《福建论坛》1998年第9期。

③ 参看党国英：《"村民自治"是民主政治的起点吗？》，《战略与管理》1999年第1期。

④ 参看徐勇：《中国农村村民自治》，华中师范大学出版社1997年版，第58—59页。

遍意义和最高权威性。地方层面的制度适用于当地，在当地具有普遍意义和权威性。由于国家和地方的立法或制度建设主体为国家各级权力机构和有关行政机构，所以制定的法律或制度也具有特殊的强制性，体现着命令—服从关系。与国家和地方层面不同，村级制度只适用于本村，由本村村民共同制定，对本村村民具有普遍约束力，但不具有国家法律或者行政规章那样的强制性，体现的是相互约定—共同遵守的关系。

从社会基础角度来看，村民自治还重新设置了村内成员的权利关系。村民自治作为农村基层直接民主，是农村人民群众直接管理基层公共事务，行使当家做主的民主权利。甚至于各级层面的法律、制度也将它作为促进社会主义民主发展的方式之一，不少学者则认为它是从下而上推动中国民主发展的突破口①。笔者认为，不管这种结论是否成立，也不管这种期望是否以及能够在多大程度上得到实现，至少它对村内村民的关系做出了民主化的权利设置。村民自治首先意味着村内村民权利平等，不分民族、种族、性别、职业、家庭出身、宗教信仰、教育程度、财产状况、居住期限，都有选举权和被选举权（依照法律被剥夺政治权利者除外）。同样，村民自治还意味着依法有政治权利的村民有决定和管理公共事务的权利，包括对村委会领导人的推选和罢免、重大决策的参与和决定、公共事务的管理、对公共事务和领导人的监督等等。即《村组法》规定的"民主选举、民主决策、民主管理、民主监督"，赋予了有政治权利的村民以同样的权利。这一权利设置模式明显有别于人民公社制度下生产大队内家庭政治出身色彩在很大程度上决定村民参与公共事务的权利的模式（例如，在后一种模式下，地主、富农成分的社员在许多领域的权利是受限制的）。

有调查表明，农村实行村民自治之后，村一级的干部出现了年轻化、能人化、平民化的特点，村干部受教育的程度也明显提高。例如，到1993年年底，浙江宁波市有512个村委会，基本上都进行了选举。1993年年底，共有村委会成员19706人，其中主任4952人，副主任2037人，委员11617

① 参看徐勇：《村民自治：中国宪政制度的创新》，《中共党史研究》2003年第1期。

人，平均年龄只有 43.2 岁①。1993 年，在何包钢、郎友兴等研究者对浙江的一项大规模调查中，有 18% 的村委会主任来自于村办企业、私营企业主和个体户②，在浙江台州椒江市的 1000 名村委会成员中，各类厂长（经理）当选为村委会主任、副主任或委员的有 218 人，比例高达 21.8%③。这些在村民自治实施之前都是未曾出现的现象，这也足以说明，村民自治确实带来了乡村治理社会基础的改变。

（二）"一肩挑"：一条探索中的解决之道

所谓"一肩挑"，是指在村委会民主选举中，充分发挥党组织的领导核心作用，通过法定程序、正确引导，把党组织的意图与尊重民意统一起来，使大多数村支部成员通过合法程序成为村委会成员，实现村党支部和村委会成员的交叉任职，使村党支部书记同时当选为村委会主任。它在如下几个方面有积极作用：第一，有利于推进行政村工作规范化，巩固党的执政之基。围绕"一肩挑"进一步强化了村级民主政治建设，推进以民主管理、民主监督、民主决策为主要内容的村级制度建设，这样既体现了党组织的意图，也保障了村民直接行使民主权利，促进了村民自治的开展。第二，有利于体现精简效能的原则，提高办事效率。实行村党支部书记、村委会主任"一肩挑"，可以减少干部职数，进而减轻农民负担，这在规模较小的经济薄弱村，显得尤为必要。但就深层次的思考，其重要意义更在于对工作环节的精简，便于加快村级组织正常运转的节奏，提高工作效率。第三，有利于促进村"两委"的协调运作，减少推诿、扯皮。这是在政策和制度设计上的良好用意，在实践中也取得了一些良好的效果，当然也仍然存在着大量矛盾。

---

① 参看宁波市民政局：《关于村委会建设情况的调查报告》1994 年 5 月，未刊稿。
② 参看何包钢、郎友兴：《村民选举对乡村权力的影响》，徐勇、吴毅主编《乡土中国的民主选举——农村村民委员会选举研究文集》，华中师范大学出版社 2001 年版，第 71 页。
③ 椒江市民政局：《关于村民委员会换届选举工作情况的报告》1994 年 1 月，未刊稿。

《中华人民共和国村民委员会组织法》第二条规定：村民委员会是村民自我管理、自我教育、自我服务的基层群众性自治组织，实行民主选举、民主决策、民主管理、民主监督。以此为依据，乡镇并无权力对村民委员会及其干部进行直接的控制和指挥。但是在该法第三条中又规定："中国共产党在农村的基层组织，按照中国共产党章程进行工作，发挥领导核心作用。"这样事情就变得复杂和模糊起来，究竟村支部书记还是村委会主任是"一把手"就成了问题。而这一问题的重要性在于，如果村委会主任是真正的"一把手"，那么同时也就说明这个村相对于乡镇的"独立性"较强，乡镇对它的控制力就较弱；而如果村支部书记是"一把手"，那么根据中国共产党党章中的规定："党员个人服从党的组织，少数服从多数，下级组织服从上级组织，党的下级组织必须坚决执行上级组织的决定。下级组织如果认为上级组织的决定不符合本地区、本部门的实际情况，可以请求改变；如果上级组织坚持原决定，下级组织必须执行，并不得公开发表不同意见，但有权向再上一级组织报告。"作为村级"最高长官"的村支部书记必须无条件地服从上级——乡镇党委的各种指示和安排，乡镇也就可以很方便地直接指挥村级组织，可以向其下达各种任务指标。

特别重要的还在于，如果村委会是实际上的"说了算的"，那么它就代表且仅代表本村村民的利益，当有损害村民利益的外部因素时，由村民选举产生的村委会干部可以加以拒绝，或者代表村民对外进行谈判和协商。而村党支部作为党的系统的一个有机组成或者一个细胞，理论上并没有自己独特的和局部的利益，它必须服从且服务于整体的、长远的同时又是抽象的"人民群众"的利益，或者说要"代表中国最广大人民的根本利益"，因此也就不存在它应当首先为本村村民争取独特利益的基础和空间。即便当上级的要求事实上损害了本村村民现实利益、违背了村民意愿时，村党支部作为"发挥领导核心作用"的组织，也就只能坚定地站在上级组织一边，执行这种决定。正是这种难以调和的矛盾因素的存在，在全国范围内村委会和村支部之间的权力争斗从来没有停止过。

村委会和村支部之间的矛盾焦点在于制度规范和权力来源的不一致，

以及由此产生的二者对权限归属的认识差异和政治行为差异①。也因为这个原因,很多地方在推行的"一肩挑"(村委会主任和村支部书记由一人兼任)事实上解决不了根本问题。这种办法十分简单化地将两种授权来源和不同规范之间的矛盾归结于村委会主任和村支部书记个人之间的冲突与争权夺利。很明显的,哪怕由一人兼任,这个人还是在扮演着有严重内在冲突的两个角色,个人间的矛盾似乎解决了,但角色之间和规范之间的矛盾仍然深刻存在着。

《中国共产党农村基层组织工作条例》中明确指出村党支部"讨论决定本村经济建设和社会发展中的重要问题",但同时并没有划分党支部和自治组织之间的权限,这使得党支部既可以自行讨论并决定本村所有经济和社会发展中的所有重要问题,又可以自行认定支部的权限范围,也就是说,由支部决定哪些事项"需要"由村委会或村民会议决定,哪些事项由支部决定,只要是村支部认为不需要交由自治组织讨论的事项就都可以自行决定和处理。这也成为村支部"一把手"地位的合法依据。在基层政权的实践中,这一点得到了极大的强化。笔者所调查的 A 县所在的地级市下发的《中共 W 市委、W 市人民政府关于规范村"两委"工作增强村级班子整体功能的意见》中明确规定:"村党支部书记主持本村的全面工作,村民委员会主任在党支部的领导下主持村民委员会的工作……村党支部和村民委员会是领导与被领导的关系。"《A 县村党支部、村民委员会工作规范》进一步细化了这种原则:"对村两委成员的分工以及村会计、保管和共青团、妇代会、民兵连等群团组织负责人的选拔任用,由村支部提出主导意见;对村干部的工作实绩考核,村支部提出意见,经村两委会议研究通过后,村支部具体组织实施,村委会搞好配合;本村经济社会发展规划和年度目标计划由村党支部提出意见……村庄建设规划由村党支部提出意见……计划生育指标安排和宅基地审批工作由村委会在党支部的领导下组织征收……土地承包及各项经济承包合同的签订,由村委会在党支部的领导下负责具

---

① 参看刘娅:《村民自治制度—关系解读——对当前乡村政治关系的思考》,《中国农村观察》2003 年第 5 期。

体执行……村日常开支实行备用金制度，备用金提取由村委会提出申请并
经村党支部书记签字同意。"通过这样非常明确具体的规定，村党支部在村
庄事务的各个方面，尤其是在干部的分工、业绩考核、村庄规划、资金使
用、宅基地、计划生育指标等"要害"之处都居于决定的地位，村委会与
之"争权"就成为没有合法依据因此也是得不到支持甚至是应当禁止的行
为。在干部们看来，这是十分正常的，因为在任何一级政权中都是党委书
记是"一把手"，调查过程中有一位镇长说过一句十分形象的话："党委书
记是老板，我是把头（把头即工头的意思，只是个领着人干活的角色）。"
各级组织中都是如此，村级怎么能够例外呢？实践中大部分村级党组织的
领导由乡镇党委任命，乡镇也尽力强化必须完全服从于自己的村支部的地
位和权力，这样乡镇政权就具备了直接向村级组织分派各项任务的组织
基础。

　　从以上的分析来看，"一肩挑"试图解决当前村民自治中存在的最为核
心的权力结构问题，但是这种解决方案并不彻底，在理论上和实践中都还
存在着诸多缺憾，这是在今后需要着力进行深入探索的重要方向。

　　（三）村民自治框架下的重构农村基层政治秩序

　　在村民自治中，村干部成了国家利益、行为与村庄利益、行为的桥梁。
作为农村基层"桥梁"的村干部构成了一个独特的"利益群体"，有时也难
免处于一种尴尬的"角色冲突"中，从而在乡村基层民主自治过程中出现
了一些复杂的社会现象。地方政府普遍对乡村农民民主权利和意识的增强
持防范心态，担忧农民因此与地方政府"对立"。如果说地方政府的"不作
为"是因担心新当选上任的村干部与乡镇干部的利益需求取向出现冲突的
话，那么地方政府的"强作为"就是因为利益冲突的存在或激化导致地方
政府（往往是乡镇政府）利用行政职权越权调控乡村资源。

　　朱凌在《灰村纪事》中所呈现的也是这样一种利益格局，以至于成了
山东省乃至全国的一个有名案例。该书描述了自称"主攻实践村民自治"，
并以"建立第一个真正的村民自治示范村，为全国的农民引路"为目标的

老崔（山东省某村人），常愤怒于其所在村庄的自治制度运作的不如意，以及与县乡对峙的过程。从县与乡镇的层面来看，在压力型的生态环境中，县与乡镇有着很强的政治压力、社会压力、经济压力。在这样的环境中，乡镇更为重视的是硬的农村管理，而不是软的村民自治。如果村委会能配合乡镇完成任务的话当然是好事，但若因为"自治"而使得其话无人听、其事无人做，则显然不符合乡镇的心意，何况老崔还要将这种矛盾散播到外界和高层。再者，从管理区干部的腐败行为和镇领导对灰村15年的账目讳莫如深来看，《灰村纪事》给我们粗描了一幅若隐若现的镇领导与灰村老干部的"合影"。它似乎在说，镇与村（在很多情况下也包括县）是一个利益高度相关的共同体。县、镇两级为了表示对保持村庄平静（平静的背后是什么已经不是一个重点问题了，只要不在自己任期内出问题即可）的力量的支持，自觉或不自觉地参与了村庄层面的政治竞争过程[1]。

很显然，在村民自治的具体实践中，村庄与国家的利益并非总是一致，那么，村干部的角色定位是一个十分重要的事情。徐勇认为，村干部在村民自治制度背景下，既是乡镇的代理人，又是村民的当家人[2]。吴毅则认为，如果村干部得不到足够报酬，则他们既不会成为称职的代理人，又不会成为称职的当家人，而仅仅是一些图谋个人利益的撞钟者，他们甚至利用乡村关系的矛盾来获取私人好处[3]。徐勇是从制度层面来定位村干部角色的，吴毅则从村干部作为一个行动者及行动动力在何处的角度，来定位村干部的角色。既然本书要研究乡村治理的类型，就应该从村干部作为行动者的动力机制的角度来讨论村干部的角色。与此稍有不同，贺雪峰、董磊明等人认为，更加侧重于从村庄内部社会关联来讨论村干部的角色，认为社会关联度高的村庄类型中，村干部偏向村庄利益的可能性大，而相反则

---

[1]　参看朱凌：《灰村纪事——草根民主与潜规则的博弈》，中国出版集团·东方出版中心2004年版，第20—50页。

[2]　参看徐勇：《村干部的双重角色——代理人与当家人》，《二十一世纪》1997年第8期。

[3]　吴毅：《村治变迁中的权威与秩序》，中国社会科学出版社2002年版，第220—222页。

偏向乡镇甚至自我私利的可能性大①。这种分析照顾到了不同的村庄类型，很显然更具有解释力一些，而不是泛泛而谈定性问题。

由此，我们不难得出两个简要的结论：第一，以上内容说明农民之间的连接关系在村民自治的框架下确实有了新的特点，并且也遇上了新的问题。农民行动逻辑与国家逻辑并非没有矛盾，两者往往纠结在一起并有错置。第二，村民自治制度本身已经提供了一个村干部恰当协调国家与社区利益的机制，关键的问题在于如何构建其良好的社会基础，以保证村干部的行为符合村民自治的制度规定，从而真正实现村民自治应有的改善乡村治理的目标，也即实现对"社会基础"与国家目标的良性对接关系。

在这个方面，潘维的观点值得借鉴。他曾论述过中国现阶段为什么只能实行村民自治。他给出的理由概而要之有三：第一，在空间上，中国农村东西南北的发展程度极不平衡。各地的语言和风俗习惯、自然地理、社会结构都不一样。因为无法一致，所以只能自治，强求一致势必产生不良后果。在时间上，农村正面临着巨大的社会变迁。今天是村庄，明天可能变为城镇。农村人口高度流动，生产方式、生活方式以及价值观念都在深刻、迅速地变化。所谓"自治"，就是要让每个村庄的人民自己决定管理本村的方式，不唯书，不唯上。第二，小农经济及其社会基础不适合"法治"，有效执法几乎不可能，故应强调"自治"。第三，政府缺少直接主导农村行政的财力，无力把80万个行政村（现已合并为65万个）纳入政府行政序列②。

潘维的观点无疑有其合理之处，但其强调村民自治不需要全国性的法律规定则难免有偏颇之嫌，事实上全国统一的《村组法》并不妨碍各地村民自治具体实践的多样性。同样，强调村民自治不适合"法治"也夸大了农村与城市的差别。不过，其核心观点强调村民自治当中农民的自主权，

---

① 参看贺雪峰、董磊明：《乡村治理的结构与类型》，《经济社会体制比较》2005年第3期。

② 参看潘维：《论村民自治的形式》，贺雪峰主编《三农中国》第8辑，湖北人民出版社2006年版，第5—17页。

而非全国"一刀切"的自治模式，则有其合理性。本书强调的"社会基础"再造正是在现有的村民自治框架基础上，利用自治制度将广大农民按照社会化的方式重新组织起来。只有组织起来的农民才有力量为村庄提供自我服务（如起码的公共产品），才有力量对抗天灾人祸。同样也只有组织化了的农民，才能更有优势参与市场（而分散的农户则因交易对象太多而抬高了交易成本①），为农村现代化奠定坚实的社会基础。

---

① 依据制度经济学的观点，不同市场主体之间谈判、交易是需要成本的。主体越多、越分散，其交易成本就越高。有关交易费用的分析，可参看制度经学家科斯等人的研究（科斯：《企业的性质》，参见普特曼、克罗茨纳主编《企业的经济性质》，上海财经大学出版社 2000 年版，第 75—98 页）。

第四章 发展农村合作组织：农村现代化
社会基础再造的重要路径

农民合作对于农村地区而言，有着较之城市地区更为重要的意义。在国家的力量无法到达每一个农村的"神经末梢"的情况下，农村生产力水平低下与生产生活的复杂性之间的矛盾必须依靠农民合作来解决。城市地区由于市场化水平和社会化服务水平已经达到相当的程度，并且由于职业分化的高度发达，由于收入水平以及随之而来的购买服务的支付水平的提高，已经不再那样强调个体之间的互助，起码不再强调这种互助的制度化方式，只是作为某种补充性的方式出现。但是在农村，农民的合作具有战略上的意义，在原子化日益严重的背景下，这种意义就进一步凸现出来了。农民合作需要有制度化的条件，需要有组织员和组织资源的保障，必须加强这些方面的建设，否则农村无法避免进一步衰败的命运。而强调农民合作与农村合作组织的重要性，事实上是必须在农村现代化社会基础再造方面做出实质性的努力。

一、 农村公共产品生产的困境——农村合作组织的必然性

关于中国农民缺乏合作精神的论述不可谓不多，在文化和学理分析方面，梁漱溟先生曾指出，中国农民很散漫，他们必须"从分散往合作里走，

以合作团体利用外部技术"①。费孝通先生在其名著《乡土中国》中论述"差序格局"这一概念时开篇便写道："在乡村工作者看来，中国乡下佬最大的毛病就是'私'。"② 在近些年的学术研究中，最富有影响的论述莫过于曹锦清在河南调查后得出"农民善分不善合"的结论③。按照贺雪峰的说法，"关于农民不善合作的问题，也就是农民原子化的问题，是一个老问题而非新问题"④。不过，无论是在马克思、毛泽东还是梁漱溟的话里，农民合作能力差，与曹锦清先生的话还是略有不同。马克思说农民是一袋马铃薯，主要是说农民缺乏反抗专制的组织能力，是相对于社会化大生产的工人阶级而言的。梁漱溟说农民散漫，主要是指农民的团体组织不足，没有如西方的团体心理，毛泽东主要是在生产层面提出让农民组织起来，并最终以人民公社制度将农民组织了起来。曹锦清说"农民善分不善合"，是指农民已经原子化，不能合作起来应对生产生活中的诸多事项。不论论者出于怎样的学术和实践关怀提出这一观点，都证明了"合作"是农村地区实现现代化发展的基本条件。

当然，学者的分析并不见得能解释所有中国农村的现象。从历史来看，在存在传统组织的地方及中国传统社会中，农民的合作能力还是不错的，尤其在农村社会治安、简单生产互助和村庄文化生活等层面，这种合作还是比较多的。在东南一些宗族组织发达地区，族田可以占到可耕地的20%，甚至50%，可见农民合作的程度⑤。从现实来看，在一些市场经济发展较好的地区，例如东南沿海地区的农村，传统社会组织（如宗族）仍能起到一定的作用，故而农民合作尚未出现大问题。市场经济的受惠者从市场经济中得到经济效益上的好处，有这种经济收益上的好处，就会出现贺雪峰等

① 《梁漱溟全集》第2卷，山东人民出版社2006年版，第303页。
② 费孝通：《乡土中国　生育制度》，北京大学出版社1998年版，第6页。
③ 曹锦清：《黄河边的中国》，上海文艺出版社2000年版，第80—120页。
④ 贺雪峰：《关于农民合作能力的几个问题》，http：//www. snzg. cn/article/show. php? itemid—3994/page—1. html.
⑤ 参看陈翰笙：《解放前的地主与农民》，中国社会科学出版社1984年版，第38页。

人所说的"正是高度市场化带来的大量经济资源，复活了传统文化和传统的人际关系，从而强化了社区记忆"①。

然而，"农民善分不善合"的意见却不仅正合于河南等地农村当今的实际，而且会越来越合于将来中国大部分农村的实际。市场经济使农民原子化，原子化的农民合作成本高昂，而使合作难以达成，"不善合"遂成事实。当农民"不善合"而又需要有合作时，外生型的合作组织也就并非不能选择。合作是秩序的前提，为了获得生产和生活所必需的秩序，农民放弃一部分个体的理性，而选择一个次生结构，是值得的。这个次生型结构不能完全建立在自愿基础上，即不能完全建立在社区民主的基础上，而需要有一定的强制性。人民公社制度正是这种强制性的次生结构，当前要重建人民公社当然是不可能的，因为当前已经没有重建人民公社所必需的心理的、社会的乃至政治的基础。

农民"不善合"或农民不能合作，就不能解决农民生产和生活中公共物品的供给问题，农民就不得不付出高昂的代价。有调查报告表明，江汉平原的旱灾影响可谓这方面的典型。

在江汉平原西部边缘地带，水稻是这个地区的主要农作物，而农田水利自然是农民的命根子。在大集体时期，该地区的农民靠自己的双手修建了一系列的水库、人工河、主渠、支渠、毛渠等农田水利设施，从汉江等大江大河引水灌溉，基本上保证了免受旱灾之苦。

但自20世纪80年代中后期以来，该地区对水利建设重视程度和投入力度大大削弱，甚至于一些现有的水利设施的维护和保养都已经得不到保证，水利设施毁损和新的水利困难接踵而至。在某镇，水利出现了三大问题：其一，堰塘、湖泊、水库严重淤塞，蓄水保水能力严重削弱。镇政府曾于2001年对该镇2001年和1979年的大型水利设施进行了一组对比，21年间全镇农田总蓄水能力仅为原来的47.6%；其二，由于多年没有进行有效的管护，主渠、支渠、毛渠里和渠堤上刨堤种植，乱挖、乱垦导致的渠道缺

---

① 贺雪峰、仝志辉：《论村庄社会关联》，《中国社会科学》2002年第3期。

陷、淤塞和因年久失修造成的渠道漏子、暗洞很多，使渠系过水能力大大下降；其三，设备陈旧老化，有水无法提灌。该镇大多数的泵站设备都是 20 世纪七八十年代购置的，经过二十多年的锈蚀磨损，有的泵管已经锈穿，有的机身已经锈死。在抗旱的季节，有的村出现了有水有电，但设备无法使用的情况。汉江的水依然如故，人工河也照样可用，但由于中小型水利设施的破坏，大小水利无法完成顺利对接，水已难以灌溉到农田里去，旱灾复又成为该地区农业的主要威胁①。

那么，小水利又是如何形成的呢？这仍可从旱灾说起。在公共水利设施日益破败的情况下，要解决干旱时节的农田灌溉问题，村民面临着两条路可以选择，一是组织起来对水利设施进行修整，二是各自想办法解决自家的问题。要走第一条路则必须有集体的团结，但在当下的农村，农民的分散性恰恰比较强。在某村七组，大多数村民无力单独打井而到堰塘里挑水喝。导致这种情况出现的原因并不是没有公共的水井与水塔，而是村民就抽水的电费等问题达不成一致意见而废弃了水塔，另一些村民则嫌水井妨碍自己晒稻谷，干脆将水井埋了，而其他村民对此行为也没有实质性的舆论压力。没有必要的组织，难以就资源的配置形成有效的集体决策，甚至于在"民主"的名义下，每一户农民都有了事实上的"一票否决权"。结果是，每一项集体决定都可能因少数甚至个别人的反对而成为"水中之月"。

旱灾中，肥沃的江汉平原，农民到处想办法弄水灌田，你打井我买潜水泵，个个心急如焚，乡镇干部、村干部想管，农民们也等着所谓"国家干部"来管，但是问题在于：当干部想组织村民集体从泵站抽水时，总有少数人因为这种那种"特殊情况"不愿意，于是在少数人反对之下，组织抽水的事立即成为泡影。村干部甚至乡镇干部在税费改革之下失去了对村庄所有的治理资源（包括权威），对少数人的异议毫无办法，而村民之间又缺乏内在约束力，无论辈分、资历，一概无效，真正是人人"平等"。于是，当"天灾"来临时，在缺乏起码的国家或者社区权威的情况下，"不合

---

① 参看谭同学：《楚镇的站所——乡镇机构生长的政治生态考察》，中国社会科学出版社 2007 年版，第 66 页。

作"的"人祸"加剧了农业的风险①。

不过，也有人对农民的这种分散性有不同的看法。例如，徐勇认为，传统农民有三个基本特点：分散、孤立与封闭。从经营主体看，当下的农民经营规模小，且分散经营，属于分散的小农。但他们正处于社会化的变动之中，分散却不孤立，联系而不封闭。无论是生产方式、生活方式，还是交往方式，农民的行为都已不同程度地"社会化"了。在社会主义市场经济过程中，分散的农民犹如大海中一叶孤舟，既不能扬帆远航，也难以规避风险，由此需要更广泛、更紧密、更具有持续性的合作。农民善分不善合本不是"天注定"，一切归结于分合能否带给农民以"好处"。当今，农民要求合作，要求建立合作组织，是因为只有合作，只有合作组织，才能维护和扩展其权益，才能过更好的日子。在利益的驱动下，农民既善分也善合②。"经济人"的味道，难以解释前面的案例中提到的，一些农民在明显的"好处"面前也不合作而导致"两败俱伤"的现象。不过这种观点有一点值得肯定，那就是它承认农民合作是需要条件的，如果有较合适的条件，农民合作仍是可能的。与此类似的还有党国英的观点，党国英认为，中国农民并不乏合作的能力和智慧，他们急需的是有利于他们发展合作的大环境尽快改善③。关于农民合作的条件，首先当然是潜在的合作收益。只有当合作活动存在着巨大潜在收益时，人们才意识到有必要通过合作行为来获得这种潜在的合作收益。这是任何一种合作活动得以发生的前提与基础。如农村农田水利设施的改善往往会带来农作物产量的增加和农民收入的提高，这种可以预见的、因水利设施的改善而带来的产量和收入的增加，也就是人们在合作修缮水利设施中的潜在合作收益。不过，正如有研究者指出，潜在合作收益的存在并不必然导致合作行为的成功，人们的合作意

① 参看王首燕：《三种农田灌溉方式与江汉平原的旱灾——兼谈"不合作"视野下的农业风险》，《甘肃社会科学》2006 年第 1 期。

② 参看徐勇：《如何认识当今的农民、农民合作与农民组织》，《华中师范大学学报》2007 年第 1 期。

③ 参看党国英：《消除对农民的偏见》，http：//politics. bloghome. cn/posts/5996. html.

愿对于合作成功同样必不可缺少①。愿望未必导致成功的合作，但在人们缺乏真实合作意愿的前提下，合作行为是很难取得成功的。大家注意到，很多情况下村民只要合作，就可以提供类似于乡村道路之类的公共产品，从而大大改善村民生活。但现实却是两码事。这时，一个推动合作的强大力量就成了合作成功的关键因素。这种力量可以是个人，也可以是组织。他们意识到只要能够达成合作将会给他们带来极大的利益与好处（这种利益包括经济利益和非经济利益），而这种利益与好处在目前是很难获得的。因此他们有着强烈的愿望和充分的动机去推动合作，甘愿冒风险以获取这种潜在的利益与好处。他们扮演着企业家的角色。我们注意到大凡乡村合作较为成功的地方，都离不开这样的个人或群体；而那些缺乏这样一些个人或者群体的乡村，大多处于一盘散沙的状态。具备了以上条件，也就意味着可以进行一些成功的合作。但要确保合作长期进行下去，则需要通过一些制度来协调合作中出现的矛盾。兄弟合伙做生意最后反目成仇的也不少见，亲兄弟尚且如此，更何况一般的农民呢？那些当初极力推动合作的力量与村民之间矛盾发展的结果大多会导致合作最终无法进行下去。当初红红火火，最后熄火的合作社或者专业协会，失败原因大多与此有关。由此可见，"通过一些必要的制度安排来协调各方之间的利益关系，解决合作中的矛盾和问题，则是确保合作长期进行下去的必要保障"②。

在这里，我们仍以水利为例来说明这个问题。农田水利的家庭化看似解决了水利投资的外部性问题，农户在自己承包的一片土地上修堰塘、打水井，不必担心让别人得了好处而自己吃了亏。但问题是，这么小的水利设施只能在风调雨顺的年份起到对农业用水略作调节的作用，无法真正抵抗旱灾。更为严峻的问题在于，由于在雨水丰沛的年景依靠每家每户的小堰塘能解决大部分的灌溉问题，原有的一些公共水利设施在平常年景已几

①　常伟：《农民合作能力的经济学解读》，http：//www. shortcoming. net/shortcoming/html/12/2007/0202/15083. html.

②　常伟：《农民合作能力的经济学解读》，http：//www. shortcoming. net/shortcoming/html/12/2007/0202/15083. html.

乎彻底无人管理，从水库到各村的公共的渠道正在以更快的速度破败，村民在渠道上放牛、种植农作物等。而当大旱的年景到来时，公共水利设施供水的能力变得比以往更差，即使有钱抽水，也很难将水从水库引到村庄来。由此引发的争水纠纷也尤为值得我们深思。

很显然，农户的分散性以及鼓励农民分散化的制度，只会促进农田水利的家庭化，而无益于增强农民抵抗旱灾的能力。真正要解决农田灌溉问题，还必须依靠农民团结起来，必须通过鼓励农民以村民自治组织为基础，完善农业生产合作机制。一句话，农村公共产品生产的困境已经暗含了农村合作组织的必然性，若没有农村合作组织，农业生产的风险将是巨大的，农民的生活也势必受到影响。伴随着以单个农户家庭为基本核算单位代替以人民公社制度中的"三级所有，队为基础"的以生产队为基本核算单位的家庭联产承包责任制在农村社会的确立，农民拥有了土地除所有权和买卖继承权之外的产权，农民的生产积极性得到发挥，农村经济在改革开放后的市场化进程中取得了长足的发展。但是，农村经济社会也出现了一些与当前的市场化改革不相适应的地方，集中地表现在以下几个方面：

第一，随着农村剩余劳动力向城市的转移，家际间务农劳动力凸显不平衡现象。近三十年来，中国社会变迁以前所未有的速度发展，社会流动的规模和水平在地区之间、城乡之间不断加快，超过两亿的农村剩余劳动力在乡镇企业与沿海城市找到了就业的门路，他们中的相当数量的人都不再将农业作为生存与发展的必须选择，他们的收入基本上都是以工资收入为主，很大程度上与农业脱离了关系。用一种通俗的说法，现在农村是"386199部队"（指农村留守的妇女、儿童、老人群体）的集合体，农村的劳动力开始向老龄化发展，留守农村的青壮年劳动力为数不多，有劳动能力的人在家庭之间分布不均，人地比例失调，使土地的利用效率大大下降。一方面是有丰富劳动力的纯农户或者主要收入依然依靠农业产出的农户生产规模不能扩大，农业生产中劳动力投入的内卷化现象依然严重，农业效益不高①；另一方面是缺乏劳动力的农户勉强维持土地经营甚或抛荒，导致土地资源的浪费。在这种情况下，迫切需要通过组织制度的创新来解决家际劳动力失衡现象。

第二，农村市场化改革不断深入，农业商品化率逐步提高。由于人地关系紧张和过去农业产出率不高等因素的制约，农业生产以满足家庭基本生活需要为最根本目标，这就导致传统小农社会农业商品化率极其低下。再加上中国传统继承观念中分家析产因素的影响，"富不过三代"是当时农村社会的普遍现象。对此，黄宗智有过深度的分析。在人民公社时期，高度集中的计划经济体制使农村自由市场局限在公社的范围内，交易品种也严格受限，农产品交易市场萎缩。改革开放以后，中国的粮食产量稳中有升，种植结构也发生了重大变化。在发达农区已经出现"一村一品""一乡一品"的种植结构。即使在中西部地区种植品种结构也有很大变化，农产品的交易市场空前活跃。按照黄宗智的判断，中国农业面临着发展契机，中国人口的（其中城镇人口当然更为突出）食物消费结构发生重要转变，即从以粮食为主的消费型转到粮—肉、鱼并重（类似西方式）的消费型。而种植业内部更有另一个结构性的转变，即从"以粮为纲"到粮—菜、果兼重型②。伴随而来的将是农业商品化率的持续上升。因此，农户如何提升应对市场化挑战的能力就必然会引起关注。

第三，农村公共品供需失衡矛盾突出。在传统计划经济体制时期，国家以巨大的资金投入和超强的动员能力保证了农村公共品的建设投入，取得了显著的成绩。随着改革开放的深入，家庭联产承包责任制的实施，农户逐步成为农村社会最基本的经济细胞，成为生产生活的组织载体。在这个过程中，政府在部分农村公共品领域引入市场机制，使之由行政型单位向事业型单位转变，让这些机构直接面对成百上千的分散农户。农民的原子化状态往往使改制后的这些单位陷入困境，在农村税费改革以后表现得更加突出。

① 参看［美］黄宗智：《华北的小农经济与社会变迁》，中华书局2004年版。
② 参看［美］黄宗智：《中国农业发展面临的契机》，《读书》2006年第10期。

　　第四，弱势小农与"成熟市场"脱节。"谷贱伤农"的现象在今天中国的市场上也不是什么令人惊奇的现象。原子化的小农在市场中是被边缘化的群体，市场越发达，经济越自由，弱势小农只能是越被动。买方群体的数量规模要远远小于卖方分散小农的数量规模，买卖双方的信息不对称、谈判地位失衡亦是常识，古典经济学的自由竞争市场在中国的农业市场上难以扎根，这就造成弱势小农与"成熟市场"的必然脱节。2007年冬天，河南省兰考县南马庄无公害大米在市场中的困难遭遇很有说服力。但问题是国家要富强，农村要发展，农民要富裕，怎么办？如何在弱势小农与"成熟市场"之间找到一个有效载体，从而改变双方的力量对比是关键。

　　第五，农民的增收愿望与增收无望的现实之间的冲突。从上面的分析中，我们可以清楚地看出农业发展面临着空前的困境，农民从农业中获得收入的可能性受到极大的制约，广大中西部地区的农民将长期处于"温饱有余，小康不足"的生活状态①。如果农村社区依旧像改革开放前那样封闭，农民也许还能满足这种生活。然而，新时期的农民处于一个社会变迁迅速、流动频率极大的开放性社会中，在城乡差距不断拉大的情况下，农民心里的相对剥夺感非常强烈，他们不满足眼下的生活，渴望过上城市人的生活。所以，他们有着强烈的增收冲动。但是，原子化的小农难以抵抗自然灾害以及市场带来的挑战，梦想在残酷的现实中破灭。然而，这还不能阻止他们的追求，尤其是青年农民更加不会甘于长期地忍受现状。这就给当前的农业发展带来了新的诉求：如何通过组织创新与制度创新为农民的梦想寻找到借以实现的路径。

　　一方面是农业发展面临的困境，一方面是难以遏止的农民致富冲动，怎么办？当前理论界给出的最有影响力的可能就是农民合作化。合作起来的农民能够通过组织与制度创新在分散农户之间调节内部的资源分配，加强农户之间的分工与联合，使公共品的外部效应内部化，获取经济发展的规模效应，改变市场中的力量对比，从而实现增收梦想。从这个思路出发，

---

　　①　参看贺雪峰：《新农村建设与中国道路》，《读书》2006年第8期。

合作是理性小农的一种理所当然的客观必要选择。可是，从实践中的实际情况来看，这个客观必要遭到了理性小农主观选择的阻击。正如上面所述，虽然根据现在的统计数据显示，中国现有的农民合作组织达到了 140 多万，但是真正能够使农民获得理想收益的并不多，由农民自主管理与经营的经济性的组织少之又少。在基层的实践中，绝大部分以农民为主体兴办的合作组织都处于艰难维持的境地，普通社员以及部分合作组织的负责人的积极性也不大。而分析这个难题的出现原因，还需要到农民自身的主观观念中去挖掘。

二、 农民合作——农民主观理性的 "非理性" 选择

合作对于农民而言是生产生活中所必需的，不能说农民没有能力认识到这一点，即便是传统中国农村，大量各种形式的合作也在保障着经济社会的维持和运转，因此，合作效果的不理想不能简单地归结于农民的思想境界等方面，而要从更复杂的视角出发加以分析。在当前我国农村，影响农民对合作进行选择的因素主要表现在以下几个方面：

1. 制度运行成本高昂。制度经济学派开创性人物罗纳德·科斯最早提出了交易费用的概念。科斯认为交易费用是获得准确的市场信息所需要付出的费用，以及谈判和经常性契约的费用。孙亚范在对新型农村合作经济组织的研究中将交易费用定义为制度运行的成本，其中包括信息成本、谈判成本、起草和实施合约的成本、界定实施产权的成本、监督管理的成本与改变制度安排的成本等①。这些成本几乎在任何农民合作性组织中都同样存在，无论是公益性还是营利性组织，无论是科技协会、治水协会，还是新型农民专业合作社中都一样，只要存在制度，制度要运行都客观需要组织承担这些成本。有学者将合作社的成本与收益分为：显性成本与隐性成本，显性收益与隐性收益。从他的分析中我们可以看出以货币来衡量的显

---

① 参看孙亚范：《新型农民专业合作经济组织发展研究》，社会科学文献出版社 2006 年版。

性成本超过显性收益，合作社主要负责人还承担着比较重的隐性成本①。制度运行的成本相对高昂，这就使许多农民对合作望而却步。

2. 农村精英流失与权威缺失。在人民公社体制时期，国家在农村发起了"破四旧"运动，在很大程度上摧毁了家族、宗教等传统势力存在的基础。改革开放以后，虽然在一些地方有所恢复，但是却再也难以取得支配性地位。在中西部地区的广大农村更是如此，传统性权威缺失，同时，从计划经济体制向市场经济体制的转变改变了社会分层的标准，物质财富成为最重要的指标。蕴涵在小农中的致富愿望重新生根、发芽，大量的人口开始向发达地区、向有高额资本回报的领域流动，有能力的农村精英普遍向村外流动，许多经济精英开始出现，并且逐步与村庄脱离了以往那种紧密的联结关系，经济精英大量流失。此外，乡村干部在过去的税费征缴等工作中，激化了与农民之间的冲突，许多地方的村干部在客观上失去了农民对他们的信任。税费改革以后，村干部的权力受到了极大的制约，在没有集体资产做后盾的地方，在那些很少能够得到灰色收入的地方，农民也丧失了做"村官"的动力，传统社区中的政治权威受到影响。因此，很多地方的农村显现出"缺乏分层与缺乏记忆"的属性②，这就造成农村社会精英流失与权威缺失共存的现象，这就使农村社区缺乏具有领导能力和感召能力的精英，也就使农民的原子化状态得以维持，并在经济理性的影响下使合作成为心有余而力不足的事情。

3. 留守农民自身素质不高及传统因素制约。相对而言，有能力的农民流向城市寻找工作的机会，没有能力的农民则更多地留守农村。留守农民的受教育程度不高，眼光与视野也比较狭窄，这会使农民在一定程度上缺乏对美好事物的认识。以合作组织为例，他们缺乏合作组织的基本知识，缺乏制度运作的经验，而农村社会也没有给他们提供一个现成的已经分工好的组织制度，所以即使他们能够克服各种困难愿意合作，也缺乏合作成

---

① 参看周立：《谁来支付合作社的成本？》，《三农中国》2005 年第 7 期。
② 参看贺雪峰：《缺乏分层与缺乏记忆型村庄的权力结构》，《社会学研究》2001年第 2 期。

功的现实可能性。此外，现在村中从事农业耕作的农民中，相当数量的人都曾经经历过人民公社时期，对农民合作存在片面性的认识，这也构成对农民合作能力建设的一个潜在的制约因素。

4. 理性农民的比较选择公正观。除了这些限制农民合作能力发挥的显性因素外，还有一个重要的潜在因素，这就是农民对于合作功效的价值判断观念。以湖北荆门的治水经验作为分析对象，2004 年，当地泵站开始进行转制，新贺、贺集两村以灌区所在村民小组为限，成立泵站管理委员会。凡是愿意按每亩 10 元交纳泵站日常维护费用的村民小组都可以推选一个村民参加委员会的管理工作。在需要抽水灌溉时，凡是交纳会费的村民小组都可以以成本价用水，凡是没有参加管委会的村民小组如需用水则必须按市场价结算。成本价主要是支付水电费，每小时约 80 元，而市场价至少也要 200 多元，是抽水电费的 3 倍多。只算电费，用新贺泵站抽水，就极其低廉，比农户从自家田边的机井抽水所用电费还少。即使如此，农民依然没有就此问题达成合作协议。为了解决需水问题，许多农户不得不投入更大的成本打自家专用的小水井①。对于农民的这种选择，贺雪峰认为，在行动中，农民不是根据自己实际能够得到的好处来计算得失，而是根据与周围人的收益比较，来权衡自己的行动，不在乎自身得到多少及失去多少，而在于其他人不能白白地从自己的行动中得到额外的好处，农民的这种心理构成了他们特殊的公正观②。吴理财则认为：农民的这种特殊观念以及看似不合理的行为选择，看起来是不符合"经济人"的理性思维逻辑的。但我们却不能因此而讥笑农民是愚蠢的，是非理性的。相反，它更多的是农民一种正常的理性反映。在很大程度上，农民就是以承担这种极具反差的"损失"来惩罚其他村民的"搭便车"行为，以此来维护村庄共同体的公正。如果第一次由大家分摊了水费，那么就是在一定意义上鼓励了少数村

---

① 参看罗兴佐：《治水：国家介入与农民合作》，湖北人民出版社 2006 年版。
② 参看贺雪峰：《熟人社会的行动逻辑》，《华中师范大学学报》2004 年第 1 期。

民的"搭便车"行为，以后就更加难以克服①。依此来看，正是农民这种特殊的比较选择公正观使农民的"非理性心理"滋长，在无法克服其他人的搭便车行为时做出了多方共输的选择，使可能的合作化为泡影。

三、 农民合作困境的化解之道

农民合作在当前的市场化改革进程中具有客观的必要性，但是却遭遇了农民主观层面处于理性算计的"非理性选择"，导致合作出现集体行动的困境。要想化解这种"二元悖论"②，必须从促发农民合作行为的社会行动主体中去寻找办法。

（一）农民合作中行动主体的类型

组织是由个人组成的，不能对异质化程度不等的个人进行分类，并对他们各自采取的社会行动进行深入剖析，就不能真正正确地认识组织，也就很难对组织的集体行动能力进行把握。因此，我们有必要将农村合作经济组织的社员进行理想类型的分类，从组织的基本行动单位着手，通过对不同类型社员的属性分析，来认识谁才是组织发展的主体性依靠力量。

最先展开对个人及其社会行动进行系统研究的是被后人称作"典范和榜样的社会学家"马克斯·韦伯，他认为：社会学的任务就是将国家、社团和封建主义等概念简化为"可理解的行动"，即无一例外地简化成参与者个人的行动③。但是对社会行动理论做出巨大贡献的却要首推帕森斯，他在《社会行动的结构》④ 一书中论述到，行动是由一些构成元素组成的，其中

---

① 参看吴理财：《对农民合作"理性"的一种解释》，《华中师范大学学报》2004年第1期。

② 参看赵晓峰：《农民合作：客观必要性、主观选择性与国家介入》，《调研世界》2007年第2期。

③ 参看周晓虹：《西方社会学历史与体系》第1卷，上海人民出版社2006年版。

④ ［美］塔尔科特·帕森斯：《社会行动的结构》，张明德等译，译林出版社2003年版。

每一个元素都是一个"单位行动",每一个单位行动都包括:行动者;该行动所指向的"目的"或目标;情境,包括"手段和条件";"规范取向",具体限制了适合于该情境的备选目的和手段的范围。帕森斯强调,行动始终是由规范来确定方向的。与帕森斯不同,科尔曼以不受规范约束,把追求自我利益作为理论的基本元素。他说:"以人们一致服从规范为理论前提,将导致一种决定论。这种决定论将理论扭曲为仅仅描述在规范指导下进行活动的机器人,这种理论将日常生活中按自己意志行动的众人排除在研究之外。以人们普遍遵从道德准则为理论前提,势必把所有的社会化过程从理论研究中排除"①。虽然说帕森斯和科尔曼两个人的社会行动理论,在解释行动者的前提条件上存在区别,但他们都是以微观的个人行动作为研究起点,这也说明个人行动在组织发展与社会建构上具有重要的意义。

本书根据社员在组织运作中行动表现的异同将社员划分为四个理想类型:核心社员、积极社员、普通社员和依附社员。

核心社员基本上都是在农民日常生产生活中的某一方面有突出表现的农民精英或者外出打工的返乡人员,比如种植能手、养殖能手、商业小贩、店铺经销商等;他们都有一定的群众基础,是所在领域的权威性人物;他们的集体意识很强,能够为集体利益承担必要的成本负担,不在乎个人的暂时性的得失;他们对组织的长远发展充满信心,有相当强的市场开拓能力和组织策划能力,面对组织运作中的风险能够迎难而上,敢于承当责任;他们是组织中主要的管理者和项目实施者,是实实在在的内生型骨干力量。

积极社员大多是组织舞台上的活跃分子,有热情也有一定的能力,能够积极响应组织发出的号召,是组织各种活动的承担者和具体的实践者;有一定的集体意识,在不需要承担物质成本的前提下,能够不计报酬地为组织的发展献计献策,跑前跑后;在有非物质性激励措施存在的情况下,能够分摊组织运作必要的物质成本的一定的份额,与组织保持整体一致;有一定的风险承受能力,在组织遇到暂时性的困难时能够保持信心维持组

---

① [澳]马尔科姆·沃特斯:《现代社会学理论》,杨善华等译,华夏出版社2000年版。

织的运作；他们也是组织运转的必备力量，是农村合作经济组织理事会、监事会的后备人员。

普通社员是组织中的大多数，能力一般，正常情况下不会主动为组织的发展出谋划策，是组织活动的被动参与者；热情不高，但对组织的重大活动或重大会议还能够参加；理性计算个人得失，在大多数情况下不愿意承担必要的组织运转成本，只愿意分享收益；能够认识到组织发展可能带来的长远收益，但不会积极地去为组织争取，依赖心理很强。

依附社员是组织发展的投机分子，个人能力差异很大，部分也是乡村社会的精英，个人行动能力比较强；他们一般不会积极参加组织的任何活动，但会保留社员身份，在组织效益明显时积极跟进，在组织遇到困难时不见踪影；理性计算个人得失，不愿意为组织发展承担任何成本，是组织中的最不坚定的分子；他们也是组织中不和谐舆论的制造者、传播者，在某些情况下会成为组织稳定发展的危险因素。

有论者认为[①]，农民的认同单位往往会决定他们的行动逻辑，中国农民最基本的认同单位是家庭，但在家庭之外还会有更高层次的一种认同单位。它依靠族规家法、乡规民约等硬规范和伦理、舆论等软规范而内化为一种文化认同，使村庄或者宗族变成"我们"的村庄或宗族，变成了一个与家庭相似的"私"的单位。有了这种认同，就可以极大地降低内部运作和组织成本，有效地满足村庄超出家庭层面的公共事务需要。笔者认为，核心社员和积极社员都能在一定程度上将超越家庭的认同单位界定为村庄层面的农村合作经济组织，能够将之内化为一个"私"的单位，能够将组织的发展看成是自己的事情，这样他们就在无形中构成了农村合作经济组织建立与发展过程中的主体力量。

（二）村庄之外的力量：农民合作的催化因子

按照理想型的合作经济组织发展模式，作为民间产生的自下而上的互

---

① 贺雪峰：《农民行动逻辑与乡村治理的区域差异》，《开放时代》2007年第1期。

助自救组织，合作社十分强调"政治的中立性"，即合作社既不需要政府的帮助，也不接受政府的干涉，并将此作为合作社的一项基本原则。但是进入 20 世纪以后，合作事业从西方发达国家传播到发展中国家，农民合作组织逐渐得到普及，合作运动赖以生长的经济环境和政治体制也发生了很大的变化。一方面是由于 20 世纪 30 年代以凯恩斯主义为代表的新古典综合派在西方经济学中占据了统治地位，强调政府干预经济，认为政府是唯一有效的干预工具成为西方经济学关于政府作用的主流观点，同时也成为战后西方各国制定经济政策的主要理论依据；另一方面是发展中国家普遍实行命令经济体制，将政府视为万能的资源配置机构①。这两方面作用的结果是使合作运动日益走向"自上而下"的合作机制，合作社不再完全是自发产生于民间，也不再完全是社员互助自救的经济组织，合作制度开始成为政府振兴农业、发展农村经济的有效途径，特别是在发展中国家，农民合作组织成为政府推行其经济或社会政策的有力工具，合作事业的首要目标是实现政府的社会经济政策，合作事业的发展也逐渐对政府产生了依赖，包括合作立法、合作企业的减免税特权以及合作资金等方面。在此背景下，合作社"政治中立性"原则也不得不放弃。也就是说，政府等外力必然要在农民合作当中发挥越来越重要的作用。

农村合作经济组织对于引导农民从事商品生产和经营，克服分散的农民在市场竞争中的不利地位具有非常重要的作用。但是，应当看到，现在我国的农村合作经济组织还处在起步阶段，各地的发展也很不平衡，因此，需要国家通过各种措施扶持、引导其健康发展。为此，《农民专业合作社法》也规定，"国家通过财政支持、税收优惠和金融、科技、人才的扶持以及产业政策引导等措施，促进农民专业合作社的发展"。同时，国家鼓励和支持包括供销社、科协、教学科研机构、基层农业技术推广单位、农业企业等在内的社会各方面力量，为农民专业合作社提供政策、技术、信息、市场营销等服务。我国的农民专业合作社发展既呈现出多样性的特点，也

---

　　① 苑鹏：《中国农村市场化进程中的农民合作组织研究》，《中国社会科学》2001年第 6 期。

有区域和行业不平衡以及运行中的不规范等缺陷，客观上离不开政府的支持和指导。故而，《农民专业合作社法》又规定："县级以上各级人民政府应当组织农业行政主管部门和其他有关部门及有关组织，依照本法规定，依据各自职责，对农民专业合作社的建设和发展给予指导、扶持和服务。"

根据这一规定，政府在农村合作经济组织建设与发展中的基本职责是组织农业行政主管部门和其他有关部门及有关组织，为农民专业合作社提供指导、扶持和服务，并做好督促和落实工作。需要注意的是，任何部门、任何组织都不得借指导、扶持和服务的名义，强迫农民建立或者加入合作社，或者干预农民专业合作社的内部事务①。

当前，各地农村经济合作组织的建设，还有赖于地方相关法规或法律实施细则尽快出台，有赖于政府创造良好的发展环境。首先，各级地方政府要明确符合国际通则和惯例的合作制度和合作原则，了解真正意义上的农村合作经济组织与过去农业合作社的本质区别，站在让农民在合作中获益的立场上，以农民自愿为主，坚持"有所为，有所不为"的原则，合理发挥政府的引导、扶持作用。其次，政府的责任还在于帮助农户树立正确的合作意识，通过宣传、教育、典型示范等多种方式对农民进行合作经济知识的教育，使广大农民群众了解合作经济的性质、特点和能够带来的切身利益，使农民认识到政府推动发展的农村合作经济组织是真正属于农民自己的组织。再次，各级政府应当在市场准入、财政支持、信贷扶持、税费优惠等方面制定扶植政策，引导农村合作经济组织规范发展。政府有责任和义务为农村合作经济组织提供一个健康、稳定和持续发展的市场环境。

为此，一方面，我们必须认识到政府在农村合作经济组织发展中应起的作用；另一方面，也要认识到无限政府向有限政府的转变，保持农村合作经济组织的"民本位"特点②，是其保持长久活力的前提。只有在政府指

---

①　农业部：《国家对农民专业合作社的扶持及政府在其建设发展中的职责》，http：//www. gd. agri. gov. cn/zwb/xtxc/hzsf/t20070123_ 259215. htm.

②　袁雪梅：《农合组织应由官本位向民本位转变》，《农民日报》2004 年 3 月 27日。

导和科学管理的前提下，保持农村经济合作组织的自主性，农村合作经济组织方可能健康、快速地发展，并达到重新组织农民（从而也是再造农村社会基础），与大市场接轨，实现农村的现代化的目标。

各地兴起的很多农村合作经济组织在建立和发展的过程中都有一些非村庄永久居住的"外人"的角色力量的介入，这些村庄的"外人"主要是指国内外的做中国农村发展项目的一些 NGO、高校的知识分子和大学生、政府体制内的热心人士、第三种力量等。

从实践经验来看，村庄"外人"的介入是非常必要的，是农民合作的催化剂。在市场的冲击下，中国农民人际关系中"差序格局"的链条已经被层层打破，相当数量的农村都呈现出原子化的状态，农村的基本行动单位都缩化为核心家庭，超越家庭的户族、宗族等原本重要的行动单位都遭到弱化。在这种情况下，即使潜在的骨干社员和积极社员希望为村庄的发展牵头带领村民共同发展成立农村合作经济组织，也不会贸然付诸行动。尤其是在当前市场环境极其恶劣的条件下，农村合作经济组织的赢利空间非常有限，他们也没有将组织发展成功的十足把握。而且一旦发起，他们就必须承担组织发起的成本，如果发展失败，个人声誉就会受到影响，这对第一身份仍然是村民的他们也会造成很大的心理压力。但是，外界力量的无私介入就会激发他们的热情和信心，能够形成外部带动、内部跟进的发展局面，促使农民合作的行为从理想走向现实。

NGO 是非政府组织的英文缩写。目前，有一些受国内外资金支持的 NGO 活跃在农村社区发展领域，比如晏阳初乡村建设学院、北京梁漱溟乡村建设中心、香港乐施会等。我们以晏阳初乡村建设学院为例，它成立于 2003 年，迄今已经在河北定州的翟城村做了多次有关农民合作能力的培训，培训学员上千人，在全国十多个省市催化发展起来了 30 多个农村合作经济组织。学院提供的主要有合作知识培训、合作意识培养、必要的技术指导、一定的启动扶持资金和一些发展项目的跟进等，就目前实践中的情况来看，受到帮助的农民合作组织的发展还是比较好的。

高校知识分子以温铁军、何慧丽为代表。他们没有把自己封闭在学术的圈子里，而是把研究的视角放在了基层的实践中。河南兰考的农村合作经济组织的建立与发展都离不开他们两个人的身影，正是他们的介入才使当地的农村合作经济组织从无到有、从小到大地一步步走向正规。也是在兰考，以河南大学"三农"发展研究会、中国农业大学农村发展研究会为首的大学生志愿者在当地的农村合作经济组织建设中也发挥了极其重要的作用。

政府体制内的热心人士也有很多，他们中有一些是有热情、有理论知识和实践操作经验的在职工作人员，也有一些离退休人员。

第三种力量[1]是罗兴佐等人基于湖北几个村庄的水利合作实践经验提出来的一个概念，它是指从村庄走出来的已经融入城市生活的现代型农民精英，他们虽然已经离乡离土但仍然关注着村庄的发展，并且愿意为村庄的发展做些力所能及的事情。第三种力量参与的村庄建设都有一个共同点，就是他们关注的都是自己的家乡，他们参与的本身就是对农村的一种反哺。在当前城市化速度不断加快的情况下，越来越多的农民精英都流动到了城市，所以数量和能量都很庞大的他们也是新农村建设和农村合作经济组织发展中不可忽视的重要的外界力量。

根据上面的分析，可以看到村庄的"外人"确实能够催化农民合作，但同时我们也要注意到新农村建设的主体是农民，农村合作经济组织的发展也不例外。虽然他们在焕发农民的合作意识，提供智力支持和资源帮助等方面起到了很大作用，然而正如他们自己说的一样，农村合作经济组织的发展最终的依靠力量还是农民自己，他们能起的作用在某一阶段可能是非常重要，甚至是难以替代的，但是从长远来看，外界力量最后还是要撤离的，能够依靠的只能是农民自己。

(三) 组织资源：走出"囚徒困境"的基础

为什么组织资源是农民合作走出"囚徒困境"的基础？这是因为，合作就涉及分工，分工则意味着其中一部分参与者可以"搭便车"，而组织资

---

① 罗兴佐：《第三种力量》，《浙江学刊》2002 年第 1 期。

源的作用就在于协调关系，克服"搭便车"行为对合作的破坏和瓦解效应。这是在实践中促成农民合作的重要方面。

分工是产生合作的基本前提，分工有不同领域的分工。但分工并不必然会导致合作或有效合作的产生，其关键取决于合作收益的分配制度建设。合作不仅要求能够通过合作增加合作者们的总收益；而且能够保证在收益的分配上使所有合作者都能受益。所以，要建立有效的合作，其一，共同体内部应充分认可成员之间的相互关系；其二，应充分尊重成员间的相互需求。合作具有历史传承性。马林诺斯基说："一切组织和一切协调行为都是传统的绵续性的结果，并且在每个文化中，都有其不同的形式。"① 合作的难度与成员个数成正比。奥尔森指出："组织成本是集团中个人数量的一个单调递增函数。"② 诺斯和托马斯也指出："组织费用多寡往往直接与必须参加协议的人数有关。"③

诚信是保证合作有效性的重要条件。诚信的维持在自律和他律两个方面。自律靠灵魂的自觉，而灵魂的自觉又需要灵魂的恐惧感来维持。他律靠法律制度，社会的法治化是提高诚信度的有效途径。人治的随机性本质上是破坏诚信的，而法治才是诚信建设的根本。合作的路途有血缘、地缘、业缘，其中血缘是合作的天然最短路径。血缘合作是人类最早期和最初级的合作形式。血缘合作可以渗透到地缘合作和业缘合作中。随着生产力水平的不断提高，血缘合作方式也会不断得到改进。但基于地缘和业缘的合作将会更加广泛化。家庭是人类最基本的合作形式，企业等各种类型的合作组织，是合作形式进一步发展的必然结果。

农民的合作是解决农民分散的根本手段，所以，合作会改变中国农民的弱势，从而最终会使社会结构向更加均衡化的方向发展。合作建设有两

---

① ［英］马林诺斯基：《文化论》，费孝通等译，中国民间文艺出版社1987年版，第90页。

② ［美］曼瑟尔·奥尔森：《集体行动的逻辑》，陈郁、郭宇峰、李崇新译，三联书店1995年版，第38页。

③ ［美］道格拉斯·诺斯、罗伯斯·托马斯：《西方世界的兴起》，厉以平、蔡磊译，华夏出版社1989年版，第2页。

条路径：自组织和他组织。自组织是指合作自发生成，由内生的因素决定。他组织是指合作靠外部力量推动，由外生的因素生成。他组织应成为中国农民合作化建设的主要手段。一般来说，组织成本越小，合作越倾向于自组织。其中确定性是影响组织成本的重要变量。因为确定性是形成预期稳定的关键，而预期的稳定性又直接影响着合作的有效性。生产和流通相比，生产的确定性要高于流通，所以生产的合作更倾向于自组织，而流通的合作更倾向于他组织。由于中国小农经济的生产结构决定了中国农民的合作重点只能在流通领域，这也就从客观上决定了中国农民合作化建设的主要手段只能是他组织。

一般来说，他组织主体主要有三种类型：政府、社会服务组织、优秀个人。从中国目前发展的现状看，三种他组织主体，只有政府相对具有较大的规模优势，同时，又具有先进的手段，所以，政府应成为农民合作化建设的主要推动者，同时应辅之以社会服务组织和优秀的个人组织者。将来，随着合作化水平的不断提高，政府的他组织主体地位可逐渐让位于社会服务组织和优秀的个人组织者。

中国农民合作建设的一个重要任务就是要完成从以血缘为主的传统合作形式转向符合社会化大生产的现代合作形式（不再以血缘为主，而是以契约为主）。以血缘为主的传统合作形式对中国的发展曾起到了巨大的推动作用，自有其许多独特的优势。但血缘毕竟属于熟人社会的范畴，市场经济本质上是陌生人的世界，有的只是契约和货币。所以，中国发展市场经济，就必须对这种以血缘为主的合作形式及传统进行改造。但传统又具有遗传性和惯性，同时，任何传统的改造又不能脱离现实的生产力基础。因此，目前中国农民的合作，一方面应充分利用传统以血缘为主的合作的优势，并努力使之更加完善；另一方面，应积极促进传统合作形式向现代合作形式转变，并且这将是一项长期任务。农民的法治化是推动农民合作建设的必要制度条件。法治化导致规则化和有序化，规则的有序导致合作预期确定化，而预期的确定化又是合作成功的重要保证条件。"人治会导致不稳定性和随机性，其后果只能是使合作走向短期化和家庭化（血缘化）。"①
因为，解决利益问题的关键，就是要建立和健全有效的利益分配制度。

当前我国正在进行社会主义新农村建设，农村合作经济组织建设对于
社会主义新农村建设有着重要的作用。在社会主义新农村建设过程当中，
农村合作经济组织建设应该成为重要行动之一。具体而言，对于新农村建
设而言，农村合作经济组织具有如下方面的促进作用：

首先，农村合作经济组织能实现土地规模经营。土地制度是与家庭承
包制相联系的农业经营制度的核心问题。实现土地规模经营，就必须适当
合并地块，但这不是单个农户的独立行动可以奏效的，需要有农村合作经
济组织来进行组织和协调。

其次，农村合作经济组织能节约市场交易费用。农户商品交易量少，
交易主体农户相对分散，所以总体来说，农户交易次数多，而交易成本一
般与市场交易次数成正比，较多的交易次数必然意味着较高的交易成本。
因此节约高昂的市场交易费用也促使了合作组织的产生。是故，建立农村
合作经济组织是深化经济体制改革的需要。我国经济体制改革率先在农村
试点推行，实行承包责任制，充分调动了农民的积极性。随着农业现代化
进程的加速，分散农户经营的规模和效益与现代市场经济有些不相适应，
加强农村合作经济组织建设，对农村资源进行整合，能提高其规模和效益。

再次，农村合作经济组织能维护农民自身利益。由于我国农户分散，
组织化程度很低，市场竞争力低下，使得农民在与地方政府、公司的博弈
中处于弱势。通过农村合作组织可以帮助农民实现提高自身与政府和公司
的谈判地位这一愿望。基于以上合作组织的需求诱致性动因，我国各地农
村已经涌现出了大量多种形式的合作经济组织，比如乡村社区合作组织、
农村专业合作组织、农村专业技术协会、农民经纪人队伍等。但它们的生
存与发展既受到了外部制度供给缺陷的制约，也存在自身内部制度的缺陷。
我们应该深入地分析这些问题，并找出解决的途径。农村现代化需要与城

---

① 宋圭武：《合作与中国农民合作》，《中国经济评论》2004 年第 11 期。

市的对接，由于传统二元经济结构使得农民这一弱势群体被动接受城市工业产品特别是不合格的化肥、农药和种子，不仅造成对农民的损害，其农产品流入市场也是对市民的损害。健全农村合作经济组织，一方面通过订合同和信息阅览的方式进行预防，另一方面在农民权益受损时可以维权。

最后，加强农村合作经济组织建设，同时也是提高农村产业化水平，增加国际竞争力的需要。农业结构调整，农业产业化必须有政府的资金投入，社会资金投入以及政府对农业产业化的组织管理，但这是外在的条件，内在的动因是要调动农民的积极性。团结才有力量，只有在合作起来的基础上，农村的产业化水平才能提升，中国农产品才可能具有国际竞争力。相关的国际经验表明，欧美日等地区农产品在国际上具有竞争力在很大程度上是因为有合作组织作为凭靠。

十届全国人大常委会第二十三次会议再次审议了《农民专业合作社法（草案）》，但是，《农民专业合作社法（草案）》的落实到位，不是一件容易的事情，需要社会各方面共同努力。

首先，需要确认农民有建立自己的组织的权利。作为执政党，掌握着公共权力、支配着政府机构，它不可以像革命党那样去破坏社会秩序，而必须整合国家和社会，并推动其发展。而要整合国家和社会，执政党首先必须承认，社会各方面力量、各个阶级阶层都是国家的主人，同时还必须努力赢得社会各方面的支持和拥护，才可能推动社会各方面力量建立和谐协调的关系。农民像其他社会阶层一样建立起自己的组织（尽管目前还仅仅是专业合作社组织），这是农民应有的权利。毫无疑问，承认农民有举办合作社的权利，意味着农民的基本人权、法律上的财产权利、政治上的民主权利等等权利都将得到应有的保障，这是不言而喻的。

其次，需要依据法律管理农民组织。执政党思维的另一个突出特征是依法办事。对待农民组织也是这样，不是随意地支配和干预农民组织，也不是今天给予农民什么权利，明天又要取消这些权利，而是用法律界定政府、社会和农民组织的关系，界定政府管理农民组织的方式和尺度，界定农民组织的权利和义务。国家以法律手段管理农民专业合作社，一是要规定和保证农民合作社沿着既符合国家整体利益也符合农民利益的方向发展。二是要使国家的管理行为更加规范有效。作为法律，《农民专业合作社法（草案）》所规定的政府管理农民专业合作社的行为，应该是为农民所认可的制度化的规则，应该是有公信力和富于效率的。三是保障和维护农民和合作社的权利。

再次，需要依据法律支持和帮助农民组织。作为执政党，对农民合作社不仅仅要管理和规范，还应当给予更多的支持和帮助。这是当今世界上大多数国家执政党和政府的共同选择。农业虽然被称为战略产业、公益产业，但农业生产、农产品经营却风险大、比较效益低，属于弱质产业，尤其是在家庭联产承包责任制之下的中国农民，更在多方面处于弱势地位，迫切需要得到国家在财政、税收和金融、科技、人才等方面的扶持①。

---

① 参看蔡永飞：《用执政党思维看待和支持农民组织》，《华中师范大学学报（人文社会科学版）》2007 年第 1 期。

第五章　重构农村金融：农村现代化社会基础再造的重要经济纽带

　　金融活动的展开如其他经济活动一样，都是嵌入在某种特定的社会关系结构中的，或者说金融活动，包括宏观金融政策的制定以及具体的金融组织的建设、金融业务的操作，都一方面必然受制于社会个体之间的连接关系，反映的必然不是物与物之间的联系，也不是人与物之间的关系，只能是人与人之间的关系，这就要求金融活动要适应于给定的某种社会基础形式；另一方面，金融活动同时也在深刻改变着人与人之间的连接模式，要求社会基础形式随之发生改变。当金融活动的形式与社会基础条件能够有比较好的契合时，金融力量将会极大地促进农村现代化的进程。

一、农村金融与农村现代化社会基础

　　金融制度和政策作为国家意志的体现，本身就是为了实现某种国家战略而存在的，金融政策作为一种极其重要的资源配置手段，帮助国家意志的顺利贯彻，而微观的金融行为也可以视为国家实施治理的重要技术。资金在任何时期都是各种力量争取的稀缺资源，如果我们超越纯粹经济学的视野，就会发现，在制定和实施作为资源配置方式的金融政策时，国家所考虑的并不仅仅是"效率"这一个方面，而是要使金融成为重要的纽带，不仅使经济能够得到平稳健康的增长，而且要以金融为纽带使整个社会更加严密高效地组织起来。也就是说，金融不仅作为经济纽带而存在，而且具有鲜明的政治和社会意义。

正如前文所论述的，新中国成立后确定了以重工业为导向的快速工业化战略，但是重工业由于资本高度密集的特点而与当时中国经济发展水平极其不相匹配，与中国当时的资源动员能力产生了几乎无法调和的矛盾。重工业建设周期很长，占用资金量极大，但 1952 年时中国人均国民收入只有 104 元，这样低的资本积累率必然导致由市场形成的利率非常高。50 年代初，市场资金月利率达到 2% ~ 3%，按照年利复利 30% 计算，每投资 1 元钱，5 年后本息累计将达到 3.71 元，10 年后将达到 13.79 元，没有任何重工业项目的利润可以承受这样高的利率水平。新中国成立初期，生产力低下，经济剩余很少，并且分布在广大的农村，1952 年国家银行资产总额只有 118.8 亿元，存款余额 93.3 亿元，仅占当年国民收入的 20.2% 和 15.8%[①]，筹资能力很弱，无力承担这样巨大的重工业发展进程。因此，要保证重工业以较低的资金成本迅速发展，就必须降低资本价格，保持低利率水平。利率从 1950 年 5 月份工业信用贷款利率 3.0% 开始大幅度下降，1950 年 7 月下调为 2.0%，1951 年 4 月调到 1.5% ~ 1.6%，1953 年 1 月调整为 0.6% ~ 0.9%，1954 调整到 0.456%，1960 年曾将利率调整为 0.6%，但是到 1971 年又被压低到 0.42% 的水平上[②]。同时，为了保证有限的资金能够被配置到国有重工业项目上而不被其他性质的企业所占用，就必须形成一整套集中的资金配置制度。1952 年中国就形成了以中国人民银行为中心的金融体系和银行业的国有化，中国人民银行成为全国现金、结算和信贷中心，总揽全部金融业务。为了实现第一个五年计划，1953 年中国人民银行在所属各级银行建立了信贷计划管理机构，编制和实施综合信贷计划。银行内部则实行"统收统支"的信贷资金管理制度，基层银行吸收的存款

---

① 盛斌、冯伦主编：《中国国情报告》，辽宁人民出版社 1991 年版，第 521 页。
② 林毅夫、蔡昉、李周：《中国的奇迹：发展战略与经济改革》，上海三联书店 1999 年版，第 39 页。

全部上缴总行，贷款由总行统一核定计划指标，逐级下达。通过高度集中的金融体系和单一的融资渠道，把有限的资金配置到重点产业和项目中，实现了资金配置与发展战略目标以及低利率宏观环境的有效衔接。这种高度计划性的集中管理模式极其有效地保证了重工业的迅速发展，为中国的工业化做出了巨大贡献。这种金融制度，也帮助中国社会的组织化水平达到了前所未有的程度，很好地实现了当时国家在经济和政治两个方面的战略意图，金融制度作为一种重要的社会组织方式的意义显露无遗。

这是在宏观的层面上分析的，也可以从更为具体的方面来看。新中国成立后，农村地区普遍成立了信用社，在家庭生产生活遇到暂时性的经济困难，比如孩子上学等问题时，往往会向信用社寻求资金的帮助。信用社的信贷员对他所负责的区域内的农户家庭状况，包括人口、健康、生活习惯（如是否酗酒、是否节俭）、勤劳程度、家庭和睦程度等等有着十分充分的了解，在这种了解的基础上决定是否向这个农户发放小额贷款，以帮助农户渡过难关。这种农村金融活动或者说资金配置方式具有非常强烈的社会组织与控制含义。因为，如果农户不能够按照国家所允许的和所提倡的生产生活方式进行活动，比如懒惰、酗酒、不孝敬老人，就很有可能在资金方面遇到较其他人更为严重的困难，当然，如果在政治表现方面有明显的问题，则这种困难程度就会更加严重一些；如果农户的生产生活方式符合国家所提倡的样式，则就可以相对容易地得到所需要的资金。这种普遍存在的农村金融活动非常清楚地说明，金融不但是作为经济活动而存在的，同时也体现为一种统治方式。农村地区的高利贷已经被全部清除，一方面农民可以不再受这种剥削之苦；另一方面，农民所需资金来源只有国家这一个渠道。这种资金的配置方式要求农民自觉地约束自己的行动，服从国家的意愿，努力按照国家所提倡和规定的方式将自己整合到新的组织体系和关系模式中去，努力成为社会主义新人。因此，这种农村金融制度和活动可以视为重要的社会改造手段，为新中国成立后农村现代化社会基础的建立发挥着重要的作用。如果能够在历史分析中发现这一点，那么就必须承认在现阶段的农村现代化社会基础再造过程中，农村金融依然处于一种非常特殊的地位上。

二、 传统中国农村金融的典型表现——高利贷

高利贷在传统中国农村扮演着近乎于悖论的双重角色，一方面，出于公正、道德和社会稳定的考虑，各方面对其口诛笔伐，认为这是一种极其不光彩、有害于农民利益的行径。正如马克思所说："高利贷资本有资本的剥削方式……它不改变生产方式，而是紧紧地寄生在它上面，使它穷乏，并吮吸着它的膏血，破坏着它的神经，强使再生产在日益悲惨的条件下进行……高利贷和商业资本一样，是剥削已有的生产方式，而不是创造这种生产方式，它是从外部和这种生产方式发生关系，高利贷力图直接维持这种生产方式，是为了不断重新对它进行剥削。"[1] 正因为如此，历朝历代政府也在一定程度上对其进行限制；但是另一方面，高利贷又在农村经济生活中发挥着难以替代的作用，如果没有这样一种金融形式的存在，则许多农民的生活可能或更加难以为继。因此，高利贷在传统中国农村的作用事实上非常复杂，这也从另外一个侧面说明，金融行为必须与诸多社会因素共同发挥作用。

高利贷一直与中国的小农经济相伴而生。小农经济之所以无法摆脱高利贷，主要在于其生存经济特征。在庞大的人口压力与上层建筑的不断剥夺下，小农经济一直处于为糊口而生产的状态，在农业剩余不多并不断被剥夺的情况下，维持农业与家庭劳动力的简单再生产尚属不易，根本谈不上资本积累和扩大再生产。小农社会的最高理想不过是"黎民不饥不寒"的低标准状态。可是，由于农民的农业生产总是面临各类风险，其收入总是具有明显的季节性，为糊口而借贷，就成为不可避免的现象。农民始终处于生存与否的边缘上，"生存伦理"[2] 遂成为农民的主导观念。

由于高利贷严重的剥削性有可能损害政权统治的根基，所以不得不对

---

① ［德］马克思：《资本论》第3卷，人民出版社1966年版，第696—707页。

② 参看［美］詹姆斯·C. 斯科特：《农民的道义经济学：东南亚的反叛与生存》，程立显、刘建等译，译林出版社2001年版。

其进行一定的限制。以明朝为例，由于靠农民起义起家，朱元璋深知土地
不均是造成农民暴动的根源，所以，明朝政府以严厉的手段打击豪绅富户
集中土地的行为。但农民的土地平均，并不能保证农民保障其基本的生活。
在遇到饥寒交迫等生活性困难后，部分农民不得不以土地田产做抵押，寻
求富户的短期借贷。而借贷需求的刚性，与借贷供给所要承担的较大风险，
使得贷款利率越是在打击之下，越要寻求比较高的利润。以至于官府规定
所得利率不得超过三分，不论借款时间长短，利息总额不得逾本金之半的
利率限制，在民间几乎从未得到真正的执行。至于官府保证"人有其地"
的努力，比如规定土地因不能还贷而归放贷者所有，但5年内仍可按原价赎
回①，也不能保证执行。富户及其代理人——乡间的地痞流氓，在农村控制
了信贷市场。由于没有一个正式的信贷储蓄机构，自耕农往往稍有积蓄，
就将积蓄贷出，或者交给富户，以求获得一些利息。而借者由于急需而得
到的这类高息贷款，在没有确定的盈利渠道的情况下，往往是饮鸩止渴，
救得一时之急，却陷入变卖田产的破产边缘。多数情况下，贷款难以偿还，
抵押的田产即为贷方接管，这种情形已成为当时的社会风气②。所以，无论
官方如何强调土地平均，如何抨击高利贷者的无良行径，但是土地高度集
中、高利贷在民间盛行，成为基本的社会现实。明朝的清官海瑞，为打击
高利贷做出过很多努力，但高利贷在打击下却愈加蔓延，小农借贷状况却
大不如前③。出于清官救民于水火之中的良好动机，在实践上却恶化了小农
的借贷环境和生存环境。这种情况说明了民间金融问题的复杂性，不是一
厢情愿的高尚动机和简单化的政策措施可以解决的。

　　到了清代，官方对于土地集中和高息放贷的打击依旧没有停止，但民
间买卖土地和高利借贷的实践也依然如故。清代的《大清律例》149条有对
"违禁取利"的明确规定，它规定每月取利不得超过百分之三，而利息总额

---

　　① 参见《大明会典》卷一六三，第14页；卷一六四，第25页，转引自［美］黄
仁宇：《万历十五年》，三联书店1997年版，第146页。
　　② 参见《天下郡国利病书》卷六，第14—61页，转引自［美］黄仁宇：《万历十
五年》，三联书店1997年版，第146—151页。
　　③ 参看［美］黄仁宇：《万历十五年》，三联书店1997年版，第152—156页。

不得超过本金。同时也禁止为了私债强夺负债人的财产或妻妾子女。可见，官方是以保护弱者的形象出现的。可实际的司法实践显示，大量农民不得不依靠高利借贷来度过青黄不接的难熬日子。同时，小农也因欠债而不断失去土地，沦为佃农甚至流民。"一田两主制"（田面权和田底权分离）的发明，就是在大量农民丧失土地所有权后，又不得不保留其耕作权的一项土地制度安排。由于大部分的借贷者仍是身处绝境的农民，生存借贷的特征十分明显，就像即将淹死的人要拼命抓住水面的哪怕一根稻草一样，处于生存边缘的小农在生命受到威胁的情况下，会接受任何水平的利率。保护弱者姿态的官方法律表达，实践结果却是保护了那些放高利贷牟利的人。《大清律例》149 条虽然规定"其负欠私债违约不还者，五两以上，违三月，笞一十；每一月加一等"，但由于弱者基本上没有能力去诉诸法律，或者诉诸法律也至多只能求得多余利息的减免，所以，承受高利盘剥，是农民无可奈何的现实。黄宗智在其《清代的法律、社会与文化：民法的表达与实践》一书中，考察了清代不同地区 628 件民事案件档案，没有发现一例法庭违背"债必须偿"原则的判决。可见，虽然法典从来没有让利息完全合法化，但债权与利息的保护在实践中是普遍存在的。所以，从儒家文化到司法律例，虽然一直试图限制高利贷，但高利贷盛行依然。在法律实践中也不断对高利贷的实现让步，因为无论多么严苛的法律都无法消除高利贷现象。正如黄宗智评论的那样，"清代法典禁止高利贷利率（定义为年利率超过 36%）反映了生存借贷的现实。像任何其他地方为艰难所迫的借钱者一样，农民们借钱以应急需（生老病死，饥饿，婚嫁仪式），无心考虑利息对成本的关系。如果利息纯粹由功用决定，则处在生存边缘的功用可以承受任何利率。我们可以说，处在水深及颈中的农民可能愿意承受任何利率来保持鼻孔不被淹没"①。在没有更加公正合理的信贷来源的情况下，高利贷是小农几乎唯一的融资渠道，甚至在很多时候，并未将放贷者视为贪婪无度的"恶人"，而是能在关键时刻拯救自己生活，在最危难关头给予

---

① 参看［美］黄宗智：《清代的法律、社会与文化：民法的表达与实践》，上海书店出版社 2001 年版，第 111—112 页。

自己一些回旋余地的救命恩人。这在一个侧面反映了当时农村社会中农民之间特定的关系模式。

晚清与民国时期，由于社会局面混乱，加上现代工业和国外商品对农村剥夺加剧，农民生存状况进一步恶化，农村的高利贷更为盛行。清末民初在经济社会方面曾进行过大型调查，调查结果汇编为《民商事习惯调查报告录》，全面描述了全国普遍盛行的各类民间金融安排。书中对吉林省习惯"钱债利息三分至八分"做了记录："法定利息原以三分为准。惟吉林省各县钱债利息，通常在三、四分左右，多有至五分、六分或七分、八分者。若一、二分之利息，不过省城钱号为仅有，而各省乡间实不多见。按：此习惯与法固有未合，惟吉省百货昂贵，金融奇紧，其利率之高，亦为一般人民所公认，虽遇讼案，均按三分判定，一时亦难期改革。"[①] 由此可见，虽然清代法律规定利率不得超过三分，但吉林情况却多在三分以上。利率高低，实际上由各地自己说了算，每地资金紧缺情况不一，风险状况不一，获利机会和能力也不一样，所以利率水平千差万别。而对其他各省的民间借贷利率情况的调查报告中也反映出，三分左右的利率是十分普遍的。

国民党政府将历代坚持的生存借贷的原则，修改为资本借贷，因此放贷取息，成为完全合法的行为。在其法典第 203 条制定该付利息之债务的利率"未经约定亦无法律可据者"，为年利五分。尽管国民党政府试图通过引入现代资本借贷的理念，规定最高利率，来试图减轻农民的债务负担，但在农村许多地区利率仍徘徊在旧利率水平。根据日本满铁资料、李景汉的定县调查资料，以及金陵大学卜凯、国民党统计系统的村庄实地调查资料显示，直到 20 世纪 30 年代晚期，农民债务人仍支付平均约二分的月息，范围多在一分二至三分之间。多数借贷利息高于法律许可的利率。黄宗智根据案件记录判断，许多债权人靠在书面契约上浮称本金的花招来掩盖部分讲好的利息以规避法律惩罚。"用这样的方法，二到三分间的月利可以很容易地做得看起来符合法律标准。在处理这些案件时，法院面临是采取条文

---

① "南京国民政府司法行政部"编：《民事习惯调查报告录（1930）》，胡旭晟等点校，中国政法大学出版社 2000 年版，第 452 页。

主义的态度还是实体的态度的选择，也就是说，要么唯书面契约行事，要么根据实际的情况判案。证据表明，民国法官一般都选择条文主义的处理方法，他们根据书面契约的表达进行判决，尽管他们知道那不是贷款中的实际情况。"① 黄宗智利用四川宜宾、江苏吴江地区的三个判例说明，法庭最终都承认了民间将利息事先打入本金，以规避法律制裁的契约。实际上，这表现为在法律表达和民间习惯出现矛盾后，法庭的一种务实的折中。费孝通在其《江村经济》中，也列举了两种 20 世纪 30 年代流行于苏南地区的高利贷形式。一种可以叫作"桑叶的活钱"，每年 10 月借款，次年清明到期、谷雨前还，要付 65% 的月息，多为冬天交租者借。另一种是清明借，10 月新米下来还，53% 的月息，多为度过青黄不接的农民借。费孝通的研究显示，第一年 10 月借 7 元的自耕农，在来年 10 月要还 48 元，付 53% 的月息，若无力偿还，便收回其合法的土地所有权（田底）而只有耕作权（田面），土地价格为每亩 30 元。此后，他再也不是一个借债人而是一个永佃农，他每年须付地租而不是利息。"因此，7 元钱的贷款一年之后使债权人最终得利为一块价值 89 元的土地。"通过高利贷者，田底所有权从耕种者手中转移到地主手中。为了打击高利贷盘剥，当时的国民党政府也推行了信贷合作社这种制度安排，意图使农民获得低利率的贷款。"这一措施指望基本解决农村资金问题。但它的成功与否取决于它的管理水平和政府提供贷款的能力。……由于借债人到期无能力偿还债务，信贷者又不用高利贷者所用的手段来迫使借债人还债，借款利息又小，不足以维持行政管理上的开支。当这笔为数不大的拨款用完后，信贷合作社也就停止发生作用，留下的只是一张写得满满的债单。"② 对这种情况，费孝通总结道："这种实验的失败告诫我们，需要对当地的信贷组织有充分的知识，这是很重要的。如果政府能利用现有的航船、互助会等系统来资助人民，效果可能更好一

---

① ［美］黄宗智：《清代的法律、社会与文化：民法的表达与实践》，上海书店出版社 2001 年版，第 122 页。

② 费孝通：《江村经济——中国农民的生活》，江苏人民出版社 1986 年版，第 196 页。

些。建立一个新的信贷系统需要有一个新的约束办法。在当地的信贷系统中，对到期不还者有现成的约束办法。如果能利用传统的渠道，再用政府的力量将其改进，似乎成功的机会会大一些。"① "单纯地谴责土地所有者或高利贷者为邪恶的人是不够的。当农民需要外界的钱来供给他们的生产资金时，除非有一个较好的信贷系统可供农民借贷，否则高利贷是自然会产生的。如果没有他们，情况可能更坏。"②

三、 改革以来农村金融政策实践轨迹

有必要就1978年以后我国农村金融体制的变化轨迹做出说明。1978年以来农村金融体制改革的政策演进可分两大阶段：

第一阶段（1978—1995年），农村金融体制改革的思路是"农业银行商业化，农村信用合作化和农村民间信用规范化"，形成以农业银行为主导、农村信用合作社为基础、其他金融机构和融资方式为补充的多元农村金融体系。

20世纪70年代末80年代初，随着农村改革取得突破，农户、企业和经济合作组织成为农村经济的主体。农村商品总量不断增长，农村内部融资需求日益强烈，从而为农村金融体制变革提供了契机。1979年2月，国务院发布了《关于恢复农业银行的通知》，规定中国农业银行直属国务院，由中国人民银行代管，自上而下建立各级机构：中央、省、自治区设分行，地区设中心支行，县设支行。农村营业所、农业信用社一律划归农业银行领导。农村信用合作社是集体所有制的金融组织，是农业银行的基层机构。

1980年恢复后的农业银行提出要大力支持农村商品生产的指导方针，贷款对象也由原来的集体为主转变为以农户为主。1981年国家提出农业银

---

① 费孝通：《江村经济——中国农民的生活》，江苏人民出版社1986年版，第197页。

② 费孝通：《江村经济——中国农民的生活》，江苏人民出版社1986年版，第201页。

行"企业化"的口号。1985年初提出要把农业银行转变为真正的经济实体的改革方案。1988年，为了加快总、分行职能转换步伐，农业银行对县支行进行综合配套的改革，要求总、分行扩大县支行管理权限，建立完善的管理体制，以货币经营为中心，逐步扩大自身业务，提高农业银行企业化水平。

1978年以来到20世纪90年代初，随着金融体制改革的深入，农业银行商业化的改革取向也是非常明确的，同时又承担政策性融资任务。政策目标的冲突，导致商业性贷款挤压政策性贷款，不仅呆坏账增加，而且显示出向城市工商业发展的"非农"化取向。为了解决这一矛盾，持续推进农业银行的商业化，1993年12月，国务院发布了《关于金融体制改革的决定》，决定组建中国农业发展银行，承担国家粮棉油储备和农副产品合同收购、农业开发等政策性贷款，代理财政支农资金的拨付及监督使用。1994年中国农业发展银行成立，承担从农业银行剥离出来的政策性金融业务。

农村信用社作为农业银行的基层机构，国家政策干预较强，体制也日益僵化，经营效率不高，已经不能满足迅速发展的农户、村集体和乡镇企业对金融服务的要求。农业银行主张恢复信用社的"三性"即组织上的群众性、管理上的民主性、经营上的灵活性，把信用社办成群众性的合作金融组织。1984年8月，国务院批转了《中国农业银行关于改革信用社管理体制的报告》，决定农村信用社实行经营责任制。一方面理顺信用社与国家银行的关系，逐步取消农业银行对信用社的亏损补贴，信用社实行独立经营，自负盈亏，利润与其所得挂钩；另一方面调整信用社内部关系，实行岗位责任制，按劳、按责分配。通过改革，农村信用社的实力有所增强，加大了对农村贷款的力度，为20世纪80年代农业生产、农村经济和农民收入的增长做出了贡献。

信用社的定位是为一定区域内社员服务的集体金融合作组织，但在走向市场的过程中，其面向农村，为农户、乡镇企业服务的政策性功能在弱化。在宏观政策层面，1986年以前农村信用社免交税。从1986年开始，农村信用社按大集体企业对待，缴纳营业税。1987年对农村信用社征收集体企业所得税，中国人民银行对其贷款利率上的优惠政策也在减少。从20世纪70年代开始，农村信用社对农村的贷款余额持续小于农村的存款余额，80年代农村信用社的农户贷款不到其农户存款额的1/3，90年代则不到1/4，农户贷款与农户存款的差额持续扩大。农村信用社贷款与存款的比率从1984年的0.41、1990年的0.28，下降到1996年的0.19①。农村信用社从农村"抽血"的局面已经形成。

随着农村经济的发展，正规金融机构提供的融资远不能满足农村融资的需求，民间借贷就有了发展的空间。民间融资或借贷起初在亲朋好友之间进行，是无息的，具有互助的性质，后来发展到面向个体工商户和乡镇企业，具有了商业性质。对于民间融资或借贷，中央政府起初是支持的。早在1981年5月，国务院批转的《中国农业银行关于农村借贷问题的报告》中，肯定了民间借贷的作用，认为它是农业银行和信用社的补充，并提出通过银行、信用社的改革和发展来引导和管理民间信用的设想。

随着20世纪80年代的农村经济体制改革初见成效，农村合作基金会也开始出现。在1983年下半年，黑龙江、辽宁、江苏等地的一些乡村，通过清理整顿集体财产，利用所统筹的集体资金在集体经济组织内部进行融资，得到了地方政府的支持。从1984年河北康宝县芦家营乡正式建立农村合作基金会起，到1986年末，黑龙江、辽宁、湖北、浙江、广东、四川、江苏等地农村社区的融资活动都有一定的发展，初具农村合作组织的雏形。中央政府认可这种融资方式，1984年中央1号文件"允许农民和集体的资金自由地或有组织地流动"。1985年的中央5号文件更明确地对"发展多样化资金融通形式"予以肯定。1986年8月中央指出：在不开展存贷业务的情况下，这种内部融资办法可以试行。后来又指出信贷业务可以由中国农业银行予以指导。但内部融资却没有得到国家金融管理部门的认可，有些地方金融机构甚至对其采取限制措施。

1987年，黑龙江的尚志市、河北玉田县、山东平度市、广西玉林市、

① 何广文：《合作金融组织的制度性绩效探析》，《中国农村经济》1999年第2期。

四川广汉市等地根据中央5号文件进行了农业合作基金会的规范化试验。经过推广，农村内部融资总量增长很快，1986—1988年间增加了40亿元①。1991年11月的中共中央十三届八中全会要求各地要继续办好农村合作基金会，同年12月，农业部发出了《关于加强农村合作基金会规范化、制度化建设若干问题的意见》。此后，农村合作基金会迅速发展。

到1992年，全国已建立的以农村合作基金会为主要形式的农村合作组织，乡镇一级有1.74万个，村一级有11.25万个，分别占乡（镇）总数的36.7%和村总数的15.4%，年末筹集资金164.9亿元②。在总结各地经验的基础上，农业部下达了1993年农经字第8号文件，确定了农村合作基金会的性质和宗旨，认为"农村合作基金会是在坚持资金所有权及其相应的收益权不变的前提下，由乡村集体经济组织和农户，按照自愿互利、有偿服务的原则而建立的社区性资金互助合作组织。其宗旨是：为农民、农业和发展农村集体经济服务"。1992年邓小平南方谈话后，农村合作基金会也迅速扩张，开始办理非会员及所在区域以外的存贷业务。由于资金投放风险大，政府干预多，经营效益明显下滑。资金投放非农化趋势日益严重，金融风险增加。

民间融资面广量大。全国农村固定观察点通过对3万农户的专题调查分析，1986—1993年，农户除了从银行、信用社贷款外，来自民间借贷的量在增加，比例在迅速上升，1993年农村借贷中，来自民间借贷的比例为2/3。农村民间融资的发展，对于弥补正规金融融资的不足，促进农村经济的发展起了积极作用，但是由于其不规范性，也不时发生借贷纠纷，隐藏着极大的金融风险。

第二阶段（1996—2005年），以农村信用社改革为重心，建立和完善以合作金融为基础，商业性金融和政策性金融分工协作的农村金融体系，民

---

① 温铁军：《农村合作基金会的兴衰：1984—1999》，参见温铁军主编《三农问题与世纪反思》，三联书店2005年版。
② 温铁军：《农村合作基金会的兴衰：1984—1999》，参见温铁军主编《三农问题与世纪反思》，三联书店2005年版。

间金融受到压制。

1996 年，中央推进新一轮农村金融体制改革。8 月，《国务院关于农村金融体制改革的决定》明确指出，农村金融体制改革的指导思想是"建立和完善以合作金融为基础，商业性金融、政策性金融分工协作的农村金融体系。进一步提高农村金融服务水平，增加对农业的投入，促进贸、工、农综合经营，促进城乡一体化发展，促进农业和农村经济的发展和对外开放"。农村金融体制改革的重点是"恢复农村合作社的合作性质，进一步增强政策性金融的服务功能，充分发挥国有商业银行的主导作用"。农村信用社管理体制改革，是农村金融管理体制改革的重点，改革的核心目标是把农村信用社逐步改为由农民入股、由社员民主管理、主要为社员服务的合作性金融组织。农村信用社与农业银行正式脱钩，恢复具有独立法人地位的合作金融组织性质。决定清理整顿农村合作基金会。

按照《国务院关于农村金融体制改革的决定》精神，中国农业银行与农村信用社分离的工作于 1996 年全面展开，并由中国人民银行负责对农村信用社的金融监管。至此，从正规金融的组织架构上看，中国农村初步形成了农业银行、农业发展银行、农村信用社为主体的农村正规金融体制格局和组织体系。此后的农村金融体制改革以农村信用社为重心来展开。对民间金融或融资的政策进行收缩和压制。

2002 年 3 月颁布的《关于进一步加强金融监管，深化金融企业改革，促进金融业健康发展的若干意见》首次提出农村信用社改革的重点是明确产权关系和管理责任，强化内部管理和自我约束机制；农村信用社改革要因地制宜，分类指导。2003 年 6 月《国务院关于印发深化农村信用社改革试点方案的通知》要求，按照"明晰产权关系、强化约束机制，增强服务功能，国家适当支持，地方政府负责"的总体要求，加快农村信用社管理体制和产权制度改革，把农村信用社逐步办成由农民、农村工商户各类经济组织入股，为农民、农业和农村经济发展服务的社区性地方金融结构，充分发挥农村信用社农村金融主力军和联系农民的金融纽带作用，更好地支持农村经济的结构性调整，促进城乡经济协调发展。并确定江西等 8 省

（市）作为改革试点省市。

2004 年《关于进一步深化农村信用社改革试点的意见》中扩大了改革试点范围，除海南外 21 个省市纳入了试点范围。2005 年 1 月《中共中央国务院关于进一步加强农村工作提高农业综合生产能力若干政策的意见》要求继续深化农村信用社改革，发挥其在农村金融的主力军作用。可以说，农村信用社的改革目标是把它建立成为产权清晰的农村社区性地方金融机构，使其成为农村金融机构的主力军。由于长期以来农村信用社的官办和行政色彩，2003 年改革方案又把农村信用社交给地方管理，由银监会负责行业监督，其合作金融的"自愿、互助、互利、民主和低盈利性"的性质体现不多。但它在农村正规金融的主力军作用的确是实实在在的。2001 年对农业的投入总量是 800 多亿元，主要是农村信用社的投入，其他金融机构反而减少了 1 亿~20 亿元①。

在这一时期的农村金融体制改革中，民间金融及其融资处于压制状态。1996 年《国务院关于农村金融体制改革的决定》虽然充分肯定了农村合作基金会对增加农业投入、缓解农民生产和生活资金的短缺方面发挥的积极作用，但《决定》针对相当多的合作基金会以招股名义大量吸收居民存款，入股人不参加管理、不承担风险，违法经营，风险巨大的现实状况，提出要整顿农村合作基金会。一是农业合作基金会不得再以招股形式吸收居民存款；二是凡是已经开办存贷款业务、实际上已成为金融机构的，对其清产核资后，可并入现有的农村信用社，也可另设农村信用社；三是没有存贷业务，或者已经开办存贷业务但不具备转为农村信用社条件的，要办成真正的合作基金会。亚洲金融危机爆发后，为防范金融风险，1997 年 11 月决定全面整顿农村合作基金会。由于政策突然收紧，农村合作基金会内部的矛盾表面化，1998 年各地普遍出现了挤兑。四川、河北等地出现了较大规模的挤兑风潮，危及农村社会的稳定。1998 年 7 月中国人民银行发布《非法金融机构和非法金融业务活动取缔办法》，除部分小额信贷、不计息

---

① 《建言改革大局，谋划发展蓝图》，《金融时报》2002 年 3 月 11 日。

的亲友借款之外，其他非正规金融组织或活动均属非法。1999 年 1 月，国务院发文取缔农村合作基金会。尽管民间金融及其融资基本上处在非法状态，但是由于农村资金供需缺口较大，民间融资在中国农村比较普遍地存在，而且是农村融资的主渠道则是不争的事实。据研究，中国 2.4 亿农户只有 15% 获得过正规金融机构的贷款，其余 85% 都是通过民间借贷融资①。农村金融体制改革初步形成了以农村信用社为主、农业银行和农业发展银行分工合作的农村正规金融体系格局，但也存在不少问题。农业银行商业化改革，非农化加深，使之在农村金融中的主体地位丧失。农业发展银行作为政策性银行资金来源不足，业务单一，政策性金融的作用有限。农村信用社组织形式比较单一，融资能力弱，信贷资产质量比较差，亏损比较严重，官办色彩浓厚，自愿、互助、民主和低营利性很弱，还远未成为社区性合作金融组织。民间金融处于压制状态。

　　总之，从 1978 年以来中国农村金融制度变革的轨迹来看，能够发现国家对农村金融这一特殊领域的态度始终处于矛盾状态当中。一方面，希望在国有金融体系之外能够有其他的补充方式，能够较好地满足农村各种金融需求，所以在一段时间内放开甚至鼓励民间金融，但是当发现民间金融实践存在一些问题时，就马上返回到对其进行完全压制和坚决禁止的状态。但是国有金融部门的制度缺陷和在某些领域的无所作为造成农村的金融饥渴，各种形式的民间金融有广阔的需求市场，所以无论国家怎样压制，还是以或隐或显的方式大量存在着。这是经过将近 30 年改革以后，当前农村金融所呈现的基本状态。

四、 当前农村金融资金供给状况

　　如果将农村金融实践分为正规金融和非正规金融，可以发现，在农村资金供给中，非正规金融所占比重远远大于正规金融，而问题在于，大量

---

① 周立：《中国农村金融体系发展逻辑》，《农村经济导刊》2005 年第 12 期。

存在的非正规金融又是不被国家承认、不被法律认可和保护的，这样，在农村金融实践中就不可能不出现严重的问题。从本书的角度出发，笔者认为，这样的农村金融政策制度，非但不能够促进良性农村现代化社会基础的形成，反而十分有害于这一进程。因此，基于二元社会和经济结构这一基本国情的中国特色的农村金融制度势在必行。

农村正规金融包括四大国有商业银行以及农村信用社、农村商业银行、中国农业发展银行，除此之外的金融类型都可以划入非正规金融之列，主要包括以下几种。（1）合会。合会是一个综合的概念，是各种金融会的通称，通常在亲情、乡情等血缘、地缘关系基础上带有合作、互助性质，其在国外较现代的名字是"轮转基金"，在国内包括以下一些会："标会"或"写会"，这种会用投标的方法决定得会者。"拔会"，江南称单刀会，四川一带称独角会、鳌头会，取独占鳌头的意思，拔会是会首独得会额。"轮会"，坐会得之次序由各会脚预先认定。"摇会"，又称缩金会，各期以摇毂的方式确定得会者。"抬会"，类似于摇会。以上各会中，标会、摇会、抬会保留并发展起来，大多活跃在闽、浙一带。（2）民间借贷。民间借贷有广义和狭义的区别，广义的民间借贷是各种民间金融的总称，狭义的民间借贷指民间个人之间的借贷活动。民间金融活动总体上看是无组织的金融活动，但从局部看，合会、合作基金会、典当行、社会集资、私人银行等内部是有组织的，而其余的民间金融，从局部看也没有组织，称为狭义的民间借贷，其主要包括个人之间的借贷和组织性较差的那部分私人钱庄、等地下金融活动。按利率高低划分，民间借贷有三种形式：白色借贷（友情借贷）、灰色借贷（中等利率水平借贷）和黑色借贷（高利贷）。狭义民间借贷一般较分散、隐蔽，利率高低不一，借款形式不规范，管理难度大，其中黑色借贷风险较大。（3）集资。包括生产性集资、公益性集资、互助合作办福利集资等，具体包括以劳带资、入股投资、专项集资、联营集资和临时集资等。（4）典当业。目前由于民间金融通常不是合法存在，而典当业是可以合法经营的，因此一些民间金融经常以典当业的名义存在，规避着法律。（5）私有银行、私人钱庄。在福建、浙江民间金融较发达地区，存在着一些私人银行。钱庄又称钱铺、钱店等，运作方式、功能类似私人银行。（6）互助会、储金会，各种信贷代理机构、代办人等。互助会、储金会基本类似于农村基金会，只是不像基金会那样一般经过官方认可；各种信贷代理机构、代办人，一般在偏僻的乡、村，正式金融机构在此未设分支机构，在进行小额信贷等业务时，委托乡、村干部和妇女组织或村里的"能人"、会计等，代理从事信贷业务。

目前大量调查数据证明，在农村地区，农民从非正规金融渠道获取资金的数额和比重远远超过正规金融渠道。根据中国农业大学课题组对浙江、安徽等 7 省 21 个县市 365 个农户的调查，在 1996—1998 年连续 3 年中，农户借款来自民间借贷的超过 70%，来自农村信用社的不足 20%[①]。曹力群的计算结果表明，1995—1999 年银行、信用社等正式金融机构提供的贷款在农户借款总额中占 20%~25%，而民间借款占到 70% 左右[②]。而朱守银等人对传统农区进行的调查显示，在调查户发生的 524 笔借款中，没有一笔借款来自商业银行，来自农村信用社的有 84 笔，仅占 16%，而民间借贷有414 笔，占 79%，从借贷资金量看，民间借贷也占近 80%，农村信用社只占 15%[③]。张胜林等对农村地区 50 家个体工商户、50 家私营企业、200 家农户的调查发现，非正规借贷发生率分别为 82%、94% 和 24%[④]。据国际农业发展基金的研究报告，中国农户来自非正式市场的贷款大约为来自正式信贷机构的 4 倍[⑤]。对于农民来说，非正规金融市场的重要性和实质性影响已经超过正规金融市场。

---

①　姜长云：《当前农业产业化的主要问题及其宏观制度性根源》，《改革》2002 年第 3 期。

②　曹力群：《目前我国农村民间借贷市场形成的原因、特点及其影响》，《中国农业研究》2001 年第 8 期。

③　朱守银：《中国农村城镇化进程中改革问题研究》，《经济研究参考》2001 年第 6 期。

④　张胜林：《交易成本与自发激励：对传统农业区民间借贷的调查》，《金融研究》2002 年第 2 期。

⑤　国际农业发展基金 IFAD：Rural Financial Servicesin China，The matic Study。Vol-umeI—MainReport. 2001.

这种结果当然是国家不愿意看到的，如前所述，金融不但作为一种经济纽带而存在，而且体现为一种统治方式，国家可以通过资源的配置反映自己的意愿与偏好，并以此指导社会个体与组织的行为方向和方式。如果在农村地区国家所大力培植的正规金融对农民的重要性远远不及被压制和禁止的非正规金融，那么也就从一个侧面证明国家在农村的治理能力和效力出现了问题。但是这些问题的出现恐怕不能够仅仅从正规金融本身的运作体制上来找原因，中国典型的二元社会背景必然使农村金融呈现出与城市地区极其不同的特点。

农村金融的重要特征是"金融的二元性"（Financial dualism），即现代金融部门和传统金融部门并存①，相关文献对于农村金融市场特点的主要观点包括：农村金融市场的特征是贫穷、人口密度低、市场隔离、风险高、季节性因素导致的高交易成本、缺少传统的抵押品、收入波动较大、分散风险的机会有限，这些特点使农村金融市场不同于城市金融市场，通常使以利润为导向的金融机构望而却步②。

在农村地区，正式金融体系的组织和制度运行具有高昂的成本，资源配置效率低下。信息不对称问题和较高的交易成本的存在，使得农村市场中很多金融需求得不到正式金融的满足，其结果必然导致在正式金融体系之外产生非正式金融。高昂的成本主要来自以下两个方面：

一方面，信息不对称。对于农户和农村中小企业的借贷要求，正规金融机构一般不具有优势。虽然国有银行在地方上设有分支机构，但农村地广人稀，使得分支机构的人员对农户和农村中小企业的信息了解程度相对较差。搜集信息成本的高昂，造成使用信息的成本也很高昂。为了克服信息不对称所带来的问题，正规金融机构在经营过程中必须要执行一系列技术标准，以达到克服信息不对称的目的。一般使用两种重要的方法，即抵

---

① 参看［英］迈因特：《发展中国家的经济学》，复旦大学国际政治系编译组译，商务印书馆1978年版。
② 参看［美］爱德华·S. 肖：《经济发展中的金融深化》，邵伏军等译，上海三联书店1988年版。

押品和完备的合约文件。虽然正式金融机构具备克服信息不对称所带来的道德风险的能力，但是，这些技术标准却成为农户和农村中小企业从正式金融机构获得资金支持的障碍。可以看到，农户和农村中小企业由于受经营规划、市场信誉、资金实力、地区分布等方面条件的限制，无法从正规金融机构中取得信贷资金。

而相比正式金融的无力，农村非正规金融却有着极大的优势，更有助于克服信息不对称问题。非正式金融活动发生于农村社区，基于一定的血缘、地缘、业缘关系而成立，农户和农村中小企业与非正规金融存在着天然的密切关系。交易活动通常建立在对对方信息充分掌握的基础之上，信息传导快、信息不对称的问题得到了有效的避免。如果在信息交流不充分的居民之间进行借贷，贷方就会对借方要求一个很高的信息溢价来补偿这种信息成本。这一方面构成了高利借贷问题的本质，另一方面也构成了农村非正规金融安排中零利率借贷问题的本质。农村地区较为发达的血缘、地缘关系在很大程度上是对正规金融风险评价体系的替代，这样就使农户和农村中小企业的闲置资金流向非正规金融，而非正规金融也选择农村中小企业作为主要的信用发放对象。大批农村中小企业成为非正规金融赖以生存的市场基础，非正规金融也成为农户和农村中小企业生存发展的基本金融支持力量。

另一方面，运营成本的限制。通常，正式金融机构的运营成本主要来自基础设施建设费用、员工工资和福利、交易费用、管理费用等方面。而在农村地区，除了土地和劳动力价格较为便宜，其他各项成本费用都相对高昂。综合来看，正规金融机构在农村的运营成本较之城市地区更高。高运营成本大致来源于农村经济生活中的以下几个方面：

其一，农村的每一笔信贷额度都很小，从一些典型的研究中我们可以看到，几乎有90%以上的贷款金额不足一万元，而与贷款额相对应的贷款成本，则是一个比较固定的数额。正规金融机构通常是一个规模大、结构复杂的组织，单位贷款成本随贷款规模的上升而下降，而农户和农村中小企业的资金需求，无法形成正式金融业务所要求的规模效应。其二，农村金融领域薄弱的基础设施建设，包括基本的通讯、网络、交通、会计审计技术人才、培训机构等设施。在农村地区，农户和农村中小企业数量多、规模小、需求面广、需求金额不大，若正规金融机构将原有的服务内容扩展到农村市场，则网点建设、信用评估、贷款管理等成本费用相应地也会大幅度提高，从成本收益的角度分析，正规金融部门所付出的成本将远远超过其所能得到的收益，基于此，农户和农村中小企业就往往被隔离在正式金融市场之外。

正是由于正规金融机构在农村金融市场上的缺位，以及目前中国缺乏针对农户和农村中小企业进行服务的专门性金融体系的现实状况，农村金融市场就被留给了拥有信息优势的农村非正规金融。同时，造成正规金融高昂的运营成本，也有农户和农村中小企业的自身原因，主要是以下几点：一是财务制度不健全，无法提供正式金融体系融资所需要的信息；二是这些资金需求者缺乏足值的、易变现的抵押物；三是难以提供具有实力的担保人。许多农户和农村中小企业在求贷无门时，只能求助于农村非正式金融。可见，非正规金融借贷手续简单，随借随还，方便灵活，有效地控制了信息成本和交易成本，迎合了广大农户和农村中小企业的资金需求特点。

另外，我国现有的文化背景有利于非正规金融的扩张。根植于传统文化之中的信任机制、名誉机制，是许多非正式金融交易得以发生的深层原因。在基本上处于自发状态、缺乏正式的法律协调的情况下，民间借贷和社会集资等非正规金融交易仍然保持80%以上履约率，这就是一个明显的证明。非正式金融交易在不受法律保护的情形下，如果没有根植于传统文化之中的信任机制的介入，是无法保持很高的履约率的。

市场化的规则和农村金融的特点决定了农村非正规金融的大行其道，也决定了农村正规金融机构在降低成本、保证利润的考虑下从农村地区撤出。1998年6月，中国人民银行根据1997年11月间中央金融工作会议精神制订了"关于国有独资商业银行分支机构改革方案"，方案中对四大银行机构的撤并提出了非常具体的要求。按银行的工作人员数量和吸收存款额，人均存款额在50万元以下的营业网点全部撤销，50万～100万元的营业网点部分撤销，100 万~150 万元的营业网点合并。1998—2001 年撤并境内分支机构和营业网点 4.4 万个①。而真正撤并的这些小网点基本分布在农村地区。当初定位于为农村和农业服务的中国农业银行业务领域已由最初的农村信贷、结算业务，发展成为品种齐全，本外币结合，能够办理国际、国内通行的各类金融业务的商业性银行，真正适合农村市场经济主体需求的业务已经很少了，已经难以为"三农"服务，满足农村社会经济发展的金融需求。而农村信用社也不能完全面向农民服务，农户从农信社获得的贷款不足其向农信社存款的三分之一，其中 2002 年为 27%，2003 年为 31%。即使按宽口径的全部农业贷款计算，占农户存款比例也不足 4 成，2002 年为 36%，2003 年为 39%②。这种状况说明分散小农与资本的对接事实上出现了严重的困难。

五、 再造农村现代化社会基础， 实现农民与资本的良性对接

正如前面反复强调过的，中国由于二元结构的基本国情，在现代化道路和模式上呈现出与西方发达国家非常不同的特点。作为后发国家，在各种经济社会制度上必然有模仿和学习的成分，包括金融制度。但是这样一种制度是根植于西方历史中的，是西方所有的历史因素共同决定了有这样一种制度的产生，并且这些因素在支持着这种制度的顺利运转。或者说，正是在西方现代化社会基础条件下，这种制度可以成立，可以发挥出其正面的、积极的功能。在当前农村，农民有着非常强烈的资金需求，但是却很难从正规的、合法的金融渠道得到资金；各种正规金融机构，比如中国农业银行和农村信用社本身担负有为农村和农民服务的职责，从国家的制度设计方面有着为农民提供金融资金的专门考虑，但是却由于信息成本和运营成本等问题而很难满足农村资金需求，在向商业银行转轨的背景下，

① 钟笑寒、汤荔：《信息模型：农村金融机构收缩影响的有效解释》，《中国金融家》2004 年第 5 期。
② 参看《中国金融年鉴》，中国年鉴出版社 2004 年版。

反而在很大程度上成为通过存贷差将农村资金抽出的"抽水机"。这种局面导致农村地区非正规金融盛行,在一些地方高利贷又死灰复燃,成为农民在危急时刻迫不得已的选择。而高利贷往往又是与各种黑社会性质的恶势力相伴相随的,非正规金融和地下黑势力的结合将会给农村稳定带来严重的影响。这种状况与前文所述传统中国农村的金融图景有某些方面的类似之处。当国家力量没有合适途径介入农村金融活动,就只好任由不被国家认可的金融组织来填补这一空缺,结果导致金融秩序混乱,社会稳定遭到破坏;而如果下决心采取严厉手段,取缔和禁止一切非正规金融,则农村资金供应马上就会出现问题,许多农民的生产生活可能还会不如此前,农村经济发展也会因此产生停滞或倒退;国家在农村基层的治理效果也将会受到影响。因此在思路上必须摆脱原有的非此即彼的二分法,从复杂的农村现代化实践出发,在制度设计上充分考虑农村各种传统资源的优势,将农村合作金融放到更加重要的位置上来。

具体地讲,农村现代化实践的复杂性可以归结为两个方面:首先,农村生产经营活动的小规模性、分散性、季节性。随着家庭联产承包责任制的推行,农户成为农村地区生产经营主体和消费主体,由此决定了生产、生活金融需求都是小规模的、分散化的,如有的农户一次贷款所需规模仅为一两百元。而且农业生产经营往往是依赖于农村当地的自然资源和自然环境,不确定性非常大,这就使得正式金融机构的贷款十分谨慎,容易导致正常的生产经营资金需求无法满足。而农业生产的季节性决定了农村资金需求的季节性和时间性,只有农民间基于了解和紧密关系基础之上的合作金融才能够有效解决这些问题。其次,消费活动借贷的长期性、信用性。长期以来,农民收入增长较为缓慢,农户家庭几乎没有多少积累的财富和资产,全年的收入用于一般的生产和生活消费后几乎没有剩余。一旦遇到教育、治病就医、建房、婚丧嫁娶等消费活动,就难免入不敷出。特别是一些消费活动的借款可能会持续较长的时期,五年、十年甚至更长时间都有可能。而这些借款活动借助于农村非正规金融能够得到较好满足,求助于农村正式金融几乎没有可能获得资金支持。消费性金融需求表现出了很强的信用性，广大农户除了承包的土地、住宅以外，几乎找不到合适的抵押物。而借款的手续简单、程序简化、交易成本低是农民借贷的基本要求。一般来说，农村非正规金融主要是满足农村的消费性金融需求，如婚丧嫁娶、建房、治病、教育，获得并使用资金后尽管可以产生很大的效益，但是并不能在较短的时间内得到更多的收益。因此，这种消费性贷款的归还往往缺乏一定的保障。因此，农村正规金融机构在贷款前进行风险评估时，往往会将此类贷款排除在外，而农村非正规金融可以在控制风险的前提下较好地满足这些需求。

　　农村非正规金融活动尽管没有整套的法律法规用以规范参与金融交易的主体的行为，但是要求有完善的"游戏规则"——非正式制度，要求自由参与农村非正规金融市场的主体自觉遵守，这在某种程度上能够"规范"非正规金融市场运作的"秩序"，这些非正规制度在防止借款农民违约中发挥着积极的约束作用，保证借款者恪守信用。也就是说，在农村非正规金融市场上，存在市场的博弈过程，即不断抑制和排斥非诚信行为的发生。如果贷款的农民在还款的过程中发生赖账不还的行为，其信用就会大大受损，影响其个人的社会资本；严重的将导致个人社会资本的缺失，进而对其能否在该农村地区正常生活下去产生很大的制约作用，处处受到制约并发生代际转移。因此，作为农民一般不愿意冒险承担违约偿还责任。可以说，正是因为农村非正式制度具有能够不断抑制和排斥非诚信行为的市场力量，加强了农村非正规金融市场主体相互之间的联系，保证信用关系的稳定性，减少信用风险，进而促进了农村非正规金融的发展。

　　进一步地说，建立良性的农村非正规金融体系的关键首先在于国家力量的适度参与，这种参与不在于直接的管理，而是体现在对公平和公正交易的监督与保证方面，必须用国家的力量驱赶和替代当前普遍存在的黑恶势力，建立起新的金融秩序；其次在于在国家力量的主导下，使农民在金融领域建立更为紧密的组织化关系，以金融活动为纽带重构农村现代化社会基础，实现农民与资本市场的对接，使农民以合作为手段，保证自身基本利益，配合国家市场化战略的顺利推进。

第六章　重构乡村秩序：农村现代化
　　　　社会基础再造的社会治理实践

强调法治是当前流行的话语和观念，甚至成为与"人治"相对应的"政治上正确"的强势话语体系，人们企盼并且相信，只要能够实现普遍的严格的法治，一种良性的社会秩序就会自动地建立起来。无论这种愿望有多么美好，起码在当前农村地区，社会秩序的建立仍然不是由法治这一种因素和机制所能够完成的。如果我们承认由于农村地区极不标准化和科层化的社会现实，使得仅凭严格的法律事实上在有效地维持农村社会秩序上显得力不从心。那么，在现实中，各种地方性知识、传统因素、党的政策体系以及基层干部的创造性行动是如何与法律条文一起构建了农村社会秩序的，这在农村现代化过程中具有的理论和实践意义如何，是本章进一步探究的问题。

一、　农村社会纠纷的解决方式

对于现有的研究和实践，已经有很多学者发现，随着乡村纠纷解决的系统日益被纳入国家秩序体系中，这个体系越来越重视具体的法律规则，比如从土地纠纷来看，具体明确的规则越来越起着关键性作用，但这不能被认为是国家向乡村大力推行"规则之治"的时代已经到来。因为在家庭

纠纷和一些日常性冲突中，力量不均衡的村民之间仍然大量地存在压迫与
被压迫关系，国家法律和村庄习惯中的规则并没有被付诸实践。放在现代
性的背景下，没有了从前的种种束缚，农民不断从传统的村庄地方性约束
中解放出来，直接面对国家和市场，村庄人际关系和秩序随之发生变化。
村庄纠纷解决的现实表明，中国村庄秩序如何面对法律制度的现代性冲击，
是一个重要的理论和现实问题。

纠纷解决机制可以反映出整个乡村社会秩序以及乡村治理的实际状况，
当农村社会生活中出现了纠纷的时候，现实中的人们是如何解决的呢？笔
者试图通过一系列的理论和实践上的研究来探讨农村纠纷的产生和解决，
以及在这一过程中农民的心理，民间和国家力量在纠纷解决中的各自的作
为，当然也包括习惯、习俗、村规民约、法律和政策在纠纷解决中的应用。
这些共同构成了形成当前农村社会秩序的机制和技术。这些建构农村社会
秩序的实践由于其直接而强烈的表现方式，能够更加清晰地说明，中国农
村现代化绝对不可能是复制任何一种现成的现代化模式和道路的结果，任
何一种简单化的设想都将会带来事与愿违的负面影响。

农村社会中发生的纠纷的解决机制有多种可能，可以做一个简单的归
纳。第一种，无救济，采取的典型方式是忍让和回避，以此来化解纠纷，
解决问题；第二种，私力救济，具体方式可以包括和解、自决等等，也就
是在没有第三方介入的情况下使用当事人自身的力量与资源来解决当前的
纠纷；第三种，社会型救济，典型方式包括调解和仲裁，主要是借助社会
力量，而不是主要依靠国家的强制力来解决纠纷；第四种，公力救济，主
要包括行政救济和司法救济两种方式，这时国家的形象就完全凸现出来了，
在纠纷化解和秩序形成过程中扮演着主角。进一步地分析，社会型救济是
介于私力救济和公力救济之间，而无救济大约包括布莱克所讲的逃避、忍
让和某些自我帮助的形式（如自杀），可以将其概括为忍让和回避，忍让、
回避则是另外一种极容易被人忽视的隐形的解决方式，应当说，无救济是
个人或群体调整行为以适应他人或环境的过程，是当事人自主的选择过程，
因此，它也构成独立的纠纷处理方式。所有这些纠纷解决方式并不是孤立

的，不同的纠纷解决方式处理的矛盾的严重程度和纠纷的复杂程度可能会有所不同，但它们处理的往往是同一层面的问题。在同一层面的问题面前，这些不同的纠纷解决方式构成了一种竞争关系。纠纷可以在不同的纠纷解决方式下获得解决，这些方式的出场虽然常常与案件的具体情况相关，但在更多情况下，它是当事人的主观选择的结果。当事人的选择取决于很多因素，其中不同纠纷解决方式的优劣利弊是个重要因素。因此可以说，当事人选择纠纷解决方式的过程就是这些纠纷解决方式展开竞争的过程，他选择哪一种方式取决于当下的情景，是一种策略性的考虑，完全体现着他与周边农民个体、农民组织以及国家的关系状况，或者说，正是这种关系状况决定着他在面临生产生活纠纷时的选择。

二、 私力救济机制在村庄中的具体表现形式及分析

私力救济包括自决与和解。自决是指纠纷主体一方凭借自己的力量迫使对方服从，和解是指双方相互妥协和让步，两者都是依靠自身力量解决争议，无须第三者参与，也不受任何规范制约。没有第三者以中立的名义参与纠纷解决正是私力救济区别于其他纠纷解决方式的关键。自决与和解是私力救济的两种具体形式。实践中，自决与和解并非截然两分，而往往相互渗透，自决中包含和解的因素，和解本身又是一种特殊形式的自决。但两者在本质上还是有差异的，自决中含有一方对另一方的服从因素，而和解则是双方的妥协。私力救济的大规模出现，往往意味着一个社会中组织化程度极度下降，国家力量和社会力量均"不在场"，虽然也是解决纠纷、形成秩序的一种方式，但是高度依赖这种方式所形成的秩序往往是扭曲的。

现代社会也广泛存在着自决现象。有人将现代社会的自决限定在合法的范围之内，认为对社会统治秩序或社会公共利益无直接危害，同时又无须动用国家强制力加以处置的社会冲突才允许冲突主体自决，并要求主体用合法的方式自决，一旦超出了合法的范畴，自决就变成了需要加以排除

的新的纠纷①。笔者不能认同这种限定。自决是纠纷当事人一方凭借自己的力量使对方服从，凭借自己的力量，没有中立的第三人参与纠纷解决。因此，当事人的行为是否构成"自决"，与他使用力量的方式是否合法无关。因此，在现代社会中，自决的形式是多元的，它可能类似于原始社会同态复仇式的暴力杀戮，也可能是文明社会的一般报复或据理力争。自决所依据的规则也是多元的，它可能是生效法律和正式制度，也可能是民间习俗、习惯、社会情理等非正式制度，还可能是单纯的物质性暴力。现代社会的自决更多地发生在国家生效立法未能调节或未能深入的社会生活领域之中。在这些领域，存在着大量的非正式制度，它们以有形或无形的方式调节着人们的实际生活，并由此构成了特定的社会秩序。作为这种"秩序"的具体体现，纠纷主体在自决过程中往往以这些非正式制度为解决纠纷的基本规则。

在村庄的生活实践中，对纠纷采取这种私力救济方式的情形很常见，主要包括以下几种具体形式：以公开指责的方式在村落的公共空间中发泄牢骚和不满，向纠纷对方直接声讨，在村落的公共空间中咒骂未知的侵害人、自杀、暴力对抗或械斗等。在村落的公共空间中发泄牢骚和不满是村落生活中最常见的矛盾消解方式之一，当事人通过这种方式将矛盾展示在他人面前，将纠纷提交给村落舆论评判来获取心理上的平衡，这种方式实际上是利用村落中的"面子"机制和舆论机制对侵害人、可能的侵害人实施社会控制。在家庭矛盾中，只要不过于关乎家庭名誉，家庭成员会将不满主动传播到村落中，以使村落舆论鞭策其他家庭成员公平地对待自己；在这种机制下，家庭成员的某些过分举动会被认为是"丢脸""现丑"，从而得到一定的谴责和控制。村民之间的矛盾和纠纷也常常会传播到村落公共空间中，一方当事人会向村落的其他成员宣泄对纠纷对方的不满，以获取他人情感上的支持和村落舆论的支持；而要"脸面"的村民不可能不顾及自己和家庭在村落中的形象，这使得在村落公共空间中宣泄不满这种自

———————
① 参看顾培东：《社会冲突与诉讼机制》（修订版），法律出版社2004年版，第32页。

决的私力救济方式得以可能。在村民与基层政府的矛盾纠纷中，不满也会在村落公共空间中飞扬，但这只能缓解村民的不平衡心态，很难对他们起到实际救济效果。

向纠纷对方声讨是一种很直接的自决方式，它能直接发泄纠纷当事人的不满，在情感上给冤屈的当事人以慰藉。在家庭矛盾中，向家庭成员当面表达不满，是家庭矛盾表面化的标志；在夫妻冲突或家庭暴力事件结束后的"善后处理"中，大家庭的长辈常常会以直接声讨的方式指责、教训晚辈。在村民的日常矛盾中，声讨应用也十分广泛，在灌溉纠纷、小孩打架、知道主人的牲畜越界毁坏庄稼、林木所有权争议等纠纷中都存在。由于村落中的纠纷是非一般都比较清楚，所以声讨常常是一种既尊重人，又颇为有效的私力救济方式。在对乡村干部有所不满时，村民偶尔也会采取这种方式，当面指责、声讨或据理力争，但这些做法除了能使当事人在情感上得到一定满足外，实际收效往往甚微。

咒骂是当事人通过运用某种精神性的暴力，消除心理上的不平衡，从而在情感上实现救济。作为一种自决方式，它不包括冲突高潮时，纠纷当事人之间的互相"骂街"。在笔者所调查的村庄，咒骂主要发生在不知道主人的牲畜越界毁坏庄稼和小宗盗窃的案件中。在对付偷羊人的个案中，当事人采用了"迷信"的下咒语的方式，由于使用了精神性暴力，从广义上讲，也可以归入"咒骂"的私力救济方式中。

之所以说自杀也是一种私力救济方式，是结合有的村庄中屡屡发生的妇女自杀后的"打人命"事件来说的，妇女自杀的逻辑和预期是：活着咽不下这口气，死了娘家人会来出气。自杀对妇女来说，是一种对生活的逃离、对矛盾的回避，但对女方的家庭来说，它是剧烈暴力运用的原因，是私力救济的导火索。自杀使得妇女和婆家人之间建立一种道义上的联系，使得她的自杀在舆论上可以归责于丈夫和婆家人，给人以被婆家人"逼死"的感觉，仿佛丈夫和婆家人就是谋杀者一样。这样便为娘家人使用暴力"打人命"提供了合法性借口。从这个意义上来说，自杀也可以说是一种私力救济方式。

　　直接的暴力运用作为一种自决方式在乡村中也十分普遍。在夫妻冲突中，家庭暴力的运用十分常见，婆媳冲突、赌博、说闲话、教育孩子、违背丈夫意志、女性在性方面的越轨行为等都可能导致家庭暴力。一个妻子在公共场合采取"坚决"的方式阻止丈夫参与打牌或赌博，往往会让丈夫感到没有"面子"，从而导致丈夫为了挽回"面子"而用暴力攻击他的妻子。女人说闲话会让他的丈夫很难堪，觉得自己没有"管教"好自己的妻子，因而没有"面子"，他常常也会以暴力殴打妻子来挽回"面子"。女性一旦越轨，丈夫私下或公开地以暴力殴打、羞辱妻子几乎是一定的。在其他一切夫妻意见不一致的方面和具体事务中，如教育孩子、婆媳矛盾等，男人都可能以家庭暴力来确立自己的妻子的支配地位，甚至只是展示这种支配力。当家庭矛盾导致妇女自杀时，妇女的娘家人就会以"打人命"这种赤裸裸的暴力方式进行私力救济。

　　在村民之间的矛盾冲突中，依靠暴力的自决更是常见。有些矛盾纠纷可能在发生当时就形成了暴力冲突，有些矛盾可能在潜伏一段时间后重新以暴力冲突的形式爆发出来，还有些矛盾在常规途径解决无效的情况下演化成了暴力冲突。在通常情况下，敢于动用暴力者是村落中兄弟多、力量强的村民。他们并不那么惧怕报复，在受到不公平的对待时，哪怕这种不公平很微小，他们也可能以物质性暴力进行自决，因此，在村落生活中，弱者总是尽量避让强者，避免与其发生暴力冲突；或者在暴力冲突中吃亏后，忍气吞声。但也有弱者在重压之下做出强烈反弹，不顾一切地以暴力相报复，对不公平的"压迫"进行自决救济的，即便是当案件提交给了国家司法部门后，暴力形式的自决也可能同时存在，在村民与政府及其代理人——干部的矛盾纠纷中，物质性暴力的运用也时有发生。

　　和解是另外一种私力救济方式，它是纠纷双方在妥协和让步下，消除矛盾，解决纠纷。在不损害社会利益和社会其他成员利益的前提下，纠纷双方可以做出任何妥协和退让。纠纷双方和解时，对抗不仅在形式上、行为上得到消除，而且在心理上、情感上得到消除。和解过程中，生效立法、政策、习俗、习惯甚至力量对比关系等都会对当事人产生影响，它们是当事人考虑和决定是否和解以及在和解中做出多大的妥协和退让的制约因素。和解通常通过协商达成，人们在协商中对纠纷本身进行讨论，并寻求解决纠纷的办法，这是一个相互妥协的过程。这个过程中，当事人虽然地位平等，但实力对比始终是协商过程及结果安排的重要因素。和解广泛地发生在不同的社会情境中，包括现代社会。和解典型地反映了社会主体自觉消除矛盾和冲突的过程。一方面，它体现了社会主体的自我调节能力；另一方面，和解过程无须甚至也不可能坚持法律规则和正式制度。

在村庄中，我们或许可以发现，和解并不是一种常见的纠纷解决方式。但在家庭生活中，基于家庭生活本身的特性，可以想象，和解还是很常见的。几乎所有的夫妻争吵最后都会以和解结束，大多数发生了家庭暴力的家庭纠纷也会以和解结束，几乎所有的性方面的越轨行为也会以夫妻双方的和解结束。在许多家庭，虽然婆媳矛盾永远都会存在，但妥协与和解也几乎总是常态。这可能与中国人的婚姻与家庭从来都不是自己的事情，总是牵扯到方方面面有关，这一点后文还将有所论及。有时候，村民之间的和解达成的背后也总是有着暴力的影子。

三、 社会型救济之调解的历史回顾与现实困境

当私力救济不足以满足或者并不是最佳选择的时候，社会型救济就开始发挥它的作用。如前所述，社会型救济是介于私力救济与公力救济之间的救济形式，它包括仲裁与调解，它们的共同特征是旨在解决纠纷的居间的第三者的出现，该第三者的任务在于劝导纠纷主体消除对抗，提出纠纷权益的处置和补偿办法，或者对之做出裁决。第三者实施仲裁或调解的行为可能基于多种根据：由法律所赋予的特定职责，受纠纷当事人的委托，与纠纷双方具有某种整体利益联系，具有特殊的协调地位，负有伦理道德责任等。但是，无论基于何种根据，第三者必须具有一定的权威。这种权威是纠纷当事人信赖从而接受其劝导，服从其对冲突权益处置做出的判定，认可其提出的权益处置办法的基础。在法律实务上，商事活动所发生的纠

纷和劳资纠纷最易于运用仲裁手段加以解决。由于在中国大多数相对比较
落后的传统村落，仲裁这种解决纠纷的手段还没有进入村民的视野之中，
因此，村庄中的社会型救济主要指调解。

作为一种社会型救济方式，调解是指由民间组织或个人主持的，以法
律或习惯、习俗等社会规范为依据，通过对纠纷当事人进行说服、劝解，
促使他们互相谅解并自动消除纷争的活动。这里的调解，主要指民间调解
和人民调解，原则上不包括行政调解，因为行政调解是在政府官员的主持
下进行的，应是一种公力救济方式。在解决纠纷的效果上，调解更多追求
的是冲突和对抗的消弭，为了实现这一效果，有时甚至不惜以损害法律原
则为代价。

在文化解释的路径下，调解不仅仅是一种纠纷解决的方式，而是特定
文化下的产物，中国调解作为一种普遍的制度安排体现了中国人关于社会
秩序的安排甚至宇宙秩序的安排，体现了一种特殊的文化价值趋向，它是
传统中国儒家文化的追求自然秩序和谐的理想的产物，是中国人人生智慧
的体现①。对于生活在"熟人社会"或"半熟人社会"之中的人们而言，
最理想的纠纷解决必须不伤害熟人之间的感情，有利于日后相处。这要求
纠纷解决必须以将来为取向，因此，调解无疑是最理想的纠纷解决方式，
它通过消除当事人之间的情感对立来彻底消除当事人之间的矛盾。调解常
常以纠纷当事人所共同分享的"地方性知识"为背景。在调解过程中，人
们依据熟悉的习惯、习俗、乡规民约等确定各自的权利和义务，调解人也
在这个空间内寻找合适而又体面的解决方案，以使纠纷解决、矛盾消解，
当事人之间的感情对立消失，被扰乱的社会生活秩序得到恢复。以调解的
方式解决纠纷，就是找一个有威望、双方当事人都信任的中间人作为调解
人，对纠纷当事人所应遵循的伦理规范以及相互间所应尽的义务进行重申，
并对纠纷焦点进行协调，然后让当事人在明白事理后主动做出某些让步，
从而达到互相谅解、消除纷争的目的。它的一般程序是：调解人作为纠纷

———————

① 参看梁治平：《寻求自然秩序的和谐》，中国政法大学出版社 2002 年版；梁治
平编《法律的文化解释》，三联书店 1994 年版。

当事人的中间人，依据共同体内部公认的价值标准对纠纷的解决提出一个方案，然后说服纠纷当事人接受并自觉履行。关于这一点，费孝通先生做过十分精彩的论述①。

在村庄中，通过已有的资料和田野调查我们可以发现，在家庭矛盾和纠纷中，调解运用得比较多。在分家和赡养的矛盾中，调解者一般是宗族中有威信，并与家庭纠纷各方当事人有着良好关系的老人；在夫妻冲突时，调解者的范围比较广泛，包括有威信的老人、邻里、媒人、村组干部等。在村民之间的矛盾纠纷的调解中，如果矛盾不是很尖锐，调解者一般是与纠纷双方关系都比较好的邻里、村民；稍大一些的纠纷，调解者主要是村组干部或村落中在外工作的有一定公职的有为中年人；契约纠纷中，中人则往往成为纠纷的调解者。在村民与基层政府官员或其代理人的纠纷中，村落中在外工作的有为中年人也可能成为居间调解者。正是看到了村组干部在调解纠纷、平息矛盾等方面的积极作用，一些学者反对时下流行的取消村民小组长的做法②。在实践中，调解人所提出的调解方案能否被当事人自愿接受并履行是纠纷能否得到解决的关键。这里其实有一个调解的正当性问题。从理论上讲，调解的正当性来源于当事人的合意，然而，在调解的实际运作中，当事人之间的合意常常并不容易达成。当当事人的合意难以达成时，调解的正当性就需要由其他的因素来支持，这便是调解人所具有的权威。纠纷产生的原因不外乎是利益上的冲突和情感上的对立，纠纷调解成功的关键是既让当事人双方或一方在利益要求上做出某些让步，又让双方对立的情感得到愈合。那么，如何才能使纠纷当事人自愿放弃某些利益要求呢？在以下两种情况下当事人通常会做出让步：一是当事人出于对调解人的高度信任，在调解人的劝导下主动放弃自己的某些利益要求；二是当事人慑于调解人的威望，在调解人的多种攻势下做出让步。无论是在哪一种情况下做出的让步，都是以调解人拥有相当的权威为前提的。当事人往往是看在调解人的"面子"上，主动做出某些让步，从而为纠纷的

---

① 参看费孝通：《乡土中国》，上海人民出版社 2006 年版。

② 参看贺雪峰：《村民小组长：要，还是不要》，三农中国网。

解决迈出关键性的一步。因此，尽管调解是一种在充分尊重当事人个人意愿的前提下进行的纠纷解决方式，但纠纷的有效解决必须有权威的介入。只有当调解人具有一定的权威时，纠纷当事人才有可能接受调解人所做的是非评判及相关建议，并在此基础上做出有利于纠纷解决的让步。事实上，在调解过程中，调解人通常需要或明或暗地对当事人双方或一方施加压力，从而促使他们主动做出一些让步以便达成妥协。为此，有资格担任调解人的总是那些德高望重之人，也就是在社会生活中享有一定权威的人。

　　但现在村庄所面临的问题是，现在有足够权威充当调解者的人越来越少。因为在社会型救济中，第三者处于居间地位，它不仅在情感上与纠纷各方不存在任何对抗，而且往往被推定为不受纠纷权益关系的制约和影响。第三者的居间地位一方面使其能够分辨与纠纷相关联的事实过程，另一方面也使其有可能提出纠纷当事人均可以接受的权益处置和补偿办法。社会型救济的生命力在于第三者居间的公正裁决和调和。在实践中，第三者往往具有特殊的劝导和判定能力，这种能力同其特殊的社会地位相联系，血缘、辈分、官职、文化程度、社会身份等方面的优势常常是特殊的劝导和判定能力的来源。纠纷当事人对第三者的一般性尊重延伸到社会型救济过程中，便表现为对第三者提议或裁决的服从与认可。

　　在很多纠纷个案中，因为没有人愿意出面调解，从而给当事人带来不安全感，给村落秩序带来极大伤害。为何会出现这种情况呢？

　　调解机制的启动、调解功能的实现都有赖于调解人所拥有的权威。那么，调解人的权威又是如何获得的呢？村庄又为何缺乏有权威的调解者呢？韦伯区分了三种不同类型的权威：法理型权威、传统型权威和克里斯玛型权威。法理型权威的合法性来源于合理性取向的各种法规和章程；传统型权威是在长期的社会生活中获得公众承认的权威，其合法性来源于传统的神圣性；克里斯玛型权威的合法性来源于权威者的个人魅力和非凡品质①。当然，这是一个"理想类型"的建构，在历史和现实中并不存在上述"纯

————————

　　①　参看［德］马克斯·韦伯：《经济与社会》上卷，林荣远译，商务印书馆1997年版，第238页。

粹"意义上的权威类型。具体的、真实的权威往往同时拥有几种权威资源，无疑，纠纷调解人的权威也是这样。而权威资源是同社会结构和社会制度密切关联的。在社会发展的不同时期，随着社会制度和社会结构的变迁，调解人所拥有权威强弱及作用范围会有所不同。

传统中国的乡村社会是一个以宗族组织为主要结合形式的社会，宗族是基层社会的主要社会控制形式。宗族权力主要掌握在族长手中，它包括三个方面：一是处理诸如祭祀、族产、救济这样一些日常事务；二是协调族内成员之间的关系，解决族内发生的纠纷；三是对外代表宗族与外族、官府打交道，保护族人的利益①。虽然历代统治者为了加强对地方的控制，都在地方设有乡里组织②，但是在乡村社会真正起作用的主要还是宗族组织。在生活中，指导村民行为、控制社会秩序的社会规范主要是族规和乡约。村民之间所发生的纠纷大多被作为宗族内部事务或宗族之间的事务来处理。族长、房长作为宗族的长者对所发生的纠纷出面进行调解，调解的依据主要是传统的惯例、先祖的遗训以及族规民约。只有那些有足够资历的长者才可能透彻掌握这些社会规范，族房长们不仅有足够的资历使自己精通这些规范，而且还是这些规范的传播者和教导者，他们是履行这些规范的楷模。由传统所赋予的"教化权力"以及他们自身所具有的道德品质确保了族房长们拥有足够的权威资源去从事纠纷调解工作。正因此，这一时期的民间调解功能得到了很好的发挥，几乎所有的民间纠纷都能通过宗族调解得到顺利的解决，闹到官府去的只是极个别的现象。

新中国成立后，国家在全社会范围内建立了社会主义公有制，并在此基础上重组了城乡社会组织结构，农村普遍以新型的乡镇行政体制替代了原有的家族制度，不久又以人民公社制替代了乡镇行政体制。人民公社是政社合一的农村基层组织，它不但管理政治，还管理生产和分配。乡村社

---

① 参看冯尔康：《中国宗族社会》，浙江人民出版社 1994 年版，第 335 页。

② 参看赵秀玲：《中国乡里制度》，社会科学文献出版社 2002 年版；张研：《清代社会的慢变量——从清代基层社会组织看中国封建社会结构与经济结构的演变趋势》，山西人民出版社 2000 年版，第 9 页。

会的经济完全采用集体经济的形式，并成为国家计划经济的一部分，村民
以生产队为单位参加集体劳动并参与集体分配。这个时期的乡村社会不再
是远离国家政权的相对独立自治的"社区王国"，而成为嵌入整个国家行政
组织系统并执行国家功能的组成部分。国家政权第一次真正深入到中国社
会的最基层，它以行政管理的方式实现了对乡村社会的直接控制，将社区
子民转变成了国家公民，国家的政策和法令通过层层行政组织成为控制乡
村社会及其成员的主要社会规范。在新的社会结构中，干部比普通社员拥
有更高的地位，他们不仅具有一定的资源调配权，还更直接地了解、掌握
着国家政策和法令。

如果说前面曾提及的文化解释方法对于传统中国的调解制度有很强解
释力的话，那么面对新中国成立以来的调解时则遇到了一些困难，因为调
解制度在新中国成立以来确实存在一个转型。调解制度作为一种司法技术
与权力的组织网络结合在一起，成为一种独特的权力组织技术，成为共产
党治理社会的重要工具。他们用这种视角去分析特定的调解案件，"情、
理、法"的调解模式就成了特定的权力关系之中，通过不同的权力技术和
策略对不同的权力资源的运用所体现出的一种效果；法律和情理、政策一
样被理解为一种权力资源，一种提供合法性的知识①。政社一体化下的调解
委员会是一个半官方、半民间的组织，这使得来自村庄的调解员具有了干
部或准干部的身份；政府在这一时期具有高度的合法性，它制定的各项政
策和法令获得了人民群众的充分认同，这使得作为国家政策和法令的代言
人的乡村干部拥有了政府所赋予的制度性权威。而且，在"政治挂帅"的
社会环境下，干部的政治思想素质一般比较过硬，加上计划经济时代对物
质资源的严格控制和利益的单一化，干部受物质利益诱惑或以权谋私的机
会相对较少，他们在工作和生活中基本能做到以集体利益为重，不太计较
个人得失，关心群众疾苦，因而在群众中大多享有较高威望。

---

① 参看强世功：《"法律"是如何实践的》；赵晓力：《关系/事件、行动策略和法
律的叙事》；王铭铭、[英] 王斯福主编《乡土社会的秩序、公正与权威》，中国政法大
学出版社 1997 年版。

改革开放以来，我国农村普遍实行了家庭联产承包责任制，农村经济出现了多元化倾向，与此相联系，在行政上恢复了乡镇体制。乡镇是国家在农村最基层的政权组织，下辖村民委员会。村民委员会是村民自我管理、自我教育、自我服务的基层群众性自治组织，具体办理本村的公共事务和公益事业，调解民间纠纷，协助维护社会治安等。这样，国家对基层农村的管理就从直接的行政性管理向一定程度的地方自治转变，农村地区的社会组织也由过去的单一性、国家行政性向功能合理分化的多元性、群众自治性转变。国家对人民调解委员会的设置也做了相应的调整，将其设在村民委员会下，这使调解委员会不再具有半官方的性质，而是一个完全民间自治性的组织，因而其成员也不再具有由国家制度所赋予的权威。在这种制度环境下，调解者的权威主要来自个人素质和个人魅力。而在集体化时期，基层政权和公社组织就是宗族等传统社会村民家庭生活的构成要素的功能替代物。而一旦随着今天的合乡并镇、合村并组等乡村体制改革措施的推行，国家政权逐步退出农村基层，村民自治组织不能填补这个权威空间，原有的村落机制又不能完全有效恢复，并且在现实的乡村社会里，高素质、有魅力的村庄干部也并不多见。这样就造成了一个村落无能，国家又不在场的真空，对于村民而言，它是危险的，已经造成了诸多恶果，导致了农村的衰败。因此，无论是制度还是个人素质，都难以确保村干部拥有足够的权威从事调解工作。虽然在改革开放浪潮的推动下，某些农村地区出现了一些经济能人，使得"能人权威"这种克里斯玛型权威有所兴起[1]。但由于经济能人往往深陷于村庄利益之中，其个人品质和中立地位不一定能得到村民的认同，其在纠纷调解中的作用往往有限；况且，在一些较为落后和封闭的自然村落中，根本就没有足够的条件孕育出经济能人。

新中国成立以来的现代化进程使得宗族权威丧失殆尽，改革开放使得村庄干部丧失了制度性权威，而村庄在现有条件下又产生不了新的权威人

<hr/>

[1] 参看徐勇：《由能人到法治：中国农村基层治理模式转换》，《华中师范大学学报》1996年第4期；徐勇：《权力重组：能人权威的崛起与转换》，《政治学研究》1999年第1期。

物，这综合导致了乡村中调解实践中的权威缺乏，从而导致调解制度未能发挥出其应有的社会功能。调解功能的式微，使得纠纷解决朝着两个不同的方向发展：一是走向私力救济或无救济，二是求助于国家的公力救济。这一方面使得很多民间纠纷得不到解决或及时解决，从而导致不公平的后果，甚至酿成恶性事件；另一方面使得许多民间纠纷流向基层政府部门或基层法院。这也就涉及下文将要论及的公力救济这样的一种更容易为现代意识形态语境所全盘接受的纠纷解决机制。

四、　公力救济及其在乡村中的实践

公力救济，指当事人将纠纷提交给国家机关，国家机关根据当事人的诉求运用公权力对被侵害人实施救济。公力救济包括行政救济和司法救济，司法救济主要是指诉讼。在解决纠纷中的诸多手段中，诉讼是一种最为常规、最为规范、形式效力最明显的手段。私力救济向公力救济过渡的标志就是诉讼的出现。从现象上看，诉讼出现的依据是私力救济力所不及，纠纷当事人转而求助于公力。然而，实质上诉讼的出现根源于统治者的一种主观判断：任何纠纷所危及的不仅仅是权益享有者个人，而且同时也危及社会统治秩序。由国家权力而非诉讼主体或其他第三人来解决纠纷，是诉讼的本质特征。也就是说，国家的介入使农村社会秩序形成机制的色彩发生了质的变化。

国家权力解决纠纷这一事实，派生出两条规则：其一，解决纠纷的根据是国家立法。未由立法认可或与立法相抵触的情理和道德规则不能对诉讼中冲突权益的处置和补偿产生根本指导作用。即便是纠纷当事人之间利他性的认同与和解，通常都必须符合法律规则，才能得到承认。其二，由诉讼所确定的纠纷权益处置和补偿办法通过国家暴力或由这种强制所产生的威胁而得到实施。国家暴力这种最高的暴力强制或者由这种强制所产生的现实的或潜在的威胁，促使纠纷当事人一方或各方服从诉讼裁判。这两条规则决定了诉讼在解决纠纷中的有效性非常突出。一方面，任何纠纷当事人都无力与国家暴力强制相抗衡；另一方面，由于立法在形式上被公认为最富有理性的社会准则，以此作为纠纷解决的依据，预设了纠纷解决的正义性。

然而，在诉讼中，排除纠纷当事人接受法庭调解或自动和解不论，纠纷当事人至少有一方，甚至各方对诉讼裁决结果并不满意。截然两分正确和错误的判决结果，很可能导致诉讼当事人之间的关系难以再维持下去。它使得诉讼表面上排除了纠纷所引起的社会障碍，但并不能消除纠纷当事人之间的对立情绪。由个别事实所引起的纠纷，经过诉讼后反而扩展或演变成当事人间后续长期的对抗。

尽管如此，诉讼的实际价值仍然应当充分肯定。试想，如果没有诉讼，社会将会是怎样的？实际上，相当一部分纠纷，特别是暴力侵害的纠纷，唯有通过国家暴力强制，从而唯有通过诉讼才能得到真正解决。私人复仇即便是同态等价的，也不是文明社会的理想状况。人类文明的标志并不在于是否使用暴力强制，而在于这种暴力使用是否适合社会共同认可的标准，是否有特定的实施主体和实施程序。另外，私力救济、社会型救济之所以有一定的效力，很大程度上根源于诉讼及其暴力强制的存在。诉讼及其暴力强制的威慑力促进了纠纷当事人对非诉讼手段的选择。而且，虽然诉讼化解冲突主体情感和心理对抗的作用不突出，但在维护当事人合法权益以及强制义务的实现，维护社会秩序和法律尊严等方面的效用却是其他手段所远远不及的。

人们时常苦恼村庄中的人总是漠视法院在纠纷解决方面的存在，诉讼并不被人们当作是权利受到侵犯之后的救济手段。当然离婚案件除外，这或许与离婚本身的性质密切相关，婚姻秩序是国家密切关注的重大社会秩序之一，结婚和离婚都必须履行严格的程序，而国家是这个程序的控制者和唯一合法见证人。而其他家庭内部纠纷，比如涉及订婚、结婚、分家、赡养而发生的纠纷以及家庭暴力等之所以没有以诉讼的形式解决，并非因为这些家庭内部的纠纷在性质和后果上并不严重。恰恰相反，实际情况是，家庭内部的纠纷常常导致了非常恶劣的后果，除了野蛮的家庭暴力以外，还包括妇女自杀和大型的械斗事件。这样的例子并不少见。然而，这些本该由国家以诉讼形式进行干预的纠纷，却常常依据乡村恶俗在当事人的暴力救济下解决，甚至在某些已经涉嫌刑事犯罪的案件中，刑法都没有出场。

而刑法的出场，或者说诉讼方式在两种情况下会适用。一是当暴力冲突造成了严重恶果，一般是有人员重伤或死亡，即构成刑事案件时，纠纷会以刑事诉讼的形式解决。村民们都很清楚，暴力冲突中，只要不打死或打残"仇敌"，不会导致"坐牢"，最多到时候赔钱就可以息事；但一个家庭在村落中再怎么强势，他也绝不能随意置"仇敌"于死地。因为"王法"是有的，但只在死人的时候才会出来。一旦命案发生，国家便出现了，它出来收场，冲突以刑事诉讼告终。另外一种情况是，村民主动将案件提交给基层法院，法院代表国家出场为村民提供法律服务。通常情况下，"享受"法院提供的法律服务，同时还需要当事人出钱向作为自由职业者的律师购买法律服务，这种法律服务以诉讼的方式进行。

公力救济除了以诉讼为核心的司法救济外，还包括行政救济，行政裁决、行政复议、行政调解、申诉、请愿、信访等都属于行政救济的范围。行政机关最终解决纠纷的具体方式主要包括行政裁决和行政调解，其他方式不过是当事人为了启动行政救济程序所使用的具体手段而已。而在基层政府那里，行政裁决和行政调解的过程往往互相渗透，纠纷的解决过程常常无法明确辨认是行政裁决还是行政调解。因此，笔者将基层政府的行政救济统一称为行政处理，它是指基层政府和干部对辖区内发生的民事纠纷、行政纠纷和轻微刑事纠纷的调解、裁决和综合处理。对行政机关处理纠纷的做法，或许会有人持怀疑的态度，认为这不符合现代法治国家的基本要求，是行政入侵司法的表现。这种想法认为行政和司法之间有一条截然分开、明确无误的界限，是对三权分立、权力制衡原则的机械性误读。现代国家权力运作过程中，司法与行政虽然保有各自的权力运作特征，但两者间出现了一定程度的融合，表现为行政权的司法化和司法权的行政化①。

----

① 参看何兵：《现代社会的纠纷解决》，法律出版社 2003 年版，第 222 页。

若所有纠纷都事无巨细地由法院按照复杂的诉讼程序解决，国家和当事人都无法承受由此带来的沉重代价，为此，纠纷的行政处理就有了现实的必要性。第一，行政处理具有追求实质公正的效果，这可以缓解司法救济所带来的程序公正实质不公正现象。第二，行政机关掌握大量司法机关不享有的裁量权和权力资源，如减免税负、批租土地等，这使得纠纷可以通过不同的资源调配来实现有效解决。第三，从技术上来说，法院不适合解决复杂性纠纷。对于农村地区可能发生的群体性山林和水域纠纷、大规模宗族械斗等，法院常常穷于应对。这些纠纷中往往有很多社会关系和利益纠缠在一起，仅仅就其中一部分进行裁判，势必达不到最终消除矛盾、解决纠纷的目的。第四，司法诉讼的成本高昂，非一般村民所能轻易承受。方流芳教授和赵旭东博士的研究让人真切地感受到诉讼的昂贵成本[1]。从理论上说，法院的法律程序琐碎、缓慢，因为它的任务是提供高公正度的法律服务，而好的服务总是费用昂贵的。相对而言，行政解决纠纷的制度成本要远低于法院。第五，行政处理纠纷具有综合性的优势。通常情况下，一个事件引发的纠纷往往既是民事的，也是行政的，或许还夹杂着轻微刑事的，即一个行为可以引发数种法律关系的发生。如果行政处理和民事诉讼截然两分，势必导致行政机关和法院各自独立地对同一起纠纷的事实和法律问题进行调查和判断，导致重复劳动；在两者的调查判断结果不一致时，还可能引起累讼，同时降低行政机关和法院的权威。相反，由行政机关一次同意解决纠纷，就能高效地解决纠纷。贺雪峰以其丰富的调查经验令人信服地证实了乡村干部处理纠纷具有上述行政处理的诸种优势[2]。

五、 规范性司法制度在乡村社会秩序构建中的局限性

从前面的论述中，我们可以看到，村庄的纠纷解决方式是多元的，无

---

[1]　参看方流芳：《民事诉讼收费考》，《中国社会科学》1999 年第 3 期；赵旭东：《权力与公正——乡土社会的纠纷解决与权威多元》，天津古籍出版社 2003 年版，第 140 页。

[2]　参看贺雪峰：《农村调解与乡村干部》，三农中国网。

救济、私力救济、社会型救济、公力救济等各种方式在村庄的纠纷解决中都占有一定的比例。一些研究发现，华北某村落中存在着多元的纠纷解决方式，这决定了村落中的权威多元，这些权威包括村政府的权威、法庭的权威、村庙的权威、民间的权威，它们共同给村落带来了一定秩序①。然而，令人感到遗憾的是，多元的纠纷解决方式并没有给乡村带来应有的良好秩序。现实中，各种纠纷解决方式并没有在良好的轨道上和谐发展，它们不同程度地存在着问题和瑕疵，这导致了村落秩序的混乱和非良性发展，同时，某些纠纷解决方式本身也是这种混乱村落秩序的产物。

在分析社会型救济时，笔者曾指出，调解的正当性来源于当事人的同意，而当事人之间的同意常常并不容易达成，这便需要调解人具有一定的权威。在权威的支配下，调解人提出的调解方案才可能被当事人自愿接受并履行，纠纷才可能得到实际解决。而新中国成立以来的现代化过程使得农村的宗族权威丧失殆尽，改革开放使得村庄干部丧失了制度性权威，当前条件下村庄又产生不了新的权威人物，这综合导致了农村调解实践中的权威缺乏，从而导致调解制度未能发挥出其应有的社会功能。调解功能的式微，使得村庄的纠纷朝着两个不同的方向发展：一是走向私力救济或无救济，二是求助于国家的公力救济。

在现代社会中，如果纠纷不能通过社会型救济方式解决，通常情况下会通过公力救济的方式解决，公力救济是纠纷解决的最后诉求。此时，要么是政府主动出来处理纠纷，要么是当事人主动将纠纷提交给法庭。但是，在乡村社会，很多纠纷的关键并不在于权利、义务的确定，而是在权利义务很清楚的前提下对利益关系所做的微妙调整。这类纠纷的基本特点是：案件事实已经很清楚，权利义务关系也很明确，双方争议的焦点主要是在金额的计算或者单纯的"面子"上。这一类纠纷由乡村干部来调解，纠纷解决的社会成本会大大降低，这也是乡村干部的长项所在。另外，在这些纠纷中，当事人的情感可能受到很大伤害，村落习俗上的权利受到严重侵

---

① 参看赵旭东：《权力与公正——乡土社会的纠纷解决与权威多元》，天津古籍出版社 2003 年版，第 275 页。

犯，但由于这种情感伤害在法律上并不构成独立的考虑，这种习俗权利也不被法律认可，因此当事人的纠纷很难构成法律格式上的纠纷，从而几乎不可能从法律上获得任何救济，不可能被提交给国家，如果不能在村落中调解达成谅解，当事人就只有求助于私力救济手段或无救济了。等到将来矛盾爆发，产生恶果后，这类矛盾才会被国家定义为"造成恶果的诱因"或"当事人的犯罪动机"等。

即便是村民将案件提交给基层法院，法院代表国家出场为村民提供法律服务，通常情况下，"享受"法院提供的法律服务，同时还需要当事人出钱向作为自由职业者的律师购买法律服务。向律师有偿购买法律服务，大体上成了"享受"法院提供的服务的前提。因为，在当前的诉讼模式下，程序方面的要求很高，这与农民的知识状况不相适应。农民很难分清什么事项是可诉的，什么是不可诉的，可诉的事项在起诉时又必须达到哪些要求，必须准备什么文件，出示哪些证据，庭审中哪些是该说的，哪些不该说的等，这些程序上的困难必须通过律师来解决。这样折腾下来，村民往往是"赢了官司输了钱"，而诉讼最后留给村民的常常是一纸无法执行的判决书，带给村庄的只是数年甚至几代人都无法消解的村落家庭之间的矛盾，这种矛盾为村落暴力事件的发生又埋下了祸根。甚至当案件被提交给法庭，法律程序尚在运作时，村民就无法忍受这种程序，对国家抱以不信任的态度。这种态度往往使得法律程序尚未终结就给村落带来了暴力冲突，甚至是剧烈的暴力冲突，而只要这种暴力冲突不导致重大恶果，独立的、"一事一告"的法律程序就不会轻易涉入。故此，诉讼的高成本、高风险、低收益使其在乡土社会合法性出现了制度性危机。一方面，各种矛盾和纠纷在新的经济和社会背景下愈演愈烈，乡土社会为诉讼提供了有效市场需求，而我们的法律体系却无法提供有效的市场供给，虽然正式法律制度试图把乡土社会的矛盾和纠纷纳入诉讼轨道。

另外，虽然学者研究发现，制约纠纷解决方式的选择的因素很多[1]，但

---

[1] 参看朱景文：《解决争端方式的选择——一个比较法社会学的分析》，《吉林大学社会科学学报》2003 年第 5 期。

公力救济后的再冲突及其后的纠纷解决方式尚未引起人们的注意，毫无疑问，它会对村民最初遇到纠纷时纠纷解决方式的选择产生实质性影响。在一个社会型救济方式无法有效运作的环境下，诉讼的高成本、高风险、低收益会促使人们较少采取这种纠纷解决方式，行政处理的不公正、自身利益倾向以及再冲突风险使得基层政府的行政处理更加不具备权威，人们转而采取私力救济或无救济方式。而在常规的公力救济途径无效的情况下，当事人不愿忍让、回避，又没有能力采取私力救济手段时，他可能会通过向上级党政机关申诉、上访等形式来获取救济。对村民来说，私力救济的核心关键词是暴力，无救济的核心关键词是屈辱；而从村民对权力的双重心态来看，上访既是对正义的诉求，也是对力量的追求。如同笔者在上文中所描述的，虽然各种纠纷解决方式都有所运用，但这些方式的分布并没有呈现出正常的态势。

六、 走向多元化的乡村秩序建构之路

新中国成立以来的现代化和二十多年来的改革开放过程既摧毁了传统中国社会的纠纷调解机制，又使新中国成立以来的纠纷调解机制陷入了功能式微状态，而现代化的目标纠纷解决机制——诉讼——并没有被乡土社会完全接纳。当国家试图将现代化的诉讼体制作用于乡土社会，以实现纠纷解决机制转型时，乡土社会不但没有直接接纳它，还陷入了某种程度上的无序状态：暴力性的私力救济横行，屈辱的无救济方式普遍化。实践的紧迫性要求一种多元化的乡村秩序构建方式的明确化和制度化。

毫无疑问，消除司法救济在乡村中遭遇的合法性危机，树立人们对法律的信仰，这些都不能仅仅依靠制度文本上的努力。同时，我们不能不吸取一个沉痛的教训：国家单向化的制度努力只能使各种冲突与再冲突在法治的悖论中循环往复。国家所推行的现代化的纠纷解决机制在乡土社会的运行已经遭遇到严重偏离，司法在村庄中所遭遇的信任危机应该说是已经从另一个现实的角度凸显了我们法律信仰的缺失，但法律如何被信仰？或

者说，法律信仰是如何可能的？法律被信仰，首先意味着诉讼作为一种纠纷解决方式，得到人们的尊重，成为人们解决纠纷的正常诉求。在参考了韦伯关于社会行为的类型、统治的合法性类型的分析的基础上，学术界将法律信仰的类型分为四类：传统型法律信仰、合法型法律信仰、工具合理型法律信仰、价值合理型法律信仰。这个分类很有意义，在"祛魅"后的现代社会，也许只有工具合理型法律信仰才有可能建立起来。而工具型法律信仰，意味着法律必须能够解决人们生活的现实问题，人们在遇到纠纷时，愿意在法律制度的框架下，依照法定程序和方式来解决。因此，可以说，只有作为一种纠纷解决方式，现代社会中的法律信仰才是可能的。按照托克维尔的描述，美国人对法律的尊重和信任的一个重要原因就是出于对私人利益的关心。如果法律不能在社会生活中为人们提供好处，诉讼如果不能为人们带来有利可图的稳定预期，不能满足人们对社会基本正义的期望，人们为什么要信仰法律？因此，从纠纷解决的角度看，要使法律信仰得以可能，就必须使诉讼等法定纠纷解决方式在人们心中有一个稳定的预期，这种预期必须使人们按照法定程序求助于法律时将能获得好处，实现基本的正义。

其次，在新中国乡村社会秩序以及纠纷的解决机制的研究中，众多学者都关注到了调解与法制的关系，实际上，这也是一个无法回避的问题。苏力曾指出，现代法律在中国的兴起是与国家政权的建设联系在一起的，因此，法律知识在权力技术中的不同运用应与国家权力扎根乡村社会的努力联系起来，乡村社会的调解实践和"送法下乡"的实践是处在同样的"层"中，调解和"下乡"一样，都是重建国家与乡村社会之间权力支配关系的努力①。

再次，更应该认识到的是，乡土社会的纠纷解决机制绝不是一个可以由国家权力改造并进行化约的技术性问题，而是一个综合的社会工程。它需要乡土社会与国家之间良性互动和"反思性整合"，需要超越法律现代化

---

① 参看苏力《送法下乡》，中国政法大学出版社 2000 年版。

的意识形态。在法律现代化的意识形态中，一个潜在而不被察觉的逻辑是：乡土社会是一个法制不健全的社会，其秩序是混乱的、生活质量是不高的，农民的生活是极其不幸的，因而需要国家的"文化扶贫""送法下乡"。但问题是，国家在与乡土社会的互动中已经陷入了一种现代性的"失语症"中，国家与乡民无法进行程序性的交流。农民本来有一套自己的纠纷解决机制，但这种机制在现代性的话语下被国家打碎了，而国家的现代性机制却没有也无法被农民完全接纳。在国家正式法律话语的渲染下，这种境况反而又成了需要进一步法律现代化的理由。国家的话语和农民的话语成了同情与被同情的关系，而不是反思与被反思的关系。

正如在其他经济和社会领域一样，在构建社会秩序方面，中国社会也呈现出极其鲜明的二元色彩。某种秩序规则适应以高度工业化为基础的城市生活，却不一定能够适应由于缺乏标准化和缺乏足够经济能力支撑的农村地区。一种秩序形成机制，是否在称谓上被称为"法制"并不是最重要的，关键在于能够适应与城市迥然有异的农村世界。当形式上合理、逻辑上周密的司法制度不能够完全承担起构建社会秩序的任务，而国家也并未有意识地将各种地方性知识纳入自身的视野，不能够将其他的秩序形成机制加以体制化和合法化，那么农民就将以自己的方式来解决生活中遇到的纠纷，而这种努力又是与主流观念，与国家所提倡的意识形态相背离的。这时候就会产生极其尖锐复杂的矛盾，这种矛盾不是来自于农民所遇到的纠纷本身，而是国家所能够提供的合法解决办法与乡村生活实践之间的矛盾。解决这一矛盾的根本方法是能够实现多元化的乡村秩序形成机制，能够更为积极主动地整合各种资源，实现低成本的，而且是更有效的乡村治理。在这些资源不能被有效整合的情况下，它们的实践只能是以自发的、民间的，往往是不符合法律的面目出现，而不会受到国家的承认与庇护。当国家不在场的时候，其他的力量和组织必然会填补这个空缺，近年来大量出现的带有黑社会性质的势力在农村地区居然会成为畸形的，但同时又是重要的社会秩序形成手段，就充分证明了这一点。而在各种资源被国家充分整合的条件下，由于任何一种秩序形成机制的施行都将以国家的名义出现，因此国家在这一整合过程中事实上更加深入了农村基层，基层政权建设将会更为彻底和有力：农民的生活实践将会被更为顺畅地吸纳到国家战略所希望的轨道中去，在良性的社会秩序得以建立的同时，农民之间、农民与国家之间将建立更为协调有序的关系模式，中国农村现代化因此也就有了更为坚强的社会基础支撑。

第七章 重建农民的观念世界：农村现代化
社会基础再造的文化视域

观念决定行动，在这个意义上，农村现代化社会基础的再造也就意味着农民观念世界的重构。具体来说，意味着对自身、对自己与其他的农民个体、对作为整体的农民阶层的认知态度的变化，也意味着农民对于自己与市场、与国家间关系的认识方式的变化。在农民那里，什么是市场、什么是国家、怎样看待处于现代化进程中的世界与自己的联系？这是本章所关注的核心问题。

一、 作为一般概念的 "农民观念世界"

观念世界的变革是转型时期农村社会各方面变化中最具根本性质的变革，它既是农村社会变革的表现，也是这种变化的敏感的指示器。本书中所谓的农民的观念世界，指的是农民对于与自身有关的各种政治、经济、社会和文化关系的认识方式和认知态度，或者说，是这些"关系丛"在农民头脑中反映出的一个复杂坐标体系。农民根据这个坐标体系来观察世界和理解世界，找到自身在这个坐标体系中的位置，也借以明确自身与其他方面的相对关系。这个坐标体系是农民分析世界的思维工具，也是农民在头脑中构建世界的思维工具。由于农民可以感受和理解自身与周边事物的这种关系模式，世界因此变得可以理解、可以把握、可以言说。在通过这样一种方式认识世界的过程中，农民们也就有了对自身更加清晰和深刻的认识，从而对自己的生活状态有了清楚的判断。考察农民的观念世界，可以从认知的层面上更加清楚地认识和把握当前农村现代化社会基础的实际状况，也可以从社会主义核心价值体系建设的角度对农村现代化过程进行新的解析。当前农民观念世界是长期积习和各种因素碰撞的结果，是中国乡村社会向现代社会转型过程中，国家力量对乡村控制权力的嬗变，社会开放程度提高，现代性和市场化迅速侵入农村，农村人口流动加快，以及在某种程度上农村社会及整个社会出现焦躁和不稳定等因素综合作用的结果；所呈现出的特点是多年来农民负担较为沉重，社会对农民的歧视与日俱增以及面对市场的无组织化等社会非常态，在农民头脑里的一种自发反映。

二、 农民观念世界的政治性表达

农民的观念世界的基本内容是农民对于自身所属的社会阶层的认识和评价，对于国家的认识以及对于国家与自身的关系的认识，同时还在于农民对于自身，也就是农民对于"农民"概念和身份的认识与态度。这些共同构成农民观念世界的政治性维度，也可以称之为农民观念世界的政治性表达。

（一）农民的阶级观念

在前文中，笔者曾经论证过新中国成立初期农民并不是作为单独的个体，而是作为新的阶级的一分子而成为新中国的公民的，这一点极其重要。也就是说，农民对于新生的政权的认可首先表现为对于自己阶级身份的认可，而只要农民具有强烈的阶级意识，那么，建立在"无产阶级专政"基础上的国家的合法性也就是毋庸置疑的，也就会十分合乎逻辑地得到全体农民的认可和拥护。在长期的"革命话语"体系中，"阶级"概念作为核心概念一直在得到极大的强化，甚至可以说农民的观念世界是以"阶级"概念和观念为核心建构起来的。在此基础上农民形成了与国家、与组织、与其他农民之间的特定联系模式。在新中国成立后很长时间里，农民的观念世界是当时农村现代化社会基础得以形成和维持的最重要因素之一。

1978 年以后，阶级概念随着"阶级斗争"话语的逐渐削弱甚至消失而慢慢淡出农民的视野。在当下的农村社会中，几乎感受不到农民对于"阶级"观念的明确和清晰的表达，在市场化无孔不入的渗透下，以及国家意识形态有意识地回避影响下，农民的阶级观念和意识只有在某些习惯用语中才能够隐约地感到。在农民的习语中，还有"公社""大队""社员"这样的说法，但是这些说法很难讲是对过去时代的记忆，或许只能视为一种习惯性的表达，而且越是年轻人越不倾向于使用这些词语了。另一些带有"革命"年代色彩的用语，比如"妇女"，也是在上点岁数的农民那里被使用，在年轻人口中这个词由于其比较强烈的意识形态色彩而被本能地回避着。如果从阶级观念这个角度来观察当前农村，可以发现农村社会中非常鲜明的"去意识形态化"色彩，农民不再认为自己首先是哪一个阶级的成员，在彼此的关系认识中也几乎没有阶级分析的影子。与此同时，农民对于阶层的认识也十分模糊，在农民的观念中当然有穷人与富人的强烈对比，也有站在穷人立场上对富人的愤恨和不满，但是"穷"与"富"基本上还是经济概念，并没有什么政治色彩。也就是说，今天作为一个穷人的农民，认为可以通过自身努力，或者通过运气等机缘巧合，在某个时候变成一个富人，"穷"与"富"之间没有不可跨越的界限，"穷"与"富"只是一个财富水平和生活水平的差异，并不表现为身份的分野。农民在强烈感受到贫富差距并因此产生挫折感和不公平感觉时，通常并不将其诉诸政治方面，通常也不会以"我们穷人"和"他们富人"这样的两分法进行人群的划分。可以这样认为，在观念世界里，一些农民是作为"个体"的穷人面对另一些作为"个体"的富人，反过来也一样。这或许是在贫富差距不断拉大，农村社会不公正现象仍然很多的情况下还能够保持社会基本稳定的重要原因。

农民阶级意识的淡漠是 1978 年以来改革开放及市场化实践逻辑的必然结果，这种结果导致两个方面的基本影响。首先，如前所述，这是农村社会稳定的重要因素之一。因为农民在缺乏阶级意识的情况下只能以个体的名义展开行动，这样，即便农民对于社会体制或者政策有某些意见或不满，甚至试图采取一些激烈的、反社会的行动时，也就只能以个体的方式出现，或者以团伙的方式出现，而不会形成跨区域的横向大规模联系，于建嵘所言的农民"有组织抗争"并不是常见的形式。而只能以下文将会论述的消极抵抗和上访的形式出现。其次，这种状况也导致农民组织化水平进一步降低，如果说新中国成立初期农民并不是作为单独的个体，而是作为新的阶级的一分子而成为新中国的公民的，那么在阶级意识几乎完全消失的背景下，农民只能以个体方式面对国家，农民之间形成普遍的、紧密的联系就会非常困难。国家的战略目标从"革命理想"到市场化，客观上要求在农民的观念当中有与之相对应的和相匹配的政治意识与态度，以此实现国家对农民成本较低的整合，由此也能够比较好地保障国家的合法性基础。如果继续使农民在阶级意识方面处于放任的状态，这种国家整合的愿望就不容易顺利实现。

(二) 农民的国家观念

国家是一个抽象概念，农民只能够通过具体的行动以及某些象征才能够感知、认识和理解国家，回答"什么是国家"这个问题，最终在头脑中建构起国家的形象和观念来。在前面的章节中论述过的农民经济紧张状态下获取援助的农村金融、主持公道争议的公力救济等等，都是国家行为的具体体现，在这个意义上，人民公社时期农村地区的"高音喇叭"以及现在中央电视台的《新闻联播》节目也在发挥着这种作用，因而也成为国家维持合法性和治理效果的有效手段。稳定而清晰的国家观念是保证农民形成良性连接关系模式，支持国家战略，推进农村现代化的重要基础。

　　1. "弱者的武器"：农民与基层政权的关系模式之一

　　关于统治的合法性①问题，马克斯·韦伯指出："所有经验都充分表明，在任何情况下，统治都不会自动地使自己诉诸物质的或情感的动机，以此作为自身生存的基础。相反，任何一种统治都试图唤醒和培养人们对其合法性的信念。"② 哈贝马斯这样论证说："至少满足这样两个条件，一种统治才能说是合法的，①必须从正面建立规范秩序；②在规范共同体中，人们必须相信规范秩序的正当性，即必须相信立法形式和执法形式的正确程序。"③ 一种统治不可能仅建立在暴力和威吓的基础上，在普遍的范围内，我们已经能够完全认识到，具有高度合法性的统治是在服从、同意、认可的基础上才能够成立的，因此必须要"从正面建立规范秩序"，即建立积极的引导和激励人们服从的规范，而不是仅从反面——如果不服从将导致惩罚的一面——建立规范秩序，假如一个政权的统治总是从"反面"这样做的话，就可以认为其合法性基础已经在动摇了。

　　乡村干部始终在强调对农民的"拿手"，即能够牵制和制约农民行动的垄断性资源。认为只要没有了"拿手"，农村的事情就没法办。在这个意义上就可以比较容易理解为什么在很多地方"土地延包30年不变"遭到乡村两级干部的抵制和埋怨，因为这样一来，土地一次性分下去不能再频繁进行调整，就没有能制约农户的资源了。这样看，新的《婚姻登记条例》取消了结婚登记时要求出具介绍信的规定对于干部们来说也不是个"利好"消息。当然这样解释未免片面，但是这也说明基层政权的统治很大程度上是建立在"从反面建立规范秩序"的基础上的，是以惩罚为前提的，而不是主要建立在同意和认可的基础上。斯科特指出，在"安全第一"的生存伦理下，农民所追求的绝不是收入的最大化，而是较低的风险分配和较高

──────────

　　① 这里的"合法性"并不是指法律意义上的"法"，而是 rationality，即韦伯社会学中的"合理性"，或可理解为"正当性"。
　　② ［德］马克斯·韦伯：《经济与社会》上卷，林荣远译，商务印书馆1997年版，第117页。
　　③ ［德］尤尔根·哈贝马斯：《合法化危机》，刘北成、曹卫东译，上海人民出版社2000年版，第128页。

的生存保障，因此显现出为外人所不好理解的行为准则。由于"生存危机水平表示的是一个界限，处在该界线以下，在生存、安全、身份地位和家庭的社会内聚力等方面，就会有巨大的、痛苦的、质的退化"①，在这种压力下，一切风险都要尽可能避免。这种说法在一定程度上也可以说明中国农民在缺乏同意和认可的前提下仍然能够服从的原因。但是在服从的同时，各种形式的反抗在一直发生着。

第一类反抗可以称为斯科特所说的"弱者的武器"（weapons of the weak），或者是反抗的日常形式（everyday forms of peasant resistance）。这些武器共同的特点是很少或不需要相互协调和事先计划，所使用的是不明确的表达和非正式的网络，常以个人为行动单位，避免与权威有正面的对抗。在农村税费改革以前的农村工作经验中，经常可以看到农民逃避税费收缴的一些行动，诸如白天锁门、晚上很晚才回家以避免和干部接触等就可以归于这一类。这种行动很好理解，因为这是在保护自己的实际利益。而另外的一些行动则在外人看来有些"可笑"：

"两证一卡②收起来很困难。正常情况下每年起码要收3次，每年4月份要整理农业税材料，5月份要填写应纳项目、缴纳时间、金额，完税后再收卡填写已经缴纳的项目。结果今年（指2003年）全镇8400户农户，重新补发了6000本两证一卡，也就是有80%的农户在应当交上来填写的时候不交。干部问他为什么不交，都说丢了。这能相信吗？全镇丢了6000本。根本不是丢了，他就是不交。不交对他有什么好处吗？一点没有。"（镇财政所长访谈笔录）

不交两证一卡事实上对农户并无任何好处，为什么要这样做呢？村民给了笔者两种回答。

---

① ［美］詹姆斯·C. 斯科特：《农民的道义经济学：东南亚的反叛与生存》，程立显、刘建等译，译林出版社2001年版，第20页。

② "两证一卡"是指土地承包经营权证、农业税农业特产税计税核定证书和农民负担管理卡，这是税费改革后为了明确农民合理负担，减轻其不合理负担采取的一种措施，规定凡是证书和卡上没有注明项目的农民可以拒缴，而注明的则肯定是合理合法的收费项目，因此"两证一卡"对农民而言应当是有利的。

"信不过这些干部，谁知道收上去以后他们会在上面填些什么、改些什么，所以还是不交比较保险。"（村民访谈笔录）

"我不交干部又不能拿我怎么样，又不是我欠了大队（村里）的钱。我不交他就得多跑几趟找我要，就得跑腿。他又没有证据说我没丢，也不能说我故意让他多跑腿。反正是他多跑了腿、费了口舌，不关我的事。最后不是补了吗？明年我还不交，让他们再多跑几趟。"（村民访谈笔录）

前一种回答意味着基层政权在农民那里几乎已无信用可言，农民对其任何一种行动——即使是有可能对自己有好处的行动——都抱有警惕和戒备的心理；而后一种回答功利性似乎弱一些，很明显是一种"损人不利己"的行为，只是为了让干部多跑几趟腿。因为收取两证一卡进行填写是干部的责任和任务，并不是农户的责任和任务，也就是说，并无硬性的指标和足够的惩罚手段"责成"村民必须要交，而干部却是非完成任务不可。这样两者的关系发生了戏剧性的变化，干部"拿不着"村民了，反倒让村民"拿"了一把，也就是说在村民那里，总算有了一种"制约"干部的资源。这说明农户对基层政权的态度是"能不合作就不合作"，哪怕这种合作对自己有潜在的好处。只要是没有强力的制约，这种"微小反抗"就会时时处处显露出来，使得干部的工作很难进行；这又使干部们认为农民素质很低，不配合组织，"一有机会他们就捣蛋"，所以"还是要加强管理，必须要采取严厉手段，不能太软了"。

干部们将农民的这些行动定义为挑战自身权威的反抗（事实上也正是一种反抗），并对其后果有足够的警惕，即认为如果对这些行动不加控制，就有可能"放纵"村民使之做出进一步的行动，致使后果"扩大化"，形成示范效应和连锁反应，使干部的权威进一步受到削弱，使工作更加难以开展，因此干部们倾向采用更严厉的控制和制约手段。但是正如吉登斯所言"资源是权力之源"，"当行动者在互动时，他们在使用着资源，而在他们运用资源的时候，他们也就在行使权力去塑造他人的行动"①，这种愿望在干

---

① ［美］乔纳森·H.特纳：《社会学理论的结构》，吴曲辉等译，浙江人民出版社1987年版，第569页。

部们掌握资源——包括"权威性资源"和"分配性资源"① ——越来越少的情况下，变得越来越难以实现了。孙立平详细描述的"正式权力的非正式运用"② 是干部们重新定义甚至创造情景的努力，以便于其展开行动，是在为其权力寻求另外的合法性来源。因此在调查中多数村干部都以很复杂的语气和表情讲起对人民公社和大集体时代的回忆和"怀念"，这是对掌握垄断资源和权力条件下工作起来得心应手的状态的怀念。之所以会这样，是因为干部们所担负的是与那个时代相差无几的工作任务，但是这些任务现在需要在资源和权力状况已经发生了极大改变的背景中去完成，干部们因此被置于极为尴尬的处境当中。既没有足够的资源去"从正面建立规范"以激励村民服从，以完全合法的资源"从反面建立规范"以惩罚不服从者的能力也在不断地削弱当中，同时也缺乏将村民对其权威的"挑战"有效转化为对自身系统进行改善的机制，基层政权的合法性被极大地动摇了。

2. 上访：农民与基层政权的关系模式之二

农民的第二类反抗形式是"上访"，尤其是成规模的越级上访。越级上访同时体现两种含义，一是对基层政权的指责和不信任，二是对上级党委政府的信任和委托。也就是说，在基层政权合法性降低的同时，上级政权的合法性却没有相应地随之下降，在一个阶段内，作为整体的统治的合法性程度有可能还会有所提高。农民越级上访到了较高一层的机关，他们反映的问题往往能够得到比较快，同时也比较满意的解决。这种"行之有效"的结果客观上刺激农民继续采取这样的行动，同时使他们对基层政权的离心倾向更加严重；上级在解决这些具体问题的同时又严令基层控制集体越级上访，基层就要采取强硬手段对这种行动予以制止。由于只要成功地实施了集体上访行动，问题就有希望较快地解决，而基层又千方百计不让农民上访，这种对比进一步地使农民认为"中央是恩人，省里是亲人，地区

---

① 在吉登斯那里，所谓"权威性资源"指的是行政权力制度和社会控制制度的资源，即在某种场合下控制或指导互动模式的组织能力；而"分配性资源"是指社会中生产和消费的物质资源，即在某一场合下为控制和指导互动模式而对物质和商品的运用。

② 孙立平：《过程—事件分析与当代中国国家—农民关系的实践形态》，《清华社会学评论》特辑，鹭江出版社 2000 年版。

有好人，县里多坏人，区乡尽敌人"①。农民认为，上级是在真心实意为农民说话办事的，都是由于基层干部从中作梗才使得农民"有冤无处诉"。

但是问题在于，上级政府对农民集体越级上访持有的真实态度与农民对自己行动的理解却大相径庭。"在个别上访中，是上访者与国家面对面的关系，是上访者直接找他可以信任的上级党组织申冤诉苦的行为，是国家对上访者进行特殊动员的方式。而在集体上访中，参与上访者与国家的关系是通过上访代表甚至上访组织建立起来的，尽管上访行为本身是对党组织信任的一种表现，但这种信任是首先通过对上访代表和上访组织的信任来表达的，所以这种组织就有变质或被'别有居心的人所利用'的危险，农民自己建立起来的上访组织或推举出来的上访代表就有把农民引上歧路的危险，如果上访制度原来是为了防止人民内部矛盾的积累、升级和转化的话，那么集体上访中就恰恰埋有这种令人不安的因子……集体上访本身的阴影已让国家警惕，而建立集体上访组织与到京城和省城进行越级活动结合到一起，就更让政府感到犹如芒刺在背。"② 绝大多数农民是感知不到中央和上级政府的这种担心的，他们很难想到自己对上级组织的毫无保留的信赖会被视为带有危险因素的行为。

上级（国家）所关心的是"稳定"，是"安定团结的政治局面"，只要没有出现越级上访这样的"表面化"事件，那么这个地方就大致被判断为稳定的；而一旦出现了事件就不能够再被视为"稳定"地区。因此基层官员首先要做的并不一定是解决实际问题（问题总是很难解决的，从逻辑上说，如果这些问题好解决的话，也就不会导致集体越级上访了。很大程度上也是这些问题作为基层而言无法解决、无力解决，当然也有可能是因为他们出于某种利益因素而不去解决），而是确保杜绝越级集体上访这样的事件发生。

在调查中收集到的《中共 A 县县委办公室、A 县人民政府办公室关于在全县开展争创信访"三无"单位活动的实施意见》要求各乡镇和县直属

---

① 应星：《大河移民上访的故事》，三联书店 2001 年版。
② 应星：《大河移民上访的故事》，三联书店 2001 年版，第 381、395 页。

部门不发生到县以上集体上访事件，不发生到县以上重复上访事件，不发生到市以上越级上访事件，以贯彻落实 G 省委关于"信访工作重心下移、责任下移"的指示精神，并专门制定了《2003 年度信访工作目标管理达标要求和考核计分标准》和《中共 A 县县委、A 县人民政府关于进一步加强信访工作的意见》（下文简称《意见》）。《意见》指出，"牢固树立守土有责的思想观念，严格按照责任下移的要求，抓好案件处理、矛盾纠纷排查、重点人物控制等各个环节的责任落实，哪个环节由谁负责，哪个案件由谁处理，哪个人物由谁控制都要分清楚，谁出了问题就追究谁的责任，要确保矛盾纠纷能排查得出，信访问题能处理得好，关键人物能控制得牢。对领导不重视，责任落实不到位，出现问题较多的单位进行黄牌警告或诫勉谈话，并作为重点管理单位进行重点整治"。《中共 A 县县委、A 县人民政府关于严禁党员、干部及其他公职人员目无组织原则煽动、组织或参与群众集体越级上访等问题的规定》明确指出："极少数党员、干部及其他公职人员目无组织原则，组织和参与群众集体越级上访，甚至幕后煽动、挑唆群众上访闹事，助长了歪风邪气，使一度受到遏制的集体越级上访又有抬头。""广大党员有责任、有义务维护稳定大局。党员参与集体越级上访的，一律不能进入村党支部和村委班子，带头组织越级集体上访的，要严肃处理。现任和原任村干部的党员参与越级集体上访的，一律取消由集体办理的养老保险金、退休金、集体给予的补贴及其他待遇。在稳定工作中，不积极协助党的组织做好群众工作，甚至对抗组织决定，煽动、组织群众集体越级上访，是不合格党员的表现，必须令其限期改正；对经教育仍无转变的，要劝其退党；对劝而不退的，应通过组织程序予以除名；是预备党员的应取消预备党员资格。""拒不服从组织的正确调查结论和处理决定，一再纠缠不休、无理取闹，甚至企图制造事端，已经妨碍工作秩序的，可由公安机关协助处理；是党员、干部或其他公职人员的，还要由执纪机关参照有关规定给予纪律处分。""凡捏造事实，诬告陷害其他人的，是党员、干部或其他公职人员的，参照被诬陷者受到或可能受到的处分，给予相应的党纪政纪处分，触犯刑律的，依据《刑法》有关规定给予刑事处分。"通过这些很明确具体的规定，越级集体上访事实上已经被定义为直接破坏稳定局面的严重事件，因此，现任和原任村干部的党员参与越级集体上访的，要取消其所有经济待遇；组织越级上访的党员在教育无效情况下可将其清除出党；企图制造事端，妨碍工作秩序的，可由公安机关协助处理。这些对于农民来讲，已经是十分严厉甚至可怕的惩罚了。而且我们还注意到"凡捏造事实，诬告陷害其他人的，是党员、干部或其他公职人员的，参照被诬陷者受到或可能受到的处分，给予相应的党纪政纪处分"，这个规定十分奇怪而有趣，其含义在于某人"诬告"别人什么罪名，自己就有可能受到以这个罪名应受的处罚。这实际上是在警告那些想以越级上访手段解决问题的农民：这样做是不会有什么好结果的，将会"自食其果"。

中央和上级一再做出的"维护农民利益"的声明和政策表达给农民以集体越级上访的激励和解决问题的希望，上级和各种媒体（在农民看来媒体代表着中央的声音，同时也是正义和良知的表达）一再做出的对基层政府的抨击和指责又使得农民直观地认为上级组织是和自己站在一起来对付基层的，而基层政权所采取的禁止集体越级上访的规定和行动则使农民进一步确信基层政权是站在自己和中央政府的对立面上在胡作非为。面对这一现实，上级政府不可能为地方政府做任何的开脱和解释，不能解释说事实上基层政权是在上级的"保持稳定"的强大压力下采取措施的，否则就会违背其"代表人民群众利益"的根本性的意识形态原则，就会产生损害自身合法性的危险因素。出于策略的考虑，在出现严重的群体性事件时，上级政府通常会与基层政府"划清界限"，会给予其严厉的批评和惩处。通过这种方式和程序，上级政权的声誉和合法性得到进一步加强，而基层的权威和合法性则又一次被削弱。与此同时上级会再一次严令不得出现类似事件，一定要保证地方的"安定团结"，这样，基层政权就要在其权威被极大削弱的前提下，面对那些自认为"受到上级和中央支持与保护的"而更加"嚣张"起来的农民，农民有可能以越级集体上访——这种最令基层政权害怕的行动——"要挟"其"就范"。而基层政权会将这种行动认为是对自己权威的又一次挑战，也有可能导致再一次被上级指责和惩罚的严重事件，因而会下决心采取极端的压制手段，这又促使农民去找"来自上面的光"以保护自己、伸张正义，一个恶性循环就又开始了。

3. 农民国家观念的层次性：农民对中央政府和基层政府的态度分化

其实上文已经非常明显地体现出这一点，在农民的观念世界中，"国家"由一个整体分化为不同的层级，每一个层级在农民那里有着不同的认知和感受。"好经让歪嘴和尚念歪了"，本就是农民固有的一种心态，从本书调查了解的情况看，农村税费改革政策客观上强化了农民的这种认识。

第一，税费改革行动事实上表现出这样一种强烈的暗示：国家在经过此前反复的、长期的同时也是极为艰苦地减轻农民负担的努力之后，不得已采取了这样的行动，而此前的努力之所以不能够奏效，主要是因为基层干部不能很好地执行中央的政策；国家政策是好的，是为农民着想的，但是往往会被干部执行坏了，因此干脆取消他们执行政策的权力与机会。这验证了农民"政策好，干部不好"的深刻印象，使他们感到中央的想法和他们是一致的。这样，以前无论在农村发生过什么产生了负面影响的事件，都可以将原因归结到基层和干部的身上，这导致中央和高层政府的合法性得到了保障和增强，基层政府和干部们却要面临实际上要承担一切责任的难堪处境，合法性程度进一步降低。

第二，中央虽然三令五申不得加重农民负担，但是基层政府和村级组织为了保证自身的运转还必须使用一些办法，变通或"打擦边球"以求得财政收入的增长，这在税费改革背景之下更加使农民认为基层政府违背中央政策，加重农民负担。但如果在某些时候不这样去做，基层组织的运转的确会出现严重问题，乡镇和村处于两难的处境之中。

第三，农村税费改革政策作为中央制定的宏观政策不可能面面俱到地规定各种具体事项的办理规则，更不可能估计到所有可能出现的具体问题，比如土地纠纷、税费尾欠等等，这些问题必须要由基层干部来解决实施，而这些问题在税费改革的政策框架内是不好解决的，这样矛盾就又一次积累到基层干部身上。调查证明，在农民看来，农村税费改革政策是全心全意为农民着想的，因而应当是一个"完美无缺"的政策，如果在执行中出现问题和纠纷，那一定是执行中出现了问题，或者说是执行者出现了问题，这样农民的批评矛头就集中在基层政府身上。

第四，农村税费改革之后，乡村两级公共品提供在一些地方出现问题，这是由乡村财力紧张直接导致的。但是在农民那里并不会主动自觉地将这一局面的出现和税费改革政策本身配套性不足等缺憾联系起来，同样只会将怨言指向基层政府。在调查中经常能听到农民抱怨现在的干部"不干人事了"，即不发挥作用了。这导致基层政权合法性的进一步降低。

第五，长期以来在宣传导向上将"政策"视为经济社会发展最重要的决定性因素，当然这样做的好处在于可以增强政府的合法性地位，但是这样一来就等于是把所有发展中的问题都包揽到政府的身上。即如果发展得好，那么肯定是政策好，比如说"十一届三中全会以来""改革开放以来"，都是好的国家政策给农民带来了巨大的福利。但是同样的道理，只要是出现了困难和问题，农民自然也会把希望只寄托在政府那里，希望能用政策来解决问题。因为长期以来的宣传使他们不可能意识到政府不是万能的，出了问题责任只可能归结于政府，这样就往往会置政府于十分尴尬的境地，因为很多问题事实上确实不应当归政府管，政府也没有这种力量去解决。这时候，长期培育的农民的"相信政府依靠政府"的观念反倒成了使政府难堪的重要因素。农村税费改革以来农村各种矛盾的凸现使这一问题更加表面化了。

4. 疏离：农民国家观念的淡化

农民国家观念的形成有赖于多种因素和多种技术的综合使用，在前面的章节中，笔者曾引用的一篇文章将"诉苦"和"忆苦思甜"作为农民国家意识形成的一种重要机制，探讨了农民对国家的感受和认知，揭示了国家向农村社会的渗透过程，构建出诉苦—阶级意识—翻身—国家认同的逻辑过程。如果说"诉苦"是塑造农民国家观念和意识的重要机制和技术的话，那么"皇粮国税"也发挥着这样的功能。

在农村社会中，农业税等税费起码发挥着两方面的功用。一方面作为物质基础维持着基层政权的正常运转，另一方面作为政治符号不断唤醒和强化着农民的国家意识。也就是说，税费对于农村社会不仅是一种物质存在，更具有强大的符号意义。正如农民通过是否正常缴纳税费来判定"良民"与"刁民"，而所谓"良民"事实上正是与国家概念、国家意识紧密联系的，是农民国家认同的通俗化表达。通过税费缴纳行动，农民认识到自身与国家的义务关系，将自己自觉地纳入到国家规定的评价体系当中，通过这种行动不断强化农民相对于国家的身份意识，并且，由于农民对国家的认同，也会同时认为自己应当也可以得到国家的庇护和多方面的服务。这样，一种基于税费收缴行动之上的国家与农民的密切互动关系得以形成和维持，附着于税费的国家符号深入农民的内心世界。而税费的全面取消，破坏了这种非常重要的农民国家观念的塑造与维系的手段和技术，影响了国家与农民间的互动关系。在相当多基层组织涣散甚至瘫痪（比如有一些村支部和村委会办公室都卖掉了）、基层政府为农民提供服务减少、干部与村民接触越来越少的情况下，由于税费取消而引起的意义符号的缺失，将会进一步加剧农民国家观念淡化的趋势。

5. "算计"：农民与国家关系的新变化

市场化的推进，以及代表国家的各级地方政府对"政绩"的强调给农民带来的影响，使农民在国家观念形成方面，在处理与国家关系方面，"算计"的色彩越来越强，利益的考虑成为压倒性的因素。

为了应对20世纪90年代中后期以来的以农民负担为核心的乡村治理性危机，破解"三农"难题，中央政府决定从2000年开始在安徽省进行农村税费改革的试点，2002年试点范围进一步推进到河北、湖北等16个省份，至2006年，在全国范围内正式取消了农业税，并对种粮农民给予补贴。由于农村税费改革牵一发而动全身，在税费改革的同时还启动了一系列的配套改革，即乡村体制改革和农村公共物品供给体制改革，主要措施是撤并乡镇、精简机构、分流人员、合村并组等。这一系列的改革在减轻农民负担、缓解乡村关系的同时，也带来了诸如基层财源枯竭，农村公益事业缺乏组织动力，农民集体观念、人际关系变化等这些新问题和新情况，构成了当前新农村建设所必须面对的环境和障碍。

　　税费改革给农民带来了切实的实惠，这在农民的"算计"中非常清楚，如果一家5亩土地，按正常的一亩地缴纳约150斤小麦，每斤小麦5角，则这一块免交合起来就有375元，加上粮食直补每亩地40元计算，有200元。这样，比较改革之前，农民要从国家手中直接得到575元的好处，就此一点，农民对国家自然会感恩戴德。在农民的"算计"下，国家对农民是越来越好，农民对国家的认同度也加深，农民与国家的关系得以缓和，国家政权的合法性得以巩固。因此，从税改和取消农业税后农民的"算计"来看，税费改革的政治逻辑运转得还蛮好，得到了预期的效果，产生了积极的社会效应。

　　然而农民的"算计"并没有因税费改革和取消农业税而作罢，"算计"还在继续。因此，农民不断地"算计"，税费改革的政治效应要想持续就要不断地满足农民的算计，也就得不断"投入"。于是，国家就不能止步于取消农业税，还得不断增加对农村的财政转移支付，那么惠农的合作医疗、义务教育、最低社会保障等相关政策出台了，建自来水、建沼气、修乡村道路等基础设施的专项资金投入力度加大，而粮食直补、种子补贴、农机补贴、农业综合补贴等也紧随而来，等等。这一系列的措施都是税改政治逻辑的自然结果，同时也是农民"算计"的结果：农民得到了实惠，国家得到了名声。

　　但是国家对农民政治投资的速度远远赶不上市场的消解速率。农资市场价格的波动和国家税改的启动相伴而生，农民的算计也将二者拴在一起。农民普遍抱怨税费改革后农业生产资料全面上涨，上涨幅度达20%～40%。例如，常用的复合肥往年价格是80元左右一袋（50公斤），2006年上涨到了125元，上涨幅度高达50%以上；二胺以前是110元一袋（50公斤），2006年卖到135元，上涨23%；其他农资如农药、种子、农机、地膜、柴油等都有相当幅度的上涨，且趋势是还要往高处涨。农民从国家粮食直补中得到的现金现在几乎全部贴到了市场涨价上，刚从国家得到点好处转眼又被市场给掏空了。农民越发不能把持住市场的行情，越发对市场价格的上涨感到情绪不定，终日惶惶，整天算计：今天怕这上涨，明天怕那上涨。

不满情绪总要有发泄的渠道，在南方农村地区，物价一上涨农民就把整个责任推到了国家身上，税改政治逻辑的效应在这一地区几乎没有持续多长时间；而在传统上对中央政权信任程度更高的北方地区，面对农资价格的上涨首先指摘的是市场。但是市场作为发泄对象是虚无缥缈的，而国家则是具体可以接触到的，久之农民的情绪必将从市场转向国家。更何况只要农民将税费改革与农资价格上涨联系在一起"算计"，税改政治逻辑所带来的社会效应就要大打折扣。

与此同时，农民与基层政权的关系进一步松动，基本上很少发生关系，许多地区农村，乡村干部的权威急剧削弱，基层政权基本上无法将公共品供给和风险管理落到实处。乡镇与农民的制度化关联减少，表现为乡镇干部与农民打交道的机会少了。由于改革后乡镇的才力无法得到保障，乡镇权力弱化，取消农业税后，乡镇干部不再与老百姓直接打交道。随着通信和交通工具的发达，在村务管理和政策实施方面，越来越不需要与农民直接打交道。另一方面，乡镇与村民之间的制度化沟通渠道减少，对农民的制度化支配能力削弱，无法动员和支配农民，也无法有效地贯彻落实上级的政策。

（三）农民的"农民"观念

农民的"农民"观念问题所关注的是农民的自我认同问题。或者说是在整个农民观念的坐标系中定位自己的那个原点。农民必须要在观念层面上回答农民是什么、农民相对于周边人群的角色和地位是怎样的，在整个社会关系体系中是一个什么样的位置。然后，农民虽然可能会对这种状况有诸多不满意之处，但是能够有一套解释系统来解释这种状况的合理性，使农民能够基本上认可自己的身份和目前的状况，即所谓"心安理得"。这样，农民就有了赖以安身立命的心理基础，就会按照特定的关系体系确认自己的角色，并且按照这种角色要求行事，处理与国家、与其他人之间的关系，社会的良性运转因此成为可能。改革以前，二元社会体制使农民在生活水平和生活质量方面与城市人口产生较大差距，但是这种二元体制的合法性基本上得到农民认可。农民所企盼的是自己或自己的孩子能够通过招工、当兵或考学等方式跳出农门，他是在寄希望于自己的努力，而并不怨恨这种二元制度本身。重要原因之一就是他还认可自己的农民身份，他的观念世界没有出现混乱，这样就不会有太严重的"相对剥夺"感。

"相对剥夺"概念通常是与"参照群体"概念一起出现的。"二战"期间，美国社会学家拉扎斯菲尔德在一项针对军队士气的研究中发现了一些难以解释的现象：待遇条件非常好的空军士兵的士气却不如待遇相对较差的宪兵士兵。对这种现象最终的解释就是，空军士兵通常是教育水平较高的白人充任，本身有着较高的期望水平，因此对于哪怕较高的待遇也是不满意的；而宪兵通常由原来社会地位较低、教育水平较差的黑人担任，他们原本就没有很高的期望，因此能够接受相对较差的待遇而保持较高的士气。这样就产生了"相对剥夺"与"参照群体"这一对概念，并成为有力的分析工具。我们也可以用这两个概念从农民观念方面分析农民的自我认同。当农民的参照群体不再是农村社会中的人群，而是"另一个世界"中的人时，强烈的"相对剥夺"感觉就出现了，农民的自我定位就出现了一定程度的混乱。

"贫穷不是社会主义"，贫穷困乏的农村也不是社会主义的农村。1978年以后，党在农村的改革否定了以前的那种安贫乐道的价值观念，在家庭联产承包责任制下，农民的致富热情竞相迸发，先后涌现了一批能让城里人艳羡的万元户，农村呈现一片繁荣与生机的景象。可以说，这一时期农民总体上是满意的，对自己所扮演的角色也很认可。但是伴随着改革重心向城市转移，农村改革落后于城市改革的速度。1990年以后，由于各种原因，农民负担过重问题浮出水面，"三农"问题逐渐进入党政干部和农村学者们的视野。"农业是地地道道的弱质产业，农民是名副其实的弱势群体"，不仅是学界的结论，更是农民最深切的感受。在农民的观念里，不再有新中国成立初期土地改革翻身得解放时的高昂情绪，也没有了"大包干"初期的激动心情。于是，在广大农村出现了农民鄙视自己农民身份，认为低人一等，对农业生产丧失信心，对农村前景感到悲观失望的情绪。"种粮不合算，只要自己口粮够吃就行了，花钱不指望它。"① 这可能是农民普遍的情绪反映。

另一方面，随着改革开放农民已经摆脱了传统意义上维持生计的小农形象，农民的温饱问题得到了历史性的解决，但是面对市场，农民依然是脆弱的。农民依然要"算计"着过活，要把手中的现金紧紧地拽住。20世纪90年代以来的农民负担、乡镇机构膨胀、乡村治理危机等问题都与农民应对市场的弱势地位有关系，农民完全暴露在市场里面，农民日常的"算计"越来越频繁、越来越成为日常生活的一部分，农民一有闲空就算计着，家庭里算，公共场合算，在调查者面前算得更仔细。

面对自己无能为力的市场，而基层社会服务体系又是如此的软弱无力，无法应对农民在市场中的弱势地位。因此，农民在当今社会生活中，无着地之力，又无以抵抗，在观念世界中发生了深刻的革命：彻底从集体化时代中对自我角色的崇高想象中幻灭，转变为对自我角色的否定，自我鄙视、"贫愚弱私"的情绪和观念在农村迅速滋生，并普遍蔓延开来。

在农民观念中对自身角色定位的颠覆和否定，带来的一个直接结果是农民私性的增强，公的观念弱化，越来越无视他人、村庄和社会的利益，人与人之间的关联越发功利化和理性化。个体的理性导致集体的无理性，村庄的预期越来越短期化，村庄的人情味越来越淡，其他的味道则越来越浓烈：一方面在村庄中无利可图的，就不与之交往，因此村庄的交往被利益算计稀释，越发罕见，表现是串门的少了，公共生活少了，去饭场、牌场的人逐渐少了；另一方面，农村地区利益纷争渐长，村民之间锱铢必较、分利必争，在利益面前绝不手软，耍尽手段与阴谋。人们为了蝇头小利而兄弟相残、叔侄反目的事例不胜枚举。对这些现象，很多农民业已习惯，不再当成是个"事儿"，农民之间越来越"陌生化"。

农民对于先前社会赋予他们的，同时也是他们自己所认同的一些关于农民的形象、观念和规则已经不再认同，农民的观念世界出现了巨大混乱。

---

① 陈桂棣、春桃：《中国农民调查》，人民文学出版社2004年版，第195页。

社会认同指的是人民乐于生活在社会共同体里，同享幸福，共患难，相互之间的及对共同体的归属感、亲和感、信任感、认受感较强。社会认同的缺位，则会使社会共同体成员产生压抑感、挫折感，社会凝聚力、向心力减弱，社会纠纷、摩擦和冲突增多。农民对长期以来的城乡二元结构不再认同。如前所述，长期以来农民固然对这种体制对自身生活水平及社会流动方面的影响和限制有诸多抱怨，但是对这种制度本身的基本态度却是高度认同的，这或许与前面所讨论过的农民的国家观念高度相关。农民只希望通过自身努力改变自己的境遇，却不曾寄希望改变这种制度，或者认为这种制度没有合法性基础，而只要认同这种二元社会结构，也就非常逻辑性地认可了国家以及社会所规定和赋予的特定的农民身份和农民形象，因此，农民的国家观念和农民观念是紧密相连的，或者可以视为一个事物的两个方面。市场化的强力推进，农民工大量流动，以及前述农民国家观念的变化，极大地改变了农民对于二元结构的看法。现代城市是物质富足、精力充沛的象征，对中国广大农民具有巨大吸引力，从农村走向城市，宛如到了另外的世界，中国农村不知有多少人对城市充满了憧憬和向往。从20世纪80年代起，农民外出务工人口至少有8600万，流动人口1.3亿①，如此庞大的劳动力，创造了中国城市化的一个又一个奇迹，中国城市里的每一处闪光点无不凝聚了农民工的汗水。然而，正是这些为中国城市化、现代化做出巨大贡献的农民工却不能够融入城市。来到城市的这批农民不仅享受不到普通市民享有的养老、医疗、失业、生病和工伤五大社会保险，就连微薄的工资收入也被一拖再拖，有的干脆就拒绝支付。由于文化上的、价值观念上的、生活方式上的差异，农民工往往要受到来自城市市民的歧视，公安执法机关与城市管理部门也常把他们视作脏乱差和治安恶化的"罪魁祸首"，任意驱逐、收容。对于这些游离在城市和农村边缘的农民工来说城市不再是梦想的天堂，也找不到家的感觉。他们对城市的失望，以致产生了抗拒的情绪，农民工与市民之间经常发生纠纷，引起冲突。但是

---

① 参看任远：《人口城市化与破解城乡多元结构》，《探索与争鸣》2004年第1期。

与此同时，农民工在经历了城市生活方式之后，往往对农村生活产生排斥和厌烦心理，"农民真苦，农村真穷，农业真危险"的局面长久得不到扭转而且还有恶化的势头，农民的心态在发生急剧变化。许多农民把自己的生活不能得到改善归于生之育之的农村社会。在他们的意识中，农村社会是痛苦之源，他们所遭受的一切灾难，只因为他们是农民。部分农民厌恶农村生活，少有积极向上的追求，对农村社会感到茫然、失落甚至绝望。很多人宁愿在城市中遭受许多不公正的待遇，也不愿意再回到农村去生活，他们已经不再认同自己的农民身份了。

三、 农民观念世界的日常生活表达

农民观念世界的变化体现在日常生活当中，表现为农民对于不同生活方式的态度；对于自己生活道路的规划，体现为对于自己生活世界的构建，重要的是体现于农民对于幸福生活观念重新认知和理解。因而，在农民观念世界差别的概念基础上和村庄生活"结构化"的背景下，可以重新来探讨"代际伦理"的问题，两代人之间不仅仅是孝道的问题，更多的也许是生活方式和观念的问题。而在村庄生活的整体中，观念世界的差别也涉及了包括土地、打工、消费、交往、教育、婚恋、孝道、人生理想、生活面向等不同的方面。

先来看看在农村调查到的一个例子，一个 70 岁的老太太在提到自己的儿媳妇的时候有一肚子的怨言：

"现在的年轻人窝囊啊，为了打牌，地里的水都不排了。前两天下大雨，玉米地里积水，排不出去，要在地里挖沟把水排出去，我一个老太婆根本挖不动了，儿子不在家，媳妇天天出去打牌，我叫媳妇去地里挖沟排水，媳妇说，'挖不动就不排了，我种地，你管我？'年轻人懒，地里的草多高都不知道去拔，就用杀虫剂一打就完事了，他们就是图享受，光想吃肉不干活。我一个老太婆在家里给媳妇做饭，她却说我做饭没味儿，不吃；咱老了不知好歹，能吃点就行，也不说味儿不味儿的了。她每次吃完饭都把锅碗一放，也不说洗，我每次都要把锅碗刷得干干净净放着，决不留到下顿。孙子晚上回家写作业，不会做题，我就说媳妇辅导一下，结果媳妇说，'你管我？谁去辅导？你辅导？'小孙子都爱看电视，我跟孙子一块看电视，媳妇要是在的话就不让我进她屋里，她说我怎么那么多话！还经常教训孙子说东说西的，我有点钱都给孙子了，俺孙子也孝顺对我好，有点好吃的还想着我。你们都有文化，说话好，那些没有文化的，说话没有一点分寸，动不动就上嘴上手！"

从以上的叙述中，我们可以明显地感觉到观念世界差别的真实存在。老太太在向笔者叙述的时候带有明显的抱怨意味，而在她的叙述中儿媳妇也是不愿意同她"沟通"的。从老太太的怨气和儿媳妇的抗拒中我们可以知道，双方的沟通与融和很难进行，也很难相互理解与包容。某种意义上说，这种差别使得老太太和儿媳妇之间横亘了一道"沟"，一道很难交流与融通的沟，是观念上的沟渠。当然，老太太和儿媳妇之间的观念沟渠肯定不止于此，而农村社会中的观念差别也肯定不止这两代间的观念差别，它在农村社会中的表现是全方位和整体性的。也可以说，以村庄整体状况为探讨背景，以观念世界的差别作为分析主体可以作为探讨农村遭遇现代化变迁问题的一个具体操作化的基本思路。

观念世界差别的存在使双方很难真正有效沟通，因为他们并不具有相似的生活方式，并不共享同一个道德体系、价值判断系统和意义系统。于是，笼统地谈论道德伦理问题也许是对于村庄社会事实的简化，有对村庄现象进行道德化的怀疑。观念世界的差别就是在现代性因素和市场化以及打工经济的背景下，由于农民自身的年龄特征和特定的生存背景所产生的生活方式和生活观念上的差别，比如在土地、打工、消费、交往、教育、婚恋、孝道、人生理想、生活面向等方面的差别，相互共存在农民的日常生活中，并且重构着村庄生活的模式和发展状态。

对于农村观念世界的描述，至少可以从以下几点进行：

（1）观念世界的差别产生的背景首先来自于生存基础的分化。打工经济的出现使得大部分农民（特别是年轻农民）并不一定要终身依赖土地而生存，种田收入在农民的收入中所占据的比重很小，土地成为农民生存的最基础的保障，相反打工却成为大部分农民的主要收入来源。于是我们在这种生存基础的分化中看到了农民土地观念的分化：现在农村的土地基本上都是中老年农民在种，特别是老年人对土地有着深厚的感情，正如上文提到的老太太对于种地的重视一样；有一部分持家的中年妇女也种田，但是显然她们对于种田的态度已经漫不经心，正如老太太的儿媳妇的态度；而青年人和一部分中年人基本上是不种田的，大部分年轻人说自己从来没有下过田，根本不会种。在这种收入结构之下，农村中普遍流行的一种观点是，种田是最没有本事的象征。精耕细作的小农生产所自然产生出来的特定农民生活观念，遭到怀疑和排斥成为很自然的事情。

（2）电视进入千家万户，它是农村生活中最主要的大众媒介，也是农村中最重要的娱乐方式，它对于农民的生产和生活产生了非常重要的影响，是沟通村庄内外观念的窗口。现代性和市场化的观念极少能通过其他组织传播的方式进入农民的视野，农民通过电视了解外面的世界，反思自己的生活世界，从而修正自身的观念世界。电视的作用起码体现在两个方面，一方面，电视以大量现代性的信息、情节和象征性符号，有效地解构了村庄记忆，特别是广告在农村和在城市一样，都发挥着引导、塑造甚至是规定生活方式的作用，农民也开始倾向于按照广告的诉求来设计自己的生活方式，消费主义的生活观念开始大行其道，依赖自然经济而生的诸多观念开始迅速崩解；另一方面，现代电视传媒从根本上说是商业文明的产物，它追求收视率，而追求收视率的目的是追求有更多的有消费能力的受众可以看到广告，能够接受广告的引导从而产生资本所希望的消费行为，广告是电视台的生命线。正因为如此，电视节目的设计、制作是有很强针对性的，电视节目的消费群体也正是某一类特定商品的细分市场，在这个意义上，人口众多但是货币收入很少的农民是"不合格的消费者"，电视传媒出于商业利润的考虑通常是不会花费大量的成本专门为农民制作节目的，所以农民能够看到的是针对城市生活量身定做的节目，电视上所呈现的世界对农民而言是"他们的世界"，与农民的日常生活并无多大关系。农民在影响力强大的电视传媒的冲击下，开始接受并且羡慕这种以现代城市文明为主要内容的生活方式，但是他们中的绝大多数人在可预期的时间内是无法实现这一愿望的，于是巨大的落差形成了。这种落差加剧了农民的焦躁不安情绪，使农民在"我们的世界"和"他们的世界"之间进退两难。

（3）不同年龄段的村民由于各自的生命体验不一样，而拥有不同的村庄生活，他们的生活方式也就出现了明显的差别。年轻人的日常生活常态是在城市中的打工生活，在打工的过程中建立起了自己的个人爱好、娱乐方式、消费观、交往圈、婚恋观和对于社会最基本的看法；他们偶尔在农村老家待上一周就会觉得"闷""无聊"；而中年人经历过多年的打工生涯也很少有人能够留在城市中，之后他们会有一个对于自己生命道路的选择，是继续在城市中打工还是选择回到自己的老家发展，而中年人对于现实的经历和对于家庭的责任使得他们的生活方式趋向于稳健和保守，而他们的观念世界也复杂和现实；老年人则在传统的思维惯性之下过着自己所理解的生活，他们固守着自己所熟悉的生活方式和为人处世的道理，对于这个新的时代他们感到局促不安。

（4）恋爱结婚在哪个年代都是人生中的大事，透过它我们可以观察到农民观念分化的具体呈现。在关于恋爱、结婚、离婚、未婚同居、未婚先育、婚外恋、包二奶等这些婚姻事件中，农民表现出了不同的理解。这个理解的不同是有一定的历史场景的，观念的变化也是要有情境和过程的，前文分析的电视传媒就是婚恋观念变化最重要的"过程"。不同的地区对于这些婚姻事件的理解和"开化"程度也不同。婚恋观念的巨大变化犹如新中国成立初期新婚姻法的颁布一样，彻底地改变了农村地区的生活面貌。

（5）原本的村庄中连接和调解代际之间关系的是代际伦理，而今的道德伦理受到了另外的冲击，于是代际之间便产生了新的权利义务关系模式。可以把现在村庄中的代际关系分为两种基本的类型，相对年轻的父母与新婚子女和老年父母与已成家立业的子女。这两种类型的代际关系具有不同的表现形态，但是却遵循统一的行动逻辑。与此同时，父母与子女之间的相互义务关系在新的观念指导下，在村庄整体中有着意味深长的对决与互动。于是村庄中孝道的内容也悄然发生了变化。

（6）农民观念世界的差别是一种农民观念状况的描述，它具有丰富的内容；也是一种状态，一种外部世界（打工经济与电视）"村庄化"的过程和状态；更是深入农民的精神世界理解农民的行为和观念的一个窗口；还是一个理解和扩展乡土生活世界的工具，乡土生活因此而整合和延续。

（7）农民观念世界中的"公私"问题。这是一个农民个体与村庄、个人与社会关系的问题。在农民的观念世界中，什么是公，什么是私，或者说，哪些属于公的领域而哪些属于私的领域，在农民组织化过程当中具有特别重要的意义。因为如果农民能够在某些时刻和背景下将村庄这个范围当作"私"领域加以看待，即将村庄事务当作自己个人的事情加以看待，那么村庄就具备了将农民组织和动员起来的能力，可以成为一个组织单位，无论是在经济的意义上还是在政治的意义上都是这样。而如果农民将"私"的范围限定在家族之内，那么村庄就无法发挥上述作用，而只能将这种作用让渡给家族。而如果农民的认同单位只是自己的核心家庭，那么就说明农民在家庭与家庭之间的合作也很难展开。农民只将自己小家庭的利益作为唯一的"私"，而将家庭以外的所有事务都当作"公"来看待，就会产生十分强烈的"搭便车"的冲动，就会在大多数时候认为与自己毫不相干因而可以"高高挂起"，农民生产生活方面的合作就会极其困难，对于农民的社会动员和社会控制就会出现严重问题，农村现代化社会基础因此就会显得十分脆弱。这种公私之辨与"差序格局"有着十分近似的含义，但又不完全相同，强调的是农民在观念当中的认同单位，以及农民能够实现一致行动的单位。与党的意识形态当中强调的"集体主义"与"个人主义"有类似之处，但是更加强调农民对这种规则的内化。从这个角度来考察，20世纪90年代以来，在各地农村都普遍出现了农民认同单位逐渐缩小的趋势，在前文中反复强调的农民"原子化"的趋向，实际上就是在农民观念世界中，"公私"之辨在实际组织形态上的明显体现。

以上几个方面的问题从生活世界的维度探究了农民观念世界的诸多方面，而事实上这并不是一个类型化的分析，而是个结构性的分析。依据观念层面的分化特征，村庄整体的生活世界也具有相似的分化。农村观念世界的差别所表达的最基本的结构特征是村庄中不同年龄层次的分化。这种分化与村庄政治无关，也与经济地位关联不大，并且它也在一定程度上规避了"差序格局"体系和"熟人社会"的生存伦理。它仅仅关乎人们的生活方式和生活观念，重要的是这种分化正日益成为村庄中新的结构性的因素。我们可以这样认为，农民观念世界的变化意味着新的村庄结构性特征的形成；并且这个特征因为电视与打工在大部分农村的普遍化，在大多数的村庄中都是深刻存在的。

正如前面强调的：观念决定行动，农民观念世界的变化一方面是现实世界变化在头脑当中的反映；另一方面，这种观念本身又会推动或者驱使农民对于将来的生活和发展路径做出差异很大的判断和选择，这种选择对于农村现代化来说具有决定性的作用。农民的观念世界是构建农村现代化社会基础的重要条件和社会心理背景，在这个意义上，必须将中央提出的"构建社会主义核心价值体系"作为社会主义新农村建设的重要组成部分，放到极其重要的位置上来。

第八章 农村税费改革：中国农村现代化社会基础再造的行政策略

农村税费改革的推行已经对农村地区政治、经济和社会生活等方面产生了巨大影响，从根本的意义上改变了农村地区的利益分配格局和乡村治理结构，也彻底终结了延续千年的农村税费制度，具有重大的进步意义。但理论上和实践中都已反复证明，一项政策的推行，尤其是像农村税费改革这样一项涉及诸多方面复杂利益关系的重大政策的推行，必然会带来多方面的后果，包括可观察到的清晰显现出来的积极功能，也包括潜功能，甚至还有一些"意外后果"。既包括在短期内显现出的影响，也包括有可能在一个较长时段之后方可能出现的趋势性的后果。这些综合起来构成此项政策实践的结果或社会影响，忽视其中任何一个方面，都可能会导致对此项政策的评价出现偏差，从而导致后续相关政策的失误。基于这一认识，必须全面分析和评价农村税费改革对于农村现代化社会基础再造的深刻影响，这构成了本书一个特殊的视角。

一、"压力型体制"与"营利性经纪"：税费改革前的乡村关系与乡村治理

如果用最简明的概念来概括农村税费改革以前乡村治理模式和乡村关

系的特点，那么"压力型体制"与"营利性经纪"无疑是非常合适的。这
两种对国家政策进行变通改造而形成的特殊体制性力量影响甚至决定着农
村地区社会结构的面貌。

　　在统一的计划经济体制解体之后，尤其是在分税制推行之后，各级地
方政府主导推动经济发展成了改革开放之后中国农村经济发展的一个重要
特征。同样，与此相对应的是在"保运转"和"保稳定"这两个最基本的
问题上，各地各级政府也有着自己的责任。而这些都是上级政府考核下级
政府及其干部工作成绩的重要指标。由于其操作上的简便易行，量化的考
核方式又能够在最大限度上显示形式上的公平和公正，因此在实践当中逐
渐成为上级对下级组织最重要的考评控制方式，并且在名义上的"分税制"
和县以下事实上的"财政包干"体制的共同作用下逐渐定型化为"压力型
体制"。上级政府为了完成自身的发展目标，往往会给下级政府施加压力。
在"压力型体制"下，"上级政府倾向于给下级政府施加行政压力，采用政
治承包制的形式"。这种责任制的特点就是"上级给下级政府的各种组织和
个人分派任务和设定目标，并且要求他们在规定的时间内完成"[1]。由此导
致在各个层级的政府组织之间指标化管理控制体系的全面推行。在一些地
方政府行政管理中盛行的"目标责任制"便是一种典型的政治责任制。具
体地说，所谓"目标责任制"，就是在"压力型体制"下，地方政府为了完
成其发展目标，而将其当年的发展目标进行细化分解，并与下级政府签订
目标责任书，要求下级政府如期完成各项指标，并严格进行考核，奖优罚
劣的管理制度[2]。这种"目标责任制"管理模式在当前的中国乡镇具有一定
的代表性。在目标责任制的管理模式下，从乡村关系的角度来看，乡镇政
府就是通过责任制对村干部的控制来实现对村的实质上的"领导"，而非法
律所规定的"指导"。正如荣敬本等人论述道，"一级政府（县、乡）为了

---

　　① 荣敬本、崔之元等：《从压力型体制向民主合作体制的转变——县乡两级政治
体制改革》，中央编译出版社1998年版，第2页。

　　② 参看徐勇、黄辉祥：《目标责任制：行政主控型的乡村治理及绩效——以河南
省L乡为个案》，《学海》2002年第2期。

实现经济赶超，完成上级下达的各项指标而采取的数量化任务分解的管理方式和物质化的评价体系。为了完成经济赶超任务和各项指标，各级政治组织（以党委和政府为核心）把这些任务和指标层层量化和分解，下派给下级组织和个人，责令其在规定的时间内完成，然后根据完成的情况进行政治和经济方面的奖惩。由于这些任务和指标中一些主要部分采取一票否决的评价方式，即一旦某项任务没达标，就视其全年工作成绩为零，不得给予各种先进称号和奖励，所以各级组织实际上是在这种评价体系的压力下运行的"①。这个监督考核体系几乎无所不包，涵盖了政府工作的各个方面（诸如财政收入、社会治安、上访控制、民政优抚、报刊征订、植树造林、计划生育、农业产业化等等），而且考评结果与组织负责人的政治前途直接挂钩，因此各级政府必须尽一切努力将压力传导下去，使得县、乡、村各层级之间形成一种类似于"连坐"的关系。

但问题在于，县和乡镇是具有严格科层制规范的政府序列当中的上下级组织，而乡镇和村民委员会之间则不存在这样的一种关系，起码在正式的政策和法律文本中乡镇政府不能够直接对村民委员会"发号施令"，更不用说对其下达指标分解计划了。因此，实践当中的乡村关系必然要在各个方面突破文本的规定和限制，呈现出另外的一种面貌，否则，整个"压力型体制"就无法顺畅地运行，立足于赶超愿望的指标体系就会落空。出于解决这一困境的需要，基层政治生活中发育出一整套乡镇对村一级的控制手段和技术，以此调整乡村关系，并形成基本的乡村政治和权力秩序。也就是说，并不是乡镇政权和领导者从主观上愿意不愿意对村实施最大限度的控制，而是客观上必须要使用各种方法使村民委员会完全听命于自身，这是国家发展逻辑在基层政治中的必然体现。

首先，乡镇对村一级的控制必须具有起码的合法性依据。《中华人民共和国村民委员会组织法》第二条规定：村民委员会是村民自我管理、自我教育、自我服务的基层群众性自治组织，实行民主选举、民主决策、民主

---

① 荣敬本、崔之元等：《从压力型体制向民主合作体制的转变——县乡两级政治体制改革》，中央编译出版社1998年版，第28页。

管理、民主监督。以此为依据，乡镇并无权力对村民委员会及其干部进行直接的控制和指挥，但是在该法第三条中又规定："中国共产党在农村的基层组织，按照中国共产党章程进行工作，发挥领导核心作用。"《中国共产党农村基层组织工作条例》中也明确指出村党支部"讨论决定本村经济建设和社会发展中的重要问题"，这样，乡镇必然选择有利于"压力型体制"运行的法律和制度文本，以此为依据尽力强化村支部的权威，强调村民委员会在村支部领导下开展工作的从属地位，而根据中国共产党的组织规范，作为村级"最高长官"的村支部书记必须无条件地服从上级——乡镇党委的各种指示和安排，乡镇也就可以很方便地直接指挥村级组织，可以向其下达各种任务指标。这样我们就可以解释乡镇为什么这样热衷于"插手"村委会选举，为什么村支部和村民委员会之间的争斗从来没有停止过，也可以以此推论村级领导"一肩挑"解决不了这种矛盾局面。这是乡对村绝对控制关系形成的组织基础。

其次，乡镇对村级收入和村干部经济收入、福利待遇的全面控制。20世纪90年代后期以来，在全国多数地区推行了乡镇对村级财务"双代管"或"三代管"制度，即"村财乡管"和"村账乡管"以及"两工乡管"。这种制度的施行在一定程度上遏制了村干部贪污腐化之风，缓解了村庄内部的干群矛盾，但更重要的一个后果是乡镇对于村控制能力的明显增强。在财权被乡镇完全掌控的情况下，并且这种财务的控制又带有非常强烈的道德意味——避免村干部犯错误和强制意味——上级对下级的监督和约束时，村干部对乡镇的俯首听命也就成为必然的事情。

各地以不同形式制定了村干部工资、奖金和养老保险以及退休村干部的待遇等政策，而这些待遇的兑现无一例外地与乡镇对村的考核指标挂钩。也就是说，村干部获得这些收入并不是理所当然的，而是要靠个人的工作业绩——对上级任务的完成情况来获取的，而且，这样一来原本应当由村民会议讨论决定的村干部补助标准就演化为由乡镇决定的工资待遇标准。顺理成章地，一个关注自己经济收入的村干部也就由"给村里干的"变成了"给上面干的"，并且具有了代表乡镇监督村民的义务——督促村民缴纳税费、完成上级交办的各种事项。在各级政府间形成紧密连带责任关系的同时，乡镇与村、村干部与村民之间也形成了类似的连带责任，构成一种特殊的规则安排，村干部被纳入行政考核的科层制体系当中。乡村关系在这里发生了重大的变化。

再次，县要求乡镇、乡镇要求村完成的任务指标内容庞杂，完成的难度极大，为了督促村干部执行这些任务，必须给予其足够的激励。名义上的工资、奖金、养老保险数额并不大，哪怕在平均经济收入并不高的农村地区也不是一个"令人心跳"的数字，并不足以激励村干部付出特别大的代价——包括时间、精力、声望以及人际关系的损失——来获取它。这时，从技术上讲，必须使村干部在合理的报酬之外能够获得额外收益，否则压力虽大，但并不会发挥真正的作用。

其实，村干部的那些"来钱的门路"并不是十分隐秘，村民和乡镇都十分清楚，但并没有得到真正有效的制止，其原因在于乡镇要"保护村干部的积极性"。笔者访谈过的一位镇干部说道："村干部弄的那些事乡镇领导都很明白，不给他挑明是保护他的积极性，也是给他留面子。你干的事我都明白，你就有点把柄在我手里，我不说出来你就得感激我，就得好好干活。活干好了一了百了，活干不好咱们新账老账一块算，这样其实也是在给村干部加压力。"[1] 这里已经十分明显地体现出村干部"营利型经纪"的特点[2]，乡镇通过控制村干部的工资收入，容忍或默许村干部不合理的收入手段以激励其完成所分配的考核性指标。如果完不成指标就有可能失去村干部的位置，相应地失去可能数额相当大的灰色收入来源，这种损失是村干部无法忍受的。通过这种控制手段，乡镇和村干部事实上形成了一个紧密的利益共同体，或者说，"压力型体制"加"营利型经纪"最终形成的乡村利益共同体，构成了税费改革以前乡村关系的基本形态，并由于这种

---

① 王立胜：《农村税费改革背景下的乡村关系》，《社会主义研究》2006年第3期。

② 参看［美］杜赞奇：《文化、权力与国家：1900—1942年的华北农村》，王福明译，江苏人民出版社1996年版，第37页。

关系形态使国家权力和意志深入农村基层，塑造基本的村庄政治生活秩序。也正是这种关系形态导致了国家对农村的过度提取，导致了乡村治理的合法性危机，也在一定程度上导致了村民选举和村民自治效果不尽如人意的尴尬局面。由此可以将农村税费改革理解成为旨在打破这种乡村关系模式、重建乡村基层政权的努力。

　　如何从更为理论化一点的层面来概括这种乡村关系与乡村治理现象呢？这仍需从乡村治理的社会基础入手。

　　实施村民自治之后，在"乡政—村治"格局下，乡镇因为找不到自己的"脚"，而不得不面对分散的农户。乡村治理的基础与人民公社时代相比发生了巨大的变化，但是在"压力型体制"的作用下，乡村干部为完成任务仍较容易达成某种程度上的平衡。在"乡政—村治"的乡村关系格局中，村民自治并没有取消掉高度组织起来的乡镇行政对高度分散的村民在争夺村委会方面的优势地位，在不少时候的不少地方，无论选举多么真实，选举上来的村干部却与以前的村干部没有差别：他们依然唯乡镇命令是从。乡镇曾经担忧村委会选举之后，自己在村一级成了缺"腿"的跛子，但乡镇很快就发现，无论选什么人出来，他们都可以为乡镇服务。有学者针对此现象指出，"乡镇对村委会选举的担忧，由以前一定要选上什么人，变成能否选出人来。只要有人被选为村干部，乡镇就有办法让当选的村干部做乡镇希望的事"①。

　　造成以上后果的原因，在于乡村干部所处的整体环境。村民自治是在农村人财物资源不断流出，村庄处于高度不稳定因而村民对村庄未来高度无预期背景下实施的。这种高度无预期，使得村民及村干部投机可能性大为增加，而使村庄生产表达性价值的能力大为降低。村庄精英当村干部的目的，主要是为了得到经济上的好处（当然，在一定程度上也有获取面子和荣耀的因素）。恰恰在这些方面，乡镇较村民更可以满足村干部的期待。大多数情况下，村干部报酬额是由乡镇决定的，虽然报酬是由村集体收入

---

　　①　贺雪峰：《乡村关系研究的视角与进路》，《社会科学研究》2006 年第 1 期。

来支付；村干部行为不检，村民可以上访告状，却不能查处村干部，甚至不经过乡镇同意，村民无法清理村级财务。相反，乡镇可以决定是否清理村级财务，可以决定是否接受村民上访的意见来审查村干部的经济行为，乡镇甚至可以决定村干部的行为是否违纪违法，从而决定是否对村干部进行查处。

乡镇查处村干部经济问题的权力，对于没有不检行为的村干部，或者根本就无村集体好处可捞的村干部，没有意义。但是，如果村干部的主要目的是在任上获取最多的经济收益，而且他们通过各种办法捞取了这些（灰色甚至非法的）收益，则他们就不得不对乡镇言听计从，对乡镇布置的任务，只能积极完成。乡镇有着太多的事情需要村干部来办。特别是 20 世纪 90 年代，自上而下的达标升级要求多如牛毛，每一项自上而下的任务，都是乡镇必须完成的任务。而几乎所有这些任务，离开了村干部的协助，乡镇都无法完成。"乡镇要指挥命令村，而乡镇与村只是两个平等主体之间的指导与被指导关系，乡镇因此更愿意发展出另外一种支配村干部来完成政务的途径。"①

于是，在某些地方，乡村权力运作形成了一种循环：村干部完成乡镇布置的各项任务，而乡镇对于村干部的灰色经济行为不闻不问。村民不仅不满于村干部所贯彻实施的"政务"，而且不满于村干部捞取灰色收入的行为，村民因此上访告状，而乡镇却千方百计保护村干部，对村民的上访告状敷衍了事。村民告来告去，终于发现"官官相护"。相当多的乡村治理问题，例如村干部的行为，高额的村级债务，等等，都与此乡村关系基础上的乡村治理方式相关。

村一级的经济状况不景气，则更严重限制了本应在乡村关系中发挥良好的自治作用的村委会的自治能力。首先，村财务的亏空使得村干部的经济待遇无法落实。在不少农村，村干部的补贴年年不能到位，就严重影响了村干部的积极性，不少村干部已无精力放在村务管理上。即便乡干部一

---

① 贺雪峰：《乡村关系研究的视角与进路》，《社会科学研究》2006 年第 1 期。

再鼓励、支持，由于村自身的自治功能弱化，许多任务的完成和公益事宜的组织，如组织抗旱自救等都仍有很大的困难。在此背景下，以减轻农民负担为基本动机的乡、村规模调整，结果使乡和村的管辖范围进一步扩大，从而也给乡村的管理带来了困难。这有使乡村关系走向疏离的趋势。事实上，乡村基层建制是多功能的，其影响是多维、多层次的。只顾一点不及其余的做法，往往对乡村社会、乡村工作的稳定和乡村关系的有序发展都不利。不注意相对稳定性、渐进性，而用搞运动式的方式简单拼凑或拆分，就往往使变革与其初衷背道而驰。显然，人员与机构精简（俗称"减和尚"）是十分必要的。但大规模并乡扩村（俗称"拆庙"）则应慎重。而且，乡与乡、村与村简单的合并使得乡的管理幅度急剧增大，给基层管理带来了更大的困难。以至于乡不得不在其下面再设置多个工作组（将原乡级以下的管理区更名为工作组，以示并非一个层次，但其实质却与管理区并无两样）来分片管理。因为只要乡政府职能仍未转变，乡就必然要有大量的机构和人员在现有的极端庞杂的任务体系当中白白消耗能量（有的该管，有的则根本不该管）。就算一时"拆"了"庙"、减了"和尚"，后来还是要增加，以至于总是在"精简—膨胀—再精简—再膨胀—越精简、越膨胀"这一奇怪的老陷阱里打转①。这一现象一直到农村税费改革，尤其是农业税取消之后才有所改善。

二、　农村税费改革政策社会影响的一般性描述

显而易见，农村税费改革最直接的政策后果包括两个方面，一是农民负担的普遍减轻，二是乡镇财政收入的大幅度减少以及村级财政的极度紧张。在本书中将这两个方面称为对农村税费改革政策社会影响的一般性描述。

---

①　参看张厚安、谭同学：《村民自治背景下的乡村关系——湖北省木兰乡个案分析》，《中国农村观察》2001 年第 6 期。

(一) 农民负担减轻的实证数据

表 8 - 1　税费改革前后潍坊市农民负担状况

年度	负担总额（万元）	人均负担（元）	备注
2001 年	126898.0	185.0	税费改革以前数额
2002 年	83558.0	123.0	税费改革后农业税、农业特产税和乡村公益事业金数额
2003 年	73203.0	107.6	暂停征收乡村公益事业金后数额
2004 年	37777.0	57.0	农业税降低 3 个百分点后数额
2005 年	10668.0	13.2	农业税税率再降低 2 个百分点后数额

从表 8 - 1 可见，税费改革以来，潍坊市农民人均减负 171.8 元，减负率达 93%。从重点调查的一些乡镇的数字来看，也完全可以得出农民负担得到大幅度减轻的结论。

表 8 - 2　寿光市稻田镇税费改革前后农民负担状况

年度	负担总额（万元）	人均负担（元）	备注
2001 年	986.0	164.3	税费改革以前数额
2002 年	607.0	101.1	税费改革后农业税、农业特产税和乡村公益事业金数额
2003 年	597.0	99.5	暂停征收乡村公益事业金后数额
2004 年	212.0	32.0	农业税降低 3 个百分点后数额

表 8 - 3　昌乐县乔官镇税费改革前后农民负担状况

年度	负担总额（万元）	人均负担（元）	备注
2001 年	1163.0	258.0	税费改革以前数额
2002 年	703.0	156.0	税费改革后农业税、农业特产税和乡村公益事业金数额
2003 年	541.5	120.0	暂停征收乡村公益事业金后数额
2004 年	254.7	56.4	农业税降低 3 个百分点后数额

表 8 – 4　寿光市留吕镇税费改革前后农民负担状况

年度	负担总额 （万元）	人均负担 （元）	备注
2001 年	566.0	188.0	税费改革以前数额
2002 年	373.0	124.0	税费改革后农业税、农业特产税和乡村公益事业金额数
2003 年	360.0	120.0	暂停征收乡村公益事业金后数额
2004 年	125.0	41.6	农业税降低 3 个百分点后数额

　　从以上数据可以得出结论，农民负担大幅度减轻这一农村税费改革政策首要的政策目标得到完全实现，同时可以预期，在全面免除农业税之后，潍坊市农民负担将降至非常低的水平。农民负担水平的绝对减轻是税费改革政策所取得的最显著的成果。

（二）地方财政下降的实证数据

　　从潍坊市整体情况来看，从 2002 年到 2004 年，乡村财力共计减少103691 万元，其中，乡镇减少 73577 万元，村级减少 30114 万元。包括以下几个方面：

　　（1）2002 年税费改革减收 43340 万元。其中：乡镇减收 28580 万元，村级减收 14760 万元。

　　（2）2003 年全面暂停征收乡村公益事业金减收 7485 万元。其中：乡镇减收 1601 万元，村级减收 5884 万元。

　　（3）2004 年取消农业特产税减收 16578 万元。其中：乡镇减收 15476 万元，村级减收 1102 万元。

　　（4）2004 年农业税税率降低 3 个百分点减收 29288 万元。其中：乡镇减收 20920 万元，村级减收 8368 万元。扣除税费改革上级分配潍坊市的转移支付资金 20200 万元和市县两级配套的 2628 万元，乡村财力较改革前共计减少 80863 万元。

　　在这种情况下，乡镇财政出现较大缺口，2004 年，潍坊市全市乡镇本级收入 10.7 亿, 其中, 农业税收收入 2.8 亿元, 税收收入 7.9 亿元。支出主要用于干部和教师工资及办公经费。2004 年, 全市乡镇财政供养人员为 24390 人, 其中: 行政编制为 4808 人, 全额事业单位的站和所人数为 9629 人, 差额补贴的人数为 9956 人, 乡镇和农村教师 61176 人。按 2004 年农村教师和乡镇干部平均工资 (包括养老和医疗保险) 计算, 共需 3.26 亿元。按每个乡镇的办公经费及公务经费每年按 150 万元计算, 总额为 2.87 亿元。农村中小学公务经费, 财政预算内按最低标准计算, 需 2755 万元。另外, 乡村道路维修每乡镇按 35 万元计算, 需 6755 万元; 计划生育妇女查体和独生子女财政补助 4633 万元, 优抚抚恤等财政补助 6900 万元。以上工资保险和办公经费及乡村道路维修等需要 18.7 亿元, 与本级收入 10.7 亿元, 相差 8 亿元。2005 年农业税再降低 2 个百分点, 农业税只征 7654 万元, 收入只有 8.7 亿元, 资金缺口高达 10 亿元以上。2006 年起全面取消农业税, 乡镇财政缺口进一步增大。

就村级财政状况而言, 全市 9504 个村, 按照税费改革方案核定的干部职数和定项限额规定, 村享受固定补贴的干部 38016 人, 按人均年工资 3200 元计算, 为 12165 万元; 享受误工补贴的干部 19008 人, 按人均年补贴额 1600 元计算, 为 3041 万元; 村级报刊支出按每村 800 元计算, 为 760 万元; 办公经费按每村每年 5000 元计算, 为 4752 万元; 五保户供养每年需支出 2000 万元; 其他支出每年需要 1500 万元: 以上共计支出 24218 万元。2005 年农业税税率降低 2 个百分点后, 村级农业税附加收入仅 3048 万元, 除城郊村有部分集体收入外, 其他村基本没有收入来源, 收支缺口达到 2.1 亿元, 村均缺 1512.3 万元。与乡镇财政一样, 在农业税全面取消之后, 村级运转困难状况更加严重。与乡村两财政状况恶化同步出现的是乡村债务的大幅增长, 截至 2004 年底, 潍坊市全市乡村债务总额 468886 万元, 其中, 乡级 247188 万元, 乡均 1301 万元, 全市乡级负债面达 83%; 村级 221698 万元, 村均 23.9 万元, 村级负债面达 98%。农村税费改革以后, 乡村债务呈增长趋势, 除 2002 年略有下降外, 2003 年、2004 年逐年递增, 年增长额近亿元, 增长率分别为 6.9% 和 3.4%。潍坊市所辖昌邑市 2002 年收

不抵支的村 262 个，收不抵支金额 1627.5 万元；2003 年收不抵支的村 372
个，收不抵支金额 2025.3 万元；2004 年收不抵支的村 500 个，收不抵支金
额 3000 万元。这样看，我们也可以将乡村两级债务不但难以消化，而且呈
不断增长趋势视为农村税费改革直接的政策后果之一。

三、　农村税费改革对农村社会诸关系的影响

农村税费改革的直接和近期的后果是农民负担大幅度减轻，乡村两级
财政运转发生困难，但实质性的和趋势性的影响在于，受这项政策影响最
大的两个群体即基层干部群体和农民群体，基于某种观念而对政策做出的
评价和在此基础上形成的对将来的预期，以及由于这种态度、评价和预期
形成有别于此前的干部与农民之间的关系和乡村关系。而正是这种关系结
构在本质上影响，甚至决定着国家政策在基层地区的实践走向和过程，直
接决定着社会主义新农村建设的成效和质量。因此，如果在分析中不是将
税费改革作为孤立的环节，而是将农村税费改革和社会主义新农村建设这
一战略目标作为紧密联系的整体来看待，就必须承认，农村税费改革的最
重要的目标在于形成良性的乡村关系，为社会主义新农村建设顺利展开提
供有利的乡村治理结构的框架。从根本意义上讲，农村税费改革政策的制
定实施可以视为中央对 20 世纪 90 年代中后期以来愈加恶化的农村治理状况
的一种激烈的应对方式，是对乡村治理结构的一次重大调整，也是国家权
力在农村地区运行机制的重大变革。税费改革对基层财政方面的影响是表
面化的，而由此产生的对原有农村各种关系模式的影响则是实质性的和具
有决定意义的。

（一）农村税费改革政策对乡村关系的影响

如果说在税费改革以前乡村关系的基本特点是形成了一个较为紧密的
"乡村利益共同体"，并因此加重了农民负担，恶化了乡村治理环境，那么
税费改革之后乡村关系则出现了一些新的特点，村级对乡镇的依附性增强，

乡镇的控制能力减弱,乡镇仍然试图以"压力型体制"的方法控制村一级来完成各种行政任务。

首先,村对乡镇的依附性显著增强。税费改革取消了"三提五统"和"两工",取消了农业特产税,农业税在2006年全面取消(专门用于村级收入的农业税附加随之取消),土地延包政策规范了村庄土地的分配方式,绝大多数村庄取消了划分口粮田和承包地的"两田制"。这样,大多数没有集体经济收入来源的村一级的财政状况开始绝对恶化,村干部的工资和村级公共产品的供给完全依靠上级财政的转移支付,村级开支被完全纳入上级政府财政框架之内。税费改革以前,乡镇虽然控制了村级的账目和开支范围、额度,并以此作为控制村干部的一种手段,但是村毕竟还有自己独立的经济来源,村对乡镇政府还保有一定程度的独立性,但是税费改革之后这种独立性几乎就不存在了。笔者在实地调查中反复听到基层干部这样的话:"政府给你发工资,你自治,哪来这样的好事?""我给你发工资,你不听我的听谁的?"这种说法在强烈质疑财政转移支付背景下村民自治合法性的同时,更进一步地体现了村一级行政化的倾向。事实上,当村干部工资(已经不再是遮遮掩掩的干部补助,而是名正言顺的工资)、村级办公经费和村庄公共事业开支全部来自于财政的时候,村对乡镇的绝对服从也就有了逻辑上的必然性和民间话语上的合理性,村干部作为乡镇代理人的身份也就愈加明显起来。这构成了乡村关系的重要变化。

其次,与以上所述形成悖论的是,在村级对乡镇依附性越来越强的同时,乡镇对村干部的控制能力却越来越弱。这是难以理解的。在乡镇具备了对村级进行全面控制的体制性条件之后,如果有足够的资源发挥这种体制性力量,当然是可以对村干部以及村庄事务实施直接的管理和控制,而村干部通常也会服从这种安排。但问题在于,税费改革之后财政方面大伤元气的乡镇政府自顾尚且不暇,对村一级的资金支持在多数时候也只能停留在纸面上和口头上。根据对山东A市的调查,对村级转移支付资金到位率不足5%(何况各级之间的转移支付的额度、规则本来就没有明确的政策规定),土地收益的部分完全失去,也使村干部的工资、办公经费和村级其他开支成为"无米之炊"，村级的财政缺口较乡镇一级要严重得多。在这种情况下，村干部的普遍说法是"没有自己带着干粮去干活的"，意思是有钱就干，没有钱也就干不了多长时间了；乡镇干部的体会是对村干部"没有拿手了"，也就是说失去了控制村干部的资源，"人家听你的也是这样，不听你的也是这样了"。"手中无米，叫鸡鸡不来"成为乡村关系的常态，遇到绿化、拆迁等难度较大的工作时，很多村干部的第一反应就是"我不干了"，有些村由于债务的压力，办公场所都卖了或是抵押给债主了，这种状况使许多乡镇干部产生了"村级瘫痪"甚至"村级崩溃"的感受，并对乡村关系前景做出极为悲观的估计。

但是，毕竟多数村干部还是或勤恳或敷衍地"守"在自己的位置上，我们可以将村干部的"坚守"行为归因为以下几个方面：

（1）经济收入的预期。

村干部们明确意识到，没有村干部的支持，乡镇任何意图的贯彻、任务的落实完成都是不可想象的，因此，只要乡镇还不是完全无所作为，或者只要乡镇还以某种形式继续运行着，就需要村干部的支持和配合。但这种支持又不可能是没有代价的，"上面"必须要以某种方式支付一定的报酬，或者容许村干部以某种方式获取一定的收入。工资是一部分，工资标准的高低与当地的平均收入水平相关，与干部个人的期望相关，也与工作的难度相关。如果工作开展的难度太大，干部的要求就会随之水涨船高，如果乡镇无力支付，相当数量的村干部就会以消极怠工作为"要挟"。这种表现与一些学者所描述的乡镇以拒绝向农民提供公共产品来迫使上级让步的"反倒逼"逻辑是一致的①。因此，村干部明白他们还握有相当数量的与乡镇讨价还价的筹码，可以以此换取或多或少的经济收入，收入的多少取决于形势的变化（即乡镇任务的紧急程度、任务的完成情况对于乡镇领导人政治前途的影响程度）和自身谈判能力的高低。

在调查中，笔者不断听到有村干部强烈要求在"一事一议"方面开口

---

① 参看李芝兰、吴理财：《"倒逼"还是"反倒逼"——农村税费改革前后中央与地方之间的互动》，《社会学研究》2005 年第 4 期。

子，即要求突破每人每年15元钱的集资上限。这可以从两个方面理解：一方面，目前的"一事一议"政策规定钱数太少，在实践中很难发挥作用，为了满足为村民提供公共产品的需要，比如水、电、路等，增加村民集资的额度在某些时候也是一种合理的要求；另一方面，如果每人每年15元钱的集资上限被突破，必然给村干部带来获取非正当收入的操作空间，这是很多村干部所期望的一种前景，当然这也是国家最为警惕的一种趋向。村干部在等待、在观望，这成为许多人坚持下去的重要理由。

（2）荣耀和面子。

在官本位色彩浓厚的山东农村，"干部"地位依然是能够提升人生意义、体现人生价值的重要资源，干部身份与农村生活世界中的面子和荣耀密切相关。大量研究证明，"面子"是影响社会个体行动方向的重要因素。一个人如果还在一定程度上将村庄视为自己的生活世界，以及价值实现的重要场所，或者说其"村庄面向"还在一定程度上朝向村庄内部，那么，村干部这个身份对于他来说就还具有相当强的诱惑力，使他在几乎无利可图的情况下还能够有充任村干部的动机。这是在经济利益的理性算计之外的另一个重要因素。

（3）"关系"。

这里的"关系"指的是村干部与乡镇干部，特别是与乡镇主要领导之间的关系。许多村干部在被问及为什么要干这些"出力不讨好"的工作时，回答却相当一致："是给某某书记（乡镇党委书记）干的。"这一点在对一些乡镇党委书记的访谈中也得到证明。"书记对我不错，大家轧伙（意为相处、交往）得不错，我不能看着他的事情掉在地上（意为砸了锅、泡了汤），总得帮他把这个事情干了。"在一次调研中，一位镇党委书记对此说道："每次过年过节，他们嫁娶媳妇、嫁闺女、孩子过百岁，我都去送礼喝酒，平常有事多给他帮忙，给他面子，有感情，得靠感情笼络住村干部，要不然谁听你的，什么也干不成。他们给我干主要就是不好意思。"

"感情""不好意思""给我干的"，这样的语汇大量出现在村干部与乡镇领导关系的描述中。这已经不再是上下级之间或是在科层制的组织体

内部"事本主义"或是"普遍主义"的关系模式，而已经明显体现出私人
感情纽带和关系强度的关键作用，是典型的"正式权力的非正式运作"。这
说明在乡镇干部们在税费改革之后掌握资源——包括"权威性资源"和
"分配性资源"越来越少的情况下，对村一级的控制能力削弱到了十分尴尬
的程度，不得不在某些时候摆脱自己官方的身份和"国家"的色彩，而以
完全的私人身份、民间交往的方式与村干部建立联系。所谓"国家"与
"社会"的界限在这里极为模糊了。重要的在于，这种方式是因人而异，因
此是"特殊主义"的。这个党委书记行之有效的方法换了另外一个干部可
能就不管用了，在当下可以维持的乡村合作的局面再换了人之后就难以为
继了，这无疑会给原本应当连续性的乡村关系带来许多断裂的痕迹。这成
为税费改革之后乡村关系变化的又一个鲜明特点。

再次，乡镇对村一级的"压力型体制"依然是权力运行的主要逻辑。

农村税费改革以后，乡镇对村一级的考核指标中取消了税费收取任务，
但是指标考核体系本身作为最重要的"推进工作"的方式却几乎没有得到
改变。在调查中收集到的《中共 D 镇委员会、D 镇人民政府关于 2005 年农
村干部岗位目标责任制考核的实施意见》这份长达 12 页的文件中，分 20 项
细致地规定了对村干部的工作考核指标，并将量化分数与村干部收入挂钩：
招商引资工作 120 分，900 口人以上的村每村实际利用外资任务 180 万元，
600～900 口人的村每村 150 万元，600 口人以下的村每村 80 万元；种植业
结构调整 200 分；畜牧业生产 50 分；农田水利道路建设 100 分；植树造林
50 分；土地建房 50 分；车船使用税、农村合作医疗稽查征收 200 分；财务
管理 50 分；农民负担和土地承包 50 分；党建工作 150 分；青年、民兵、妇
女工作 50 分；精神文明建设 60 分；社会治安 50 分；信访工作 100 分；计
划生育 100 分；民政工作 20 分；教育工作 30 分；会议考勤 40 分，并在每
一项下面规定了极为详尽的考核细目。在调查中收集到的其他乡镇的考核
指标不尽相同，但在结构上大同小异，与我们在税费改革以前看到的关于
农村干部岗位目标责任制考核的文件内容相去不远，只是将排名第一位的
税费收缴工作让位于招商引资工作了，显示了乡镇财政收入预期来源的改

变（原来依靠从本地域农民和农业生产中获取财政收入，税费改革以后要依靠因招商引资而来的工商业税收中获取财政收入），除此之外，乡镇对村一级的管理体制和内容与税费改革以前几乎没有变化。上级政府各个部门下达的升级达标任务仍然在发挥着"指挥棒"的作用，因此，在基层，乡镇对村一级的"压力型体制"依然是权力运行的主要逻辑。依照这种逻辑，乡镇将尽力不断复制此前的技术和方法，用以控制村干部和村庄资源，以完成上级交办的各种事项，但是这样一来，农村税费改革只不过是暂时减轻了农民的负担，但在乡村关系制度变革和基层政权建设方面的作用却往往有限。

（二）农村税费改革政策对农民合作水平和一致行动能力的影响——以"一事一议"为例

如前所述，原子化的小农既无法与市场实现对接，也无法与国家实现良性互动，因此，将农民组织起来、形成一致行动的能力成为实现中国农村现代化，建设社会主义新农村的必要条件。而农民的合作需要相应的合作和组织资源，这种资源或者是传统的，比如宗族、血缘的纽带，传统中国农村能够在一定程度上实现农民间的合作正是基于这一纽带；或者是市场的，比如以契约的关系实现农民的合作，典型的如一些地区发展得较为规范的农民经济合作组织；或者是行政的，用国家的力量将农民聚合在一起，将其整合为一个有严格纪律约束的正规科层化组织，人民公社是一种典型的也是极端的例子。这三种组织资源都能在一定程度上提高农民的合作水平。就山东中部农村而言，以传统宗族的方式组织农民的基础已经不复存在，而在当前以契约方式，实现市场化的合作并不能够在大范围内展开，农民合作的主要组织资源仍然是行政的，即以国家和政府的名义、手段，主要以村级组织为动员机构，使农民摆脱分散化的状态，在一定范围内开展生产生活中的合作，以提供社区的公共产品，形成村庄秩序，使得生产生活能够顺利展开。但是，农村税费改革政策削弱了这种资源和合作能力。

在目前的农村基本经济制度条件下，农民合作的主要功能是提供社区农民共享的公共产品，具体体现为水利、饮水、村庄道路、生产生活用电、生产路、村庄治安、义务教育、公共环境卫生及美化等方面，这些都是依靠单个的农民个体和家庭无法生产的和提供的。长期以来，这些问题的解决依靠社区农民筹资来完成，资金来源包括三项提留、农民集资、义务工和积累工、机动地的发包收入、其他村集体经营性收入等。社区农民通过筹资的方式实现一定程度上的生产与生活的合作。在税费改革以后，大部分的资金来源失去了，多数村集体成为"空壳"，没有了动员和组织农民的能力，在国家政策方面也不再允许村级收取费用实施上述行为，村庄建设资金来源基本上依赖于"一事一议"。

在调查中可以发现，多数乡镇干部和农民认为"一事一议"解决不了村庄集体事务。在实地调查中了解到的情况是：使用"一事一议"的办法，三分之一的村什么事也干不成，三分之一的村能解决一些问题，三分之一的村想干事也能干成事，但这些村在收费上全部都突破了每人每年15元的政策规定的上限。乡镇和村干部在解释为什么"一事一议"搞不成时的说法包括三个方面：

首先，税费改革以后"群众的思想乱了"，这种笼统的说法实际上说明农民对于合作筹资这些事项的合法性的认知出现了变化。长期以来村庄内部事务的开支绝大部分是由社区农民筹资完成的，这种传统使农民认为"自己的事自己办"是天经地义的事情，虽然在收费的额度上会有些怀疑，对村干部在账目上是否清楚也有怀疑，但是对收费本身的合法性是高度认可的。但是税费改革政策取消了农村大部分的收费、出工项目，这使农民认识到不但收费的额度是值得怀疑的，而且收费行为本身就不具有国家支持的合法依据。在很多时候农民并没有在理性上仔细区分这种或那种收费，而是将收费视为一种同样的行动，这时候"一事一议"也就包括在收费范围之内，农民对其的认可程度就大大下降了。

其次，"村里对农民没有制约了，不听村里的话也没有办法了"。哪怕是对全体都有好处的事情，都会有人要"搭便车"，这是在公共产品提供时不可避免的现象，因此需要有相应的制约手段。税费改革以前，村级组织掌握着土地调整和发包的权力，可以使用税费减免或奖励的办法调动农民的积极性，相应地也可以使用这些办法对某些村民实施惩罚，这样"搭便车"行动就会在一定程度上受到约束，一些村民考虑到行动的代价可能会很大，所以不得不交钱来进行村庄建设。同时，一些项目实际上是统一收取然后再按照不同用途开支的，比如说从承包地的发包费用当中支出，不需要临时再向农民收钱，这样也就不存在"搭便车"的操作空间。农村税费改革以后，这些手段都没有了，如果有人要"搭便车"，事实上几乎没有任何对其实施制约的手段，所以"一事一议"难以操作也就很容易想象了。

再次，"政策有问题"。这包括两个方面，一方面，"一事一议"的上限是每人每年15元，干部们认为这点钱实际上什么事情也办不成，政策又不允许一次收取两年三年的，所以很多事情只好不干。另一方面，"一事一议"的操作程序极为复杂：村两委编制预算方案，召开村民大会表决并经三分之二以上通过，然后将村级兴办集体公益事业申报表一式三份连同村民表决签字按手印原件及复印件三份，一并报镇经管站审核，报镇政府审批，加盖镇人民政府公章和镇长个人章后，报县级"减负"办公室审核备案。对符合政策规定的，将申报表留存一份备查，返回镇村各一份，另一份报市"减负办"备案；对不符合政策的，将申报表全部退回，村集体不准筹资筹劳。这样复杂的审批程序费时很久，村庄很多事务诸如水电、修路、修桥根本等不及；行政机关效率并不高，这样整个审批程序就更加旷日持久。更为重要的是，当前农民负担是"高压线"，没有哪一级行政机关和干部愿意去冒这个风险，如果在申报材料中有一点不清楚之处，就会被打回去从头再来。让村两委按照十分严格规范的标准去做这种"文牍功夫"和"官样文章"，实在也是勉为其难。这样一事一议在很多地方就变成了空谈，村庄公益事业的兴办也就变得十分困难了。

观念上的变化、技术手段的缺乏以及行政规范的烦琐导致"一事一议"不能有效推行，农民合作能力在税费改革之后大打折扣。同时，由于"搭便车"行动不能够被有效制止，村庄收取水费电费也成为一件十分难办的事情，这就导致有些村庄出现原有的自来水被废弃，家家户户开始打井的现象。农民资金浪费十分严重，带来了很多生产生活问题。这些可以作为税费改革的"意外后果"加以看待。相当数量的村生产路、村庄道路、桥梁失修现象开始出现，村庄卫生状况开始恶化，水电等生产生活必需品提供出现困难，这些与"一事一议"制度的难以操作有着直接的关系。

（三）在严格的政策压力下，各种变通行为不断产生

变通行为是导致国家政策扭曲变形的重要原因，事实上也是导致农村税费改革出台的重要因素，但是农村税费改革政策本身却无法制止和杜绝变通行为的大规模发生。

在调查中了解到，有一些村对村民的收费仍然突破了每人每年15元的上限，这在"一事一议"的政策背景下是不可能的。这些村的做法是不履行"一事一议"的程序，也不冠以"一事一议"的名称，是以"捐款"的名义来进行的。比如文家庄村，在修路过程中动员驻村企业捐款，企业最多的捐了3万元，但是承诺国家"村村通油路"专项资金到位以后还款，这可以视为一种融资行为；另外动员村民捐款，每人210元到250元不等，共筹集60万元，拓宽改造了3000米长、12米宽的混凝土路面。这显然也是不符合政策的，但是是当地村民的自发需求，少数不愿意交钱的村民在强大的村庄舆论压力下也没有做出上访等举动。能做到这一点的村庄并不多，关键在于这个村庄的舆论还没有解体，还能够形成"多数人对少数人的舆论压力"，在于村民对村庄的将来还充满信心和希望，愿意为此付出代价以换取更好的未来。如果这两个条件不具备，村级用这样的办法去集资修路一定会惹出大麻烦，乡镇政府也不会允许村干部这样去做。

目前，山东中部几个地市农村粮食直补与农村合作医疗同时进行。粮食直补是给农民发钱，农村合作医疗是向农民要钱，数额又差不多，如果先将粮食补贴一家一户发放下去，再一家一户将农村合作医疗费用收取上来，工作量将会非常大。所以一些地方尝试着将这两项费用相互冲抵，即也不发钱也不收钱，这样工作量减少，农村合作医疗费用收取率也大为提高，但是这种办法又违反了中央政策，如果有关部门追究起来就会出大问

题。还有一些地方出现了这样的现象，让农民到某地来领取粮食补贴，在这个桌子上领钱，到相邻的一张桌子上交农村合作医疗的钱，这样就不会违反政策了。但这种情形是正常的现象吗？国家政策的设置居然会使基层干部想出这样的办法来，政策制定是否存在问题呢？

（四）"压力型体制"仍然是政绩考核系统的基本属性

"压力型体制"体现的是后发国家赶超型现代化的内在要求，也是 20 世纪 80 年代以来以地方为主导的工业化和现代化进程的具体表现，体现了作为地方政府无法遏制的加快发展的冲动。各种盲目的达标升级活动在中央强力制止下却屡禁不绝，其原因就在于这种体制事实上并没有改变过。科学发展观及和谐社会理念的提出客观上要求改变这种体制和逻辑，农村税费改革从本质上讲也体现了同样一种要求，但这与地方政府的发展冲动是相矛盾的，因此，一方面在推行税费改革，另一方面各种名目的考核指标还是在县与乡镇、乡镇与村之间连续延伸着，成为乡村关系模式的重要特征。

首先，在调查中看到，各个县市区对乡镇、乡镇对村十分相近的考核指标体系在税费改革前后并没有本质的变化，只是将原本排名第一位、分值最重的税费收取改成了招商引资任务，在 2001—2005 年乡镇下发的诸如"村级组织千分考核"文件中，其他内容大同小异。这说明乡镇政府的行政逻辑并未得到修正，依照这种逻辑，乡镇将尽力不断复制此前的技术和方法，尽力控制村干部和村庄资源，以完成上级交办的各种事项，但是这样一来，农村税费改革只不过是暂时减轻了农民的负担，而税费改革深层用意——调整乡村权力结构，调整国家在农村地区权力运行方式的努力却得不到真正的实现。

其次，税费改革以后"压力型体制"继续维持同时也反映了部门利益的强化和部门分割乡村社会管理空间的现实。比如农村税费改革政策当中规定，村一级报刊订阅费用不得超过每年 800 元，但在调查中的几乎每一个村都突破了这个上限，党报党刊征订是作为"党的建设"或"精神文明建设"方面的硬性指标，而各个系统和部门摊派到乡镇的报刊也不能不订，因为同样牵扯指标考核的问题。乡镇也就只好向村一级摊派，这样村级报刊征订费用就永远也降不下来。这是典型的部门利益的表现。

再次，税费改革以后，县乡招商引资压力空前增大。调查中很多县乡负责干部说"招商引资压力只能增大不能减小，一旦减小，矛盾全面爆发"，所谓"矛盾全面爆发"主要指的是财政方面。乡镇原来依靠从本地域农民和农业生产中获取财政收入，税费改革以后要依靠因招商引资而来的工商业税收中获取财政收入，招商引资就取代了原有税费收取而成为对乡镇"生死攸关"的工作项目。在这种情况下，哪怕干部明确意识到通过招商引资而来的是污染严重的企业，也不可能将其拒之门外；地方领导哪怕从理智上认识到这是在重复建设，也不可能压缩当地的投资规模；在国家对耕地实行最严厉的保护政策的背景下，地方政府必然千方百计申请土地指标，或者采用种种变通手段占用农民耕地，因此也可以预期在一段时间内，土地占用问题又会凸显出来。在这种微观经济环境中，国家宏观经济政策的落实难度也将会进一步加大。

（五）农业产业化和农业产业结构调整的难度增大

这一问题的原因主要来自于乡镇政府对于推进农业产业化和农业产业结构调整的积极性降低。实践中，税费改革以前乡镇政府积极推进农业产业结构调整的内在动力主要在于两个方面：一是上级指标的考核压力，二是农民的种植结构与乡镇财政收入密切相关。

首先，所谓产业结构调整在很多时候实际上是力图将农民的种植结构调整到有利于产生更多农业特产税的方面去，这样在农民增收的同时乡镇可以获取更多的财政收入，而在税费改革之后农业特产税取消，也就是说农民种与不种、种植什么、种植多少都与乡镇财政无关了，乡镇就失去了积极推进这一工作的最重要的动力。

其次，产业结构调整和农业产业化需要乡镇财政大量、连续的投入，比如培植典型、技术推广、对村和农户的物质激励等等，但是在税费改革之后乡镇财力萎缩，很难再支付这一部分开支，即乡镇也失去了推进这一工作的实际能力。而失去政府的财政支持，仅靠农民的自发行动，农业产业化、标准化和国际化是难以实现的。

再次，就山东省的经验来看，推进农业产业化和调整农业产业结构需要政府的强力推动，这一过程充满了乡镇、村级组织与某些农户之间的矛盾和摩擦。在当时财政收入的压力条件下乡镇和村有可能采取一些"逼民致富"的手段，但是在失去财政吸引力，而且农民负担、社会稳定成为最重要的政治问题的当下环境中，没有多少乡镇和村干部愿意冒"刺激农民"的风险去强力推进这项工作，"多一事不如少一事"成为干部普遍的心态，这样作为农民增收致富和农村发展重要途径的农业产业化就有可能受到重大挫折。

（六）税费改革政策在政策连续性方面的缺憾

历年的税费欠款是形成乡镇和村级债务的重要原因，在乡村工作实践中清理欠款是一项十分重要、干部们也不遗余力的工作。但是农村税费改革政策明确规定此前的税费尾欠一律不得清理收取，这项政策规定在实践中也引发了诸多的"意外后果"，对农村基层社会关系模式构建以及农村政治生态产生严重的影响。

如前所述，很多农民是将足额完成税费任务当作证明自己是一个"良民"而非"刁民"的证据，干部们也倾向于给予这些积极缴纳税费的村民以很高的评价，在官方的话语系统中定位于榜样和先进分子，而对那些拖欠税费的村民则予以"刁民"的称呼，在舆论上予以抨击和指责。这种"先进"与"落后"的划分表面上看是以是否完成税费任务为标准的，实际上是以是否"听政府的话"为评价标准的。那些"听政府的话"的农户自我评价为"好人家"，而一贯不听政府的话的人则被视为"难顽头"，通过这种"好"与"坏"，"褒奖"与"耻辱"的区分，在村庄内部形成有利于贯彻政府意图的舆论氛围。那些交了钱的村民虽然在经济上有付出，但是看到那些没交钱的人总是被点名、斥责、灰溜溜，心理上也会有所平衡，

认为听政府的也没有吃多少亏。这样，有利于乡镇和村级组织的乡村政治
生态能够运行起来。但是农村税费改革关于不许清欠的规定改变了这一
状况。

政策上有这样的明确规定，那么拖欠税费不交就不再是一种违规行为，
相应的拖欠税费的农户就不能再被定位于"刁民"，他可以合理合法地洗掉
自己身上的"耻辱"，而且以一种占了便宜的姿态出现。这时，那些一直按
时足额缴纳税费的农户就会感到极度的心理不平衡：自己听政府的话又出
了钱，又没落下好，那些不听政府话的人非但没受到惩罚，而且在舆论和
道义上似乎也摆脱了受指责的地位，成了"看事情看得明白"的人，现在
还得意扬扬，那么听政府的话有什么好处呢？做一个"良民"有什么好处
呢？"只有吃亏上当"，反过来说，做一个不听政府话的"刁民"似乎更为
有利。这时长期以来对"对"与"错"，"先进"与"落后"的价值评价体
系就面临崩溃了。社会学研究已经充分证明，一套相对完整稳定的价值评
判系统的存在，以及社会成员通过社会化过程内化这一价值系统使之成为
自觉的意识，是任何一个社会得以维系运行的基本条件，或者说是"社会
何以可能"的基本答案，而价值评判标准的混乱必将导致社会运转的严重
问题。调查中有些村民说："听话的吃亏，捣蛋的占便宜，谁还去听政府
的？"还有些村民要求政府把他们前几年已经交的税退回来。乡镇和村干部
则普遍反映 2005 年税率降到仅有一个百分点的农业税收取起来比前些年税
率高的时候还要困难，他们认为这就是不许清欠政策的直接后果，因为村
民觉得反正税费可以不交。村干部认为，这样下去政策就没有人相信了，
因为不知什么时候政策一变，老实人就又要吃亏了。这在一定程度上证明
乡村政治生态出现了危机。

当然可以认为村民和村干部的这种认识"政治上不正确"，也完全可以
理解中央政策制定时对"稳定"的特殊关注，但是也必须要考虑到税费改
革政策与此前政策连续性不强所带来的负面影响，不许清欠的规定最重要
的影响还不在于加重镇村债务问题，而是破坏了长期以来乡村政治秩序赖
以维持和国家意志得以贯彻的基本评价标准，导致农民和基层干部无所适

从，而且对国家政策的严肃性产生怀疑，对政府的号召动员能力产生影响，这对今后其他政策在农村地区的贯彻执行极为不利。

（七）对加强基层国家政权建设产生不利影响

国家力量不断深入农村基层是 20 世纪以来中国政治发展的典型特征，是执政党不断强化自身政权基础的重要措施，同时也是现代民族国家形成的必然需求。国家力量在农村地区各种形式的存在，包括一定的物质体现、稳定的组织系统、强大的行动和动员能力、强烈的象征符号等等，是维持农村稳定发展和保证政权稳固的基本条件。中国共产党的创立和发展历程、组织规范则更加要求对农村基层地区的全面和深刻的进入。近年来的医疗卫生、文化等"三下乡"活动，村村通广播电视等政策措施都可以视为是国家力量进一步向农村深入的努力，而农村税费改革在一定程度上影响了这种长期以来努力的进程。

首先，农村税费改革造成较为明显的干群关系疏离。

从实地调查中可以做出这样的判断，农村税费改革政策并没有立刻取得使多数干部和农民认为干群关系密切起来的作用，相当数量的干部和农民之所以认为税改对改善干群关系有作用，是因为改革之后干部和农民的接触极大地减少了，"不打交道了，矛盾当然就少了，都不见面了，哪来的什么矛盾"。矛盾的减少意味着干群接触密度和深入程度的下降，并不意味着关系的密切，反而表现出关系的疏离。在乡村社会这样一个标准化、科层化程度很低的社会当中，大量的问题依靠条文化的法律法规和正式的文件政策往往难以解决，需要基层干部参照"地方性知识"[1] 使用各种"技术"来解决问题，实施治理，这客观上需要干部对本社区情况极度熟悉，以及通过与农民高密度的接触所形成的对农民心态以及对具体事件在特定情境中的理解和把握，事实上，费孝通先生所描述的"乡土中国"的特征在很大程度上还存在着。在村庄普遍缺乏传统社会力量（如乡绅）进行社

---

① ［美］克里福德·吉尔兹：《地方性知识：事实与法律的比较透视》，载梁治平编《法律的文化解释》，三联书店 1994 年版。

会关系和矛盾调节的情况下，如果基层干部进一步产生与村民的疏离化倾向，许多农村问题将得不到正常而适时的解决，会积累为更加严重的问题并将以破坏性的方式表现出来。税费改革以前，由于税费收缴行为的日常存在，基层政府、干部与农民之间存在着一种类似于相互"制约"的关系。从微观的"治理技术"角度分析，一方面，基层政权组织要求农民履行税费缴纳义务，但与此同时农民也在要求政府和干部向他们提供那些他们无力生产的公共产品，并以是否缴纳税费作为与干部讨价还价的筹码，"你们明天不弄来水，今年就不要想收到税"，农民对干部的这种"要挟"事实上可以视为农民与干部在农村日常政治生活中的某种"契约"关系。正是这种契约关系的存在，使得基层政府与农民构成在利益上紧密相连的社区共同体，干部以提供公共产品的行为要求农民缴纳税费以维持自身的正常运转，农民也可以以此来迫使干部们反映本社区农民的偏好，较为积极地发挥自身的服务功能。对于各种税费的全面取消，目前通常的认识是这样可以使基层政府和干部"摆脱繁重的税费收缴压力，更好地为农民提供生产生活服务"。但问题在于，在财政体制没有大的变化的情况下，在基层政府"企业化"色彩严重，很多时候以"谋利型政权经营者"① 出现的情况下，乡镇财政对本社区农民依赖性的消失，对工商税收和上级转移支付依赖性的极大增强，将导致基层政府与当地农民不再有直接的利益关系，客观上更加不能够反映本地区农民的偏好，损害当地农民利益的一些上级长官意志将更加无法得到有效制约，污染、非法占用土地等现象也将会更加严重；基层干部更加没有积极性发挥自身对农民的服务功能，基于税费收缴行为的政府与农民之间的"制约"关系，双方的"承诺"和契约关系也就随之极为淡化。这样，在外部政策和经济环境不出现大的变化的情况下，基层政府与农民、干部与农民之间关系进一步疏离化将是不可避免的趋势。

其次，农村税费改革削弱了基层政府对农村地区的控制能力。

在调查中，有些乡村干部说"现在就是农民要造反，村里连个报信的

① 杨善华、苏红：《从"代理型政权经营者"到"谋利型政权经营者"——向市场经济转型背景下的乡镇政权》，《社会学研究》2002 年第 1 期。

都没有"，这种说法可能过分，但是表现出干部们对于政府对农村控制能力下降的担心。现代民族国家作为权力集装器（power containers）必须具有两重意义上的强大的监控能力，包括对信息的控制和一些群体对另一些群体的活动进行监督的能力。随着农村税费改革的推进，在基层，这种能力呈现弱化趋势。一方面，由于合并乡镇导致乡镇规模扩大化，使得乡镇在公共服务提供方面和社会控制方面都出现一些问题；另一方面，由于强调"减人增效"，大量削减乡村工作机构和工作人员，导致对农村控制水平和能力的下降。必须要看到，由于宏大的治理目标与相对粗疏的治理手段之间的不对称，长期以来中国社会的治理是靠"人民战争"的方式来完成的。比如在警力不足、现代化装备缺乏的情况下，只能大力发展群防群治，用人力资源弥补装备的不足；再比如在现代化的统计、监控系统不发达的情况下，也只好用社会全面动员的方式来对应诸如"非典"等公共危机。也就是说，在尚不具备西方意义上的现代化物质和技术条件的情况下，适度规模的人力资源（主要是干部）储备和强大的社会动员能力是必不可少的。在调查中，有些干部说，在防治禽流感过程中，上级要求统计汇报家禽饲养、病害防治情况，但是乡镇兽医站已经精简得只有一两个工作人员，根本不可能完成整个乡镇的这方面的工作，只能自己在办公室编一个数字报上去，除此之外，还能有什么办法呢？这种状况暴露了税费改革之后国家对农村地区控制能力的危机。

四、 简要的政策建议

综合以上分析，针对农村税费改革的社会影响，笔者提出下列基本的政策建议：

第一，不能继续将农村税费改革的矛头直接指向基层政府和干部，而是要调动干部的积极性，推动农村各项事业的健康发展。从总体上讲，农村税费改革是国家对基层政权的"充分"不信任。国家倾向于认为，只要基层政权还有"权益性行动"的空间和机会，他们就一定会以各种各样不

符合政策文本的形式来实践国家政策，以谋取自身的利益，同时损害农民
的利益，因此只有比较彻底地削弱基层政权掌握的资源和权力，使之根本
不可能再有能力去进行"权益性行动"。用更通俗的语言可以这样表述，
"既然没有办法监督和保证你做好事，干脆你就不要再做事了"，所以这也
是国家对自身对于基层政权控制和监督能力丧失信心的一种表现①。如果进
一步依照这样一种思路和原则推进税费改革，那么农村公共品缺乏，干部
与农民之间关系疏远，基层政权合法性水平降低，农村衰败趋势加剧等现
象都将更加严重。因此，首要的是应该要明确意识到，税费改革和社会主
义新农村建设从长远意义上讲必须要依靠基层干部与农民的配合与协作，
而不是以牺牲基层的合法性为代价换取高层和中央合法性水平的提高。合
法性的下降会产生"倒逼效应"，基层合法性水平的下降必然连锁性地倒逼
到高层和中央，这是一种带有相当大危险性的趋势。因此，不能继续将农
村税费改革的矛头直接指向基层政府和干部，而是要调动干部的积极性推
动农村各项事业的健康发展。

　　第二，从改革思路上讲，不能以一味地省钱和"甩包袱"为主旨，而
是要以能够满足需要为目的。目前的农村税费改革以及相关的一些政策内
容，无论是合并乡镇、合村并组、减员增效、村支部书记与村主任一肩挑
等等，都是以省钱为目的。但实际上，虽然节省了一部分开支，但是在总
体治理结构没有改变的情况下，这种改革是人为地造成治理环节上的断裂
和治理框架方面的漏洞，许多农村生产生活方面的功能实现将失去稳定的
组织和人员保障。因此在设计改革政策时，应当充分考虑到中国农村社会
的特殊性，以及治理技术不发达的现实，首先从功能实现的角度加以考虑，
如果某些制度和机构撤销后，它原先履行着的一些功能无法实现，而这些
功能又是农村社会所必需，那么在没有新的制度和机构之前，这些原有的
制度还必须维持一段时间，而不能轻易地合并或者撤销。比如说村民小组，
这是一个真正的"熟人社会"，保留着大量的传统意义上的社会整合资源，

---

　　①　参看刘岳、宋棠：《国家政策在农村地区实践过程的理解社会学》，《乡村中国
评论》第 1 辑，广西师范大学出版社 2005 年版，第 109 页。

是农民在生产生活方面进行合作的最为方便而经济的平台，是保证农村正常社会秩序的有效手段，也是国家进行乡村治理时可以利用的成本最低的组织方式。如果根据"一刀切"的以省钱减人为目的的政策而全部撤销，在现代性因素发育不完全的情况下，将会导致农村地区在治理资源和社会整合资源方面的严重缺失，许多问题的解决、纠纷的化解、秩序的维护将要付出事实上比此前更高的成本，而这些往往是在制定政策时很少考虑的。这也说明，在政策形成过程中，不能仅仅考虑经济一个方面的因素，政策所面对的是由生活中的人所构成的复杂生活世界，政策所要调节的不是抽象的数字，而是生活世界中的各种事件以及在这些事件中所形成的人与人的复杂关系。这也要求在进行政策论证时，要尽量综合考虑多种学科视野的意见和建议，而不能只从将复杂的人化约为简单数字的单一视角出发。只有这样才能使政策更加切合农村社会的实际，也才能保证政策的连续性和实践中的可操作性。同时，不仅要考虑到日常状况下满足功能需求的问题，还要注意到在特殊时期和突发状况下保证功能实现的问题。战胜"非典"已经十分清楚地证明基层组织和干部在重大社会事件出现时所发挥的不可替代的作用，如果这个组织系统在税费改革过程中受到较大破坏，那么类似事件的妥善解决在现有的制度和技术条件下几乎是不可能的。这也进一步说明，保证政策的连续性，是在进一步改革中必须注意的严重问题。

第三，改革现有的财政体制，保证基层政权的正常运转，实现农村地区内生发展能力的复兴。

进一步完善现行的分税体制，对中央与地方及基层各级政府的财权与事权进行明确的划分，并根据财权与事权一致的原则进行合理分配。确保地方和基层履行政府功能的同时获得相应的财政支持和保障。从历史上看，地方财税的转运与留存的不合理及朝廷不断加派是造成地方官吏向农民加征的重要原因。同样地，我们也发现农民负担过重且屡禁不止，地方财政困难和危机也与国家财税体制直接相关，尤其是中央与地方及地方政府之间财权和事权的分配不合理直接相关。1994年我国实行分税制之后，我国中央与地方税源分配不合理。中央和上级政府将比较稳定的和重要的税上收了，地方和基层的税源减少且不稳定。不仅如此，目前的分税制也没有解决地方各级政府的事权与财权分配问题。在现行的体制下，作为主要税种的增值税收入的75%上交中央财政，剩余的25%则由各级地方政府分成，其他一些重要税种的收入或全部归属中央或在中央与地方、地方各级政府间分成，在这种利益机制的驱使下，各级地方政府为了保障各自的财政收入、满足其财政支出需要，往往采取层层下压的办法，尽可能多地从下级财政抽取资金，在控制财源的同时又将事权下移。税费改革在减轻农民负担的同时也减少政府的收入，从而进一步引发了各级政府权与利的重新分配，加剧了各级政府之间的利益矛盾。一些地方政府为保证自身的利益，进一步层层向上集中财源和财权。在财权上收的同时，事权却下放，财政缺口向下转移。"分税制"在一定程度上变相成为"包税制"，每年各级财政收入都有硬性任务指标，上级政府在年初根据支出计划，逐级下达财政收入任务，层层分解，限期上解。县级政府对乡镇下达死任务，完不成财政收入则实行"一票否决"，给基层政府造成很大压力，在难以完成税收上解任务时，各乡镇首先得完成上级规定的税收任务，不足部分各乡镇自行解决。一些地方只好举债先完成上解任务，债务负担又转嫁给农民；这也迫使一些乡镇财政为了首先保证上解任务完成而使本级财政难以自求平衡，只好拖欠职工的工资，日积月累，造成基层财政滚存赤字越来越大。显然，要减轻农民的负担，就必须完善中央与地方及地方各级政府之间的税收体制和财政体制，对地方和基层政府以事权相应的财权，缓解地方和基层政府的财政压力。

同时，进一步合理界定基层财政的职能与事权，调整支出范围，建立规范的转移支付制度，特别是加大国家对乡村义务教育的投入。

根据公共产品的性质及受益范围，确定各级政府的财政责任及分摊机制，减少基层财政的不合理负担。对维持国家政权的运转（如干部工资、办公业务）、社会安全类公共产品（如优抚、征兵、民兵训练等）、宏观调控（如对农业的保护政策）、收入再分配（如对五保户、军烈属生活困难补助）等职能的开支应由中央财政负担，计划生育和义务教育涉及民族利益，也应由中央财政开支。基层财政主要承担地区性社会秩序类和社会基本公共产品的供应以及处理外部效应的职能。对于经济不发达地区来说，对道路、校舍、医院、通信等基础设施的建设性支出，不能依赖于向农民筹措，只能靠国家支持、信贷投资等方式来解决。

迄今为止，农村义务教育主要是依靠地方和基层政府的财政，由农民群众来负担。中央和省级政府的教育事业费大部分用于高等教育，对义务教育只承担补助贫困地区和少数民族地区的责任。这就造成中央和省级政府掌握了主要财力，但基本摆脱了负担义务教育经费的责任；基层政府财力薄弱，却承担了绝大部分义务教育经费。目前我国九年制义务教育的财政开支中，78%来源于乡镇，9%来源于县，11%来源于省，而只有2%来源于中央。县乡两级的财政收入约占全国财政总收入的21%，而县乡两级财政供养的人员却约占全国财政供养人员总数的71%。事权与财政支出与收入明显不相称，造成财政缺口。这种义务教育财政体制在经费筹措上过于依赖基层乡村和农民是不合理的，级次较低的政府，其财力规模小，难以有效承担农村义务教育投入的职责，而级次较高的政府，其财力相对雄厚，必须适当承担农村基础教育投入的职责。只有这样，才能够保证通过农村税费改革减轻的农民负担不出现反弹。

必须提高转移支付的规范化程度，改革目前各种专项资金切块分割的现象，弱化部门意志和部门利益，改变一些干部所说的"买棺材的钱不能拿来买药吃"的现象，给地方以更多的自主权，使地方政府能够按照本区域的实际情况和真实需求统筹安排资金的使用，避免由于资金切块所导致的条块分割现象的进一步严重和"跑部钱进"现象的进一步蔓延，切实提高资金的使用效率。

第四，应当以立法的形式明确村民对村一级公共产品开支的经费义务。

前文详细论述了农民对于合理义务的认可程度，目前的"一事一议"制度流于形式的问题，以及一定量的合理义务对于农民国家观念塑造的重要作用。目前国家财政并没有能力覆盖所有农村地区，况且即便有充足的资金，面对如此之多的行政层级和极为复杂的农村公共产品的需求，资金的合理分配和使用都是难以想象的，使用国家资金迅速及时地解决农村地区时效性很强的公共品提供问题也是不可能的，因此必须有一种简便易行而且能为农民所接受的资金筹集和分配使用方法。"一事一议"制度是解决这一问题的方法之一，但如前所述效果并不理想。建议通过立法形式规定村民义务，以土地租金的名义向农民收取一定量货币，用这种方式解决村级运转问题。由于农村土地的集体性质，这种办法是完全合法的；村民自治制度本身与这种办法也是高度契合的，而且在实践中操作简便易行，合乎农民关于"正当性"的认知观念，有较好的社会心理基础。这种办法能够在一定程度上解决村级公共品提供问题，有利于农民生产生活，弱化村级对乡镇政府的依附程度，有利于村民自治制度的巩固，提高农民的合作水平和能力，增强农民的国家观念和意识。当然必须要吸取以前的经验，在实行这一办法的同时，设置相应的严格管理和约束机制，对农民缴纳资金数额、方式，资金管理使用的规则、违规的惩罚措施做出明确规定，避免农民负担出现反弹和资金浪费现象的再度发生。

第五，大力发展各种农村合作组织，提高农民合作水平，增强农民一致行动能力，形成政府—农民良性合作关系。

农村合作组织和农民合作化不仅是使农民获得更多收入的组织方式，同时由于其契约化的连接方式，也是农民民主意识萌生和民主化训练的最好土壤；其自我服务、自我管理的组织功能可以在一定程度上缓解农村地区公共产品提供困难的问题，同时也使得国家与分散的农民之间有了新的联系方式与渠道，维护社会稳定，促进和谐社会建设，极大地降低国家对农村地区的治理成本；这种较为稳固的组织形式可以以制度化和理性化的方式与基层政权展开互动，在配合国家行动的同时对基层政权行为实施监督和制约，从而在国家与农民之间形成良性的互动关系，形成在农村地区新的权力结构和治理结构；更为重要的是，其跨越当前居住社区的广泛联系也使党在农民社会流动日益频繁的市场化背景下有了基层治理的新型载体，成为增强党的执政基础和在基层执政能力的有力手段。大力发展农村合作组织，将有力地克服目前存在的诸多问题，成为与农村税费改革政策相配套的重要政策措施。

  总之，税费改革政策不能单纯以减轻农民负担为着眼点，在改革进入到目前的阶段，应当更多考虑下一步的改革对乡村治理结构的重新调整，以及与社会主义新农村建设的对接问题。以此为出发点，制定实施具有高度配套性的、具有内在逻辑一贯性的农村工作政策体系。

第九章　社会主义新农村建设：中国农村 现代化社会基础再造的国家战略

　　必须要从国家战略的高度来认识和理解社会主义新农村建设政策，这一政策体系的目的不在于简单地改善当前农村基础设施条件，或者是在短期内为农民增加一些收入，而是立足于中国农村历史因素和时代背景的结合，希望从根本上对农村治理方式进行变革，为中国农村现代化指明一条新的、更有时代特色、也更具中国特色的发展道路。其核心内容在于清醒认识中国二元社会结构的基本国情，调整农村地区各种关系结构，充分调动国家力量和民间资源两方面的积极性并实现有效支持和补充，形成自上而下和自下而上两种力量的合作，实现国家与社会的良性互动。一方面构造网络化的社会管理控制体系，另一方面实现能够发挥社会成员主观能动性的宽松环境。国家力量改变以往不断从农村退出的趋势，深入农村基层，以此为主线动员其他力量并将它们体制化，在这一过程中实现国家整合的目标。城乡之间将会以不同于以往任何一个历史时期的方式实现互动，在国家主导下，农村现代化社会基础再造顺利推进。这是社会主义新农村建设的根本性目标。

一、 社会主义新农村建设 "新" 在哪里

"建设社会主义新农村"并不是最近的提法。1956 年一届全国人大第三次会议通过的《高级农业生产合作社示范章程》曾提出过"建设社会主义新农村"的建设目标①。1960 年 4 月，二届全国人大二次会议通过的为提前实现全国农业发展纲要而奋斗的决议中也提出过建设社会主义新农村的目标，在 1982、1983 和 1984 年的三个中央 1 号文件中也曾经有过这种提法，在 1987 年中央 5 号文件和 1991 年中央 21 号文件即十三届八中全会的公报中都出现过这种提法或十分相近的提法，也就是说，仅就字面的表述而言，"社会主义新农村建设"并不是新的提法。但是显而易见，十六届五中全会围绕"社会主义新农村建设"所阐述的建设目标，在完整性和系统性和深刻性方面远远超过此前，非常清晰而具体地指出了在新的历史条件和社会背景下中国农村发展的方向、动力以及保证目标实现的政策措施。可以这样认为，此前若干次提到的"新"农村，更多地带有时间序列上的先后意味，即后出现的事物在时间意义上相对于以前是"新"的，而并没有明确指向于一种哲学意义上的"新"的质的规定性。社会主义新农村建设"生产发展、生活宽裕、乡风文明、村容整洁、管理民主"总目标的提出，则意味着从政策供给到建设手段、发展路径等等方面均与此前相比有性质上的改变，而这种性质上的变化又是不能够从表面上来认识的。

深刻理解社会主义新农村建设的实质含义迫切需要在基本理论问题方面做出有效的阐释说明。在一些研究中可以看到这样的表述，"生产发展是建设社会主义新农村的物质基础，生活宽裕是建设社会主义新农村的根本要求，乡风文明是建设社会主义新农村的思想基础，村容整洁是建设社会主义新农村的关键环节，管理民主是建设社会主义新农村的重要保障"②；

---

① 参看《人民日报》1956 年 6 月 24 日。
② 江苏省"三个代表"重要思想研究会：《全面把握新农村建设的五大目标要求》，《毛泽东邓小平理论研究》2006 年第 3 期。

或者"生产发展是社会主义新农村建设的首要任务，生活宽裕是社会主义新农村建设的核心目标，乡风文明是社会主义新农村建设的关键环节，村容整洁是社会主义新农村建设的重要内容，管理民主是社会主义新农村建设的有力保障"①。这些解释虽然在表述上具有一定的整体感，但事实上没有能够将"社会主义新农村建设"作为具有高度内在契合性的严密逻辑整体加以看待，而是将其分割开来，这种倾向于表面化的叙述和解释也很难在实际工作中发挥指导作用。

"社会主义新农村新在哪里"，这个问题也可以表述为社会主义新农村建设为什么是"新"的，即这种"新"的质的规定性体现在哪些方面。这作为破题的首要问题，直接决定着社会主义新农村建设的方向性和资源的分配方式以及政策体系的基本设计模式。关于这个问题，学术界有几种代表性的观点：

（1）温铁军认为，新农村建设的"新"主要体现在以下三个方面：其一，城乡之间的良性互动，改变以往简单化地加快城市化的倾向，全社会都来更加关注并致力于农村的综合发展。其二，农村社会制度的完善和农村和谐社会的构建，应逐步建立起比较符合农村实际的社会保障体制，逐渐把在城市中已经相对过剩的社会文化资源引向农村，适当地引入外来志愿者帮助农民把各种社会文化组织发展起来，比如成立老年协会、妇女协会，这些工作到位了，就能率先在农村达到构建和谐社会的目标。其三，农村人文传统和自然环境的全面恢复，应该重新恢复农村本来就拥有的田园风光，农民应该生活在一种相对比较和缓、比较和谐的社会人文环境之中；让一些精神紧张、不堪污染的城里人被田园诗般的农村所吸引②。

（2）林毅夫认为，推动社会主义新农村建设，加强农村公共基础设施，改善农民生活消费环境，启动农村巨大的存量需求，消化掉过剩生产能力，

---

① 王伟光主编：《建设社会主义新农村的理论与实践》，中共中央党校出版社2006年版，第231—239页。

② 参看温铁军：《新农村建设要实现三新》，《人民日报》2005年10月31日。

农村劳动力向非农产业转移，以及增加农民收入的渠道才得以畅通，因此，公共基础设施建设是社会主义新农村建设的着手点，社会主义新农村建设的对象应是自然村，社会主义新农村建设的资金应以公共财政为主①。

（3）贺雪峰认为，建设社会主义新农村的核心，就是要建设一个让农民出得去、回得来的，可以容纳9亿农民在其中完成劳动力再生产，在其中过上体面而有尊严生活的社区共同体，新农村建设的战略任务，就是要通过建设社会主义新农村，使农民安居乐业，至少可以温饱有余，有生存得下去的环境，从而使城乡之间良性互动：在城市经济发展，就业机会增多，务工经商收益增加的时候，农民可以进城务工经商；而当城市经济不景气，就业减少时，进城农民可以选择回到农村，有了稳定的农村，中国现代化就有了回旋余地，就可以立于不败之地。农民在农村的生活费用较为便宜；人均一亩三分地，基本可以保证温饱有余的生活；在农村，农民劳动力可以与土地相结合，养花种草，种经济作物及粮食作物；在村庄中，农民拥有良好的熟人关系；农民世世代代生活在自己的村庄，也容易形成对未来生活的稳定预期。因此，只要让农民可以固守村庄，则农村就可能成为一个农民出得去、回得来的中国现代化的稳定器与蓄水池②。

（4）政策部门的观点。陈锡文认为，新农村建设包括四个方面的内容：其一，新农村建设要坚持发展农村生产力，要以经济发展为中心，经济不发展，农民收入不提高，新农村建设搞不下去。其二，新农村建设要加快完善农村经济社会管理体制，乡镇机构设置、职能设置必须与农民要求和承受能力相适应。其三，通过城乡统筹解决农民最无奈、最无法解决的问题。其四，要建设一个好的农村环境③。郑新立则更加注重村庄建设，他认为，当前和今后的一个时期，新农村建设的重点内容包括三类：一是农村区域性的基础设施和公共服务设施项目，该类项目覆盖乡镇和有一定规模

① 参看三农中国网及林毅夫《新农村运动与启动内需》，《北京大学中国经济研究中心研究简报》1999年第7期。
② 参看贺雪峰：《新农村建设打造中国现代化的基础》，三农中国网。
③ 参看陈锡文：《深化对统筹城乡经济社会发展的认识，扎实推进社会主义新农村建设》，《小城镇建设》2005年第11期。

的中心村，与城市基础设施共同构成比较完整的国家基础设施和公共设施网络。二是直接面向村庄的公益类建设项目，如村庄整治规划，村庄道路，供水设施，村庄排水沟，公用水塘建设，公共厕所，垃圾场，村民活动室等等。三是农户自主参与、农民直接受益的项目。其他各方面的学者也提出了关于社会主义新农村建设的诸多理论观点①，但是基本上也没有超出以上所述这几种观点的框架。

　　可以看出，林毅夫和政策部门的观点更多倾向于从典型的经济学视角做出判断，事实上没有把农村作为社会整体来看待，而只是强调了物质领域这一个方面。如果仅仅将关注点集中在这一方面，那么在认识上和实践中就会形成这样一种导向，即资金的大量投入是建设社会主义新农村的关键。单纯强调资金的重要性就会将原本十分复杂的社会主义新农村建设问题简化成一个经济问题或更加简略的资金问题，这样社会主义新农村建设政策体系在实践中也将随之被简化为一项单纯的经济政策，综合性、总体性的社会改革的意义无法体现。在基层实践中则很可能反映为有钱就可以把新农村建设搞好，缺钱就只好无所作为，使社会主义新农村建设成为资金成本极高的浩大工程，发达地区与落后地区的区域差别将会更加明显，统筹区域发展的目标无法实现；在具体操作中存在更为简单化的理解，比如新农村建设就是修马路、盖新房、搬新村等等，以这种"立竿见影"的物质化、表面化的指标考核方式推动工作的开展，很容易使社会主义新农村建设变成一场不能取得实质意义上进步的运动。这种推进方式所依赖的仅仅是资金投入的强度，与基层组织建设无涉，与乡村关系模式变革无涉，与农村社会事业全面进步无涉，与农村地区持续健康发展的底蕴积聚无涉，归根到底，这是"建造"新农村的思路，而非"建设"新农村的思路。一

---

　　①　参看韩俊：《推进社会主义新农村建设需要把握的若干重大问题》，《当代世界与社会主义》2006年第3期；张晓山：《推进社会主义新农村建设》，《人民论坛》2006年第1期；杨学成：《从中国近现代农经史看建设社会主义新农村》，《山东农业大学学报》2005年第4期；曹立群、高峰：《社会主义新农村建设：从奋斗目标到行动纲领》，《探索》2005年第6期；谢来位：《建设社会主义新农村的公共政策体系建构》，《农业经济问题》2006年第2期。

些地方农民所言新农村建设就是"钱多盖房，钱少刷墙，没钱竖牌子"，这就生动地体现了这种导向的结果，非但不能够从根本上促进农村发展，不符合社会主义新农村建设的本意，如果大面积推广开来，反而会带来破坏性的影响。

温铁军所持观点是他一贯坚持的"解构现代化"或"无法复制的现代化"[1]观念在新农村建设方面的集中体现，贺雪峰的观点与温铁军的说法有极其相近之处，要点在于不但要在基础设施方面下功夫，更重要的是重构村庄内部的精神世界与和谐关系，这是对中国快速城市化进程和世界经济周期性波动以及中国经济持续增长持谨慎态度所得出的结论。比较而言，这两种观点更加契合于社会主义新农村建设的本质含义，但是在新农村建设的空间单位方面仍然存在严重问题，这一点下文另述。

综合以上，本书认为，社会主义新农村建设的"新"，本质上不体现于农村地区修路盖房等物质方面，村容村貌的变化和基础设施建设的加强是新农村建设的实践结果，而不是其运作机制；社会主义新农村建设是具有深刻社会变迁含义的战略性构想和举措，就"生产发展、生活宽裕、乡风文明、村容整洁、管理民主"五方面目标而言，其中每一方面都在各个历史时期反复强调过，关键在于有一种新的建设方法和方法体系，使中国农村社会重新具备内生的可持续发展能力，从这个意义上说，建设社会主义新农村便可以理解为中国农村社会基础再造的过程。针对当前的社会理想、国家目标或现代化导向，有目的、有意识地对农民之间的连接关系以及由此形成的农民与国家、市场之间的关系结构进行调整和改造，使得二者之间能够有高度的契合，能够实现顺利的对接[2]。理解为农民如何形成一致行

① 温铁军：《解构现代化》，广东人民出版社2004年版。
② 参看王立胜：《论中国农村现代化的社会基础》，《科学社会主义》2006年第3期；《中国农村现代化研究的理论原型与核心命题——从"社会基础"概念的角度》，《毛泽东邓小平理论研究》2006年第8期；《毛泽东"组织起来"思想与中国农村现代化社会基础之再造——重读毛泽东"组织起来"》，《现代哲学》2006年第6期；《农村社会基础之再造——社会主义新农村建设的着力点》，《国家行政学院学报》2007年第1期。

动的能力与国家力量相配合实现国家目标并获取自身福利的实践过程①。这是社会主义新农村建设之所以"新"的本质所在。

二、 社会主义新农村建设的时空定位问题

任何人类行动，包括生物学意义上的生命行动和社会意义上的个体和群体行动都要在特定的时间和空间范围内实施。这样讲包括两个方面的含义，一方面，从静止的状态的角度，任何行动都必然地处于某个时间和空间的交汇点上，必须考虑在当下时间和空间的限制条件，这构成行动的基本前提；另一方面，从动态的过程的角度，任何行动都必然在时间和空间上做连续性的展开，并以此形成基本的预期，时间和空间成为人类行动首要的约束条件。这是不言而喻的。作为战略和策略的制定与实施当然也是如此，时空定位必然要成为政策制定、实践过程中需要考虑的基本问题，在这个问题上的模糊，或者对这一问题的忽视必然导致在发展方向、实践结果方面的模糊和紊乱。因此，十分有必要从时空定位角度对社会主义新农村建设这一重大战略性政策体系进行深入的，同时也是十分慎重的分析。

（一）社会主义新农村建设的时间维度分析

所谓的时间维度或时间约束问题，即社会主义新农村建设战略意图在多长时间内达到或初步达到所设计的理想目标，国家未有明确表态。农民对于新农村建设怀有较高的期望，这也许是一段时间以来大规模的宣传所导致的后果。有研究指出，"所调查的四省（湖南、河北、江苏、甘肃）绝大多数农民都认为新农村建设能够在 20 年内完成，在这个时间段内，各地的新农村建设能否完成确实是个未知数……倘若在 20 年内完成有困难，那么在新农村的宣传上就应注意，不要给农民造成误解，不要让农民失望"②。

---

① 参看王立胜：《论中国农村现代化的社会基础》，《科学社会主义》2006 年第 3 期。
② 叶敬忠：《农民视角的新农村建设》，社会科学文献出版社 2006 年版，第 353页。

社会主义新农村建设具有"新"的质的规定性，是带有社会变迁性质的巨大变革，是国家对于农村地区治理方式、农村经济社会发展模式的深刻转型①，如果我们从这个层面上来研究社会主义新农村建设，就会愈发认识到时间约束或者说时间维度对于这一战略制定和推进的极端重要性。社会主义新农村建设的时间定位方面的差异从表面上看只是体现为时间长短和速度快慢，而实质上将会使整个政策体系供给的基本思路产生本质的区别。这里讲的政策体系供给不仅指具体的政策组成，更多的是从战略指导方针方面出发的。正如在抗日战争期间，速胜论和持久战由于在时间定位上的不同，必然带来策略上、技术上、民众的组织动员上的巨大差异，这不再是抗战需要三年、五年还是十四年的问题，而体现为价值取向方面的根本区别，体现为对战略局势最基本的判断；也如同在新中国成立以后，对由新民主主义阶段到社会主义阶段过渡的时间问题做出不同的判断带来了差异非常大的实践后果；再如中央做出了中国处于并将长期处于社会主义初级阶段的判断，由于这一时间定位上的基本约束，就导致了我国在很长的一个历史阶段内的各方面政策内容呈现出特定的面貌。在中央提出"三农"问题是全部工作重中之重的认识背景下，社会主义新农村建设具有了宏观性和战略性、全局性的特点，这就使得对它的时间约束的判断具有了如前面几个重大历史实践同样重要的意义。

在操作层面上，我们可以把社会主义新农村的实质性目标理解为中国城乡二元结构问题的较为彻底的解决。所以这里所探讨的时间约束问题相应地也可以简化为，中国城乡二元结构究竟会是一个在短时间内可以得到解决的阶段性问题，还是一个在很长时间内始终存在的基本状态。要对这一问题做出清晰的判断，或者说以此为约束，就社会主义新农村建设在实践上做出明确的定位。笔者曾指出，"中国三农问题的实质体现于两个方面：在特定资源条件的限制下，一是分散的小农与市场对接的成本太高，表现为小农与资本之间的关系紧张；二是分散的小农与政府之间的交易成

---

① 参看王立胜：《农村社会基础之再造——社会主义新农村建设的着力点》，《国家行政学院学报》2007 年第 1 期。

本太高，表现为农民与国家的关系紧张。这两种紧张关系自清朝末年、民国以降一直是困扰中国发展的主要因素，也是当前三农问题成为严重战略问题的历史根源所在。极度分散的小农形态与近代以来中国后发外生型的现代化道路之间有着难以克服的内在紧张，这种紧张状态事实上促成了近代以来中国的社会基础抑或中国基本的社会结构形态的形成"①。社会主义新农村建设的提出，正是为解决这个根本性问题所做出的努力。

　　总的来看，如果认为城乡二元结构是可以在短期内（如十年、十五年）解决的阶段性问题，那么在户籍制度、城市建设、农村住房制度、农村耕地制度等方面就必然以此为前提做出相应的安排，带来的必然是积极的、快速的，甚至是激进的城市化过程，这种快速城市化不仅仅意味着人口向城市的带有不可逆性质的大量快速集中以及户籍身份的变化，实质上是政策体系的制定和供给就不会考虑和照顾农村地区的独特性而倾向于以城市生产生活内容为标准，而会以城市生活的、工业化的甚至是后工业化的观念框架和概念系统去定义和解释农村社会的现象。当然，在政策制定时会考虑到在这种转型和对接中产生大量的摩擦成本，但由于认为城乡二元结构是可以在短期内解决的阶段性问题，因此这种成本所维持的时间并不会很长，不过是"阵痛"而已，是可以容忍和接受的，是可以承受的代价，这样，政策体系将会呈现出完全不同的风格和面貌。而如果倾向于认为城乡二元结构将会是长期存在（比如五十年、一百年）的状态，则可以将其近乎视为一种在特定资源条件下无法超越的常态，就会十分注重当前（当然也是会长期存在的）农村地区标准化、制度化、科层化程度很低的实际状况，在强调城乡统筹的同时，更加注意农村地区的承受力，考虑政策实践的摩擦成本，重视一种外生性的政策力量"嵌入"乡村社会时会遭遇到的种种变数，会形成一种充分考虑中国国情、具有中国特色的现代化模式，农村将不再是以西方为指归的"现代化"视野里的"累赘"，而成为中国现代化最重要的"战略总后方"②。

---

① 王立胜：《论中国农村现代化的社会基础》，《科学社会主义》2006年第4期。
② 参看贺雪峰：《乡村的前途》，山东人民出版社2007年版。

在前面的章节中，我们已经就农村金融和农村司法问题做了较为详细的论述，在这里我们也可以从时间定位的角度，就新农村建设在这两个方面的推进方式做出进一步的讨论。

从时间约束的角度来分析，如果认为社会主义新农村建设是可以在短期内完成的任务，在金融政策上必然强调以正规化、公司制的现代商业银行的模式在农村地区提供金融服务，或者说，必然地会以城市金融的"模样"在农村地区加以复制，这样做的后果只能是要么以行政力量强行驱动"资金下乡"，但由于会造成商业银行出现亏损而难以为继，事实上这种方法在商业银行纷纷上市的背景下已经几乎没有操作的可能，要么听任农村地下金融盛行而得不到法律的制约和有效地管理和控制，造成高利贷盛行，最终受到损失的只能是分散的农户。而如果能将社会主义新农村建设视为一个长期的过程，将城乡二元结构视为中国的基本国情认真对待，就会在政策设计中充分重视农村乡土性质的特征，在带有城乡二元性质的金融制度创新方面做更多的引导和鼓励，在农民金融合作方面做更多的尝试和努力，所谓的"资金下乡"问题有可能得到实质性的解决。不同的时间约束将会导致农村金融实践方面的巨大差异。

如果倾向于认为在一个较短的时间内完成社会主义新农村建设的目标，则必然地会强调农村地区在各个方面与城市的迅速"并轨"，包括实现社会秩序的方式和手段。城市地区的秩序形成建立在高度工业化社会基础之上，发达的社会分工体系、标准化、科层化和理性化使得单独依靠"法制"就基本能够实现这一目标，或者说，"法治"作为一套完整的意识形态和治理技术本来就是工业化和城市化的产物。当这种思路在快速移植到农村时就会出现诸多难以克服的困难。首先，农村地区地域广阔，人口分散且经济剩余较少，在这种短期内难以有太大改变的背景下，司法成本必然很高，农民承受起来会十分困难，也就是说，如果仅仅严格按照司法程序和法律条文来实现农村地区的社会秩序是不现实的。由于这些原因，长期以来，虽然法律供给不能不说十分充足，但农村地区总是存在着

"有法律而无秩序"①的难题。如果倾向于认为社会主义新农村建设是一个长期的过程，中国城乡二元结构是一个在短期内无法得到彻底改变的基本状态，就不会急于以"法制下乡"的形式向农村输出秩序，而会在各种秩序形成机制方面做更多的综合工作，不会使用"先进—落后""正确—错误"这样简单的二分法看待各种"小传统"和地方性知识在乡土社会中构建秩序的重要作用，给予这些手段更大的施展空间。这样，在法律系统之外，行政系统的作用、民间法的功能就可以较为顺畅和有效地体现出来。所谓民间法，是指"生于民间、出于习惯，由乡民长时间生活、劳作、交往和利益冲突中显现，所以有自发性和丰富的地方色彩"的一种知识传统，"它是在乡民长时间的生活和劳作过程中逐渐形成，它被用来分配乡民之间的权利义务，调整和解决了他们之间的利益和冲突，并且主要在一种关系网络中被予以实施，它在一定程度上受制于不同的原则"②。对于农民来说，"国家法律所代表的不仅仅是另一种知识，而且在许多场合，是一种异己的和难以理解的知识"③。之所以是"异己的"，就是因为固然农民的生活世界已经与传统图景有了相当大的甚至是本质性的区别，但是它的乡土特征并未有改变，脱胎于城市生活，并针对城市生产生活方式的现代法律制度对农民实在是一种成本高昂且后果又实在难以把握的技术体系。如果在实践中，或者说能真正地将秩序的形成视为"实践"的过程而非理论的推导，能够将国家法与民间法、司法制度与行政体系做有机的整合，而不是在观念上将其人为地对立，或许能够创造一种更加适合中国二元结构的、成本更低也更加有效的秩序形成机制。而实现这一前景的前提在于要有一个相当长的时间段，在于将这种秩序形成机制视为构筑中国基层社会形态的战略性的、方向性的理念，而不是权宜之计。

---

① 蒋立山：《为什么有法律却没有秩序——中国转型时期的社会秩序分析》，《法学杂志》2005年第4期。

② 梁治平：《清代习惯法：社会与国家》，中国政法大学出版社1996年版，第431、127页。

③ 梁治平：《乡土社会中的法律与秩序》，参见王铭铭、[英]王斯福主编《乡土社会的秩序、公正与权威》，中国政法大学出版社1997年版，第431页。

（二）社会主义新农村建设的空间维度分析

这一问题可以分为相互联系的两个方面来加以分析。一是在中国农村如此广阔而又差异巨大的空间范围内，社会主义新农村政策如何得到施行？二是社会主义新农村建设在空间维度上的建设单位应当是什么？

首先，中国农村发展呈现极为明显的非均衡①的特征，统一的中央政策如何在经济社会发展水平差距非常巨大，同时地域文化差异也十分明显的不同区域得到全面的贯彻实施是一个非常复杂的问题，当前社会主义新农村建设的推进就面临这种困难。因此，在社会主义新农村建设政策制定方面应当宜粗不宜细，如果要求过于具体，甚至将其指标化，那么在传统的"压力型体制"的作用下，很多地区就会开展新一轮达标升级活动，基层干部出于完成上级任务和实现自身政绩的需要，往往会要么以表面文章虚与敷衍，要么会竭泽而渔带来巨大浪费和损失，政策实践的结果与中央的预期往往背道而驰，以前这样的教训已经很多。詹姆斯·C. 斯科特在其《国家的视角》一书中详细地分析了那些试图改善人类状况的项目是如何失败的，其中包括苏维埃的集体化、坦桑尼亚的强制村庄化、巴西利亚等极端现代主义的城市建设等项目，无一例外地遭到彻底的失败，同时给社会经济带来巨大损害。这些完全忽视社会基础的乌托邦力图使用这样一种逻辑，"模式化、设计相同的单位，按照相同的配方和工作程序生产相同的产品。相同的单位可以很容易地在各个地方被复制，巡视员可以进入一个清晰的领地，用一张核对一览表来核对他们的工作"②。为了国家的清晰化和便于管理控制，造成国家简单化的后果，出于某种改造社会的雄心壮志，造成社会的崩溃和生态的严重退化。"当然从管理的角度看，这众多复杂的地方财产关系会是一个噩梦。这不仅仅是对那些地方实践的当事人

---

① 参看徐勇：《非均衡的中国政治：城市与乡村比较》，中国广播电视出版社1992年版。

② ［美］詹姆斯·C. 斯科特：《国家的视角：那些试图改善人类状况的项目是如何失败的》，王晓毅译，社会科学文献出版社2004年版，第289页。

来说是个噩梦，对那些追求一致、均衡和全国性的管理法规的国家官员来说也是个噩梦"①。但是，现实永远比理想类型复杂得多，无论是怎样的噩梦，政策的制定者和实施者都必须实事求是地面对，或者说，这正是其使命所在。

其次，社会主义新农村建设的建设单位在空间上应当定位于具体的"村庄"还是县域视野中的"农村"。

关于这个问题更鲜见严肃的讨论，往往被认为这本身不是一个问题。"村庄"的含义在于有着明确行政边界和户籍意义的相对封闭的空间范围，而农村则指县以下的广大区域。如果将着眼点和建设单位放在"村庄"，那就意味着原本有着密切经济联系和文化交流的农村地区被切割成若干相对孤立的单元，这与在市场经济条件下已经发生明显改变的农村社会状况不相符合，建设成本也将会非常高昂，实际上是不经济的。如果将建设单位规定为"村庄"，则一方面，必须主要地以村庄这种带有很强行政色彩的——延续了政治、经济、文化一体化的传统体制的组织形式来组织和动员农民，这在市场化因素不断突破既有框架，村庄在许多农民那里只是一个居住社区意义的情况下其效果必然是有限的；另一方面，随着人口的流动，许多村庄将会逐渐衰落解体，而有些村庄则将会扩大增强，如果强调以村庄为单位进行建设，则必然在资金和资源的分配上平均用力，强调面面俱到，不能实现很好的统筹，浪费将会十分严重。随着市场化因素的发育，农民的经济联系和社会交往已经远远超出村庄的界限，交通和通信条件的改善也使得农村地区日益呈现出流动性和开放性的特点，村庄不仅已经被有效整合在县域经济体系之内，而且也被吸纳进镇区和县城公共服务设施的辐射范围之内。这样，如果能够超越相对封闭和静止的"村庄"视野，在县域范围内实施社会主义新农村建设的各项资源统筹，将具体的村庄作为县域经济的有机组成进行中长期规划，从农村劳动力转移流动、重点村镇建设、产业结构及产业布局等方面做出统筹安排，在这样的

---

① ［美］詹姆斯·C. 斯科特：《国家的视角：那些试图改善人类状况的项目是如何失败的》，王晓毅译，社会科学文献出版社2004年版，第41页。

县域空间视野下实施的社会主义新农村建设,着眼于村庄建设却又不局限于村庄建设,更加适应越来越市场化和开放性的时代背景,成本更低、效益更高、效果更好。否则就会如当前许多地方出现的,由于政策上的条块分割和县一级自主权限太小而导致的,诸如在国家资金使用方面"买棺材的钱不能买药吃"的荒唐现象。市场经济条件下的县域经济与计划经济时期有着根本的差异。计划经济时期的县域经济是一个封闭运行的体系,是按照国家的指令性计划组织生产的一个经济单元,或者说那时候也无所谓什么县域经济,都只是整个经济生产的一个车间或者班组。但是在市场经济条件下,县域经济成为一个开放性的系统,经济自主能力很强,在没有指令计划的情况下较为自由地发展,只要不违背国家的产业政策,发展是自由的。这种差异很重要,它的重要性就在于在计划经济条件下强调的是整齐划一,在县域经济发展中基本上无法体现个性,也就是说这一区域所独有的那些东西是被压抑的、是不被提倡的,在"总体性社会"当中它只是一个较为被动的完成既定任务的经济体。但是市场经济条件下的县域经济具有了前所未有的主动性和自觉性,它完全可以依照自身的条件,按照自己所独有的那些因素来发展,这时候,它的个性就充分体现出来了,一个区域之所以成为这个区域,或者说一个区域之所以有别于其他区域的那些因素就凸现出来了,这种差异性也正是县域经济的活力所在。而当前的政策研究界和学术界恰恰忽视了空间单位这一方面,"不假思索"地将村庄作为"天然"的新农村建设的基本建设单位,这就必然在基本导向上产生一定的偏差。笔者认为,社会主义新农村建设的单位不应当放在"村庄",其重点应当是在县这一级。这样,总体思路也就必然从具体的"建造"新村庄转化为县域范围内的城乡统筹的总体产业规划和发展,以及劳动力转移和农业规模发展,这样也就实现了以县域为中心的城乡协调发展的基本前提,而这也正是社会主义新农村建设根本性目标实现的重要标志。

(三) 对社会主义新农村建设时空定位的综合分析

综上所述,对社会主义新农村建设时间和空间定位问题上的不同认知,不是要求速度快慢、范围大小的差异，事实上反映的是在理论预设、价值取向、发展战略方面的重大差别。而时间定位和空间定位这两个问题在理论上和实践中都是紧密结合的，或者说，有如一枚硬币的两面。

在时间定位问题上的差异可以近似地归纳两组对立的观念：

第一，社会主义新农村建设的方向是什么？主要是基础设施建设过程还是整体性的社会变迁过程？

在时间问题上持较为激进态度的往往是将社会主义新农村建设看作是一个单纯的经济建设过程，甚至将其简化为一个农村基础设施建设过程，这样的建设自然可以在有较充裕资金支持的情况下在较短时间内完成。如前所述，这一种观点的代表人物林毅夫所着重阐明的是"以农村公共基础设施建设为着手点的社会主义新农村建设"，因此时间界定与他对于社会主义新农村建设的性质的看法是相适应的。有学者认为：推动社会主义新农村建设，加强农村公共基础设施，改善农民生活消费环境，启动农村巨大的存量需求，消化掉过剩生产能力，农村劳动力向非农产业转移，以及增加农民收入的渠道才得以畅通，因此，公共基础设施建设是社会主义新农村建设的着手点，社会主义新农村建设的对象应是自然村，社会主义新农村建设的资金应以公共财政为主①。这种将新农村建设视为纯粹经济过程的观点本身就是值得商榷的。这样社会主义新农村建设政策体系在实践中也将随之被简化为一项单纯的经济政策，综合性、总体性的社会改革的意义无法体现，在基层实践中则很可能反映为有钱就可以把新农村建设搞好，缺钱就只好无所作为，使社会主义新农村建设成为资金成本极高的浩大工程，发达地区与落后地区的区域差别将会更加明显，统筹区域发展的目标难以实现；在具体操作中存在更为简单化的理解，比如新农村建设就是修马路、盖新房、搬新村等等，以这种"立竿见影"的物质化、表面化的指标考核方式推动工作的开展，很容易使社会主义新农村建设变成一场不能取得实质意义上进步的运动。针对当前的社会理想、国家目标或现代化导

---

① 参看三农中国网及林毅夫《新农村运动与启动内需》，《北京大学中国经济研究中心研究简报》1999 年第 7 期。

向，有目的、有意识地对农民之间的连接关系以及由此形成的农民与国家、市场之间的关系结构进行调整和改造，使得二者之间能够有高度的契合，能够实现顺利的对接①。理解为农民如何形成一致行动的能力与国家力量相配合实现国家目标并获取自身福利的实践过程②。这是社会主义新农村建设之所以"新"的本质所在。在这个问题上的理论分野，将导致在社会主义新农村建设政策体系方向性的差异。

第二，中国农村的现代化是以西方为指归的，还是强调中国内生性特征的？

中国农村的很多社会、经济、法律等现象是世界上迄今为止未曾有过的，理解这些现象的关键在于深入理解中国农民的关系结构、连接方式以及在这一前提下的农民行动模式，而不是以在西方国家历史上被证明行之有效的理论为导向；政策的制定与实施要以"非均衡的中国政治"出发，而不是以政策制定者的一厢情愿为导向。首先，长期以来，学界所关注的是中国现代化"后发外生性"的特点，着重考查的是使用参照西方世界而形成的一套现代化指标体系来测量中国现代化的水平。这些高度量化的指标在很多时候并不能够真实地反映中国经验和生活于其中的中国人的真实感受，而如果一种指标体系是独立于生活主体而存在的，那么它的意义就是值得怀疑的。在这个意义上，本书认同这样一种观念："从长期来看，使本国的传统制度适应新的功能比或多或少原样照搬西方的制度更为有效。"③并且，"有意识地把旧的最好的东西和新的最好的东西结合在一起的企图，

---

① 参看王立胜：《论中国农村现代化的社会基础》，《科学社会主义》2006 年第 3 期；《中国农村现代化研究的理论原型与核心命题——从"社会基础"概念的角度》，《毛泽东邓小平理论研究》2006 年第 8 期；《毛泽东"组织起来"思想与中国农村现代化社会基础之再造——重读毛泽东"组织起来"》，《现代哲学》2006 年第 6 期；《农村社会基础之再造——社会主义新农村建设的着力点》，《国家行政学院学报》2007 年第 1 期。

② 参看王立胜：《论中国农村现代化的社会基础》，《科学社会主义》2006 年第 3 期。

③ ［美］西里尔·E·布莱克：《比较现代化》，杨豫、陈祖洲译，上海译文出版社1996 年版，第 5 页。

无论其动机多么的美好而善良，都将由于现代化模式和社会其他结构之间的奇异依存性而注定要失败"①。其次，当今中国农村所处的经济社会背景的复杂性事实上超过历史上一切时期和国际上一切地区，一方面，农民，尤其是中西部地区农民仍然维持着传统的小农生产模式，在生产方式和生活方式上处于前现代化和前工业化状态之中；另一方面，由于全球化和市场化的作用，现代的，甚至后现代的诸种因素已经开始大面积地渗入农村社会，属于后现代范畴的"风险社会"不可避免地波及似乎远离后现代的中国农村，这种分属不同世纪的严重问题交织在一起的图景，是应用任何现成的理论都无法给出清晰的解释和说明的。因此，必须强调一种由内而外的研究视角，从农民真实的生活世界和行动入手，把握农村问题的复杂性和中国农村走向现代化道路的独特性。再次，从制度建设方面来看，自上而下的政策安排和制度设想在农村社会中，由于具体的社会基础方面的差异往往呈现出大相径庭的面貌，在与各种地方性因素或"地方性知识"的互动交织中，政策执行并非是一个按部就班的线性过程。已有研究已经证明②，村民自治制度在不同的农民连接关系结构中实践的结果极为不同；关于家族文化与农村宗族的研究证明，农民基于传统纽带形成的特定连接关系和连接方式对于农村现代化和国家政策的实践影响重大③；大量的人类学研究也已经说明国家力量与农民关系结构的对接是否顺畅以及国家权威与民间力量的冲突与整合是导致治乱变迁的重要因素④；近来的研究中所敏

---

① ［美］吉尔伯特·罗兹曼：《中国的现代化》，国家社会科学基金"比较现代化"课题组译，江苏人民出版社1998年版，第4、6页。

② 参看贺雪峰：《乡村的前途》，山东人民出版社2007年版；《新乡土中国》，广西师范大学出版社2004年版。

③ 参看肖唐镖、兴珍宁：《江西农村宗族情况考察》，《社会学研究》1997年第4期；肖唐镖：《农村宗族重建的普遍性分析》，《中国农村观察》1997年第5期；肖唐镖：《农村宗族势力与国家权力的互动关系分析》，《探索与争鸣》1998年第7期；肖唐镖等：《村治中的宗族：对九个村的调查与研究》，上海书店出版社2001年版；王沪宁：《当代中国村落家族文化：对中国社会现代化的一项探索》，上海人民出版社1999年版。

④ 参看费孝通：《乡土中国 生育制度》，北京大学出版社1998年版；王铭铭：《村落视野中的文化与权力：闽台三村五论》，三联书店1997年版。

锐注意到的国家制度安排与农村社会的"遭遇"性质①事实上也尤其体现了学者对内生性理论取向的关注。

强调较为激进的时间维度分析的学者和官员，事实上在有意识地或者不自觉地以西方的、现代的与中国的、传统的这种二分法看待新农村建设以及整个中国的社会转型，试图在较短时间内以城市化吞没乡村性质，以脱胎于西方历史实践和话语体系的理论架构作为指导社会主义新农村建设的政策基础理论，体现的是根深蒂固的西方中心论的观念。而这样一种在时间问题上"速胜论"的观念和理论预设，必然在空间问题上体现为忽视各个地方的"非均衡性"，以指标化的方式、压力型体制推行标准化的模式，同时倾向于要求将标准化的政策直接深入到村庄，忽视内生性的力量，以简单化的思维忽视各种因素的协调综合，不给县这一级留下统筹余地。这样，我们就可以看到在时间和空间约束方面的倾向性在理论上和实践中是完全结合起来的。也正因为如此，不同的时空定位将会给社会主义新农村建设带来完全不同的前途。

三、 社会主义新农村建设的着力点在于农村现代化社会基础再造

笔者认为，社会主义新农村建设的着力点在于农村现代化社会基础再造。农村现代化社会基础再造是社会主义新农村建设的逻辑起点、逻辑主线和逻辑重心，实现中央就社会主义新农村提出的"五句话"总要求的前提也在于农村现代化社会基础再造。

首先，农村社会基础之再造是社会主义新农村建设的逻辑起点。

社会主义新农村建设是以政府为主导，以农民为主体的建设过程，但是分散的，甚至是原子化的小农无法完成这一历史任务。"原子化的含义包括两个方面，一是个人间社会联系的薄弱，二是追逐自己的利益时，是以个人而不是以群体的形式行动的"②，就目前的情况看，分散的农户越来

---

① 参看仝志辉：《选举事件与村庄政治》，中国社会科学出版社 2004 年版。

② 孙立平：《转型与断裂：改革以来中国社会结构的变迁》，清华大学出版社 2004 年版，第 255 页。

呈现出这种原子化的特征。在这种情况下，农民很难形成一致行动的能力，很难以集体的方式创造和提供依靠单家独户无法提供的公共产品。而农村税费改革的推行所带来的一个"意外后果"却是由于乡村两级财政水平的下降而导致的农民合作能力的进一步下降，以及农民与政府间关系的进一步疏离，"悬浮型政权"色彩初步显露①。也就在这个意义上，我们可以认为今天的农民比历史上任何一个时期都更像一个小农，在这样的社会基础上达成社会主义新农村建设的目标必然困难重重。改革以来，国家力量由全面控制农村地区向国家力量一定程度上撤出的转变过程，事实上加剧了农民间连接和整合纽带的松散化与疏离化，这进一步加剧了农民的原子化状态。因此社会主义新农村建设的首要问题就在于如何在市场化水平不断提高，市场配置资源的能力越来越强的情况下，实质性地提高农民合作的能力与组织水平，使农民摆脱原子化的状态，实现农民与市场、农民与国家之间的良性对接与互动。

其次，农村社会基础之再造是社会主义新农村建设的逻辑主线。

笔者所强调社会主义新农村建设语境下的"农村社会基础的再造"，其含义在于这是一个有意识的、主动的行动过程，而非一个自然的、自发的演进过程。也就是说，这一过程必须要在党和国家的控制与领导之下进行，将农民的再组织与合作能力形成的过程纳入到体制内的框架中来，使之成为新的制度和体制的有机组成部分；这一过程应当是由党组织来发动和主导的，成为与增强党的执政能力和执政水平同步的过程，成为极大地增强党的群众基础和合法性水平的重要举措，成为有效促进基层政权建设的关键性行动；这一过程必须是协调多种因素的建设过程。农民合作能力和一致行动能力的形成有赖于三种最为重要的资源，即传统的、行政的和市场的（或契约的），要对应社会主义新农村建设的战略构想和总体要求，综合协调这三种组织资源，这当然不同于乡土中国那种仅仅依靠传统因素实施社会整合的方式，也不同于在改革以前那种完全依靠行政手段组织农民、

---

① 参看周飞舟：《从汲取型政权到悬浮型政权——税费改革对国家与农民关系之影响》，《社会学研究》2006 年第 3 期。

整合农村的方式，当然也不能够只强调市场化的因素然而将传统因素视为"落后"，或将行政因素视为"保守"。应当完全从中国基本国情出发，从社会主义新农村建设的要求出发，实现农村社会基础的再造，以此为社会主义新农村建设的逻辑主线和着力点，使农民之间、农民与其他社会阶层之间、农民与国家之间形成新的连接关系与互动模式，使农民与市场之间形成较为稳定的良性的对接关系，使农民在党的领导下形成新的一致行动的能力，以此实现社会主义新农村建设的伟大成功。从这个意义上看，所谓的建设社会主义新农村便可以理解为农民如何形成一致行动的能力与国家力量相配合，实现国家目标并获取自身福利的实践过程①。

再次，农村社会基础之再造是社会主义新农村建设的逻辑重心。

社会主义新农村建设是在制度变迁意义上提出的，不能将其简单化地理解为阶段性的工作任务甚至是一场"运动"，因此其逻辑重心不在于在当下"立竿见影"地增加农民收入和改善农村生产生活环境（当然这肯定是工作的重要方面），而是要从根本上改变国家权力在农村地区的运行机制，形成新的良性的乡村治理模式。事实上，在"以工补农"等方针提出以前，国家也并非没有向农村注入资金和其他事关发展的重要资源，但是巨额资金注入农村之后，并没有发挥预想的积极作用，资金的使用效率和效益十分低下，浪费十分严重，除了少数"典型"之外，农村的相对落后仍然在延续；在农村税费改革以前十几年的时间里，中央多次试图以极为严厉的措施减轻农民负担，但是农民负担越来越重，被中央视为威胁到国家政治稳定的重大事项②；长期以来，中央一直强调并出台各种措施，强化基层党组织建设，密切党群干群关系，但是诸多研究经验材料证明，相当多数的农村基层党支部处于严重的涣散状态当中，几乎无法履行组织农民的战斗堡垒的作用。如果说此前的政策措施并未真正发挥作用，那么在乡村治理

① 参看王立胜：《论中国农村现代化的社会基础》，《科学社会主义》2006 年第 3 期。

② 参看林万龙：《政府为什么要推行农村税费制度改革》，《中国农村观察》2003 年第 5 期。

结构和农村社会基础没有发生重大变化的条件下，凭什么能够断言社会主义新农村建设这样一组政策供给的努力会真正发挥效用达到预期的目标？因此社会主义新农村建设的逻辑重心必然在于以农村社会基础再造为前提建立适应开放性、流动性、市场化、全球化时代背景的乡村治理结构，形成新的乡村社会秩序与规则，使政府与农民的行动在这一规则框架内有序展开。

以社会基础之再造为基本分析视角，从社会主义新农村建设具体目标出发，可以从五个方面做出更为具体的分析。

第一，"生产发展"与农村社会基础之再造。

在统分结合的双层经营体制条件下，农业生产发展一方面有赖于农户自主的经济行为，包括物质资料和劳动力的投入、生产积极性的提高；另一方面，又有赖于农田水利设施、道路、科学技术推广等依靠农户自身所无法提供的公共产品的持续供给。特别是在农业生产摆脱自然经济而日益以在市场上出售为生产目的的情况下，农业的产业化、标准化和国际化的要求极大提高了，面向市场的农业生产越来越感受到要求标准化的大工业的压力，而这种压力又是单个的农户所无法承受和缓解的，农民与市场之间的矛盾越来越尖锐了。正如前面的章节所详细论述的，金融支持对于农村地区的发展和农民增收致富至关重要，而作为独立的市场主体的现代金融机构在开展业务时必然首先从自身的成本核算开始，金融机构与分散的农户在交易时成本极高。一方面与交易额很小且极为分散的农户直接交易必然会大大增加金融机构的时间、人力等成本，致使金融机构无利可图；另一方面，金融机构无法（至少是很难）判断极为分散的农户的信用资质，也很难控制信用风险的发生，为了避免出现风险，在很多时候只能是十分谨慎地对待与农户的金融交易行为，这也是交易成本过高的表现。小农生产的产品日益受到市场的挤压，而资金支持又由于种种原因而很难到位，基本生产设施的建设和维护由于农民的原子化和国家力量的退出而日渐衰败，所有这些都是生产发展目标的巨大障碍。而解决这一困境的根本性措施在于重新聚集农民的组织资源，使农民在彼此合作和"官民合作"的基础上实现共同行动，提高公共产品供给能力，提高科技化和标准化水平，有效降低与市场对接的风险和成本。而实现这一目的的关键又在于农民怎样实现有效的连接关系，在内部能够获得彼此的信任，形成稳定的关系结构，对外以一致行动的能力在产品市场和金融市场上能够获得足够的信用。只有这样，生产发展才真正成为可能。

第二，"生活宽裕"与农村社会基础之再造。

生活宽裕体现为两个方面：一方面是增加收入，另一方面是必须降低生活成本，否则收入的增长会被诸多额外支出所抵消。在教育、医疗等政策供给未发生明显变化的情况下，降低村庄生活成本的关键在于提供廉价的村庄生活公共产品。农民合作水平与能力的下降将会使生活宽裕的建设目标无法落到实处。生活宽裕同时还体现在农民文化生活和精神世界的丰富方面，使农民的价值世界有所指归和依托，找寻到生活的意义和真实的幸福感。这是农民生活质量提高的重要组成部分，是增加农民福利的重要方面，这些同样要依赖农民合作能力的增强和群体意识的强化。毕竟，人不仅是"理性人"，他只能在与他人的密切交往行动中才能感知自身存在的全部意义。因此，实现"生活宽裕"目标的前提仍然在于农村社会基础之再造。

第三，"乡风文明"与农村社会基础之再造。

"乡风文明"目标的本质要求是实现农村地区良好的社会秩序与政治秩序。传统中国农村的社会秩序主要依靠道德约束、长老统治、宗法伦理等机制力量来形成，强调无为和无讼，秩序形成以内生性为主。1949 年以后，党组织深入农村，国家垄断几乎所有社会资源，在"总体性社会"[1] 背景下，行政权力成为形成与维持农村社会秩序的基本力量，革命话语作为基本的评价手段和标准发挥着最为重要的社会整合功能。1978年以后这种情形发生了重大改变，越来越倾向于以"法治"为主要手段构建农村地区的社会秩序。但问题在于，首先，农村地区地域广阔，人口

---

[1]　孙立平等：《改革以来中国社会结构的变迁》，《中国社会科学》1994 年第 2 期。

分散且经济剩余较少，在这种短期内难以有太大改变的背景下，司法成本必然很高，也就是说，如果仅仅严格按照司法程序和法律条文来实现农村地区的社会秩序是相当困难的；其次，农村地区社会的科层化和标准化程度都不高，在这种被韦伯称为"戏法"的复杂社会场景中，大量的"法律不入之地"必须要生活于其中的农民通过各种"地方性知识"来使社会秩序得以形成与维持①；再次，必须要注意，法制是秩序的结果而非秩序的根源，"真正要实行规则之治，一个非常重要的前提是规则之治的治理对象本身要具有一定的规则，而这种规则性不可能通过我们制定规则，将不规则的现象纳入一个规则的条文就可以解决了"②。这客观上要求该范围内的农民必须是一个遵循同样或近似价值观念、评判标准，具有可预期行为方式的整体，而不是互不相干的个体。正因为以上原因，长期以来，虽然法律供给不能不说十分充足，但农村地区总是存在着"有法律而无秩序"③的难题。

长老统治、行政力量、成文法律，无论其表现形式如何、合法性来源何在，都是化解纠纷、形成秩序的手段和机制，当这些手段都在一定程度上失效之后，另外的力量便会介入进来。最为典型的就是各种黑恶势力在农村地区的兴起。黑恶势力是破坏正常社会秩序的力量，但同时也是一种"调解"机制和解决矛盾纠纷的办法，是形成另外一种社会秩序的力量。当农民生产生活中的矛盾纠葛无法在体制内得到低成本的迅速有效解决时，求诸黑恶势力就成为一些农民无奈的选择。因此，并不能说黑恶势力总是与腐败等政府行为联系在一起，而是在农民合作水平低下背景中，乡村社会秩序形成的需求不断大量产生着这些势力存在的肥沃土壤。合法的外生性秩序形成机制失效之后，农民又无力通过合作来产生内生性的秩序，无力抗拒各种暴力的侵害（黑恶势力侵入），无法对生活产生稳定的预期（农

---

① 参见强世功：《法制与治理——国家转型中的法律》，中国政法大学出版社2003年版。
② 苏力：《送法下乡》，中国政法大学出版社2000年版，第193页。
③ 蒋立山：《为什么有法律却没有秩序——中国转型时期的社会秩序分析》，《法学杂志》2005年第4期。

村地区妇女老人自杀率大幅度提高），主流价值观念约束能力减弱（农村地区各种迷信势力抬头），国家对农村控制能力和农村自我整合能力都大大下降，因为农民间的连接关系已经极大弱化，农民已经原子化了，而原子化的农民又是无法与国家建立起有效的密切联系的。因此，必须认识到，建立良好的农村社会秩序的前提是提高农民的组织和合作能力，使得在能够通过内部整合形成秩序基础之后与外部嵌入的行政力量和法律制度实施对接，这一过程便是农村社会基础再造的过程。

第四，"村容整洁"与农村社会基础之再造。

显而易见地，无论多么强调"工业反哺农业"，多么重视对农村的资金投入，推行公共财政覆盖农村的政策，"村容整洁"的要求也是无法由国家力量自上而下地完成的，而只能由生活于其中的农民依靠自身的力量实现这一目标。"村容整洁"在技术上并不是一件困难的事情，在管理上也并不复杂，但关键在于很有可能无法克服公共产品生产过程当中的"搭便车"行为。如果村民总是想依赖他人的劳动获得一个良好的村庄生活环境，而自身却不想有任何付出，那么村庄公共品提供就不可避免地处于不断衰败之中。因此，必须要对"搭便车"行为实施制约和惩罚，这种制约建立在共同体观念基础之上，建立在村民对村庄社会评价体系的认可与尊重之上，建立在村民对自身与其他人良好社会关系的重视之上，总之，建立在对生活于其中的村庄的归属感之上。离开了这些，对"村容整洁"这样每日都在发生的琐细事项的管理和控制难度就会无限增大，直至由于成本太高而难以为继。我们在今天的很多村庄看到的就是这样一幅场景。也就是说，没有农民间普遍的、密切的连接关系，没有农民间持续的合作能力和共同行动的能力，"村容整洁"目标是很难真正实现的。这也就意味着，农村社会基础再造是实现"村容整洁"目标的关键。

第五，"管理民主"与农村社会基础之再造。

"管理民主"要求体现在两个方面：一方面，在村庄内部形成和谐有序的民主管理体制；另一方面，在村级组织与乡镇及以上政府层级之间形成民主和谐的合作机制。这两方面都有赖于农民间以及农民与各种组织之间良性关系结构的形成与稳固。长期以来，村民自治这种民主管理的方式在许多地方并没有达到预想的效果，选举过程中出现贿选，治理过程中要么出现涣散甚至瘫痪局面，村庄事务陷入困境，要么出现"恶人治村"而得不到有效制约；在影响村民自治效果的同时也严重损害了党的威信和执政能力。由于农民并不能够动员有效的组织资源以形成共同行动，所以对内无法形成良好的治理环境，对上无法抗拒政府的过度提取，对外无法抵御恶势力的非法侵害，民主管理成为空谈。农民之间缺乏紧密连接关系，导致无法形成群体内聚力，无法建立个人与整体之间关联关系的明确认知，也就无法树立对村庄将来的明确预期。这样，生活在村庄中的农民的"村庄面向"实际上并没有面向于村庄内部①，谁也不会真正关心村庄的命运与将来，所以才会出现"五块钱就卖掉自己的选票"的事情，产生"谁当干部都一样"的心态。当选的干部在不能够对村庄产生强烈归属感和责任感的情况下，谋利动机会明显增强，"当干部就是为了挣钱"的心态就会蔓延开来，失去外部制约和自我约束的干部权力成为损害农民利益的破坏性力量。最终，民主选举成为走过场的事情，民主管理也无从谈起，农民对"民主"概念产生失望和漠然情绪。同时，在这样的乡村治理环境条件下，地方政府对村庄民主选举和民主管理过程的插手和介入就变得十分容易，"乡村利益共同体"②就会迅速形成，农民的民主权利受到侵害而无力抗拒也得不到有效解决。这是"村民自治"这一民主管理形式在农村长期实行却难以收到实效的深层原因之所在。基于这种分析，我们可以认为，实现"管理民主"目标的根本性保障在于重新构建农民之间普遍的、紧密的连接关系，恢复村庄的内聚力，形成对村民的民主驱动力和对干部的舆论压力，并在农民合作的前提下实现农民与政府的合作。农村社会基础之再造，这是实现"管理民主"本质性的努力方向。

　　能够直接观察到的事物都只是世界的表象，而世界的本质隐藏在表象

---

　　①　参见贺雪峰：《新乡土中国》，广西师范大学出版社 2003 年版。

　　②　贺雪峰：《乡村治理与秩序——村治研究论集》，华中师范大学出版社 2003 年版。

与表象的关系当中。对于社会主义新农村建设的认识必须透过中国农村社会纷繁复杂的具体问题的表象，从"关系"这一本质性的因素入手，从协调农民福利与国家战略的关系出发，从农民与资本的对接关系出发，从国家力量与民间资源的互动关系出发，从城市与农村二元关系出发，从再造农村现代化社会基础这一宏大社会改造战略出发。只有这样，才能将社会主义新农村建设顺利推向前进。

结　语

　　通过以上部分的论述，"中国农村现代化社会基础"概念作为分析工具的特点和效用已经表现得十分明显。生活世界是关系的世界，或者说，能够直接观察到的都只是世界的表象，而世界的本质存在于表象与表象的关系之中。笔者就是力图从探究本质的努力出发，从把握农村地区诸种社会关系模式和社会连接模式出发，揭示中国农村现代化的根本含义。通过以上论述，可以说明，一方面，新时期国家已经不再具有控制整个社会经济资源的能力，因而也就失去了按照自身的逻辑规定农村社会生活方方面面的能力，依靠单线的方式，无论这种方式脱胎于革命的理论，还是渊源于西方的经验，都不可能在合法性的层面上完全解释农村现实，依据这种理论和经验创造出的简单化的政策体系也就无法解决农村地区复杂的社会问题。因此，国家必须重新定位自身与农民之间的关系，必须在确定现代化发展道路，制定具体经济社会政策时，充分考虑这种道路和政策在"嵌入"农村社会时，在遭遇农村社会各种复杂关系体系时可能会出现的问题，并且将这些问题作为制定宏观战略时极其重要的参考因素。这要求国家不再追求某种"纯粹"的、标准化的理论预设和政策系统，而采取更为务实的态度，构建更具弹性的政策框架，不断地吸纳和整合农村社会本身所具有的各种积极因素，使之转化为国家意志和国家制度的一部分。这样，在保证国家低成本治理效果的同时，基层国家建设也就更为有力地展开，国家的力量将更进一步地深入基层，近些年来国家不断从农村撤出的局面将得到根本性的扭转。另一方面，分散的小农无法支撑任何一种现代化发展战略，既无法保障自身的福利，也不能支持国家战略的有效展开，在市场化改革面前由于无能为力而会产生越来越强的抵触情绪。这就要求农民之间必然要以特定的方式紧密组织起来，以一致行动的名义，而不是以农民个体的名义与国家和市场进行对接。这需要调动各种资源，包括社会主义的集体主义观念，包括基于契约基础上的市场意识，也包括基于传统价值的联系纽带。市场化和全球化背景下的农村社会的复杂程度远超过以往的任何时期，希望像曾经有过的那样，或者以宗法礼教，或者以革命理想，以一种方式一揽子地解决所有的问题是不可能做到的。这对于中国共产党的执政能力提出了更高的要求。党必须介入到农村各种关系资源中去，作为主导的力量和因素协调其他的因素，而不是试图"官退民进"，也不能指望以自身的性质完全改造和淹没其他因素的性质。在村民自治的实践中，在农村金融活动中，在农村地区社会秩序构建过程中，在农民观念的重新塑造过程中，都在反复提醒着这种现实主义态度的极端重要性。国家通过吸纳与整合民间的资源与积极因素而进一步增强对农村基层的控制和指导能力，农民经由国家的指导而利用各种有效资源形成密切的连接关系，并以这种集合体的形式与国家实施良性互动，国家战略与农民福利也就得到了较好的结合，国家与社会之间也就能够实现较为协调的关系状态。有了这样的现代化社会基础，那么，正如中国共产党在各个历史时期都反复强调的那样，就能够调动一切积极因素，全力推进中国农村现代化的顺利实现，使中国能够在中国特色社会主义道路上实现又好又快的发展。

本书构建了一个初步的理论框架，以此作为理解和分析中国农村现代化方向、动力和机制的独特视角，正如前文曾论述过的，本书立足于实践的问题意识，立足于中国农村现代化独特性的内生性取向，立足于实事求是的现实主义态度，希望在一种大历史观的视野中实施创新性的研究，对前人的研究有所超越。但是正因为这种创新性，在理论体系的构建和分析方法的缜密方面还存在着一些不足。同时由于本书作为笔者所设想的系列研究的总论性质，在实证分析方面着力较少，这些将在今后的研究中得到补充和发展。

附　录

探寻农村社会的和谐发展之路

——读《中国农村现代化社会基础研究》

鲁守博

　　21 世纪的中国，"三农"问题是一个亟待深入研究的重大理论课题，也是一个急需妥善解决的现实问题，因此，上上下下、方方面面、宏观与微观、理论与实际等各种力量都在探讨寻求破解"三农"问题的灵丹妙药。因为，促进和实现农村社会和谐发展具有极其重要的意义。在当代中国社会经济转型过程中，农民、市场和国家之间始终存在着行为和利益边界的调整，这其中必然伴随着某种不协调状态的出现。在当前我国农民、市场和国家之间的利益格局中，由于历史的原因，农民、农业和农村成为整个社会的弱势力量。当这种弱势力量不能及时改进时，整个国家和社会就失去了稳定、和谐的发展基础。从这个意义上说，实现"三农"现代化不仅是一个值得思考的理论性课题，也是实际工作者必须认真对待、回答的现实性问题。在这方面，王立胜博士所著《中国农村现代化社会基础研究》（人民出版社，2009 年版）对此做了令人满意的解答。

　　王立胜是享受国务院"政府特殊津贴"的人才，20 世纪 90 年代毕业于山东大学哲学专业，专攻毛泽东思想研究，现任中国毛泽东哲学思想研究会副会长、新疆维吾尔自治区喀什市人民政府市长。该书是王立胜在东北师范大学攻读博士时所写的博士论文，该文因有较高的理论和实际创新价值而被评为全国优秀博士论文。王立胜是一位理论功底深厚的学者，对理论知识、前沿动态及宏观政策等有敏锐的感知力和准确的把握力度；同时他又是一位具有丰富行政管理经验的地方领导者。所以，他具有把理论运用于实践，指导实际工作开展的理论素养；再者，他能从实际工作中及早地发现矛盾和问题，把一些感性认识提升为理论思想。中观层次的理论在我国极其缺乏，而《中国农村现代化社会基础研究》在这方面进行了有益探索，实现了国内理论研究的重要突破。正如书中所言，"实践需要这样一种理论体系，但是就目前的状况而言，还没有令人满意的答案"。这种中观理论是理论和实践的交汇点，作为区域社会经济发展的理论，它既有普遍性，也有典型性。在作者看来，当代很多学者对社会经济发展的理论研究多侧重于宏观方面，而对中观层面的区域发展研究尚处于空白状态。宏观研究尽管对全局发展有指导意义，具有战略性，但当它运用于一定区域时不可避免地会出现失语状态。在人类活动范围细化到亚层的条件下，只有突破抽象的研究，使理论研究从宏观转到中观层面的视野当中时，才能使理论对现实具有更好的解释力。

那么，如何构筑这一理论体系呢？一个区域就是一个小社会，麻雀虽小，五脏俱全。所以发展区域的理论不可能以单一理论来指导。

在这一问题上，国内理论研究大都倾向于从某一学科的单一研究出发，就事论事，类似于盲人摸象。面对学术界的这一普遍做法，作者明确表示，单一的片面研究受到"学科意识"的支配，得出的结论无法准确反映中国农村现代化建设的规律。中国农村建设和发展是一项庞大的系统工程，涉及经济学、政治学、社会学、文化人类学等学科。所以综合各门学科的精髓而形成一种理论凝练，是该理论最深层、最核心的问题，其综合性对于现实的意义远远超过了以往任何时期。正如作者指出，政治学、经济学、社会学等都从各个方面对农村现代化问题进行了卓有成效的研究，但都无法摆脱学科意识的狭隘而不能在彻底性和综合性意义上取得进展。所以，中国农村现代化是一个综合性的问题，需要的是"问题意识"的自觉和理性。而理性是人在总体实践中形成的一种总体的实践能力，它集中体现为处理实践的能动性和受动性之间的关系。理性试图使人类自身的行动既合乎规则又合乎目的，它是存在论、认识论、价值论和行为方式意义上的"理性"的统一。建立在实践理性基础上的和谐也因此是一种动态的、发展的和谐。人类的发展需要一种可持续的理性，而可持续的理性最核心和最深层次的问题是和谐发展。和谐发展不是单一方面的、一般意义上的和谐。在这里它主要有两层含义：一方面是指理论应不断完善和丰富，使理论超前一步；另一方面指各项实践活动的和谐共处、相互促进，而后一方面更加重要，它是消解各种问题和矛盾的良药。在和谐问题上，一直存在着理论和谐与实践和谐、整体和谐与局部和谐、当前和谐与长远和谐的对立。为了保证和谐的持续，作者对该理论今后的发展做出了继续深入研究的规划，以便能与时俱进，以此指导实际工作的开展。当然实践活动将会继续，并为理论认识提供不竭源泉。通过把二者结合起来进行研究，作者认为中国农村现代化的社会基础再造可以划分为前后相承的五个阶段，每一个阶段都是农村社会基础再造的实践活动与"革命理性"的对接，是一个互动过程。

书中涉及的重大创新点是"社会基础"概念的科学定义。作者从"社会基础"概念与"权力文化网络"概念，"社会基础"概念与"关系共同体"概念，"社会基础"概念与"村庄社会关联"概念，"社会基础"概念与"社会资本"概念的对比分析中，向人们充分展示了各概念的异同，全方位展示了"社会基础"概念所应包含的科学内涵及理论价值。就"社会基础"概念与权力文化网络概念的关系看，作者提出，权力文化网络概念是分析性的而非构建性的，其本身存在不足，需要"社会基础"概念对其加以"疗补"。就"社会基础"概念与关系共同体概念之间的关系看，关系共同体概念强调人们在一定范围内利用和运用关系来实现合作，而"社会基础"概念强调的范围更广泛，它注重的是国家力量、特定的社会理想与农民的互动关系，是在这种关系基础上形成的农民与国家之间的结构模式。就"社会基础"概念与村庄社会关联的概念看，村庄社会关联注重的是靠道德或自我约束的力量来维持农村社会的稳定秩序，其范围仅仅局限于特定村庄内部。当农民的连接方式超出这一范围时，村庄社会关联概念对此变得无能为力，需要由"社会基础"概念来加以解释。就"社会基础"概念与社会资本概念之间的关系看，社会资本概念所说明的是社会中的行动者利用各种关系资源来增进福利的过程和方式，而"社会基础"概念所强调的是社会关系中农民作为行动者如何使用资源获取一致行动的能力，这是一种自觉的行为，形成一种合力，与国家的目标相一致。可见，在以上各个方面，作者都阐发了自己的见解和创新点，这对我们研究和认识我国农村实际问题和进行理论研究具有很强的启发意义。作者在书中还提出了一些其他的新思考，在此不再一一赘述。

全书具有鲜明的时代特征，体现了作者强烈的历史责任感和使命感。作者将复杂深奥的理论运用于现实分析和探讨，全书结构严谨，逻辑严密，方法科学，论述充分，举例生动，理论与现实结合紧密，现实分析发人深省。该书读来让人眼界大开，掩卷沉思，自感国内、国外一系列理论与现实问题的透视方法和解决问题之道在文中处处闪耀。

全书涉及经济学、政治学、历史学、社会学、人类文化学等学科的内容，材料丰富，说服力强，这不仅体现了王立胜博士很高的科学素养、深邃的理论洞察力，也充分体现了作者渊博的知识、开阔的视野。该书不仅是研究"三农"问题的学者值得研读的一部难得著作，对于从事政治学、经济学和社会学研究的学者和广大从事区域领导及管理的实际工作者而言也极具阅读、研究价值。

[原载于《山东理工大学学报（社会科学版）2015 年第 3 期》]

关系与过程：
"社会基础"的动态分析视角

张晓琼

　　新中国成立 60 周年前夕，王立胜博士的新作《中国农村现代化社会基础研究》（以下简称《基础》）出版了。这部以"农村现代化社会基础的再造和构建"为研究命题的著作，试图以"社会基础"这一核心概念作为分析框架，用以分析和解释近代以来中国农村现代化演进的方向、动力和机制问题，从而从"元问题"的角度找到破解当前"三农"问题的突破口，为中国农村现代化提供根本的实现方式和可能途径。王立胜博士在书中所提出的独特视角与理论分析框架，为读者构建了一个中国农村现代化进程的全新解释系统，使人掩卷之余仍忍不住要去深思书中所展示的中国农村现代化演进的特有逻辑。

——

　　选题重大是《基础》一书的突出特点。中国的现代化问题是自近代以来中国就不得不面对的有关民族生死、国家存亡的根本问题。正如罗荣渠所说，从某种角度来看，"鸦片战争以来中国所发生的极为错综复杂的变革都是围绕着从传统向现代过渡这个中心主题进行的"。然而，"1949 年以前，中国的现代化尚未迈出多大的步伐，对准现代化目标的各种政策皆是短命的，且常常被证明是难以付诸实施的"。这样一种结果只有在中国共产党领导中国人民完成了新民主主义革命、解除了阻碍中国实施现代化的政治障碍以后，中国的现代化进程才出现了转机。因此，近代以来中国社会发展的现代化趋势与中国共产党所采取的社会主义模式，成为中国近代社会历史发展与变迁的基本特点。《基础》一书正是站在这样一个历史的起点上提出了中国农村现代化社会基础的研究命题。

之所以以农村现代化的社会基础作为研究的切入点，《基础》的作者认为这是由中国是一个传统的农业大国这一特定国情所决定的。为此，《基础》的作者明确指出，"近代以来的中国历史可以描述为一个超大型农民国家在资源禀赋极差、外界地缘环境紧张的情况下，实现赶超型的现代化的过程"，在这一过程的第一个历史阶段中，中国共产党实现了"翻转社会基层、实现社会基础再造的过程"，这一重构中国农村社会基础的成功，为中国共产党赢得了革命的胜利，同时也获得了实施现代化和社会主义取向发展道路的政治前提。

新中国成立后，中国共产党把社会主义理想与现代化发展趋势结合起来，把现代化的发展置于社会主义模式之中，力图探索一条尽快振兴中华民族、强盛国家、富裕人民的发展道路。然而，由于赶超的愿望过于强烈、发展的预期过于理想，中国共产党在新中国成立之初，忽视了中国建设社会主义国家的发展基础和地域性局限，忽略了马克思科学社会主义预示的社会主义社会形态是置于现代社会基础之上的这一重要前提，一段时间内对"社会主义"与"现代化"两个方面的理解发生了种种偏差，一度曾经游移过"现代化"这个主旋律。1978年以中国共产党十一届三中全会为标志，中国社会主义现代化进程发生了重大转折。对科学社会主义与现实中国社会主义及其发展阶段的正确认识是实现这一转折的重要前提。中国共产党从中国社会发展实际出发，提出了社会主义初级阶段理论，指出初级阶段的社会主义虽然取得了建设社会主义的政治前提但还没有具备建设社会主义的物质前提，因此整个初级阶段建设和发展的主题，就是进行现代化建设，探索适合中国国情和基础的现代化之路，以实现传统农业社会向现代社会转型，使中国社会主义奠定在现代社会基础之上。要实现这一主题和目标，实现生产的商品化、市场化、社会化、现代化这一社会主义初级阶段的历史任务，就必须改变以自然经济和半自然经济为主体的经济基础和以农业人口为主体的社会基础，才能与社会主义初级阶段的历史任务相对接，才能与中国共产党实践社会主义理想和建设现代化国家的目标相对接，也才能把中国社会主义置于现代社会的基础之上，从而为中国共产党的政治追求和社会理想奠定坚实的基础。只有在这样的基础之上，中国共产党才能以与时俱进的发展态势让新形势下的执政基础更坚实，巩固新形势下的执政地位，稳固新形势下的政权根基。正是在这个意义上，《基础》一书以农村现代化社会基础的再造与重构为命题的研究，其意义早已超出了农村研究的领域而具有了更加深刻的理论创新与实践指导意义。

二

《基础》一书的另一特点是提出了"社会基础"这一核心概念。围绕这一核心概念的提出，《基础》一书显示了独特的方法论创新价值。

首先，对"社会基础"这一核心概念的创新。正如作者所言，在多数社会研究中，"社会基础"一词虽然极其常见，"但通常是作为含义不言自明的概念来处理的"，一般不会对其进行严格的界定和说明，因此很多时候这一概念"实际上并不具备学术术语的意义，更近乎一个普通的习语"。社会基础这一使用频率不低但含义却语焉不详的概念，《基础》一书的作者却选择其作为"分析中国农村现代化路径、因素与实现方式时最为核心的重要概念"。而针对这一概念内涵模糊的实际，作者首先对其进行了学术性说明，指出其所使用的"社会基础"是相对于中国农村现代化而言的，其基本含义可以界定为："在一定的历史阶段上，存在着由于各种因素所促成的发生于农民之间、农民与各种社会阶层之间以及农民与国家之间特定的连接关系，由于这种连接关系而形成某种制度化了的关系模式，农民个体的行动和农民的一致行动都直接决定于这种关系模式；同时，因某种连接方式而具有一致行动能力的农民与国家、市场之间的互动方式和结构必然呈现出在其他连接方式下极为不同的面貌。""在这个意义上，农民的连接方式和连接关系成为决定中国农村现代化方向和形态的社会基础。"

依据对"社会基础"概念的学术说明和解释，作者从大历史的角度考察了"三农"问题的历史根源，提出"当前中国'三农'问题实质上是一个世纪以来中国最本质最重要的社会矛盾在当代的具体体现，或者说，是一个超大型农民国家在长达上百年的向现代化转型的过程中最关键、带有连续性特点的矛盾问题在当代的具体体现，是一个老问题而非新问题"。这一对"三农"问题根源的历史性分析，使作者提出了"三农"问题的实质在于两个方面："在特定资源条件下，一是分散的小农与市场对接的成本太高，表现为小农与资本之间的关系紧张；二是分散的小农与政府之间的交易成本太高，表现为农民与国家的关系紧张。这两种紧张关系自清朝末年、民国以降一直是困扰中国发展的主要因素，也是当前'三农'问题成为严重战略问题的历史根源所在。"因此农民与农民之间、农民个体与国家之间、农民个体经由特定的形式组成的农民群体与国家之间的连接关系模式是决定中国农村现代化发展方向、模式和形态的根本性因素，是决定中国农村现代化方向和形态的社会基础。调整和改变这种关系模式的努力就是实现农村现代化社会基础的重构或再造。

《基础》一书对当代中国"三农"问题根源和本质的独特分析视角，不仅成为中国农村现代化社会基础问题研究的由来，而且使"社会基础"由实体概念转变成了关系概念，由固态概念转变成了动态概念，由此使得利用这一概念作为分析工具和分析框架成为可能。正是通过对农村社会基础的"关系连接模式"及其"互动过程"的分析，使《基础》一书在把中国农村和中国现代化作为一个整体来加以研究时，获得了解决中国农村现代化问题和中国"三农"问题的新的分析视角与分析工具，从而使再造农村社会基础以实现农民与国家现代化总体战略目标相对接的解决方案具有了坚实的解释基础。"社会基础"这一核心概念的学术说明及其所具有的理论和实践意义，不仅具有学术意义上的创新，而且具有方法论意义上的创新。正是这两方面的创新，使得以"社会基础"作为分析工具和分析框架的《基础》一书，无论是在分析的视角还是在研究的内容上，都堪称农村研究乃至中国现代化研究成果中独树一帜的代表。

（原载于《中国图书评论》2010 年第 2 期）

什么是中国的"三农"?

陈　锋

　　近日,有幸阅读到由人民出版社出版的"学者型官员"王立胜之新作《中国农村现代化社会基础研究》(以下简称为《社会基础》),一部试图把握和探索中国农村性质的中层理论之作,也是理解中国"三农"问题的一种尝试。在阅读之前,鉴于这个忙于行政事务的市委书记的特殊身份,笔者曾想象这部书是否是一部带有意识形态话语下对中国农村现代化的宏大叙述。直至看完该书的目录,对作者及本书有了大概的了解之后,才排除了自己的猜想。《社会基础》的立意从"社会基础"入手,作为核心概念贯穿其中,实在也是理解中国"三农"的一个关键性概念和视角,颇具启发和研究意义。

　　在多学科和历史性的比较视野下,作者得出一个判断,认为"中国'三农'问题的实质体现于两个方面:在特定资源条件下,一是分散的小农与市场对接的成本太高,表现为小农与资本之间的关系紧张;二是分散的小农与政府之间的交易成本太高,表现为农民与国家的关系紧张"。那么,如何解决这些问题以实现农村现代化的目标便是作者的努力方向。"一方面,在发展模式和路径上要实现与社会基础的契合,另一方面要再造社会基础以实现与总体目标之间的对接关系。"从这里我们可以看出,第一点正是当下许多国家政策在农村的实践效果欠佳的原因，即政策目标、制度实践与农村的社会基础的脱离，就是在这个意义上，农村的社会基础研究是理解中国"三农"问题的基础性、前提性的研究，进而实现上下、内外的契合。而"社会基础"概念的提出与操作化到分析框架的建立，就是在于探寻实现这两种紧张关系甚至断裂的连接模式。

这种以"问题意识"为取向的研究，然后综合利用各种理论与方法的认识论与方法论，对于把握复杂的经验事实是值得社会科学研究加以倡导的。制度化的社会科学分化对一些问题的探讨确实有着它的优势，但我们也发现社会科学的分工的制度化，各学科在把握现实问题时实为对问题或事物本身的不同面向进行切割，我们就只能在把握事物和问题上有着"片面的深刻"，而无法呈现其"整体的丰满"。因此沃勒斯坦等学者主张，社会科学要重建具有开放性的社会品格，也即"开放社会科学"，不仅要有社会科学之间的相互借鉴和融合，还要有社会科学和人文科学之间的融合，甚至社会科学与自然科学之间的融合。这样，我们就可以不囿于学科，或者以多学科为取向，避免了用单一学科去切割经验时仅仅揭示经验的单个面向而屏蔽了经验事实的复杂性，从而获得了更丰富的面相。对农村研究而言，也更能为农村的性质的整体性呈现与判断奠定一个扎实的基础，同时也是实现"开放社会科学"的一种实践性探索。而反观当前学科分化的研究现状，我们经常耳闻一些学者"这是经济学、政治学……的基本常识"等等之类的话语，这些"常识"的前边总是有着诸多界定，甚至以学科或者其他什么标准瓜分。如是，"常识"是否还是"常识"呢？作为社会科学的研究者，也许我们更应该持严谨的研究态度，慎重地对待那些所谓他们眼里的"常识"，在对现实多面向没有充分把握的基础上慎言"常识"。如此或许才能让"常识"回归其本义，让对事物和问题的认识真正成为人尽皆知、共同认可的常识。而当前"三农"领域的声音嘈杂正是在于很多学者官员自以为从某个学科某个面向掌握了"什么是中国的'三农'"这个常识，就顺着某个逻辑想当然地推演，以一种外生性的视角切入，进而在建议和制定政策时出现抽象的简单化、技术化，而忽略了中国的"三农"自身的非均衡性、复杂性和整体性。应该说,争论是学术推进、政策完善的有效手段,但是争论至少是在共识性基础上产生的偏差,而不是无前提的各自推演,那样就无所谓探讨,而是各说自话。

在行文中,由于作者试图构建中层理论的努力,我们较少见到实证性个案或村庄的展现,但是从中我们依然可以看到其是在大量的经验基础上做出的总论。从其对农村各种面向的社会问题的分析中,我们可以看到作者"破"了当下许多"政策或制度神话",揭示了种种"乡土性遭遇"所呈现出的问题与困境的内生逻辑,足见其用心程度。做到了"立足于实践意识的问题意识,立足于中国农村现代化独特性的内生性取向,立足于现实主义的实事求是的态度。希望在一种大历史观的视野中实施创新性的研究"。这种在本土经验中、从内部视角中提炼的概念和分析框架自然有较强的启发意义,也是对中国社会科学本土化的一种贡献。此外,作者还试图在既有的农村社会基础上进行适当"再造",尝试性地"立"了中国农村现代化的可能性的社会基础。这种在既有理解什么是中国的"三农"基础上提出的方案具有一定的可行性。当然,可能这种总论性质的著作我们无法看到范围更加宽广的区域比较,不禁要问,作者眼中的"社会基础"在多大视域与区域内适合中国的农村?是否就是作者在山东或者华北有限的经验内总结提炼的理论?兴许这些仍有待采用区域比较的视角进一步地验证与拓展。这一研究形成了对该地区农村的整体性认识,而要形成对中国农村的整体性认识,我们至少还得在多区域比较的基础上来理解80%的农村80%的现象。另外,对"社会基础再造"需要进行更加详细的操作化,其中再造的每一论题仍实为一个宏大的命题,只有进一步的细化才能便于真正在实现中国农村现代化的道路中起到切实的指导作用。当然这不是一个人的努力所能实现的,对于作者,对于一部著作的渴望能够得以表达也是苛刻的,但有了一个方向,至少我们不会迷路,终点也就迟早可以到达。而这部著作的结束,"就不是结束,甚至不是结束的开始,也许只是开始的结束"(丘吉尔语)。

(原载于《中国图书评论》2011 年第 2 期)

对农村现代化之路的新探索

——《中国农村现代化社会基础研究》简评

贺雪峰

没有农村的现代化，就没有中国的现代化。王立胜撰著的《中国农村现代化社会基础研究》（人民出版社出版）一书，运用社会学、政治学、经济学等相关学科知识研究中国农村现代化问题，提出并阐述了中国农村现代化社会基础这一概念，为深化对农村问题的认识、更好地推进农村改革发展提供了一种新思路。

该书认为，将农民组织起来是我们党做好农村工作的重要指导思想和宝贵经验。农村现代化社会基础，是指农民间的连接关系、农民个体与国家的连接关系以及由农民个体经由特定形式组成的农民群体与国家的连接关系模式。这一社会基础是决定我国农村现代化发展方向、模式和形态的基本要素，调整和改变这种关系模式的努力可称为社会基础再造。建构农村现代化社会基础，需要适应现代化的要求，对农村社会进行重组和改造。

该书认为，改革开放以来，我国农村社会发生了广泛而深刻的变化，农民的传统行动逻辑与关联方式已无法适应社会主义市场经济发展和农村现代化的需要。因此，重构农村现代化社会基础成为广大农民走上富裕文明之路的迫切要求，成为各级党委和政府的现实课题。在当前情况下，促进农村社会形成适应现代化要求的组织结构，需要各级党委和政府发挥主导作用，协调相关因素，吸纳民间资源，重视发挥农民首创精神，以形成农民之间以及农民与市场、农民与社会、农民与国家之间的良性互动关系，最终实现我国农村现代化的目标。

（原载于《人民日报》2009 年 6 月 26 日第 7 版）

中国农村现代化研究的力作

段应碧

中国农村现代化作为中国经济社会发展基本问题之一，受到学术界的普遍关注，各个相关学科的研究者都在使用各种学术工具对其进行研究。王立胜在他的新著《中国农村现代化社会基础研究》中提出了一个带有原创性的分析框架，用来解释和分析中国农村现代化演进和发展的动力、机制和轨迹问题，并在历史与现实结合方面，在理论与实践结合方面，达到了新的高度。尤其值得注意的是，这本书对几个关键性的问题进行了独到的研究。

正如王立胜在书中所表述的，"社会基础"概念通常是作为习语出现的，极少有人将其作为重要学术概念加以研究，更谈不到以此为核心概念来建构一个分析体系了。而这一概念当中蕴含着极其丰富的理论内涵，也兼具重要的方法论意义。王立胜将农民间的连接关系、农民个体与国家的连接关系以及由农民个体经由特定的形式组成的农民群体与国家的连接关系模式作为决定中国农村现代化发展方向、模式和形态的根本性因素，并以"社会基础"概念来概括这一组关系模式。这是极具启发性的。正如我们所观察到的，在农村经济发展中，农业产业化是非常重要的一个方面，被认为是我国农业现代化的现实途径。农业产业化的重要标志是农业标准化，可以说没有标准化就不可能实现真正的产业化，但是农业标准化的前提是农民的组织化，一家一户的分散小农户是很难达到农业标准化要求的。也就是说，农民的组织化水平直接决定了农业标准化的水平，相应地也就成为农业产业化的关键环节。不仅是农业产业化的发展，包括农村金融在内的整个农村经济系统都需要农民建立一种新型的连接关系，农村发展、农民增收要建立在分散小农户与国家、与市场的良性对接关系之上。关于这一点《中国农村现代化社会基础研究》一书做了十分精彩透彻的论述。经济系统总是"嵌入"在社会系统当中，立足于农村现实的"社会基础"，并因势利导地加以"再造"，这一点在农村工作中必须予以高度关注。

农村税费改革作为进入 21 世纪以后中央在农村推行的重要政策，对减轻农民负担、恢复农村内生性发展活力、解决农村社会矛盾，发挥了非常巨大的积极作用。农村税费改革不单是税收、负担政策的变化，它会涉及农村经济社会的各个方面，必然提出全面推进农村综合改革的要求。作为基层党政领导干部，王立胜十分敏锐地发现了农村税费改革之后，在农村地区出现的一些新情况和新问题，发现了政策体系配套方面乃至体制和机制方面的不协调，书中关于农民税费改革政策对农村合作水平和一致行动能力的影响、对乡村关系的影响、对农业产业化和农业产业结构调整的影响、对国家基层政权建设的影响的分析，都给人留下了深刻的印象。没有对实践真正深入的了解与把握，研究不可能达到如此精细和细致的程度；同时，没有深厚的理论素养，也不可能从实践中，从很多熟视无睹的、司空见惯的农村日常生产生活中抽象出极其重要的理论观点来。《中国农村现代化社会基础研究》对于农村税费改革对农村社会影响的研究达到了很高水平。

书中提出了"社会主义新农村建设的时空定位"问题，这是一个新的提法。作者认为社会主义新农村建设的时间定位方面的差异实质上将会导致整个政策体系供给的基本思路产生本质的区别。如果认为新农村建设是可以在短期内（如十年、十五年）完成的任务，那么在户籍制度、城市建设、农村住房制度、农村耕地制度等方面就必然以此为前提做出相应的安排，带来的将会是快速的，甚至是激进的城市化过程，政策体系的制定和供给就不会考虑和照顾农村地区的独特性而倾向于以城市生产生活内容为标准，以城市生活的、工业化的甚至是后工业化的观念框架和概念系统去定义和解释农村社会的现象。反之，就会十分注重当前农村地区的实际状况，在强调城乡统筹的同时，更加注意农村地区的承受力，考虑政策实践的摩擦成本，重视一种外生性的政策力量"嵌入"乡村社会时会遭遇到种种变数，就会形成一种充分考虑中国国情、具有中国特色的现代化模式。在空间定位方面，此书仔细分析了新农村建设单位在空间上应当定位于具体的"村庄"还是县域视野中的"农村"问题。如果将着眼点和建设单位放在"村庄"，那就意味着原本有着密切经济联系和文化交流的农村地区被切割成若干相对孤立的单元，强调以村庄为单位进行建设，必然在资金和资源的分配上平均用力，强调面面俱到，不能实现很好的统筹，浪费将会十分严重。而如果能够超越相对封闭和静止的"村庄"视野，在县域范围内实施社会主义新农村建设的各项资源统筹，将具体的村庄作为县域经济的有机组成进行中长期规划，从农村劳动力转移流动、重点村镇建设、产业结构及产业布局等方面做出统筹安排，在这样的县域空间视野下实施的社会主义新农村建设，建设村庄却又不局限在村庄建设，更加适应越来越市场化和开放性的时代背景，成本更低、效益更好、效果更好。这样新农村建设的方向也就从基础设施建设过程进一步转化为整体性的社会变迁过程，而这正是中国农村现代化的真正含义所在。社会主义新农村建设时空定位问题，关系重大，将会给新农村建设带来不同的前途，应当引起理论研究界和政策制定部门的高度重视。

《中国农村现代化社会基础研究》一书从纵向的历史维度和横向的现实维度立体性地切入中国农村现代化这一主题，超越学科界限，从问题意识出发，从实践角度出发，论证了构建更具弹性的政策框架，不断地吸纳和整合农村社会本身所具有的各种积极因素的重要性，论证了国家如何通过吸纳与整合民间的资源与积极因素而进一步增强对农村基层的控制和指导能力，农民如何经由国家的指导而利用各种有效资源形成密切的连接关系，并以这种集合体的形式与国家实施良性互动。这样，国家战略与农民福利就得到了较好的结合，国家与社会之间就能够实现较为协调的关系状态。有了这样的中国农村现代化社会基础，就能够调动一切积极因素，全力推进中国农村现代化的顺利实现，使中国能够在中国特色社会主义道路上实现又好又快的发展。

（原载于《光明日报》2009 年 8 月 12 日第 12 版）

观察中国农村现代化的显微镜

——《中国农村现代化社会基础研究》评析

李明林

《中国农村现代化社会基础研究》是王立胜博士用了近十年时间探索研究而集结成的著作，于 2009 年 4 月由人民出版社出版。该书创造性地运用"社会基础"这一工具对近代以来中国农村每一个细节都做出了细致入微的研究分析，生动形象地描绘了中国农村和农民生活场景，呈现出农村发展的复杂性与艰巨性。该书不单是停留在清晰地观察分析近代以来的中国农村，而且试图在中国农村的发展因素中寻找中国农村的发展规律，从而对其未来做出预测，最终得出中国农村实现现代化必须对"社会基础"进行再造的结论。该书堪称观察中国农村现代化的一副显微镜。

一、 该书的主要理论观点

以社会基础为核心的分析理论框架可以解释中国的"三农"问题。该书从经济学角度指出中国"三农"问题的实质：一是市场经济条件下，分散的小农生产与大市场对接的成本太高，表现为农民与资本间的关系紧张；

二是分散的小农与政府之间的交易成本太高，表现为农民与国家间的关系紧张。这两种紧张是中国当前"三农"问题变严重的根源所在，也是中国农村现代化进程中各个时期的重要障碍。化解这两种紧张关系是中国农村现代化发展的动力所在。因而该书将农民与市场、农民与国家以及农民自身之间等各种关系模式概括为"社会基础"。这是一个从具体中抽象出来的新概念，不仅简洁、清晰地解释了中国"三农"问题，而且为中国农村研究提供了一个新的有用的分析工具，有利于建立一种新的中国农村研究的分析框架并找到一套指导农村现代化建设实践的中层理论。

中国农村现有的社会基础难以推动中国农村实现现代化。该书从政治、经济、文化和意识形态等方面入手，全面研究分析了中国农村社会，从而指出现有社会基础不能推动中国农村现代化。例如，在农村政治建设方面，传统的"压力型"政府并没有实现很好的转型，仍然致力于对农村权力的争夺，造成乡村民主建设不能取得实质性进展，农民与国家的连接中介——村委会的职能偏向政府，不能很好地代表村民的意志；村"两委"存在极大的"角色"矛盾，一些地方村主任与村支书"一肩挑"的改革并没有取得显著成效，反而在一定程度上造成了集权而破坏了基层民主。在意识形态上，随着农民"村庄记忆"的消解和现代意识的出现，他们"彻底从集体化时代中对自我角色的崇高想象中幻灭，转变为对自我角色的否定，自我鄙视，'贫愚弱私'的情绪和观念在农村迅速滋生，并普遍蔓延开来"[1]。在新农村建设中则体现为国家的各项方针政策不能很好地与当地的社会基础相对接。因此，对于中国农村的现代化而言，现有的农村社会基础已表现为落后与不适应。

重构中国农村社会基础是实现中国农村现代化的必然途径。在对现有农村的社会基础全面分析的基础上，该书提出了中国农村社会基础再造的观点。对于如何实现中国农村社会基础的再造，该书分别从政治、经济、金融、农村社会及意识形态等方面做出了系统的理论回答，如发展农村合

---

[1] 王立胜：《中国农村现代化社会基础研究》，人民出版社2009年版，第210页。

作组织，王立胜将它论述为农村现代化社会基础再造的重要路径。他认为，"在国家的力量没法达到每一个农村的'神经末梢'时，农村生产力水平低下与生产生活的复杂性之间的矛盾必须依靠农民合作来解决"①。在农村，农民的合作具有战略上的意义，在农民"原子化"日益严重的背景下，这种意义就进一步凸显出来了。农民合作需要制度化的条件，需要有组织员和组织资源的保障，因而必须加强这方面的建设，否则农村无法避免进一步衰败的命运。这样，该书从"问题意识"出发，在一定程度上突破了各个学科的限制，综合地考察了中国农村现代化发展的动力、方式和时空定位等发展因素，从而指出重构中国农村社会基础的必然性。

二、 该书可贵之处

创造性地以"社会基础"为核心概念及分析工具，探索了"揭示中国农村现代化发展各种因素"的分析框架。这种分析框架突破了此前农村现代化研究中"经济决定论""文化决定论""制度决定论"等理论的限制，也力图克服这些理论的缺陷，实现从大历史的高度对中国农村现代化过程的宏观把握。这在理论上具有创新之处，而且其意义超出农村研究的领域。虽然政治学、经济学、社会学和制度学等都从各个角度各个层面对农村现代化问题进行了研究，成果丰硕，但是因受学科意识的影响，不能在系统化的综合意义上取得好的进展。中国农村现代化是一个综合而复杂的过程。针对它的理论研究需要的是问题意识的自觉，即是当前需要各个学科互相融通，加强协作配合，综合使用多种理论方法，才能为其提供相对足够的理论支持。该书正是在综合前人研究成效的基础上，从问题意识出发，从最基本的社会基础再造角度对中国农村现代化的发展道路、发展模式、发展步骤、发展变数等一系列发展因素做出客观分析，深刻地理解和说明了中国农村政治架构和权力运作方式变迁等发展问题。

---

① 王立胜：《中国农村现代化社会基础研究》，人民出版社 2009 年版，第 132 页。

从解决"三农"问题的现实需要来看，该书所呈现出的综合性特点有利于弥补单一学科角度实施研究的不足。对"三农"关注的学者可谓众多，一些学者从经济学的角度，指出随着中国城镇化建设，传统农村将逐渐消失。城乡一体化的实现，农民将逐渐分化为多个不同的阶层，但最主要的是，一大部分农民将向准市民过渡从而转化为市民①。一些学者则认为教育是从根本上改变农村面貌的动力，以晏阳初为代表的一些学者更是亲自参加了社会实践，创办了"平民教育促进会"。虽然最终认识到中国农村问题是一个整体，必须系统性解决，但由于受时局的影响，并没有形成系统的解决理论，也没能从根本上解决中国农村的各种问题。有的学者从制度层面指出："三农"问题产生的根源，是中国户籍制度以及建立在其基础上的一系列制度，是在这些制度系统下的"一国两策，城乡分治"，是工业对农业长达五十多年的侵占，因而提出了以改革户籍制度为核心内容的"三农"问题解决方案②。王立胜在继承所有这些学者的研究与实践的基础上，全面系统地解释了中国农村各种问题产生的根源，提出综合全面地解决"三农"问题的新方案。

注重理论与实践相结合，在实践中检验理论并不断提升理论品质。王立胜数十年如一日地关注农村发展变化，投身于农村社会实践，总结实践成败得失及理论优劣，使理论更具有可操作性与一般性。他在青州任市委书记期间，开创了全国闻名的"青州模式"。该书正是"青州模式"经验的高度理论化成果，具有理论性强、实践性强和可操作性强的特点。

三、 该书留给人的思考

在农村社会基础再造过程中，地方政府很难实现角色转换。政治方面，民主的基础改造总是受限制，"县镇两级为了表示对保持村庄平静（平静的背后是什么已经不是一个重点问题了，只要不在自己任期内出问题即可）

① 参看吕良辰：《准市民论纲》，中国环境科学出版社1995年版。
② 参看中国社会科学学术委员文库：《陆学艺文集》，上海辞书出版社2005年版。

的力量的支持，自觉或不自觉地参与了村庄层面的政治竞争过程"①。而在"乡政—村治"的乡村关系格局中，村民自治并没有取消掉高度组织起来的乡镇行政对高度分散的村民在争夺村委会方面的优势地位。在很多时候，无论选举多么真实，选举上来的村干部却与以前的村干部没有多大差别：他们依然唯乡镇命令是从②。即是说，地方政府不会轻易转变自己行政管理角色而变为公共事务管理者的角色。经济方面，在农村现代化过程中，地方政府本应承担领导农村发展生产力，发展农村经济，为农村营造良好的市场环境和社会环境的责任。可是，在短期经济效应的诱导、政绩考核的压力和农民话语权缺失状况下，地方政府总是自觉或不自觉地做与自身角色不相符合的事：行政垄断与地方保护主义破坏当地农村经济的长远发展；以利于地方政府为目的的农民承包土地开发占用，更是对农业的严重破坏。在没有政府的强力支持下，发展农村经济合作组织会遇到更多困难，农民更多时候只能以分散的形式参与大市场的竞争。在社会管理方面，为农村公共事务管理而制定的各项制度，常常得不到政府的大力支持（因为政府推行制度的动力不足），很难保证制度的绩效。如此，谁来领导社会基础的重构便成为难题。

农村在市场化过程中，需要重构新的伦理体系。该书指出：在价值层面上，开放性的市场极大地改变了农民间的交往模式，当农民的交往范围远远超出血缘和地域的限制的时候，传统的基于血缘推演而构造起来的儒家伦理对人们的约束力量也就随之消解；市场化所带来的现实主义和消费观念，使市场伦理在根本上消解了儒家伦理的影响③。那么，农村的儒家伦理体系必然会为一种全新的社会伦理体系所取代，而这种伦理体系是建立在现代社会进步因素的基础之上，它是与市场经济相适应的。台湾学者李国鼎针对不能与现代化适应的传统"五伦"提出了"第六伦"。它属于公德

---

① 朱凌：《灰村纪事——草根民主与潜规则的博弈》，中国出版集团·东方出版中心2004年版。

② 参看王立胜：《中国农村现代化社会基础研究》，人民出版社2009年版，第222页。

③ 参看王立胜：《中国农村现代化社会基础研究》，人民出版社2009年版。

范畴，具有广泛性、理性化、平等性、公益性。这在很大程度上符合现代化的要求，可作为中国农村现代化过程中新的伦理体系的重要内容。可是，消解与重构不可能同步发生，更不相互等同。新的伦理体系，在农民没高度组织起来之前缺乏足够的重构动力，而且一定程度上有损于现今依靠私德的既得利益者特别是既得利益集团的利益，因而也将面临重重阻力。于是，如何使伦理体系的重构方式最具彻底性便成为难点。

总之，他山之石，可以攻玉，很多学者的观点必然在某种程度上对中国农村现代化社会基础探究做出积极贡献，有利于创造农村现代化的实现因素。就该书而言，必定在诸多方面值得中国农村现代化实践者参考。当然，一些细节还值得推敲。但不管如何，该书不失为一本真实、细微地反映中国农村现实的好书，阅读该书有如在显微镜下观察生物细胞。该书的各章节间透露的无不是作者执着、诚恳的探索精神，就凭这点，王立胜博士也足以让人敬佩。

（原载于《铜仁学院学报》2011 年 3 月第 2 期）

为中国现代化奠基的
乡村社会变革

——评王立胜新作《中国农村现代化社会基础研究》

赵可金

中国是一个小农居于主导地位的超大社会，"乡土中国"成为中国社会的基本国情。在中国，没有农村的现代化，就没有中国的现代化。为推动中国农村的现代化，不仅需要对乡村社会理论的不懈探索，还要有直面农村变动不居社会实践的勇气、善于捕捉现实问题的敏锐以及对其做出客观理性思考的冷静，唯有如此，才能真正培育出扎根中国农村社会土壤的理论果实。从这个意义上来说，人民出版社近期出版的王立胜新作《中国农村现代化社会基础研究》，以作者身兼教授和市委书记的双重身份，在实地考察的基础上，从理论上分析了中国农村现代化与农村社会基础重构的关系，把近年来有关中国农村现代化的研究推进到了一个新的层次，引起了学界的注意。

中国农村沉淀了几千年的历史文化传统，所形成的"乡土社会"盘根错节，根深蒂固。尤其是在资源禀赋极差、外界地缘环境高度紧张的情况下，要想实现赶超型的现代化，必然面对小农和资本关系紧张、农民与国家关系紧张的双重制约。作者指出："这两种紧张关系自清朝末年、民国以降一直是困扰中国发展的主要因素。"对于此种双重紧张关系，作者在杜赞奇"权力文化网络"、布尔迪厄"社会资本"以及国内学者胡必亮"关系共同体"和贺雪峰"村庄社会关联"等概念基础上提出了"社会基础"概念。作者认为，社会基础是在一定的历史阶段上，存在各种因素所促成的发生于农民之间、农民和各种社会阶层之间以及农民与国家之间的连接关系，并将其作为决定中国农村现代化发展方向、模式和形态的根本因素。显然，这一概念是一个实践感很强的历史唯物主义概念，对于理解中国农村现代化和"三农"问题意义深远。

一部高质量的学术著作，首先必须基于一个具有重大理论意义和现实意义的问题。本书从综合性和实践性的"问题意识"出发，敏锐地捕捉到中国农村现代化过程中面临的重大理论和现实问题，亦即随着市场化战略的实施，不仅中国几千年的乡土社会性质在消逝，中国革命所建构起来的总体性社会也在瓦解，农村出现了"去组织化""碎片化""原子化"的趋势。如果任其发展下去，中国非但不会实现现代化的战略目标，反而有可能陷入社会瓦解的动荡泥潭。因此，本书提出了中国农村现代化过程中面临着社会基础重构的重大问题，不仅对现代化理论具有很高的理论价值，而且对中国农村发展也具有很强的现实政治意义。

本书的另外一个亮点是突破了某一学科研究的狭隘视野，综合运用了哲学、社会学、政治学、经济学、历史学、法学、人类学等多学科的理论和方法，在马克思关于社会关系的论述、毛泽东"组织起来"的思想、费孝通和梁漱溟等社会学家的乡土理论、西方汉学家的中国农村研究等理论资源基础上，围绕"社会基础重构"这一主题，分别从政治制度供给、发展农村合作组织、重构农村金融、重构乡村秩序和重构农民的观念世界等五个方面进行了深入的分析。在此基础上，作者从社会基础重构的角度，对推行农村税费改革和建设社会主义新农村两项重大战略和政策提出了独到的政策建议。显然，作者对市场化改革对乡村基层组织调控和组织社会秩序能力的削弱表示了极大关注，并疾呼中国在现代化战略设计上急需加强社会基础重构，以稳定现代化的基础。同时，作者认为，鉴于社会基础重构异常复杂，中国共产党必须介入到农村各种关系资源中，作为主导力量协调其他因素，实现国家战略和农民福利的有机结合，国家与社会的协调相处。唯有如此，才能为中国现代化奠定坚实的社会基础，也才能使中国能够在中国特色社会主义道路上实现又好又快的发展。无疑，这些论断都是非常独到的，所提出的问题值得深长思之。

当然，本书的不足之处在于没有完全回答书中提出的问题，更多的是对既往历史的研究，带有很强的总论性质，在实证分析方面着力较少，也许是作者今后补充和发展的方向。尽管如此，本书是从中国社会发展和现代化的总体要求来把握农村现代化的社会基础问题，在严格意义上属于政治学著作。作为学术同行，从本书中深刻感受到，中国政治的研究已经从纯理论研究和政策研究走向了"具有实践感的理论研究"，这是中国政治和社会研究的方向。

（作者为清华大学人文社会科学学院副教授、博士）

重建农村现代化社会基础，
基层政府应起作用

蔡　闯

　　山东青州市委书记王立胜所著的《中国农村现代化社会基础研究》一书在学术界引起强烈反响。在日前举行的"中国农村现代化社会基础研究与中国农村研究方法理论"研讨会上，王立胜和与会专家一致认为，重建农村现代化社会基础，已经成为中国农民走上富裕文明之路的迫切需要和中国各级政府的现实课题。

　　何为"农村现代化社会基础"？王立胜认为，农村现代化社会基础，指的是农民间的连接关系、农民个体与国家的连接关系以及由农民个体经由特定形式组成的农民群体与国家的连接关系模式。

　　与会专家举例说，农村经济发展中，农业产业化是非常重要的一个方面。农业产业化的重要标志是农业标准化，但一家一户的分散小农户是很难达到农业标准化要求的，也就是说，农民的组织化水平直接决定了农业标准化的水平，相应地也就成为农业产业化的关键环节。不仅是农业产业化的发展，包括农村金融在内的整个农村经济系统都需要农民建立一种新型的连接关系，农村发展、农民增收要建立在分散小农户与国家、与市场的良性对接关系之上。

　　王立胜说，在当前情况下，促进农村社会形成适应现代化要求的组织结构，需要各级党委和政府发挥主导作用，吸纳民间资源，重视发挥农民首创精神，以形成农民之间以及农民与市场、农民与社会、农民与国家之间的良性互动关系，最终实现中国农村现代化的目标。

　　研讨会由人民出版社、华中科技大学中国乡村治理研究中心、曲阜师范大学山东新农村建设研究中心联合举办。中央党校、国家行政学院、中国社科院、中央党史研究室及北京大学、清华大学等单位的专家学者参加了此次研讨会。

（原载于《光明日报》2009 年 9 月 16 日第 7 版）

重构农村现代化社会基础：
宏大的学术与现实愿望

——专访山东青州市委书记王立胜

近日，人民出版社出版了山东省青州市委书记王立胜同志的专著《中国农村现代化社会基础研究》和《中国农村现代化：思路与出路》，提出了理解与解决中国农村现代化问题的新的理论框架和方法体系。就此，《中国社会科学报》记者对王立胜同志进行了专访。

一、 社会理想必须与相应社会基础对接

记者："社会基础"概念和理论分析框架是一个对农村社会和农村现代化进行重新审视和探究的新的视角，提供了一种方法论意义上的新的研究思路。请您介绍一下这个分析框架的主要内容和理论特点。

王立胜：19世纪以来中国社会问题的实质，是一个超大型农民国家在实现赶超型的外生型现代化过程中所出现的诸种社会矛盾的总和。我将农民间的连接关系、农民个体与国家的连接关系以及由农民个体经由特定的形式组成的农民群体与国家的连接关系模式作为影响中国农村现代化发展方向、模式和形态的重要因素，并以"社会基础"概念来概括这一组关系

模式。相应地，也可以把调整和改变这种关系模式的努力称为"社会基础再造"。

　　特定的社会理想的实现必须与相应的社会基础实现对接，中国共产党领导的革命和建设的胜利正是再造中国农村社会基础的胜利。我力图在中国市场化进程已无可避免也不可逆转的背景下，提出一种在较为彻底的意义上解决一个世纪以来农民问题——中国最基本的社会矛盾的理论取向和现实思路，使得中国农民能够在自身利益不受到巨大侵害的前提下温和地支持和认可市场化的改革，使得农民与资本、农民与国家之间的关系能够处于可长期维持的一种较为平稳、协调的状态之中，实质上推进市场化和民主化的进程，而这种进程必然是明显有别于欧美等原发型资本主义国家的。中国农村现代化的社会基础再造将使中国社会主义市场经济、民主政治、先进文化和和谐社会真正成为可能，使中国特色社会主义现代化真正成为可能。

二、　农村研究的问题意识

　　记者：有学术界的评论说您提出的"中国农村现代化社会基础研究"理论在历史感和现实主义的问题意识方面达到了很高程度的统一，您能否简要介绍一下历史感和问题意识在这个理论中的具体体现？

　　王立胜：我觉得所谓历史感是要把近代以来的中国历史当作一个前后相续的连续发展过程来看待，体现出一种历史的必然性。这要求我们用比较大的历史尺度去看待这一过程。中国共产党领导的 1949 年前的革命是一个翻转社会基层、再造中国社会基础的过程，以此实现与革命理想的对接，本身也是革命理想实现的途径与过程。1978 年以后的改革，提出了一种新的社会理想取向，但由于渐进式的或者目标开放式的改革模式，社会基础的重组和再造相对模糊。一方面，之前的影响极大地延续下来，农民的连接关系并未实现彻底转型，国家权力的运作方式也迟迟没有多大改变；另一方面，社会发展的总体目标实际上已经彻底改变了，这就导致市场化的目标与既定的社会基础之间不兼容，小农与市场化目标无法实现对接。这说明，一种社会理想目标的实现，必须要有相应的社会基础——农民连接关系相对接。

问题意识在"社会基础"理论中当然体现得十分明显，或者说成为这个理论非常鲜明的特色。在现实中，农民的行为事实上表现为农户的行为，从而很难用"理性人"假设加以概括和说明，当然这种理论也就更加无法有效解释农村诸种复杂问题的成因。这就要求将农村作为一个完整的研究对象，要有整体性的观点和思维模式。中国农村现代化是一个综合性问题，需要的是"问题意识"的自觉。也就是说，当前需要各个学科以"问题意识"为基点，加强协作配合，综合使用各种理论方法，才能为中国农村现代化实质性的推进提供强有力的理论支持。

三、 宏大的学术与现实愿望

记者：最近，学术界特别关注您在这个理论框架中表现出的"总体性的宏大的学术与现实愿望"，并认为这是一个很显著的特点。您怎么看这种观点？

王立胜：我是有这样一种学术愿望，这种愿望与刚才提到的"问题意识"紧密相连，都是将农村社会作为一个整体加以分析的必然结果。

一方面，新时期国家控制整个社会经济资源的能力有所减弱，因而也就失去了按照自身的逻辑规定农村社会生活方方面面的能力。依靠单一的方式，无论这种方式脱胎于革命的理论，还是源于西方的经验，都不可能完全解释农村现实，依据这种理论和经验创造出的简单化的政策体系也就无法解决农村地区复杂的社会问题。另一方面，分散的小农无法支撑任何一种现代化发展战略，既无法保障自身的福利，也不能支持国家战略的有效展开，在市场化改革面前由于无能为力而会产生越来越强的抵触情绪。

这对于中国共产党的执政能力提出了更高的要求。党必须介入到农村各种关系资源中去，作为主导力量和因素协调其他因素。国家通过吸纳与整合民间资源与积极因素进一步增强对农村基层的控制和指导能力，农民经由国家的指导而利用各种有效资源形成密切的连接关系，并以这种集合体的形式与国家实施良性互动，国家战略与农民福利也就得到了较好结合，国家与社会之间也就能够实现较为协调的关系状态。有了这样的现代化社会基础，那么，正如中国共产党在各个历史时期都反复强调的那样，就能够调动一切积极因素，全力推进中国农村现代化的顺利实现，使中国能够在中国特色社会主义道路上实现又好又快的发展。

四、 学者与官员身份的完美结合

记者：您是一名学者，但您的第一身份是青州市委书记，您怎样做到这两个角色的完美结合，用理论去指导实践呢？

王立胜：理论的目的是为了改造世界，我孜孜以求于理论研究，是为了能用一种科学的理论去具体地指导县域经济社会的科学发展。青州这几年取得了令本地人自豪、让外地人瞩目的发展成就。2008年，在全国县域经济百强中位居81位，比三年前前进31个位次，青州的经验被媒体称为"科学发展的青州模式"，每年来青州参观学习的考察团都有200多批次，人民出版社近日出版《科学发展的青州之路》一书，系统地总结了青州科学发展之路。我认为，取得这些发展成果的重要原因正是在青州这个县域范围内自觉进行了"农村现代化社会基础再造"的工作，正是因为把握了农村税费改革以后农村形势的新变化，使农民的基本连接关系能够和县域经济社会发展战略相契合，农民才在党组织的领导下实现了高度一致的行动能力。

青州的发展变化，不仅仅是经济结构的优化、产业结构的升级、城市建设和管理方式的转型，也不仅仅是干部作风的转变、群众思想观念的解放。从本质上说，在于青州的社会关系体系、社会关系模式发生了深刻的变化。市民还是那些市民，农民还是那些农民，但是当他们之间的连接关系和交往方式发生变化的时候，他们的创造性就会以此前无法想象的方式极大地焕发出来。党组织的整合能力越强、社会组织动员能力和社会控制能力越强，这种变化和创造性也就越快、越强。

因此，青州的变化是社会结构方面的，具有社会变迁的含义。看不到这一点，就无法弄清青州发展变化的实质性原因；不理解这一点，也就无从把握"科学发展的青州模式"的本质内涵。从青州的实践来看，"社会基础"理论不但在逻辑上是能够自洽的，在实践中也能够经得起推敲和检验。

（原载于《中国社会科学报》2009 年 10 月 29 日第 8 版）

应重建中国农村现代化社会基础

中国农村现代化社会基础研究与中国农村研究方法理论研讨会近日在北京举行。与会专家认为，改革开放以来，中国农村社会发生了广泛而深刻的变化，但农民的传统行为已无法适应社会主义市场经济发展和农村现代化的需要，重建农村现代化社会基础成为中国农民走上富裕文明之路的迫切需要和中国各级政府的现实课题。

何为"农村现代化社会基础"？《中国农村现代化社会基础研究》一书认为，农村现代化社会基础，指的是农民间的连接关系、农民个体与国家的连接关系以及由农民个体经由特定形式组成的农民群体与国家的连接关系模式。

对于建设农村现代化社会基础的重要意义，与会专家举例说，农村经济发展中，农业产业化是非常重要的一个方面，被认为是中国农业现代化的现实途径。农业产业化的重要标志是农业标准化，但是农业标准化的前提是农民的组织化，一家一户的分散小农户是很难达到农业标准化要求的，也就是说，农民的组织化水平直接决定了农业标准化的水平，相应地也就成为农业产业化的关键环节。不仅是农业产业化的发展，包括农村金融在内的整个农村经济系统都需要农民建立一种新型的连接关系，农村发展、农民增收要建立在分散小农户与国家、与市场的良性对接关系之上。

《中国农村现代化社会基础研究》作者、山东青州市委书记王立胜说：

"经济系统总是嵌入在社会系统当中，立足于农村现实的社会基础，并因势利导地加以再造，这一点在农村工作中必须予以高度关注。"

他说，在当前情况下，促进农村社会形成适应现代化要求的组织结构，需要各级党委和政府发挥主导作用，吸纳民间资源，重视发挥农民首创精神，以形成农民之间以及农民与市场、农民与社会、农民与国家之间的良性互动关系，最终实现中国农村现代化的目标。

研讨会由人民出版社、华中科技大学中国乡村治理研究中心、曲阜师范大学山东新农村建设研究中心联合举办。中央党校、国家行政学院、中国社科院、中央党史研究室、中央编译局及北京大学、清华大学等单位的专家学者参加了此次研讨会。

（原载于新华网 2009 年 8 月 30 日）

社会基础重构与中国农村研究

　　李椒元：各位专家、各位领导，上午好！我是人民出版社的李椒元。由人民出版社、华中科技大学中国乡村治理研究中心、曲阜师范大学社会主义新农村研究中心联合举办的中国农村现代化社会基础研究与中国农村研究方法理论研讨会现在开始。首先，请允许我代表主办方向各位领导和专家的光临表示衷心的欢迎和诚挚的谢意！出席本次研讨会的领导和专家有：田克勤，东北师范大学当代中国马克思主义研究中心主任、教授、博士生导师；曾业松，中央党校研究室助理巡视员，"三农"问题研究中心秘书长、研究员；柳建辉，中央党校中共党史教研部主任、中国近现代史史料学会副会长；周光辉，吉林大学行政学院院长、中国政治学会副会长、教授、博士生导师；王顺生，中国人民大学中共党史系教授、博士生导师，中共党史学会副会长；周溯源，中国社会科学杂志社副总编辑、编审；贺雪峰，华中科技大学特聘教授、中国乡村治理研究中心主任；徐鸿武，国家行政学院教授；周向军，山东大学马克思主义学院院长、教授、博士生导师；武国友，中共中央党史研究室第三研究部副主任、研究员；肖贵清，中央马克思主义理论研究与建设工程首席专家，清华大学教授、博士生导师；刘靖北，中国浦东干部学院办公厅副主任；马宏伟，人民日报经济社会室主任；尹洪东，新华社编辑室主任；季正聚，中央编译局世界社会主义研究所副所长；宋福范，中央党校教授、博士生导师；青连斌，中央党校科社部社会学教研室副主任、教授、博士生导师；赵培杰，中国社会科学院研究员；赵法生，中国社会科学院研究员；赵泉民，中国浦东干部学院教授；刘学侠，学习时报编辑室主任；胡元梓，人民出版社编审；聂家华，山东新农村建设研究中心副主任、曲阜师范大学教授；张晓琼，山东新农村建设研究中心副主任、曲阜师范大学教授；赵可金，清华大学副教授；张英魁，曲阜师范大学副教授；江大伟，北京师范大学马克思主义学院博士。青州市与会人员有：王立胜，中共青州市委书记、市人大常委会主任；杨云生，中共青州市委常委、秘书长；刘岳，青州市王府街道党工委书记。还有新华社、人民日报、光明日报、经济日报、工人日报、农民日报、中国文化报的记者朋友们。

今天，来自全国各地的学者共聚一堂，是为了就王立胜先生在他的专著《中国农村现代化社会基础研究》中所提出的概念系统和分析框架与中国农村现代化研究方法创新发展进行研讨。《中国农村现代化社会基础研究》由人民出版社出版之后，在学术界引起了相当大的反响，《人民日报》《光明日报》《中国社会科学报》等重要报刊都发表书评进行推介评论，认为这本书在理论与实践结合方面，在对中国本质问题的把握与洞察方面，在对农村基本问题的解决思路方面，在中国农村研究方法创新方面都处于同类研究的尖端和前沿。作为本书的责任编辑，我也觉得与有荣焉。下面，我们首先有请王立胜先生对他的"社会基础"概念与理论进行一个简略的介绍。

王立胜：刚才，李椒元老师简单地介绍了这次研讨会的宗旨、目的和方法，因为这本书的出版得到了各方面的大力支持，借这个机会，我想表达以下四个意思：第一个是感谢。首先，要感谢我的博士研究生导师田克勤教授，从这本书的选题、写作到出版，都得到了田教授的大力支持和具体指导，同时，我的一些师兄弟，还有我一直很尊敬和敬仰的学术界专家和学者，都对这本书非常关注；在论文的评审过程中，人民大学的王顺生教授、山东大学的周向军教授，都付出了很多辛勤的劳动；在答辩的过程中，周光辉教授是答辩委员会主任，也提了很多很好的意见。实际上，这本书的出版，也是根据各位专家的指导做了大量的修改之后的成果。贺雪峰教授考察过青州两次，同时也就中国农村的研究方法在青州召开过一次会议，对我的启发也是非常大的。所以，不管从哪个角度来讲，都对今天在座的各位老师、各位教授表示衷心的感谢！特别是今天，大家能在百忙之中挤出时间，有的是不远万里来到北京，一起研究这个问题，对下一步我们这个课题组的研究，也是非常有利的。

　　第二个要表达的是，这本书写作于我跟田教授读博士期间。我从 1988 年开始研究马克思主义哲学，后来研究毛泽东哲学。1998 年，我到潍坊市委担任市委副秘书长。在省委党校教书的过程中，遇到了一些问题，后来我从省委党校到基层工作，很多人对此不理解，包括我的同事。因为当时我在省委党校是非常年轻的，工作干得也不错，突然调动工作，大家都很不理解。其实就是源于两件事情。一件事情就是在 1998 年的时候，省委党校有个中青班，这个班当时发生了一次学生自发组织讲课的事情，就是说省委党校教师的课讲得不行，由他们自己来组织讲课。我记得当时省委党校党委紧急召开会议，讨论如何应对这件事情。中青班的人说省委党校的讲课不切合实际，那么这个"实际"到底是什么？在那个时候，我的头脑中就打了一个很大的问号。另一件事情就是在这个时候我到下面挂职，到济宁市嘉祥县挂职。那么，这两件事情就促成了我走向基层。其实在 1997 年到 1998 年，中央党校想调我上来，中央党史研究室也有要我的意思，省委办公厅也想调我。但是，这些地方我都没有去，就到潍坊去了，干了两年副秘书长。2000 年底，到了昌乐县做县长，干了五年。2005 年 12 月以后，到青州市担任市委书记，现在也快四年了。在县领导岗位上，担任县长、县委书记已经接近九年时间了。那么，这里就有一个从理论到实践的过程，思考问题的角度、思考问题的目的都发生了很大的变化。但是，在理论思考方面，我从来没有停止过，确确实实感到，随着改革开放的进一步深化，社会主义市场经济体制的进一步完善和深化，也出现了很多问题，那么这些问题怎么去解决？所以当时博士论文选题的时候，就跟田老师商量了一下，是不是要贴近现实，以问题意识作为思考问题的出发点，不受学科的限制，综合运用中共党史、经济学、社会学、政治学等各方面的方法，从问题出发来思考问题。那么，在研究单位上最后就确定了"县"；后来我发现研究单位对研究方法、研究目的和研究成果的规定是非常明显的。在研究的过程中，我就发现一个问题，特别是从沿海农村的发展来看，是不是农村经济发展了就能把农村的一切问题都解决了呢？是不是农民富裕了，社会就和谐了、稳定了？就现阶段来讲，农村问题到底是在哪里？所以，带着这些问题去思考，在2008年3月份的时候，在中央党校参加了一个县委书记培训班的学习，结识了曾业松教授；在这以前，曾教授的一些文章、著作我也看了不少，对我的启发也很大。在中央党校的时候让我发言，当时我发言的题目是《社会主义新农村建设的时间和空间定位的问题》，社会主义新农村建设不是一个抽象的概念，它很具体。你是五十年完成这个任务，还是一百年完成这个任务；你是以一个省为单位还是以一个县为单位进行统筹，还是以一个乡镇为单位来统筹，这是不一样的，它的思路和方法都不一样，所以在书里面专门有一段讲了这个问题。

总体来讲，这本书在概念上来讲，或者是从想法上来说，我觉得农村中的核心问题就是社会基础的重构，这是很重要的一个问题。因为社会基础这个概念，大家都很熟悉，但是从来没有上升到规范的学术性概念层次上。所以，我认为社会主义新农村建设的着眼点，既不在于农民的富裕，也不在于其他方面，关键是社会关系要进行重构，这个我们看一看毛泽东在领导中国革命，特别是在领导土地革命的过程中，大家都考虑的是给农民土地，农民能不能吃上饭这个问题，而没有看到土地的改革对社会关系的影响，它实际上是一种社会关系的重构。带着这个问题，我又写了一篇关于人民公社与社会关系的重构方面问题的文章。所以，我认为整个中国农村现代化的过程当中，有很多事情要解决，但是现在要着力解决的一个问题就是社会基础的重构问题，那就是基层所有单位和我们党和政府、和对上的对接的问题，还有一个横向联系的问题。对这个概念，书上已经写得很清楚了，这里就不再重复了，我把思考"社会基础"概念的过程简单说一下。因为时间很紧，主要是想听各位专家教授的意见。

　　第三个我想表达的意思是，今天是个非常难得的机会，因为最近这本书出版后反应非常强烈，网上也有反映。前段时间在网上看了一篇文章，讲了社会治理研究成果，最后提了一句话，提醒特别值得引起重视的问题是我最近关于社会基础的一些论述。这个作者是从社会治理的角度理解我的社会基础这个概念的，当然这是一个非常窄的角度，但是，他看到了"社会基础"概念的社会治理的意义。从我在昌乐和青州这几年的实践来看，当前农村的这些社会问题，如果不重视是很麻烦的。比如说，我里面谈到金融的问题。农村金融问题，好多人对于农村金融的认识往往是从经济角度来看的，看不到农村金融背后的社会关系。过去在人民公社时期，也就是计划经济时期，一个管理区有一个信用社，每个村有一个信贷员，每家每户如果没有钱就可以到信贷员那里去拿十元、二十元，这个时候老百姓体会到的是党和政府对他的关心。现在我们农村信用社的改革，所有农村银行的改革，比如农业银行、工商银行的改革，全部都成了商业化银行了，商业化就考虑经营的风险，还要考虑抵押、担保等条件，那么农民是没有抵押物和担保的，因此在农村大量的高利贷就形成了，而农村的高利贷从历史到现在必然是和黑社会性质组织结合在一起的，这就是一个社会关系。还有一个农村社会关系体现最明显的就是农村纠纷解决方式问题。现在我们是依法治国，这个目标、这种方式是绝对没有问题的。但是这么大的农村在现代生产方式下，完全通过法院来解决问题是不是可能？是不是现实？过去，我们说的人民调解，村里的、镇上的，它是一个网络。有一次在青州发生一件事情让我震动很大，我就思考农村这个纠纷问题怎么解决。因为大量的纠纷，你不可能都通过律师、通过法院去解决；强调依法治国是没问题的，但是现在好多问题没法通过正常的法律渠道解决。现在农村的纠纷大量是农村宅基地纠纷，宅基地、土地边界，还有一些家庭纠纷，这些纠纷都通过法律去解决，那可能吗？所以，书中有一章谈到农村纠纷方式的解决问题。法律的二元化、农村金融的二元化，在全国经济社会的二元化解决以前，它的存在是合理的，关键就是怎样看待这个问题。从这里边能引出很多东西来，从社会基础的概念和社会框架出发，分析中共党史上的一些问题，像根据地建设、人民公社等都可能得出一些新的看法来，这样这个概念就上升到一个规范的学术概念和学术工具了。今天想借这个机会，因为在座的都是学术界的大专家，当面听一下大家的意见，也有利于我们这个课题的研究。这个课题也是我们山东省立项的一个项目，同时，曲阜师范大学研究中心也是把以"县"为单位的农村研究作为下一步努力的方向，同时也提出了一个中层理论的概念，引入农村问题的研究，所以不是写一本书就完了，也不是为了写一篇文章，就是想看怎么样去再发展。我认为，理论上是准备不足的，有些事情需要理论超前，但我们做不到这些。我在两个县干了将近十年，两县之间距离就是三十公里，但是两个县的情况就很不一样，而且相差太大，不是一般的大，表面上看没差别，党的路线、方针、政策都是一样的，整个的体制也是一个市场经济，但是两个地方的风土人情，对于党委的领导、政府的操作、领导的控制力来讲，那是十分不一样的，对我触动很大。后来山东省委党校让我讲一次县域经济，我是从文化自觉的角度来讲的，我觉得一个地域文化对一个地方的影响的确是太大了。地域文化最基本的单位是县，思考了很多事情，今天也想请教各位领导各位教授。

第四个意思是，为了下一步的研究，也希望各位领导、专家能够到青州去走走看看。我 2000 年底去昌乐县的时候，这个县基本是在潍坊 12 个县市区中排名倒数第一或者第二。那时候，就两个大县，一个是昌乐一个是临朐。在昌乐五年，2008 年昌乐在潍坊的综合考核是第一名。青州 2005 年底去的时候，已经走到低谷了，那个时候也是一片混乱，当时组织部长把我送去的时候，潍坊的两个主要领导都没有跟我谈话，急急忙忙送我去的；在青州待了一个星期，我才去潍坊跟两个主要领导汇报，主动找他们跟我谈话，去得就是很急。那个时候就是一片混乱了，那年的点评青州市倒数第一。经过三年的发展，我们在全国的县级排名中前进了 31 个位次，已经到了 81 名，平均每年前进 10 个名次，地方财政由过去的 5 个亿上升到 2008 年的 12 个亿，2009 年可能到 15 个亿，已经又上升到潍坊的第三名了；第一名是寿光，第二名是诸城，第三名就是青州。在县长、书记的位置上经历了昌乐和青州的发展，两个都处于上升阶段，我在昌乐这五年这个县在全国前进了 125 个位次。在实践中确实思考了一些问题，积累了一些看法。我想书里面很多东西也都是受这两个地方发展的启发，希望各位专家能够到青州和昌乐去看看，可能对概念的提出有更感性的认识。就我的读书来讲，硕士研究生读的是哲学，主要是研究毛泽东哲学思想；后来到省委党校教党史，所以读了很多与党史相关的书；然后当县长主要是抓经济，就很疯狂地读经济方面的书，后来发现只读经济也不行，特别是到青州后，社会学、文化学、历史学方面的书都有涉及。我这几年积累了很多书，每天不读书睡不着觉，晚上必须拿着书看着书睡，否则就睡不着，所以养成了一个读书的习惯。后来在青州这几年我就号召大家读书，读书节也带起了全市市民的读书习惯，海岱书院大讲堂每次都电视直播，应该是作用很大。

有人问我，在操作两个县的过程中，毛泽东的理论作用有多大？我说是很大，特别是社会动员、社会控制方面，赵可金总结了一下，他写了一篇文章，专门研究这个问题。另外 9 月 26 日，中国第七届花卉博览会在青州召开，欢迎在座的各位能够到青州去看看我们的花卉，青州的花卉市场是江北最大的一个花卉市场。老百姓很富裕，2009 年 3 月人均储蓄还比寿光低 8 元，到 2009 年 5 月就超过了寿光 56 元；到 2009 年 7 月，人均储蓄比寿光高出 570 多元。在潍坊市，青州老百姓的富裕程度应该是第一位的，这几年富民的力度做得还是很大。我先说这些，主要是听各位领导、专家、学者对这本书及研究方法的一些看法，谢谢大家。

田克勤：非常高兴今天能够出席这个会议。我首先得感谢各位同行、老朋友能够在非常忙的情况下参加立胜组织的这个研讨会。应该说我是立胜的指导教师，但是实事求是地说，我指导不了，或者说指导得不够，这个和当下一些导师和学生关系还有点不一样。我们现在有好多学生是老师怎么指导也不行，属于这种类型。立胜是属于老师不用怎么指导，他自己也行。我说话比较实在，立胜是从他的角度去说，站在他的角度谈感受，我指导立胜这样的学生，应该说比较轻松，因为他不用你费什么力气，他的选题也是我批准的，不存在我帮他选这个问题，因为这样的选题是不需要我来指导的。我说这些的目的就是，立胜这样的学生，不是我们一个单独学科或者说研究单独一个领域的教授所能指导的，但是我毕竟还指导了几年，我在指导的过程当中也有一些体会，在书的"前言"中我说了一些话，可能还是能够代表我一部分心情的，所以有书的可以打开看看"前言"部分。大家对王立胜这个名字应该是比较了解了，他在20世纪90年代中期还是一个讲师的时候，就出版了《晚年毛泽东的艰苦探索》。这是一个具有很强学术色彩的课题，也可以说具有很强的研究能力才能完成的一个研究，我是在看党史研究文献的时候发现了这个名字，没想到后来他还能成为我的博士生。我在指导他博士论文的过程中，如果说谈体会的话，可能有这么几点。一是，立胜属于研究比较快和比较早的。有两种类型的学生：一种是在高校、党校、科研院所研究学术的，还有一种是政府官员，他可能主要研究实际行动。从研究类型来看有所不同，而立胜是两种类型人才兼有的，既有理论研究方面的爱好和能力，又特别关注现实，具有强烈的问题意识。我总觉得，做学问的人也应该有强烈的问题意识，不应该只有搞现实研究的人才有问题意识，但是立胜同志的身份比较特殊，他本身做过县长、县委书记，现在我们搞调研，我认为能够调查出真实的情况就很不容易了，要做出更接近于实际的判断就更难了。现在那个调查、反调查能力，不知道大家了解不了解。我家是农村的，农民说的话哪些是真的、哪些是假的要区分开来，是需要下很大的功夫才能琢磨出来的，他就有这种优势，所以我非常支持他这个选题。他这个选题大概是入学之后就和我商量，然后我就批准他写这个。他是我们学校的优秀博士论文推荐人选。2008年之前东北师大一篇优秀博士论文也没有，2008年一下子就有四篇，其中有我指导的一个学生，也就是说他能够作为学校的优秀博士论文推荐人选是很不容易的，整个文科就立两项，给钱不多，当然他也不是为了这笔钱。课题立项之后，在整个论文的写作期间，在重要的学术刊物上发表了10篇论文，这比我们学校在读博士生发表的所有论文还多。我觉得立胜还有一个特点，就是学术规范性不错，我们不少干部来搞学习都是不规范的，这个不是靠三年五载就能够培训出来的，需要很长的时间。他的学术规范意识是很强的，包括论文的核心概念、分析框架和一些方法等等。答辩时，答辩委员会一致认为，应该推荐他的博士论文为省、国家优秀博士论文。三个评委都是95分，我分别看了一下，里面的分类指标不同。作为指导老师，我觉得立胜这篇博士论文不是在做毕业论文，是在做事，是在研究问题，是在关注我们国家社会发展最根本性的问题。我家在农村，现在中央对"三农"问题相当重视，每年一号文件都是关于"三农"问题的，其实关注的可能还不一定是最根本的问题，因为现在我们农业税完全免了以后，我就听到"农民现在和政府没关系了""我给你种地，你给我补贴"等声音，大概这么一种情况。其实现在这个问题应该是很严峻的。过去我们共产党靠什么起家？就是靠发动群众。说实话，发动什么群众，就是农民群众。毛泽东有很多这方面的论著，最近我就看过有几个很精彩的。比如总结辛亥革命，说辛亥革命是农村的变动，而辛亥革命没有完成这种变动，这是他的一个观点。后来，又讲到中国的政权是产生在土地之上的；土地之上产生政权，我想毛泽东太对了，封建政权是产生在地主阶级上的，革命政权是产生在农民阶级上的。还有一个观点也相当精彩，国共两党的关系最根本的层面在农村土地问题上，两党的关系说到底是一个农村土地问题，《论联合政府》报告中讲孙中山是很关心农民的，平均地权就是孙中山提出来的，而毛泽东的《论联合政府》中讲蒋介石这些年来推行的是反动的联合政府，而共产党是保护人民、联合人民，这个问题是一个根本性的问题。就从今天来说，我负责教材第六章、第十四章的撰稿，我觉得最难的就是农民工问题，这个怎么写，工人阶级是领导阶级，农民是最基本的力量，但农民工是什么，既不是工人，又不是农民，农民工问题怎么来定位。所以我觉得立胜这个论文反映了一个很强烈的愿望，是一种要解决这个问题的愿望，一种忧患的意识，一种观念，反正我觉得这种愿望在这个论文当中体现得很强烈，所以他不同于一般学员写的这个论文。应该说这个论文今天出版，我还不知道，他们没跟我说这个事，最近也没有机会来关心这个事情。但是我觉得，要是从完善这个问题研究的角度来说，可能还需要进行深入的研究，所以我就不多说了，我说多了也不合适。我认为还需要我们今天来的专家学者们来贡献一些意见和建议，帮助立胜把这个问题的研究继续引向深入，这样我认为对于我们党和我们的国家是一个很大的影响。

我就说这么多，谢谢大家光临。

曾业松：各位专家，上午好。非常荣幸受王立胜书记的邀请参加这个研讨会，借此机会认识了这么多我们学术界有影响的知名的专家，提供了一个很好的学习机会，借此机会我也谈一点。看了这本书，结合到立胜同志工作的地方学习调研的心得体会，跟大家一起交流。刚才立胜同志介绍了他课题研究的基本情况，包括他著作的基本内容，特别是结合他自己工作实践，谈了一些很好的体会、看法，对我很有启发。一个学者去从政，这在我们中国政坛上是很受关注的。我们六月份有幸去浦东学习参观，在主任的安排下我们去闵行区看望了孙涛同志。孙涛同志是一位法学家，是闵行区的区委书记，他也是把自己的理论研究和实际充分结合，我觉得是有很多成功的地方值得研究的。而立胜书记的事件与他类似，只是研究领域不同，成就也不同，共同的特点是一个学者向官员成功转型，而学者向官员转型也不都是成功的，也有人半途而废。对他这个研究成果，我们来开这个研讨会是很有必要的，也是很值得研究的。刚才田克勤教授，他的指导老师对自己的学生最了解，做了一个客观的、也很深刻的评价，他的这个评价对我们研究这本书是很有帮助的。我听了以后也很受启发，我想在这里谈两点看法。因为立胜同志是一个学者，也可以说是一位很有成就的学者，同时也是一位有作为的官员，对他写的书，我觉得是很有研究意义的。其实这本书三个月前就已经送到我家，我看了之后，就觉得，这是一本有特色的著作，同时又是一个有价值的研究成果。那么具体来讲，我想从两个方面来说明我自己的体会和看法：一个就是它的选题很有意义；第二个就是它的研究方法很有特点。从选题来讲，他选择农村现代化社会基础研究，我觉得这是一个战略性的课题。它是一个老话题，我们讲现代化讲了几十年，但它是一个很大的课题，我们学界现在好像把现代化研究得很充分了，所以它是一个老话题，又是一个很大的课题。但是呢，新中国成立以后我们就开始讲现代化，比现在还早，那时候还不具备研究这个问题的客观条件。到五十年代，中央就提出要搞现代化，我们研究这么多年，也有很多的成果。所以我觉得选这个课题研究很实际，与当前的政治经济发展很有针对性。我为什么讲这个话呢？前一段时期有很多地方，一些研究人员，包括专家学者跟我联系、跟我交流，提出一个几乎是共同的问题。比如上海市委研究室，江苏、浙江还有广东研究室的同志给我打电话："教授，我们想跟你讨论一个问题。我们国家这么多年来提出了工业化、城市化，现在城乡一体化。我们的城乡一体化都到了一定阶段了，能不能提出一个新的问题，就是城乡一体化之后应该是什么化。"提了一个这样的问题，大家想想，有的城乡一体化我们刚刚研究，有的同志有超前眼光，就提出了城乡一体化以后是什么化。在北京市，我们有几个区中心组学习，我跟他们交流的时候，有个区的区委书记就跟我说："教授，你能不能跟我们说说，我们这个区到底是城市化还是城镇化还是城乡一体化？北京是不是应该有个更高的标准？"我觉得大家关注一个问题，就是我们中国改革发展根本方向是什么，根本目标是什么。其实呢，我们农村改革以后工业开始发展了，工业化带来了生产要素的集中形成了城市化。城市化发展了，城乡差别拉大了，那么我们再推行城市化，城乡差别会越来越大，所以我们提出了城乡一体化。城乡一体化重点是农村。第二个是城乡协调发展，共同发展。工业化、城市化、城乡一体化这是社会发展的一个必然规律，必然的轨迹。城乡一体化之后到底是什么化呢？这的确是需要明确的一个问题。最近我去了好些地方，比如我去广东，珠三角，看了三个县。一个就是最发达的县——增城市，它的年 GDP 是 800 多亿，财政收入是 110 亿；然后去了中等的县——博罗县，财政 4 个亿；去了梅州一个县，财政 1 个亿。差距怎么这么大？他们也研究一个共同的问题，就是今后怎么发展。我看到他们在珠三角的一些地方提出一个很重要的问题，今后的发展向西方学习，向欧洲学习，广东地区要园艺化。他就认为园艺化是城乡一体化以后的重要目标。这就是说，他从人与自然的关系，或者说从整个社会的自然面貌提出了城乡一体化之后的发展。当时，我们到了浙江，到了江苏，特别到苏南地区去看了看，去了江阴市；江阴市已经连续九年第一了，当然它人均比起来不如昆山，昆山比它少 36 万人，所以各项指标昆山第一。但是江阴呢，现在经济发展水平这么高，它下一步怎么办？这也是一个问题。所以他们就学习华西村提出的"幸福的华西"，将来就是"幸福的江阴"，整个江阴搞"幸福江阴市"。这就是他们从社会发展的根本内涵上来考虑城乡一体化之后是什么。但是，这些东西，是不是就是我们城乡一体化之后的目标呢？我们大家要一起讨论。后来他们有一个共同的认识，我认为很好，就是包括苏南，包括珠三角，现在研究的一个问题就是：我们提出了搞现代化五十多年了，但是并没有实现现代化。有些区县发展很高了，我们给它定位叫基本现代化，就是还在现代化的初级阶段，或者说很多地方在现代化的过程当中。所以大家有一个想法，是不是不要再提更多的什么化。实际上我们的主要目标、根本目标就是现代化，我们总的就是要实现现代化。不管工业化、城市化、城乡一体化，都是现代化进程当中不同时期的一个阶段性目标，所以我们认为现代化依然是我们重要的课题，而且是当前迫切需要解决的一个课题。正是从这个角度讲，我们立胜书记研究农村现代化的课题，我觉得意义非常大。它不仅有重大的理论意义、现实意义，而且对当前经济社会发展具有很大的参考价值。所以我觉得他这个课题选得好。那么他刚才讲了，他这个课题研究的内容，我们可以比较一下，珠三角、长三角他们研究的现代化，他们那个地方经济社会发展跟其他地方不一样，有比较雄厚的物质基础，它搞现代化，相对来说条件就比较充分一些。最近无锡市，包括江阴市，他们成立一个苏南现代化的课题，研究苏南地区怎么率先实现现代化，怎么能够全面现代化，怎么进入现代化水平更高的阶段。那么立胜书记研究的这个问题呢，我觉得是跟他们有区别的。立胜同志研究的是现代化的社会基础，我的体会就是，同样都提出现代化，在不同的地区、不同的历史阶段，或者不同的文化背景、不同的资源特色，现代化模式、现代化的定位、现代化的推进方式，那根本上是不一样的。但是有些东西是共同的。什么是共同的呢？社会基础是共同的。所以他提出这个问题研究，很有普遍意义，他的著作里面也讲到了现代化的一些基本原理问题，同时又讲到了当前我们农村的社会状况，包括政治制度、经济基础、社会治理、文化背景等，特别是改革发展的现阶段的特点。那么，在这个情况下，我们怎么推进农村现代化？他提出了这样一些问题，我觉得他讲了一些基本的、规律性的问题，所以他的研究有普遍的意义。他不是对某一个特定的地区来进行研究的，而是一种宏观的、总体的、基本理论层面的研究。所以我觉得他这个课题的研究或者说这个选题有价值。这是我谈的第一点看法。第二点看法就是怎么研究这个课题，我觉得研究方法上独辟蹊径。因为他是学者出身，又是一个县市区领导，因此他有条件去把理论与实际结合起来，而且可能比别人结合得更好。假如我们去研究这个问题，就没有实践作为研究的依据。所以从这点来讲，他的研究方法是和别人不一样的。我们可以讲很多很多种理论上表述的研究方法，但是那些对他不一定实用。过去我们有句话说"论文写在大地上"，立胜同志把论文写在改革发展的工程上。他把它作为一个工程来做，那就是把自己的学术理论、学术理念转化为社会实践。实践是什么，就是一个一个改革发展的工程。这个我们可以从他自己的工作实践当中看出来。他去了两个县，昌乐县我以前去过，他去了以后我们就去的，青州我也去过，潍坊地区好多县我都去过。我也注意思考立胜同志怎么把理论和实践结合的。我觉得理论和实践结合方式有多种多样，但是他创造了一个新的结合，他创造了一个新的思路，新的思维方式。他一方面把自己的理论、自己研究的成果在实践当中去实行、去探索，另外一方面呢，在实践当中发现很多问题，探索解决这些问题的办法，把这些实践当中的收获又吸收到研究成果中。这是理论和实践结合的两个方面，他都做得很好。而且还有一点更重要的就是，他这么做以后，发现问题越来越多，拓展了自己的研究思路。而且怎么把一个理论成果变成更多的实践，他提出了一个可供别人参考的模式，我觉得这很有意义。这就是我要讲的，上次跟宋教授，还有韩博士去，我们看了以后，我觉得他在青州做得很有成就。我给他一个通俗的说法，大家惯用的，用滥了的一个词，那就是什么"模式"。那我觉得，他在青州实际上形成了一个框架，也就是形成了一个青州模式。怎么搞现代化，他也在那里探索，探索以后我们几个人过来商量。他们自己提出了一个很好的概念，就是我们这样一个地区怎样加快现代化的进程。那就是我们过去一般讲的产业化、工业化，更主要的就是城市化。城市化是现代化的一个重要的社会特征，所以他在那里推进工业化、产业化，推进城镇化。怎样推进，他有自己一整套的理论思考和一整套的工作方式和完整的思路，所以我觉得他形成了一套青州特色的城市化模式。关于这个模式我们宋教授做了很好的研究，提交了一个很好的研究报告，看了以后也觉得很受启发。我觉得他这个实践取得了很大的成绩，我们立胜书记讲两个县的经济总量、财政收入、人均收入、人民富裕程度，讲了好多数据，这些都是很受重视的。但是我更看重的是在制度层面他的探索，他的创造，以及在发展道路上他所进行的探索。那么就他在青州的实践来讲，他青州特色的城市化也是我们现代化研究中的重要问题，它到底有些什么有价值的东西，我也做了一些思考。我发现，他到了一个地方以后首先研究这个地方怎么发展，一个总体战略思路问题，那就是青州这个地方的发展定位问题。我注意到，他这个学者型的领导思考发展定位问题和别人不一样，他不是简单地就事论事从本地出发，看有什么资源，发展什么产业等等，他不是简单地这么想。他是把整个社会发展大趋势，从整个国家、整个山东地区发展的大格局，以及青州的特色结合起来进行定位的，因此这个城市化发展定位对其他地方也很有价值。大趋势这是历史发展的必然性，你必须顺应。大格局，这是你的大的历史背景，社会环境、经济发展的背景你不能够跟它背道而驰。再加上青州特色，青州特色是什么，一个是古九州，古老的历史文化，这个沉淀很难得的。再一个，青州就像它的"青"字一样，绿色的州，这个地方就是生态农林环境比较好，所以他发展花卉产业，中国江北花卉第一大基地等等，把本地的地域优势、自然优势、经济优势以及历史文化沉淀等结合起来，形成了组团式的一个城市化格局。几个乡镇，几大产业支撑，然后形成几个具有带动力的城镇，形成一个区域的城市化，他们讲的"就地城市化"。城市化发展加快带动了农村的发展,城乡一体化进一步推进,咱们现代化就会加快实现。所以我觉得他在区域城市化问题上的研究已经付诸实践,实践证明它是有效的,他在城市定位上是这样的。另一方面,怎么把思路变成现实,推进这个工作,要研究发展战略、发展措施。在这个方面我觉得他有一些很好的思考,那就是发展靠什么、发展为什么、怎么发展,都有一些很好的创造性做法。比如定位,在我们这样一个国家体制下政府主导,这是一个很重要的问题,但是不能成为发展的主体,发展的主体是什么,这个讲得很清楚。那么另外一个方面,靠什么发展?靠产业,靠产业支撑。所以整个青州市几个工业园区,几个农业园区布局得非常清楚。另外一个怎么去运作,市场化来运作,有利益有效率才能有动力,所以你让老百姓去干事情,只有给他们好处他们才有积极性。再一个低成本运作,因为一个县级财政很有限,它又不像苏南,不像珠三角那样发达,所以他现在只能搞低成本运作。怎么低成本运作,他有一整套方法。所以这些发展战略都很有借鉴的价值。那么另外一个方面,这些好的战略、好的思路怎么能够变成各级党委政府和广大群众的共同行动?从这一点来讲,他的动员措施也很有意思。一般来讲,我们思想动员,把这个战略告诉大家,大家一看以后受到鼓舞,受到振奋,一个美好的理想,一个美好的愿望,我们要去奋斗,把大家调动起来。另外一个方面呢,资源动员、资源配置,有限的资源怎么配置好获取最大的效益,这些也是一个很重要的方面。再一个就是组织动员,在这些方面我觉得他做得都很好。所以我是看了以后受到启发,比如我们研究农村问题,研究县域经济发展问题,研究科学发展问题,他的这些经验的确具有参考价值。所以我被他选择研究的课题以及研究的方法,特别是理论和实践结合的独创性的有成效的研究,深深地打动了。所以我跟立胜同志成了好朋友,我到那个地方见到我们山东老乡都说我们有一个共同的朋友,都为他的研究成果感到高兴。所以我在这里发言,首先应该表示祝贺,然后我们也表示赞赏,同时我们也愿意分享他的研究成果。我简单地讲就是说,他的理论观点对我们有启迪作用,他的研究方法对我们有借鉴作用,他的实践探索对很多同志,特别是一线工作的同志有参考作用。最后我也表达一个愿望，作为一个理论工作者，在实践当中已经有了很好的收获和成就，我们也衷心地祝愿我们立胜同志将来能走上更高的层次，在工作上有更大的成就，同时也不要忘记理论研究对你的作用，进一步加强理论研究，在理论研究上能有更多更高的研究成果。我就说这些，如有不对欢迎大家批评指正。

贺雪峰：我认识王书记有五年时间了，感到很惭愧。就是我认为我自己读书比较多了，但是后来我和王书记接触以后，我发现他读书的时间比我长，读的书比我多，并且他读得比我的理解还要深刻，这个就是确实感觉到很惭愧。并且王书记他确实有两个特点：第一个就是知识分子，现在的官员首先是个知识分子；第二个就是地域性的官员。对于王书记来说是学者出身，博士读的好像是党史。但是我知道王书记读的经济学的、社会学的、政治学的书很多。从这本书中也可以看出大量地参考了、借用了他的社会学和政治学已有的研究成果。下面我想讲两个意思：第一，这几年我做农村研究有个很深的感触，之前我们上课的时候也学过党史、科社，包括马克思主义概论、毛泽东思想概论，但是党史确实学了，没学懂，很遗憾。现在才意识到。因为我最早的时候读研究生是读的政治学，现在又是在做社会学。但是王书记的书我学习以后，他对毛主席的评述要比我深刻得多。就是从这个学科交叉的角度来讲，我觉得今天的社会科学，特别是社会学、政治学向西方学习得太多。第二，就是像我们研究中心的博士生有一半时间都是在农村，这个时间是很多的，但是光是经验肯定是不行的，光是从西方搬过来的理论也是不行的。我觉得我们还是缺失一个西方理论的中国化和一个我们经验提升的问题。我现在看原来的一些著作，包括毛主席的，现在的感受和原来的感受完全不一样。原来觉得这个话是大白话，就是一些套话空话，现在感触很深，因为有了新的体会，有了新的问题意识。所以我就想王书记这本书，应该算哪一个学科，我想可能不太重要。但是从党史的角度有这么深的研究，从我一个做农村研究，做社会学的角度来讲，感到非常兴奋，非常振奋，说实话还是有点意外。反过来想，我们从事农村研究，从事社会学的同志要向党史、向科社学习，这确实不是套话空话，这是我这几年做农村研究的深刻体会。第一个我就是想讲，做农村研究的我总是考虑一个问题，就是说我们要解决农村问题，它的抓手在哪里。我们的第一个思路就是从国外找经验。比如说今天农民合作，组织起来。怎么组织起来呢？对于农业经济，做社会学的感觉到很茫然。我前几天还写过一篇文章叫《农民合作社问题》，究竟怎么弄，不好办。但是王书记这本书讲到社会基础，我觉得这个社会基础涉及两个方面。第一就是为什么要再造一个社会基础。我们的社会基础面对一个什么样的局面，就是讲我们怎样再造一个社会基础，这个方面我有很多感触，现在的农村社会跟任何时候都不太一样。举个例子，比如今天中国的人口，农民占多数，究竟中国有多少农民，这个大家很难说清楚，我是说九亿，有人说七亿，国家统计局说是七点多亿，但究竟看怎么统计，看农民工算不算农民。不管怎么讲中国的农民占多数。第一就是中国的农民人均占地一亩三分地，富的不超过十亩地，那么我们一个农民的耕地面积和美国一个农场主的耕地面积比的话，一个农场主的耕地面积是四公顷，我们可能需要几百户、几千户农民来解决耕地。我们的小农和美国的完全不一样。另外，我们今天做农民工作有很多的经验，包括刚才曾教授讲的"青州模式"，"青州模式"发展花卉，"寿光模式"发展蔬菜，但是就全国来讲的话百分之九十土地还是用来种粮食的，在种粮食的情况下农民从农业中致富的可能性是更小的。今天农民的收入是两部分组成的，一部分是农业，一部分是工业；这个说起来很简单，实际上今天的农民收入是通过代际分工来解决的。比如说你的妻子在家务农，你外出务工，正是务工和务农两种收入加起来你的生活才有温饱多一点，小康差一点的这个味道。如果就一笔收入的话，实际上农民的情况就相当糟糕。在未来很长时间，可能三十年，甚至是五十年，我们这样一个农村现实还是存在的话，我们中国的社会化农村基础还怎么再造，这就是个很大的问题。再比如说，如果我们加入一个时间定位的话，现在农村和取消农业税前的形势已经发生了剧变。我们整个社会的因素，不管是从时间的角度讲还是从空间的角度讲，这个基础都发生了非常大的变化。这个变化我们来讲怎么应对，有各种各样的观点。这些观点有从国外借鉴来的，也有调查得出的。但是我觉得我们最忽视的也是最重要的一点就是我们现有的基层组织。我们今天的农村基层组织在世界上来看是比较特殊的，历史上我们也确实解决了中国的问题，但今天我们完全有可能用新的形式再造。从这个角度来看，我们对眼前这个比较重要的问题，能够去做的没有去做，但是不能做的呢，我们又花了很大功夫，比如搞农业合作，我也曾经搞了很长时间，多少学者都参与进去了，但是很不成功。但是我们的学者看不到，今天的基层组织还在起作用。但是我们要怎么去理解这个基层组织？抓手在哪里？当然我觉得不能仅仅是借鉴西方的经验，也不能仅仅是理念交叉。我觉得这里面可能是从党史里面、从马克思主义学科里面去借鉴。所以我觉得王书记的这本书除了他自己知识的博学和他自己从事具体工作的问题导向研究以外，还打通党史，然后和社会学、马克思主义，还有政治学都兼容了，给人启发很大。我想这也是一个导向，在今后是很值得借鉴的。

周溯源：刚才听了大家讲的很有启发，我想讲三点意思。第一点就是王立胜书记给我们送来这么一本很有价值的著作。我在《求是》杂志社工作过，认识王立胜同志好多年了，他原来是从事研究毛泽东、党史一些方面的东西，从党校然后走向了政界。到今天才转向了经济学，他是充分发挥所学知识，用他现在所在岗位之利，这么多年他在自己岗位上研究、思索、探讨，有了一些成果，这个成果当然他有好几本书了，这些书我过去都看过，最近出的这本书是很有价值的。中国农村现代化的社会基础问题，的确是个大问题，也是当务之急必须要搞清楚的问题。所以说这是王立胜书记经过思索研究拿出的一本非常有价值的著作。第二个是感谢。感谢出版社的编辑和领导有眼光，向全国的知识界和党政界推出了这么一本好书。人民出版社多年来出了很多好书啊。第三个是希望。希望王立胜书记在这个基础上再接再厉。古语说：宰相起于州部，猛将起于武卒。中央组织部原部长张全景说过：一个乡镇就相当于一个小国家。所以王立胜书记搞的这个农村现代化研究有他的有利条件，因为他就是在他的岗位上研究这个问题，他的理论可以用于实践，并在实践中检验、发展，所以说立胜书记有这个有利条件，可以在这个基础上再接再厉。我的感觉就是现在农村问题很多，矛盾很多。最近几年我们国家的群体事件平均每天六十几起，而且大部分是在农村发生。城市的也有，但是农村的居多。现在讲腐败都是说党政干部，党风不正，其实你们有所不知，现在也是有很多刁民。刚才立胜书记讲过，有两个家族在打。这些问题都会造成农村的矛盾，基础不牢、地动山摇。所以研究基础问题很重要，我很赞成立胜书记的观点。经济发展很重要，但不能单单考虑经济问题，还要考虑经济以外的政治、社会等问题。最近召开了一个救灾研讨会，它是由自然科学家和社会科学家联合召开的。因为单靠自然科学家解决不了纠纷问题，纠纷问题、组织重构等问题，就必须由社会学家来解决。所以单从经济问题来考虑已经过时了。我昨天看了一个内部材料，是广东省委书记汪洋的一段话，他说经济的崇拜是很错误的，如果单纯追求经济的增长，他不是政界的财富，而是奸商的财富。我想他讲的这话是很实在的。所以不单纯从经济去考虑问题，这是认识上的升华。如果我们全国的党政干部都能这样考虑，那他们的发展就一定更好。我觉得立胜书记研究还有一个问题，就是农村基层组织的空壳化。我也看过中央党校的教授，还有我们农村研究所的教授的文章，就指出农村基层组织很多是瘫痪的，就是没有集体经济，党的组织在这个地方也是形同虚设。那么基层都是谁操作呢？一个是大户、大家族，第二个是黑社会性质组织。现在很多地方是黑白共治，最近国家就在大力打击黑社会性质组织，抓出了一大批腐败干部。很多黑社会性质组织都带着人大、政协委员的"红帽子"，这样老百姓就没有地方出气，也就引起了社会矛盾，就和谐不了了，而且经济社会的成本就会很高。这个问题不知道立胜书记有没有考虑，这也是个基层问题。再一个就是民事纠纷。我们国家在由人治向法治社会过渡，还没有完全实现法治，现在是法治和人治共治。解决民事纠纷，如果你这个干部是心系百姓，你就能够端平一碗水，你就能够处事公正，你的天就是晴朗的天。如果你这个干部去傍大款，跟黑社会性质组织有说不清楚的利益纠葛，你的天就是阴沉的天，老百姓在那个地方就没有出头之日，这个矛盾就会很大。在这个人治和法治同时进行的过程中，我们的社会矛盾怎么个弄法，刚才立胜书记讲了，单纯靠法律是解决不了的，这个需要探讨。经济的发展，全国情况不一样，靠山吃山、靠水吃水，情况都是不同的。但我感觉还是优先考虑农村问题。希望立胜书记继续吸收一些现成的理论成果，结合自己的实践来取得更大的成就。争取在一点或两点上有突破，如果能在一点或两点上有突破，走在前沿，那是功莫大焉。我就讲这么几个问题吧，谢谢！

主持人： 下面大家自由发言。据了解有不少同志准备了很充分的发言，下面请徐鸿武教授发言。

徐鸿武： 今天是就王立胜同志的博士论文展开一些座谈，我想今天就此机会谈这么两个意思。一个就是青州市的工作经验怎么总结。我对青州市有特殊的感情，也可以说青州是我的第二故乡，我的老家是山东省潍坊市寒亭区。新中国成立初期，我曾经在青州市（原益都县）益都师范学校上学、工作，到现在已经55年了，当时我在那里工作的时候，可能在座的都还没出生呢，所以我是有特殊感情的。前不久，我和几个同志一块到我这个离别多年的第二故乡青州市，调查的课题是国务院给我们国家行政学院下达的重大课题，叫科学发展观政府管理创新。我正好就此机会下到了第二故乡青州调查，虽然时间不长，但是我感受很深。我曾经找到了原来我在那儿工作的老教师、老同事，向他们征询了对市委的看法；又找来了两三个八十来岁的老头儿，我们就聊了一下，他们认为，青州做得不错，特别是王立胜同志就任书记以后，变化比较大，人民群众得到的实惠也比较多，所以他们从心里面对现任的市委很满意。这是我对调查的一个普通看法。我回来写报告怎么写呢？我就把这个青州的经验，就做在"青"上，所以我回来给国务院写的报告，我起了个名字叫《绿色繁荣之路》，我的内容就是青州重点把生态理念贯穿到经济发展的各个领域。这有这么几条：第一条是倡导生态意识，在全省造就生态文化城市；第二条以生态理念指导实现工业改组，发展绿色工业；第三条以生态理念指导推进新农村建设，打造生态家园；第四条以生态理念开展城市建设。最后谈了政府管理创新的几点启示。这个报告已经报上去了，这个上面如何评价现在还不知道。

青州市确实发展不错，刚才王立胜同志讲了，谈这个发展的势头还很猛。究竟这个青州的经验，突出什么宗旨，怎么总结？刚才有老师讲的是一种模式，但全国有好多模式，像昆山模式、苏南模式，我们要走哪种模式，反正你得把亮点总结出来，目的不是达到宣传自己，而是为了推进今后的工作。这是我谈的一点意思，谈的可能有点离题。第二，我是想谈博士论文出版的这本专著，我和大家都共同思考，研究方法的思考，现在我是很赞成这样一个意思，先立乎其大，要有强烈的基本问题意识。我们现在学习这个中国特色社会主义理论，咱们知道这个邓小平的基本问题意识就是邓小平理论，他就是先立乎其大，最大的基本问题意识。当然是说，他要建设什么党，胡锦涛要什么样发展，这都是先立乎其大，要有强烈的基本问题意识。我觉得这本论著的最大的思想方法，是有一个强烈的基本问题意识，找到了一个新的切入点，就是现在中国社会基础问题。我认为虽然这本书做了精到细致的分析，但是这个问题要继续研究，还任重而道远。现在中国当前的第一位的问题是什么，这个学界和政界的看法，反正是各抒己见。就是说有的人讲，我们三十年以来，这个学术界的大的舞台，首先出场的是哲学家，第二个出场的是经济学家，现在经济学家仍然在唱主角戏，以经济建设为中心嘛！但是相应地来讲，法学家必须相配合才能演出，现在我们国家仍然是经济学家和法学家唱主角戏？但是现在我们国家发展到现在这个状况，需要不需要新的来出台唱主角戏？至少是重要的主角，不是第一位的主角也是重要的主角。刚才有的老师讲，我们好多人是主张政治学家出来唱主角戏了。因为我们现在很多的问题，很主要的瓶颈和障碍是政治体制改革，政治体制改革一系列重大问题挡住了我们前进的道路。这个是我们政治学界可能的一个学术偏见。比如腐败问题怎么解决？你看看这几年统计数字，腐败处在改革开放以来第三个高发期。省部级干部的比例远远超过了以前；还有贪污腐败的数额，涉及亲属串案窝案的等等，所以我说的可能极端化。比如说政治学家、政治体制把我们摆在最前排，行不行呢？这是一种理解。还有一种，毛泽东初期说过一句很重要的话：我国随着经济建设的高潮，必然是文化建设的高潮。中国到现在也不能就制度谈制度，制度里边的深层原因是文化，所以我们国家现在这一段要必然出现文化热。这个社会基础研究和社会基础的文化内涵有密切关系，所以我最后谈这一点就是我们社会现阶段，基本问题怎么思考？这部专著给我们提供了很好的思想方法，我认为很受启发，但是又给大家留下了研究的大的空间，希望我们进一步思考。说到这里，谢谢！

周光辉：非常高兴有机会参加立胜的这本书的研讨会，我也很荣幸受东北师大的邀请，参加立胜同志博士论文的答辩。因为他们东北师大每年请我去看论文。但是我看到了王立胜这个（现在这本书的原型）论文的时候，确实让我受到震动。我就问自己：为什么能引起关注，为什么会受到启发？不仅受到了启发，而且也引起了进一步的思考。因为这本书我没看过，我看过他的论文，看了论文之后我谈了三点体会。这三点体会可以这样概括：问题的时代性，视角的独特性和方法的实践性。我为什么说问题的时代性？我记得马克思讲过什么是问题。问题是时代的口号。当时我读论文的时候，一看这题目就非常吸引人。这些年，我也从政治学角度研究思考一些中国现代化问题，但我一直认为中国现代化现在的核心或者是关键是农村现代化，这个可以说是我们中国发展到今天面临的一个重大的课题。三十年改革开放最大的进步就是解决了困扰中国几千年的生活危机问题，温饱问题。我个人认为通过三十多年的改革开放，经济发展初步景气，我们所面临的问题，从政治学角度看，一个是公民社会的建设问题，一个是现在国家的供养，这是一个从政治学角度上面临的重大问题。所以当他在研究农村中的现代化这样一个选题的时候，我就觉得这个问题就抓住了时代的，我们中国时代性的问题。第二个，当我读了这篇论文之后，我觉得他研究的视角很独特。因为农村问题，很多教授都是搞这方面的专家，我曾经看过这方面的书，农村问题确实非常复杂，那么怎么介入这个农村问题，农业、农村、农民？那他就选择了一个新的视角，从社会基础的角度来研究。从我政治学角度上看，论文的简介讲，它是农民和国家关系，这是一个政治学的命题，是从一个政治学的角度来切入、来探讨在一个新的农村现代化过程中，怎么样来重建农民和国家关系问题。刚才有的老师讲社会再造，实际上是再造农民和国家关系重新调整重新建设的问题，那么我想，立胜教授他提出了一个概念叫社会基础，那么他是从社会基础的角度来探讨农民和国家关系怎么来建立一个新型关系，建立一个新型秩序。我觉得这个角度比较新颖，因为这个问题也是一个中心问题。他也在写论文之前，划分了很多角度，从综合视角来讲其中的一个范式，对这个范式是怎么认识的，这是另外的问题，但他毕竟提出过范式，然后他抓住了范式的核心问题，农民和国家关系，我觉得研究的这个视角非常独特。再者，我个人认为方法非常好。研究农民问题，绝不能坐在家里想，立胜是根据自己实践的经验，根据自己在工作中的思考，根据自己大量的调查研究，因为我看了他的论文中有很多在基层中跟农民的对话，跟农民的访谈，到实地的调查。他是在这样一个研究中，包括他作为县长、县委书记，在如何实现农村现代化过程中，他提炼出一个概念，因为他清楚社会基础。而不像我们一些学者研究农村问题，完全自己说一个理论，从概念出发来套，那不行。这个整个的研究方法还是比较符合我们科学的研究方法。因为他是从一个实际的问题提炼出一个范式来把握它们，这也是值得我们从事农村研究，包括从事实践研究，值得学习的地方。因为从这个方面讲，理论和实践才能做到真正意义的结合，这个是我在读他的论文时的几点体会。但是今天我开这么一个会，昨天晚上我看了立胜这本书的后记，他其中讲了一个自己的认识。就说他这个研究只是一个开始，我觉得他有这个认识是非常好的。我有两方面的看法：一是他是一个实践者。现在国家发展其中一个很重要的内涵是专家治国，这是世界性的知识，各行专家来引领这个社会，他在这方面做出了一个非常好的实践。第二，我想中国的农村问题，可以说是制约中国未来现代化的一个重要的方面，路还很长，还需要继续去探索。如果从政治学的角度来讲，我想提个建议，不过我是外行了，因为我看你谈那个农民和国家关系的时候，我也想到一个农民国家建构，要有一个新的范式来作为解释框架。你看，农民的概念，中国几千年一直用着，但我在想一个新型的关系，一个新型的社会机制，农民公民化的问题。农民，因为法律上是公民，但在实际上，因为我们现在所做的所谓城乡一体化，包括公共服务，覆盖农村，这实际上就是现在在由一个法律上的公民变成一个实际上的公民，这样一个转化，这样一个二元化结构才导致农民身份没法改变。我想未来社会，肯定是农民公民化，这肯定是一个在农民和国家关系重建问题上，要解决的一个重大问题。

赵可金：非常高兴能参加这个会。我是山东人，跟立胜书记工作的地方息息相关。我是昌乐出生、成长，在青州工作，对这两个地方比较了解。我虽然在上海生活八年，但是我个人的情感归宿，应该还是在山东。回到了北京，这几年我一直在观察这两个地方的变化，也一直在思索中国农民所前进的目标和道路。在过去的六七年的时间里，我观察到了山东省潍坊市的巨大变化，特别是青州的变化，感受尤为深刻，所以 2009 年春天，正好我们清华大学组织接受中央的一个任务，到基层调查科学发展观的情况，我就回到了原来工作的地方，我试图挖掘这个地方所发生变化背后的根源、主导原因是什么。但是我们在观察一个地方的时候，却不能仅仅局限于这个地方。如果从整个中国农村现代化的角度来谈的话，实际上来讲，我们经常陷入一个自我迷惑的误区。根据现代化现在一般的逻辑，如果是从马克思的设想来讲，现代化内在就是要消灭农民，整个社会成分只剩下资本的代表者和劳动的代表者。在此期间，农民传统的小农生活方式是一定要被消灭的。马克思在观察中国东方社会的时候，他把东方社会比作一具木乃伊，一具干尸，这个社会是不能见空气的，一见空气就会风化，就会解体，就会散落。那么近代中国，鸦片战争之后，打开中国大门之后，所带来的就是这样一个社会不断风化和瓦解以及中国社会集体衰落和民族危亡的这么一个危险境地。毛泽东所代表的中国共产党，其实就是从政治上找到了一条只有通过发动农民革命来重新塑造中国社会这样一条路，把中国带到 1949 年以后的历史。但是中国虽然以强有力的实力来抵抗了世界现代化的冲击，但终不能避免走现代化的道路，当中国从 70 年代末启动现代化道路的时候，也必然随之而来的同样一副农村衰败和社会衰朽这样一种不可避免的病体。马克思曾经讲过，将无数的小农抛入苦海，我们情感上过不去，但是我们要知道，这是社会的进步，他一定要被投入苦海。马克思有首诗：既然痛哭是快乐的源泉，为什么因为痛哭而伤悲呢？就是这种痛哭本身是快乐，虽然是很痛苦的，但是中国有自己的特殊性，什么特殊性呢？中国的人口是超大规模的时候，中国的土地和中国人口的人地关系所形成的对于现代化这种内在的张力和压力是非常大的。如果按照马克思的设想，中国将可能有几亿人被投入苦海，这样的道德成本和社会代价，我们是无法承受的，所以我们不能够忽视农村，不能够忘记农村。所以在改革开放之后，我们长期以来，实际上在发展道路上，三十年来是有问题的，我们过于看重了经济发展，过于看重了从商品化到市场化的推进。事实上，长期以来，我们忽视了社会主义，忽视了社会建设。所以当我看到立胜书记这本书之后，我是非常幸运的，我用了三天的时间，别的事什么都没干，把它看了。看完了之后，我觉得非常受启发。在这一过程中，我们要明白，中国的问题，既然是要消灭农民，或者最终要转化农民，我们就不能够仅仅去解决农民的富裕问题。从整个社会发展或者从西方的发展来看，整个农村的，我说的美国政治问题，美国也面临着农村问题，美国这么多的资源，这么少的人口，它的农业仍然是弱势产业，现在美国农民每年要收入多少钱取决于政府，政府每年给多少农业补贴，农民就收入多少。它不叫农民，它叫 farmers，就是农场主了。既然是农场主他也要靠政府，你想，我们无论怎么样引导小农致富，也是一条难以走通的路。所以整个经济发展的主战场，或者发展经济的资本，肯定是走城市化，走工业化的道路。但是我们不能坐视几亿农民被抛入苦海，所以中国共产党要做什么呢？中国政府不能做这个事。我们有的时候过于强调中国政府，要政府去做这个扶贫，政府是公平的，维护公平，只有中国共产党做这事，中国共产党可以用党的体系，去把农民组织起来。所以我觉得青州的探索，实际上一方面推进市场化改革，一方面运用党的领导动员大众，形成社会再造。我可以用三个词概括：市场化改革、政党领导、社会再造或者大众动员。那么这三个合在一起，恰恰是青州一切秘密的根源，而这个又是我们革命战争年代毛泽东思想的精髓，也就是党的领导、统一战线、武装斗争。这三个只不过在和平年间转化成为市场化改革、政党领导、大众动员。那么这三位一体的结构仅仅解说了过去，仅仅找到了一条要向未来走的路，但是我有点期待。期待什么呢？我们"社会基础"这个词，在书当中还是仅仅提出来了，今后我们社会基础的重筑和再造要多长时间，恐怕还是要进一步研究的，就像和谐社会一样，这是一个大的范畴，但是不能仅仅就和谐社会谈和谐社会，社会基础也是一样的。社会基础它一定是有下面的支点，没有支点，我们只谈社会主义，重建我们就无话可说。这个支点是什么，这个书中也有介绍。我的个人体会，同大家提提，我觉得有三个特点：第一，价值创新。这个创新可能是我们国家要做的事情，我们近代以来的现代化，我们中国国家建设的一切，其实没有解决一个问题，就是国家存在的前提是什么。西方通过文艺复兴、启蒙运动，彻底解决了国家就是为社会服务的，而中国现在没有这个前提，还没有完全解决，也就是说文化界的前辈们经常讲的，我们仍然在"五四"，还没有走出"五四"。第二，我觉得，更重要，或者迫在眉睫的，具有操作性的，就是组织再造与社会基础的再造。其实核心落脚点，应该首先落在组织这方面。我们的村委会，我们的人民公社，我们的传统的农村的基层组织，包括政党，在现代化冲击下，都遇到了危机，但是，从社会角度讲，真正有生命力的组织，无外乎有三个，第一个是在生产力领域中的经济组织，第二个是在社会求助领域中的社会组织，包括一些慈善组织，支援组织，其实就是西方理论所说的利益集团，第三个更重要的就是生活组织，社区组织。任何的一个社会运动都有一个组织去管理。第三，制度创新。其实从整个国家来讲，虽然也有一些创新，其实根本不够，对我们社会发展要求来讲，非常不够，所以胡锦涛总书记，我记得在一次内部会议上讲，他说他一直思考一个问题，为什么经济越好，人心越坏，端起碗来吃肉，放下筷子骂娘，他一直想不清楚到底是为什么。我觉得这个王书记书里面，其实找到了。是什么呢？就是社会建设极其落后。其实我们也提出了建设和谐社会，没有抓好，很多地方，我到一个法院去，和谐法院，到一个监狱去，和谐监狱，这个和谐社会成了人人可用的东西。所以我觉得，无论青州的探索，还是这本书里所揭示的，都给我们留下了深刻思考，应当说它提出的问题比解决的问题还要多。我是做中国和美国的比较，我觉得这个问题提出来，让我们学界大家共同努力，去合作研究解决，能够提出创新性的思路。其实从一个大的背景来讲，整个学术界，对这个全球化，认识是错误的，认为全球化一定要走向世界，这是错误的，美国搞国家建设的这批人，认为全球化，当然美国已经全球化，它不管了，更重要的是地方，等把地方做扎实了，一个地方不可低估。我去过美国德罗华州，这个州跟青州规模差不多大，但是500强的企业200多个，这个州的老百姓，减税30%，老百姓不纳税。我们也完全做得到，只是我们没有去捍卫这个精神家园，没有捍卫我们的地方。我觉得青州这四年的工作，还是可以的，我觉得假以时日，这个地方是非常期待的。谢谢大家。

　　刘岳：我跟随王书记学习、工作，到2009年已经是第11年了。刚开始跟着王书记学习工作的时候是1998年，就是王书记刚调到潍坊去，担任潍坊市委副秘书长的时候，那时候跟着王书记，一直到今天。所以对王书记整个学术研究、思路，后来工作的整个思路，有一定程度了解。我觉得王书记的整个学术经历呢，大概可分为四个阶段：第一个阶段是1988年开始上研究生到1998年，也就是上研究生到省委党校工作这个阶段，主要是做毛泽东哲学研究，做党史这一块。这一阶段王书记的书和文章，我这儿收集得比较全，我也系统认真地看过、学习过。当然，这里面很多东西我不懂，我是学社会学的。王书记也经常和我说，多读一些哲学、历史方面的书。这个呢，也是我知识结构的一个欠缺，我也经常在补这个课。但是我看这个阶段的研究内容、材料和题目，和现在这个题目差别很大，但是，我自己总感觉，在这个阶段的研究当中就已经埋下了今天这些研究题目的种子，或者说这个思想的脉络在那时已经初步形成。但是我还是觉得王书记那时候恐怕并没有清晰地意识到这一点，有的东西已经写出来了，但自己也没觉得这个东西有多么重要。比如说王书记写的一篇关于抗日战争的文章，当时是参加全国党校系统论文评比的一篇文章，我觉得这篇文章当时王书记并没有认为多么重要，或者在他的文章成果里边没有多么出色，但是我觉得这篇文章特别好，它好在哪里呢？它提出了一个观点，就是抗日战争，并不是因为中国是一个现代化国家就打赢了抗日战争，而是因为中国通过抗日战争变成了一个现代化国家。当然没有完全现代化，但是从一个完全传统的国家，走上了初步现代化，它是由于有了抗日战争，所以变成了一个现代化国家。这个观点我觉得特别重要。而为什么刚才我说埋下了今天的线索和种子呢？就是通过这篇文章我可以看到，王书记讲的这个现代化，它指的并不是物质方面的指标，而是国家的组织结构，就是整个国家和民众之间的关系，民众与民众之间的关系，社会个体与社会个体之间的关系，初步变成了现代化这样一个关系，或者说变成了符合现代化要求的社会体系，就整个国家的组织结构发生了彻底变化。由于整个抗日战争，需要整个国家高度动员起来，动员所有的资源来做这件事情，这个任务目标和国家的战略跟以前不一样了，所以从客观上要求，国家与民众的关系，民众与民众的关系发生本质的变化，形成另外的一种结构，所以我觉得这篇文章本身和我们今天所讨论的这本书的主题已经是结合了。这篇文章写于 20 世纪 90 年代初期，十几年以前。所以我想呢，恐怕在王书记的思维深处，当时就有这种念头，但是没有完全清晰起来。第二个阶段是1998 年到 2001 年，王书记在潍坊做副秘书长，主抓当时的一把手工程，就是当时潍坊在搞民心工程。这个民心工程我自己想，是具有超前性或者前瞻性的，但是有时候我觉得又不得其时。90 年代末期，整个是讲效率优先，兼顾公平，所以说社会公正，或者说我们今天讲和谐社会，这些当时在国家层面上，地方政府对它的关注度是不够的，但是当时潍坊搞民心工程，实际上敏锐地认识到了这个社会的风险所在，或者说一叶落而知秋，风起于青蘋之末。所以要搞这个民心工程，实际上是在进行一种社会改造。它不是从经济层面上，不是从物与物的关系层面上，而是从人与人的关系层面上，从彻底的角度上在进行社会改造，实际上是一个社会改造的过程。那么，用我们今天的官方的语言来说，是在进行和谐社会的建设。但是可惜的是不得其时，当时的大背景不是这样，或者说更高层的领导同志也并没有非常敏锐地注意到这个东西的重要性和它的价值。但是那时候搞民心工程，王书记主抓这个事情，整个全市的总协调就在王书记这个地方，这件事情对于潍坊其后的发展至关重要，但是不管现在大家有没有意识到，或者真正意识到了不说，在客观上讲，对于潍坊今天的发展至关重要，奠定了潍坊今天发展的基础。因为从社会层面上对它进行了改造，对整个政府系统，对整个官员行为，对民众的意识作用都很大。第三个阶段是 2001 年至 2005 年底王书记在昌乐做县长。做县长这个职务主要是抓经济，所以王书记刚才自己进行介绍的时候也说，读了大量的经济学的著作。王书记刚才用了一个词是当时精神状态很疯狂，研究经济很疯狂，就是经济、区域经济这方面的书，王书记读了很多。那时候我上他那地方的时候，办公桌上很多，摆得满满的，四年多的时间，昌乐在全国县域经济排名中前进了 125 个名次，这应该是一个了不起的成就，所以王书记的着眼点，学术的着眼点，或是理论学习的着眼点，我感觉是把它放在经济建设这方面。这个和以前的王书记的知识结构也好，或者思维路径也好，有比较大的差距。我想当时，这恐怕是他的职业生涯这种要求所决定的。第四个阶段是 2005 年以后到青州做市委书记。王书记刚才讲了，昌乐和青州这两个地方搭界，两个县城相距不过 30 公里，但是两个地方，经济发展的模式、社会运转的模式、民间的这种意识，包括官员的行为方式，差别极大，非常大，完全不一样，所以到青州的时候，王书记就经常跟我说，说是就有这么一个疑问：这两个地方为什么差别这么大？或者说差别这么大的两个地方究竟应当用一种什么具体的方法，不同的方法，去对待它、分析它、管理它，解决这些问题？文化自觉对一个地方的经济发展是一个基础性的作用，文化自觉和王书记写的这本书是一脉相承的，根本点都是要进行社会改造。王书记在这本书中引了黄仁宇的一段话，大概意思是：一个国家从传统社会到现代社会，犹如一只走兽变成一只飞禽。我觉得这句话含义很深刻：一个走的东西能飞起来，不是你给它插上两个翅膀就能飞起来，它要想飞起来，整个的肌肉、纤维类型要发生变化；它的心脏要足够强大，才能够泵出这么多血液到各个组织末端去；它各个组织的排列顺序和结构要发生变化，甚至它的体温也要发生变化，等等，它才能够从一只走兽插上两只翅膀，最终飞起来。我觉得社会基础这个概念是从本质上在谈这个问题。王书记把这个题目作为博士论文的题目，当时跟我说的时候，我觉得这个题目会很困难的。因为，如果仅仅是为了博士学位的话完全可以选一个更简单的或者选一个比较方便写的，如选一个具体一点的：农村合作、土地流转、县域经济、金融，等等，有很多具体的题目可做。选这个题目，一个体现了王书记90年代初期深埋于心中的学术线索，经过这么多年的积累，在这个时候要开花结果；另一个，体现了王书记在学术追求上的壮志雄心，他希望做出一个大的东西来。在这本书中他也提过，这本书类似一个总论，虽然是一本书，但仍有一个提纲的意义，很多方面没有展开，可以以这本书作为总论，后续的一系列研究，在这个基础、前提，在这个理论框架的指导下来进行。现在，包括我个人、曲阜师范大学的一些老师，在王书记社会基础这个概念的启发下，进行一系列研究的准备工作，希望下一步在这方面有所发展。这是我体会的王书记这十几年以来学术，特别是从学术思维这个角度，一个大致的脉络。王书记也经常说，他最初是学马克思主义哲学的，后来涉猎了中共党史，又学经济学，逐渐地涉足社会学，特别是做市委书记以后。我觉得市委书记这个角色和县长、市长差别比较大。县长、市长在经济方面着眼得比较多，而做了市委书记以后，要对这个地方进行综合管理，特别是青州这样一个古老的城市，想要它发展，想要把它变成一个现代化的城市，我们提出来打造"三名一强"生态文明新青州，建设现代化中等城市，要达到这样一个目标，就必须对它进行一个比较彻底的社会再造。两个方法：社会动员和社会控制。这都与这本书的主题社会基础紧密相关。我读了这本书以后体会很深。我原先是在市委办公室工作，后来到一个由原先的街道和乡镇合并12万人的街道做党委书记。真正开始做农村工作，这使我对这本书的内容有了更加深刻的体会。这本书一开始就谈到，任何一种国家战略都需要一定的社会基础与之相对接。读了一些书以后，我对这句话理解很深刻。比如说，中国自古发展形成一套非常成熟的行政系统。相对于其他的文明类型和国家来说，中华文明从幼年就开始发展出一套非常完整、非常发达的官僚系统。为什么呢？恰恰是因为它是一个治水社会，黄河中下游——中原地区，要治水。这是一个极其浩大的工程，为了完成这个极其浩大、关乎生死的工程任务，必须要把民众以一种特定的形式组织起来，否则这个任务是无法完成的。也就是说，作为任何一个社会个体，他和组织之间的关系必然和游牧民族有很大的差别。这是一个常识、一个基本原理。新中国成立后，为了完成赶超型的工业化，必须要建立起一套特定的体制来，在农村是人民公社，在城市必须要建立单位制，单位制和人民公社结合起来，配合统购统销体制，配合城市的社会保障制度，来完成赶超型的工业化这种目标。也就是说，这个战略目标必须是与一定的社会基础相契合的。不契合，要么修正国家战略目标，要么改造这种社会基础，必然是这个样子。不管我们对 1978 年以前的那个历史时期是做好与不好的评价，我们都得承认这段时间战略目标与社会基础之间关系的高度契合。但是，在改革开放以后，提出一种新的发展趋向，最初叫有计划的商品经济，后来叫有中国特色的市场经济，现在提有中国特色社会主义道路，那这种国家战略需要一种什么样的社会基础与之相对接才能够支撑这种战略得以实现呢？王书记在书中用了一个词：暧昧不清。这种社会基础是模糊的，到现在也没有明确化，我们也不知道是什么样子的，国家也没有明确表述过，作为民众、作为学者迄今为止也没有多少人重视这个问题，或者说明确地把它表述出来。所以，我觉得这是一个特别重大、本质性的战略课题。刚才，曾业松教授在讲这个选题的时候，也表达了这个意思，这是一个战略性的选题，特别重大。我到农村工作以后，对这本书里面的一些内容，有了很多非常切实的体会。比如说，现在好多地方在提合村并组，各个地方在搞合作社，实际上搞得并不成功。贺雪峰老师是我的博士生导师，贺老师经常和我谈这个问题。在华中科技大学乡村研究治理中心，我的同学和老师也在搞这方面的研究。我在农村工作中也发现这个问题，合作社不好搞。为什么不好搞呢？王书记用了一个词：行政万能论，就是全部用行政的力量搞农民合作社。合作是要有成本的，合作的收益高于成本，这种合作才能够持续下去。但是，农业本身是一个效益比较低的产业，达不到社会平均利润率。收益不足以抵消成本，所以就维持不下去。现在有两种办法：一个是提高收益，一个是降低成本。

提高收益是我们说了不算的，这是一个市场的行为。降低成本仅仅依靠行政这一种力量，是降低不了的。所以，必须以国家为主导，调动起各方面的社会资源，包括传统的宗族力量、地方性的知识、各种文化传统。能不能调动这些资源为国家战略服务？在基层政府的操作中，没人去关注，也没有发育出这样一套技术来，我们不懂得怎样去调动，反而对这些东西抱有极大的警惕，忧心忡忡。王书记在写这本书的过程中，跟我谈过关于新中国成立初期土改的事情。他说土改不仅仅是一个经济行为，土改的时候有些地主主动献田，中央专门发过文件坚决不允许各地接受地主献田，地必须斗出来才行。为什么要斗出来呢？以此培养农民的阶级意识。孙立平教授在一些研究中，仔细研究了诉苦这种技术和机制，农民通过诉苦这种仪式，最终把自己的个人苦和阶级苦联系在一起，认识到个人苦的根源是阶级苦，只有消灭了阶级苦，才能一劳永逸地永远消灭个人苦。所以，农民不是作为单纯的个体，而是作为新阶级的一分子成为新国家的主人。作为新阶级的一分子成为新国家的主人，首先存在一个把农民组织化，成为一个阶级的过程，这个国家的社会基础才是稳固的，这种发展战略才有基础。今天，这种国家发展战略需要一种什么样的社会基础，农民怎样被组织起来，我从具体工作当中就看到这些。刚才，王书记讲到，包括法制，黑社会性质组织大量涉入农村基层。由于法律的成本非常高，现在实行抗辩制，需要请律师，律师费又很高，一审、二审，农民来回跑，农民的标的物又都不大，打官司的成本很高。而且，一旦打了官司就伤感情。我就碰到过这种事情：两户农民，隔壁，由于宅基地的问题，其实是很小的一点地方，发生了冲突，如果去打官司，一户赢了，一户输了，这两户就会形成世仇，反而给农村埋下不稳定的隐患。如果我们通过其他的资源，能够不刻板、不教条地用法治的这种方式处理，效果可能会更好。比如说，金融，现代的商业银行，出于成本的考虑，它是不可能到农村去的，它在农村是赚不到钱的，因为成本太高。放一笔贷款，三万块钱，两万块钱，银行的收益太低，所以金融机构不会自动地进入农村。而农村本身的金融资源怎么把它调动起来，并且调动起来以后同时能成为国家通过金融手段进行统治的资源，这一块现在根本没有去做。在这本书里面，王书记比较系统地分析了这一块。如果这一块国家进不去，其结果必然不是官退民进，而是官退黑进。党和国家的力量逐步退出以后，这个力量真空由谁来填？必然由成本最低、收益最高的组织来填补。这个组织是谁呢？就是黑社会性质组织。它的组织成本最低，收益最大。因为党并没有去做重组或者再造农村社会基础的工作，起码没有有意识地去做，这是我自己认为的当前农村社会当中一个很严重的问题。贺老师在跟我们谈的时候，也反复谈到这个问题。特别是农村社会改革以后，这个情况变得更加突出。北京大学周非洲有一篇文章叫《悬浮型政权》，说这种政权如同油悬浮在水上，根本结合不到一块。我觉得这是当前农村的一个本质问题，不在于农村产业结构调整，不在于 2009 年让农民多挣 50 块钱，不在于什么家电下乡，不在于农机补贴，不在于这些方面，根本的在于农民个人与个人之间的关系，个人与组织之间的关系，农民个体与农村组织与国家之间的关系：到底是一种什么样的关系？形成什么样的结构？能不能支撑我们的国家战略？能不能支撑我们所说的中国特色社会主义道路？所以，这个资源包括好几个方面，我们现在提的仅仅是自然资源，土地、水、矿产、石油，我们的这种结构资源是极其重要的，这是以人为本的重要体现。所以呢，在青州，最近搞了"三强工程"，市委专门发的文件，强镇促村、强村富民、强基固本，专门召开了发展壮大村级集体经济大会，在农村我们在推行这个事情。前面各位老师也已经讲了，王书记是理论与实践相结合。实际上作为基层干部来说，如果不仔细考虑的话，体会不到理论与实践相结合。很多基层干部感觉不到在这里面有一个什么样的理论，不会从理论上追根溯源去搞。但是作为基层干部来说，确实是觉得抓住了当前农村发展的一个关键问题。当然，我们现在总讲以什么为总抓手，王书记提出要以什么为纲，其实这个表述最清楚。目前农村工作以什么为纲呢，或者整个农村现代化以什么为纲呢？这个非常重要。刚才，王书记也提到分析单位、研究单位以县为单位尤其重要。县一方面是政策的执行者，本身又是政策的制定者，对县级来讲，政策的执行者和制定者是双重的。到了地市这一级，它基本上是一个制定者，它执行、实施和操作的因素就很少了；到了乡镇这一级就没有制定政策的权力了，所以县这一级是一个综合性的层级。无论是从国家治理的角度，还是从学术研究的角度，县级是非常合适的。现在在搞社会主义新农村建设这个过程中，恰恰是没有以县为单位。各种理论著作当中，各个政策中，都是以村为单位。王书记在这本书里面写到，这不是新农村建设，而是新村建设，甚至不是新村建设，而是建造新村，就是造一个新的村，无非是盖几套房子，修几条路。有一次开常委会的时候，王书记讲了一个顺口溜，叫"钱多盖房，钱少刷墙，没钱竖牌子"，最后全部搞成这样，没有或者比较少地去做打基础的工作。所以，现在整个社会主义新农村建设仍然处于不可遏制的衰败当中。王书记在这本书中，专门讲了一章关于农民的观念世界。这是讲农民在自己的观念之中，觉得自己是什么，国家是什么，自己和国家的关系是什么，和这个世界的关系是什么，自己在这个世界当中的位置是什么。我们现在都不知道。我们居然不知道农民怎样看待自己，怎样看待这个世界，我们并不具体了解。如果我们连这些事情也不知道，我们怎么研究农村？怎么治理农村？就很难触及实质。所以我自己觉得这本书，实际上是从概念角度，提出了比较系统的分析框架，把目前农村比较重要的几个方面，比如农民合作、农村秩序的形成机制、农村的金融、农村社会改革、农民的观念视角，等等，进行了系统的阐述。王书记的想法是形成一个系列的研究，在未来三到五年内，系列的研究会出来。无论从读书的体会，还是从做实际工作的体会，我都觉得这本书，或者说这本书反映出来的研究思路、研究方法，抓住了当前农村发展的实质，而且扣紧了农村现代发展的本质问题。自己体会比较深，占用了老师们不少时间，说得不对的地方请大家批评指正。

聂家华："中国农村现代化社会基础"相关理论的提出及完善，是立胜长期思考的结果，从1998年到2008年，10年时间，可以说是十年磨一剑。1998年立胜离开党校走向实践，但一直没有停止过思考。我一直认为，读书、思考、研究已经成为他生命中的一部分，或者成为他的一种生活方式。2008年6月份我到东北师大参加他的博士论文答辩会，结束后乘飞机从吉林到北京，发现王书记已经利用这一个小时的时间把一本书读完了，是台湾学者写的关于儒家伦理和社会秩序的一本书。厚积薄发，正是有了长期的积累和思考，才有这一系列的理论创新和学术成就。

同时，立胜的这本专著也可以说是我们山东新农村建设研究中心的一个标志性和导向性的成果。他是我们山东新农村建设研究中心的主任，是我们的领军人物。中心也是这次研讨会的举办方之一。我简单说一下中心的情况。山东新农村建设研究中心是在立胜书记的推动、支持、策划下成立起来的，挂靠在曲阜师范大学，是一个校级科研机构。曲阜师范大学有两个研究中心，一个是儒学研究中心，一个就是新农村建设研究中心。新农村建设研究中心的队伍建设、方法论的确立是在立胜书记的主持下确定的。

这本专著也可以说是我们新农村建设研究中心的一个宣言，一面旗帜。通过这本书，对外宣示了我们研究中心的研究方向和方法论特色。这本书里面所体现和运用的研究方法、理念、原则、路径，所建立和使用的概念和理论体系，都是我们研究中心所标榜和倡导的。比如，"问题导向"，淡化学科意识，强调多学科方法的综合运用；"实践出发"，即注重从实际出发，注重经验。再如，"中观介入""县域面向"，研究对象的选择是以县为研究单位。所有这些方法、研究的路径，都是我们研究中心的特色。在王书记的指导下，我们正在做两方面的工作：一是对书中提出的概念和理论，尤其是社会基础理论，做进一步的总结、阐述；二是在这些理论指导下做一些具体的研究工作。近期我们打算通过一系列文章把我们的观点表达出来，届时欢迎各位专家批评指正。

宋福范：时间很紧，我今天讲 3 分钟。第一个问题，谈一个主观感受。我和立胜书记是多年的关系了，从在省委党校时算起一共 17 年了。我 1992 年去的，现在从事科研受他影响很大，当年我们在一起经常研究问题。后来立胜书记到地方干出了业绩，因为关系比较好，他告诉我搞科研要经常到地方上去。以前的时候我当任务来看待，几次到青州以后，用两个字概括我的感受就是"感动"。辛辛苦苦的，一家三口在三个地方，到青州以后老百姓对他的那种满意程度，我深有体会。从兄弟情分、以前的同事身份来讲我真的非常感动。自己也做了一个规划，以后多去青州了解情况，搞好研究。第二个问题，我谈一个观点。现在别人把我们中国概括成为，城市像欧洲，农村像非洲。讲中国的现代化，我感觉城市现代化已经不成问题了，所以讲中国的现代化主要是农村的现代化。再一个观点就是讲中国农村现代化的社会基础，实际就是强调中国现代化的社会基础。第三个问题，从当今中国面临的问题看，解决不了社会基础的问题就解决不了当今中国的问题。所以从这样一个角度看，它的理论意义就出来了。我感觉应该放在这样一个世界背景来看，研究中国农村现代化的社会基础，实际上就是研究中国现代化的社会基础，今天中国的问题还是中国农民的问题。这么大的国家，如果农村实现不了现代化，中国还是实现不了现代化。所以，我感觉认识这本书的理论价值，应该从这么几个方面来看。研究中国农村现代化的社会基础就是研究中国现代化的社会基础，不解决这个问题，实现不了现代化。从实践来看，我几次到青州调研，立胜同志非常有理念，我感受到的是他的发展的大战略。中国的问题，我感觉就是怎样实现农村现代化的问题，具体到青州来讲，就是要解决这么几个问题：第一青州到底怎么定位。刚才曾老师已经讲过基本定位问题，从国家发展的大趋势、山东省区域发展战略、青州特色做了定位，定位以后，回答了一个在青州怎么样推进中国农村现代化的问题，想出了一套推进模式，这个推进模式我感觉就和这个题目挂钩，比如"五化"模式等等很多，我感觉这正是从社会学这个角度切入的，全局战略和细致的推进方式结合起来。细致的工作推进方式又有一个抓手，就是社会基础。所以我们调研也写了一个东西，写到推进模式时，我写的是突出社会动员特色的社会推进模式。现在看来，无论是思想动员，还是资源动员，还是组织动员，解决的就是一个社会基础问题。所以他不仅有他自己的战略，而且找到了战略的推进模式。

刘靖北：我是从上海来的，来就要说句话，因为时间很紧，一个意思就是说立胜同志，在我的家乡山东青州做领导，刚才大家说的很多了，青州过去有辉煌的历史，改革开放后一段时间里落伍了，立胜书记去青州虽然时间不长，但是发生了巨大的变化，有口皆碑；另一方面，我跟立胜同志曾经做过同事，他到地方担任行政领导，对学术追求的激情，我非常感动。在县这个层次工作非常忙，但是成果不断，特别是今天写出了这个非常有分量、重头的著作，值得我学习。基于这两点，我说这个会无论如何我要来，来表达祝贺和敬意。当然立胜还交给我任务，但是任务没完成。还有一个认识，就是中国农村的社会基础就是中国现代化的社会基础，没有中国农村的现代化就没有整个中国的现代化。我觉得应该从这个高度来认识，当然这不是唱高调。不光中国，比如俄罗斯的村舍存在了1000多年，1861年亚历山大推进现代化改革时，首先对准的就是他的农村村舍；包括1905年革命之后，也是对着村舍，国家强制的，这样激起了整个俄国社会的大争论，比如说出现了村舍社会主义，包括马克思也讲过。后来苏联搞集体农庄，实际上解决的就是一个社会基础问题。所以我说这是一个非常大的问题，是一个战略性的问题，是抓住了一个中国未来发展的根本性的问题。当然这个问题还需要进一步探索，这本书为今后的研究打下了很好的基础。

肖贵清：本来想把机会留给更多的专家学者，我是立胜书记的师兄，前段时间在新华书店看到了他系列的研究著作，见面不多，但我的感觉他就是一个学者型的领导。作为学者型的领导能够从他独特的视角，从对理论的研究到对实践的感悟结合起来进行研究，是非常好的。这个书今天才看到，我就不做评价了。我感觉从当代中国，从领导这个角度，能够长期活跃在一些学术的前沿阵地，能够一直跟踪理论的研究，并且和工作实践结合起来，是非常好的。另外，从农民之间的关系、农民与各种社会组织之间的关系、农民与国家关系，这样一个角度提出一个再造中国现代化的农村社会基础，这些提法都是不错的，非常有创意。特别是曲阜师范大学有一个当代农村研究中心，可以更加深入细致地研究，听到这个消息感觉非常非常高兴。刚才大家都谈到，中国农村的现代化党和国家都非常重视，我也是农民出身，一直在关注这个问题，但怎么样研究好，确确实实有很大的空间。我感觉立胜这个选题包括研究，给我们提供了一种非常重要的思路和尝试，所以我想起当年毛泽东搞社会调查，如果我们的各级领导，都能像他这样去做理论研究，在很大程度上理论背离实践的问题，可能会少得多。在这里祝愿立胜在今后的道路上，从事实践研究和领导工作的同时，把理论研究结合起来，走得更好。

季正聚：我从一个读者的角度谈一下自己的学习体会和收获。我不是搞社会学的，我是搞马克思基本理论研究的。我收到这本书以后，还是很认真地看了一遍。实事求是地讲，我一本书从头到尾读下来，一年没有几本。看了这本书后收获非常多，有很多观点、分析的方法等对我启发比较大。从研究方法来讲，有这么几个体会：第一，这本书是一部社会学著作，有丰富的哲学的素养，站在哲学的高度看这个问题。毛主席的著作这么博大精深，能在历史上留下东西，我想也就是他的哲学思想。第二，这本书有一个很好的世界的视野。搞现代化是一个大问题，也是一个老问题，把西方的现代化理论同中国本土的融合起来，需要大量的工作，这本书做了很好的尝试。第三，这本书的历史眼光和现实基础，特别是历史的眼光。这本书不只是一个现实的问题，他把问题的来龙去脉、前因后果，都讲得非常清楚，特别是对毛泽东理论这一块研究得比较透，立胜同志是一个毛泽东思想研究的专家。第四，学术探索和人文关怀结合起来，既把道理讲透了，又把问题讲通了。另外一点就是一个跨学科、综合学科的研究。理论创新就是在一个学科交叉点上，通过一个学科交叉点就能产生一个理论的创新。诺贝尔文学奖近年来绝大部分不是一个传统学科的创新，而是边缘学科或是交叉学科的创新，这对我们今后的研究也是一个很大的启发。另外它的内容也非常丰富，意义非常重大，抓住了当前中国农村社会发展的根本性问题。中国农村社会发展最后的落脚点是中国农村的现代化，没有农村的现代化，中国的发展和可持续发展就是一句空话。从历史上来讲，改朝换代都是农民的问题，中国共产党之所以能夺取政权，就是中国共产党给了农民土地，又获得了农民支持，进而获得了政权。如果这个问题解决好了，那对我们党长治久安是非常重要的。进一步来讲，我们什么时候不需要农民了，农民消失掉了，就是通过农村现代化来改造农民，来发展农民。中国共产党在推进农村现代化的过程中尽快巩固我们的政权，如果搞不好的话危机很大。另外我再谈一谈我的收获，我的收获是非常多的。第一点是文化问题的研究。人不光是物质家园的问题，还有一个精神家园的问题，农村也是这样，人的很多行动都有很多当地文化地域的特征。另一点就是国民意识、阶级意识、农民意识的问题。自古以来农民要交税这是天经地义的事情，我们党现在取消了农业税，我到边疆地区搞调研，我跟他们讲，哪怕你们交1块钱呢，也体现了国民的意识，现在都没有了。还有一个先进性的问题，时间原因，效果的问题没有考虑到，再就是农村的法律与道德、社会治安等问题，很多了，由于时间关系我就不多说了，谢谢大家！

　　周向军：我和立胜是老朋友了，刚才大家谈了很多，对他的领导成就、发展、从政的经历给予了充分肯定，我想我们应该思考背后的一个问题：他为什么能够这样？我觉得与他这几年走毛泽东之路是分不开的，我这次研讨会提交的文章就是《走毛泽东之路的成功范例》。具体的内容我讲了三点：第一点，毛泽东之路的理论创新要求我们做什么样的理论，做什么样的理论家？我们知道，毛泽东之路是很成熟的，他走的是这样的道路，他崇尚的是这样的理论，他把理论从现实中抽象出来。第二点，他的毛泽东之路紧紧地抓住了农民这个问题。毛泽东是通过解决中国农民问题起家，立胜呢就是沿着这条道路走下去的，农民问题是一个永恒的、说不完的话题。我认为中国农民从新中国成立以来走了一个是合作化的过程，一个是联产承包责任制的过程，现在到了一个否定之否定的过程。这个否定之否定的过程应该怎么走下去，现在大家都在探讨，那么立胜在这个问题上已经做了一个很好的工作。第三点，他走毛泽东的方法创新之路。多少年了，他从毛泽东思想的研究，到思想比较一致，到今天的大作为，他特别关注毛泽东的方法创新。那么他为什么能走毛泽东之路？这是另外一个问题，我认为这里面与一个时代的大背景，与我们的硕士导师、他的博士生导师都是研究毛泽东问题的，与他们的研究成果对他的影响是分不开的。希望我的师弟沿着毛泽东道路越走越好。谢谢大家。

赵培杰：刚才大家把专业的话、内行的话都说了，我说点非专业的话、外行的话。立胜与我认识时间很长了，是系友、校友、同学、同乡、兄弟，还是朋友。我在高密的时候带着十几位朋友一起去，立胜领着我们去转。说实话，昌乐也去了，青州也去了，我的感觉我去转的那些地方比我老家好。我老家是诸城。但是这几年没去，非常惭愧。我今天说两句话就可以。第一个意思，这两年通过我们领导的委托，我比较关心我们县委书记的队伍，我在内参上也写过，我提出来的"县委书记是党治国兴邦的重要依靠力量"，李源潮是说"骨干力量"。因为每一个县都是一个小社会呀，中国所有遇到的问题在一个县里都有可能遇到，县域经济也是我们国家一个非常重要的组织形式，县委书记的好与不好，与我们党、我们国家都有非常重要的关系。我们全国2000多位县和县级市的主要领导大部分时间都要处理繁杂的日常事务，所以能够加强学习，能够进行理论思考的同志，我不敢说不多，但至少不占大多数。而立胜在这些年里，在处理好那么多繁杂问题的同时，能够写出这么好的一本书来，我觉得很不容易，难能可贵。站在学者的立场上，立胜到基层去，我感觉很遗憾，有可能我们会少了一位非常有名的理论家和学者。但是，站在党的立场上，我们的基层队伍里有这样的干部我又感到很欣慰，感觉很好。第二个意思呢，就是刚才大家说了这么多的内行话，我就再补充两句外行话，就是看这本书，可能跟立胜原来的研究有关系，主席的味道很足，中国传统研究农村问题的味道也很足，比如刚才大家说的中国农村的现代化，这个问题很重要。我们回到问题上讲。最读得懂经典作家的是主席，最读得懂中国传统文化的还是主席，最读得懂中国农村的应该说还是主席，也就是说现在大家都不这么提了。农村问题是中国相当长一个时期内的根本问题，也可以说是核心问题；不管从地域讲，还是从农村讲，如果搞不好，中国是不会好的，这个国家是不会好的，这个民族也不会好的。我觉得应该有更多的领导干部和专家学者把目光转向农村、转向农民、转向农业。再一个意思就是我们感到非常惭愧的，就是我们在北京，理论联系实际大家都可以说得很好，也可以说我到青州去待上一个月，待上半年，但这与立胜在那儿担任领导职务的切身感受是不能等同的，就是我们怎么理论联系实际，听听介绍情况，进行访贫问苦，还是不一样的。立胜是双重角色，他既是一个学术型的干部，也是一个干部型的学者。实际上他从两方面进行探索：一个是理论探索，一个是实践探索。这篇博士论文是他十多年理论探索和实践探索的一个成果。

尹洪东：我与立胜认识多年，对他也很关注，立胜是一位非常有思想的县委书记。立胜的这本书，首先是创新之书，再就是忧患之书，因为他把中国农村存在的一些问题进行了解释，也提出了一些解决对策和办法。我认为立胜的理论创新，主要来自于他的实践探索，他干了五年的县长，将近五年的县委书记，而且是两个比较大的县。因为我在农村跑得比较多，现在农村中存在几种悖论，农民文化水平最低，农村也最落后，而市场经济对农民的要求最高。现在是一家一户的分散的小农经营，而大市场要求农民既是生产者，又要是经营者，还得是商人，是企业家，这根本不可能。第二个，现在村民自治、村干部海选，农村那么落后，文明、文化程度又不高。现在一个很危险的就是县靠乡，乡靠村，但是现在这个村是最空的。没有抓手，村干部有什么工作积极性？富裕的地方职业化了能发工资，有的地方还要向老百姓手里要，像集体经济空壳村。其实农民的好多问题与农村的社会基础是分不开的，对一些问题头疼医头、脚疼医脚是不行的。提点希望，因为这是学术著作，那就把一些学术的尖锐性、那种冲击力通过学术包装进行规范弱化，把那种原汁原味的东西转化出来。再一个，就是在座有这么多的专家，不管是中央的耳目，还是智库，想发挥作用，光靠自己的力量是不行的，还要借助外力，多多从各位身上学习有思想的东西。谢谢。

王立胜：我再说几句。首先非常感谢各位专家、各位朋友，今天上午耽误了大家一上午的时间，大家对《中国农村现代化社会基础研究》这本书与我近几年的一些思考都谈了很多想法。因为好多人都熟悉我学术研究的经历和工作经历，我觉着很受感动。刚才，大家谈的过程中，我一直在认真地听，也一直在反思，受到很大的启发，想了很多的问题，所以要感谢大家在学术上、在思想上给我的进一步思考问题的动力和思路、方法。这个问题确实像大家谈的那样，刘岳原来也总结了一些东西。学者和官员双重角色是一个很难处理的矛盾的角色，很痛苦，这两个角色追求的目标是不一样的。作为官员，这一个地方发展、改革、稳定这三者之间的关系，在当了书记以后体会太深了。从理论上讲，改革是动力，不改革没法发展，稳定是前提，讲起来是很好，每句话都可以写一篇很长的文章，但是这三个问题结合在一块，在哪里结合？就是在县里。在县里，你分不清哪里是改革、哪里是发展、哪里是稳定，都搅和在一块了。搅和在谁的身上呢？搅和在县委书记的身上，谁也不会对你负责的。假如说，出了一个事，所有的矛头都会指向你。我的手机 24 小时都不敢关，晚上 11 点公安局长打电话是最吓人的事，肯定没有好事。再一个就怕北京打电话，"010" 开头的电话一般不敢接。所以，改革、发展、稳定的关系在县里边体现得最为紧密最为迫切。你不发展，没有工资发，财政上不去，经济发展不了，GDP 不好，一个地方解决不了吃饭问题是最大的问题。我到昌乐县的时候，地方财政才 1 个多亿，它 2008 年到了 8 个亿。我到青州的时候地方财政是 5.15 亿，教师发不出工资来，只有 500 来块钱，乡镇干部 500 来块钱，所有人平均起来是 1030 块钱。三个街道工资很高，有房子，街道里的一个副书记提拔到镇上干镇长，他是连哭带叫地不同意，照顾了政治上的事，照顾不了经济上的事。所以，我工作的第一刀就是把工资拉平，解决了在乡镇工作就 500 来块钱，在街道工作一年就好几万的问题。刚拉平的时候他们不舒服，后来工作积极性上来了，调整干部好调了，发展也就快了。到 2008 年年底，我们的工资差 30 块钱平均到了 2600 块钱。2009 年上半年，我就跟财政局讲了，到 10 月份所有的工资和潍坊拉平，现在和潍坊还差 700 块钱。我从昌乐调到青州，我的工资是降了 200 块钱。首先要发展，发展是第一位的。前几天省委组织部有人问我，你们县委书记费时间最多的事情是什么？还是发展。前几天到鄂尔多斯去。鄂尔多斯不得了，一个县才 30 万人，财政收入过百亿，什么概念？鄂尔多斯人均 GDP 有多么高啊，一个县一年总投资 500 来亿，这个后劲有多么足啊，你不抓投资怎么弄？现在抓来的投资就是明天的效益。发展是长期稳定的基础，长期稳定靠发展，短期发展靠稳定。你要想稳定，人心最重要。但是，现在就要发展，事都闹到头上了就先抓稳定。我原来一直不认为有刁民，因为我是党校出来的，关心民生。老百姓多好啊，都是当官的不好。事实上刁民是有的，有些老上访户就是无理取闹。青州还有20多个老上访户，年龄大的有80多岁，上访不断。我第一次见他的时候他就讲，他到北京上访300多次了，没有一个人听他把话讲完，他说你能不能听我把话说完。我说你说吧。他就拿着稿子念，念了10分钟，然后走了。杨云生秘书长非常清楚。老上访户，他都有一点事，有的过去20多年的、30多年的，但是长期以来，他们培养成了一种生活的习惯，一种生存的需要。我们青州有一个女的，在国家信访局都是挂号的。她就说她丈夫的死处理得不公，一上访就20多年。她女儿劝她不要上访，她说我不上访咱们的房子怎么盖起来的？怎么生活？现在还是息不了访，一月给她发1500块钱的工资叫她息访她都不息。不是提倡县委书记大接访吗，这种办法能解决一些问题，但是不能解决所有的问题。你只要按照他们的要求解决了一个人的问题，其他人怎么办？你就会引起千千万万的人上访。其中有一个，他儿子让人放鞭炮给炸了一下，当时政府想拿个3万、5万的无所谓了，给息了访，结果也不行，要20万。你说给他不给他？你要给他的话，都跟你要怎么办？好多事情并不是想象的那么简单。

改革、发展、稳定我体会太深刻了。发展得再好，你增长80%，增长得再多，最后出了稳定的事情，你得下台，前面的事一概不管。上面整天要求发展，出了事上面负责，真要出了什么事，谁都不会为你承担，还是你县委书记自己顶着。所以说，怎么运作改革、发展、稳定三者之间的关系，这是艺术。诸城的老百姓好，诸城的干部好，谁去干书记县长都没问题；青州这个地方就不行，所以我体会很深。为什么出了这么一个题目，就是社会基础重构是必需的。在这个税费改革的时候，国务院包括中央部门去调查的时候，当时我就建议不要把农业税全部取消，因为农业税和农民之间是一种互动关系，他们之间的互动关系就像是走亲戚一样，就像是两口子，两口子吵架是好事，吵架是一种互动关系，不吵架肯定就有问题了。农民和干部之间有些互动关系为什么不好？但是这之间，有一些干部他是在里面"搭便车"搞一些动作，这是不可否认的。当时我提了一个什么意见呢？我在昌乐算了一个账，能不能把农业税保留 3 个百分点，一年大概有 3000 万，财政再拿上 3000 万，给老百姓列一个财政专户搞社会保障，因为农民的社会保障用不了多少钱，60 岁以后每月 150 块钱就可以，他有地就有饭吃，衣服又穿不了多少，就非常稳定。现在我们搞农机补贴、种地补贴，这些补贴搞得天花乱坠，但老百姓根本不说你好，根本不买账。另外最重要的就是对农村没有抓手，村的组织基本垮台，乡镇疲于奔命。像上访户啊，刘岳他就知道，派上 30 个人看一个人。上访户在屋里睡觉，我们 30 个人在外面是蚊子咬、虫子叮。现在就是这种办法，我只能多找人监督。稍有点法律意识的人就说你这是非法拘禁，你为什么趴在人家房子外边。有的是房子里亮着灯，好像是在里边，其实从后窗逃跑了，到北京了。基层是无限责任，乡镇干部已经被摧残得非常厉害了。为什么社会基础要重构？我又讲到了金融的问题。金融你看是个经济问题，其实是对共产党、对国家的一个认同问题，是一个国家意识的问题。我现在强烈呼吁，农民要搞社会保障，中央现在已经开口子了。你搞了社会保障，社会保障就是一个强大的抓手：计划生育你要是不听，你要是违反计划生育政策，我就从社会保障来卡你；你要是不孝敬，我也可以来卡你；你要是做一些不老实的事情，都可以来卡你。否则的话，你现在是什么抓手都没有，他为什么要听你的。

第二个体会是现在的基层干部抓经济都有一手，特别是山东的干部，非常能干，但是抓社会管理不行，不会。我到青州干市委书记以后，遇到的最大一件事情就是有一个村反了，那一晚上我们常委都没有睡觉，斗智斗勇。一旦压不下去，这一片就完了。有时候有人民来信反映某个村支部书记有问题，你明知道这个支部书记有问题，你也不能即刻去处理，因为有几种情况：一个是这个支部书记你处理了他，这个村会更乱，找不出第二个人来；第二个是上上下下有千丝万缕的联系，你把他处理了，倒回头来，他再给你找事。所以对村支部书记的处理我非常慎重，一旦有这样的人民来信我都是先转到乡镇党委书记那儿去，先叫他处理，因为他了解情况。按照反腐败，按照党员纪律条例，你处理他就是了，但是你要处理他的话，社会不稳定怎么办，害怕。所以，2008年从中央开始对县委书记高度重视，海南、湖南等地，县委书记都有直接提正厅的了，对县委书记的重视到了无以复加的地步，这应该是个好事。只要县委书记这个队伍弄好了，我觉得就应该没问题了。刚才有的老师提到专家治国的问题，现在实际还很可怜。前段时间，我调查了青州的中学校长。目前，青州所有的校长当中，没有一个是本科毕业生。改革开放以后恢复高考已经30多年了，现在本科毕业生都没有走到校长这个岗位上。就目前来讲，真正的本科毕业生干县委书记、县长的有几个？我到青州市委的时候，青州市委办公室，这么大的一个办公室，这么大的一个机构，只有2个本科生。所以，对学校校长我说你就这样，一个学校考2个，必须从第一学历是本科的人里边考。你要是叫他们按程序推，推出来的还是高中生、中专生。所以，按照行政上这一套，从下往上要到专家治国还早呢。我是利用我这个权力，在这个范围之内，比如说考事业单位，面向全国招，就招本科以上，副科级也要本科以上，但是我的这个做法也受到很多人的反对，但是我是一把手，他们反对也没用。专家不光是治国的问题，他治镇、治村的思路也不一样。所以，乡镇这一级的书记、镇长我基本上是换了一半了。研究生就更不一样了，一个研究生在县里边的单位里是一个很奇怪的人，别人看你都不顺眼，投票都不投你，你说怪谁？怎么可能提起来呢。

再一个问题，就是农民的公民化的问题，上次答辩的时候就提出这个问题来，我就在思考这个问题。农民是在变化之中的，对农民要进行重新定义。比如我说花卉这个事，我们山东省委书记姜异康到青州去看花卉，他说他发现一个问题，他发现一个什么问题呢？他说花农的收入那么高，他的房子怎么那么破呢？我以前没有注意这个问题，所以当时没有回答。他走了之后，我专门就这个问题进行了调研，发现姜书记看到的房子是花棚地头上的房子，是生产用房，老百姓都住在那里，村里还有自己的房子，但是基本不住，同时在城里都有房子，也就是说每一户花农都有三栋房子，一栋是生产用房，基本都住在这里，一栋是村庄里面的房子，基本没有人住，还有一栋是在城里买的，是孩子结婚用的。青州的农民基本是处于这么一种状态，是兼职农民，既是市民又是农民。公民化变化到什么程度，他和国家是什么关系，农民和农民之间是什么关系，就需要重新考虑，花农之间是什么关系，住在城里怎么去管理。后来，我发现这个问题大有文章可做，就把生产用房每户补贴一万元，把它改造成宅基地，统一设计一个标准，都非常漂亮，都成了宅基地了，但是一个前提是把村庄里面的宅基地退出来，一个村就整出700多亩地，这700多亩地干什么都成。所以，现在农村的创新性的东西很多，老百姓有很多事情需要政府去办。

今天大家谈得非常好，对我非常有启发。我作为一个学者，利用这十几年的时间进行思考和追求；作为官员这种角色，我首先是必须不误事，晚上的时候是学者，白天的时候就是县委书记。白天从早晨起来一直到晚上十一点，有时是十二点，每一分钟都安排得很满，到晚上的时候才能看书。我觉着作为官员的追求，要把握的一点就是老百姓。只要你心里有老百姓，老百姓一点都不糊涂，绝大部分老百姓眼睛是亮的。我现在可以毫不含糊地说，你们可以搞一个大测评，就是万人投票也行，就是心里要想着老百姓。如果官员和黑社会性质组织、商人结合在一起，老百姓是很清楚的。但是作为一个学者，要考虑的肯定不是一个地方的事情，这里面有很多矛盾，一个是学术追求的真理和官员追求的权力之间的矛盾，再一个就是写文章为什么很隐晦很晦涩呢？也是因为身份的缘故，很难处理，有很多顾虑。这一本书就是在这么一种情况下出来的，很粗糙也很肤浅，就是在实践体验当中的一种感觉。今天大家可能觉着我很辛苦，所以表扬的多，没有任何批评，在这方面我们可以利用书面的方式一块进行探讨。我也希望大家能够到青州去看一看，因为青州是一个很典型的地方，在山东在改革开放以后一直处于一种衰退的状态，一直到2005年。因为它在20世纪80年代初期的时候是江北第一县，是长江以北第一个财政过亿的县，文化底蕴很深，明代以前一直是山东省的省会，所以比较骄傲，思想解放的程度不够，一步步就落后了。只是要承认青州落后非常不容易，只有承认青州落后了才能向前进。这个事情做过之后，现在就是要提升境界，不要把青州当青州，要把青州当成一个大地方。我现在提出一个口号叫"小地方要有大作为"，小地方指的是行政区划，小地方没有方法改变了，但是小地方可以有大作为，小地方要干大事。我们定了一个目标就是过三年翻一番，过三年再翻一番，到2015年地方财政收入达到50亿。现在统一思想是很容易，青州所有的会议、需要老百姓知道的会议，都是采用现场直播的方式，就是在电视上公开对老百姓讲，老百姓都非常认可和支持，所有社会动员在青州搞得是很不错的。

今天既是一个理论成果的检验，也是一个实践成果的检验。我希望大家都到青州去，特别是到9月26日青州就是一座花城。我们青州最近定出的未来的发展理念就是"6＋3"，就是六个字加上三个字，六个字就是"生态、文化、高端"，加三个字就是"软环境"，这就是我们的发展理念。青州的发展现在看来，大家都很有信心，但是，青州需要诊断，需要各位专家的批评，今天没有批评，下一步可以批评。

最后，表示真诚的感谢，谢谢大家！

（选自王立胜《农村研究的中度视野：以县为中心的思考——王立胜中国乡村学演讲与对话集》，人民出版社2011年9月版）

原版后记

当书稿全部完成，开始写这篇后记的时候，心里有万千感慨。十年前，在《重新认识毛泽东》一书出版时，我在"十年感言"中曾写过这样的话："在任何时候我都不会放弃理论思考，现在只不过由比较抽象的理论研究转向对实际问题的理论探索罢了。"那是我从一位理论工作者向实践工作者转变时为自己做出的一种定位。从那时起到现在，又一个十年过去了，面对当代中国独具特色的、极其复杂的县域发展和农村现代化问题，我一直在不断地思考着如何对这些问题从理论上做出更加清晰有效的分析和阐述。如今呈现在诸位师友和读者面前的这本书是在我的博士学位论文基础上修改而成的，它完全可以作为我这十年实践经历和学术思考的一个阶段性总结。这本书对于我的特殊意义恰恰就在于此。以"中国农村现代化社会基础"概念为核心，以这本书为总论的系列研究计划已经开始，在下一个十年周期结束时，我希望能够有一个更好更丰富的总结。

在当下，博士学位对于一些人来说，可能意味着一种资格，抑或是一种功能。有了博士学位，首先就意味着社会地位和生活方式会有重大改变，甚至是实质性的提高。我其实也反思过自己：为什么要来拿这个博士学位呢？博士学位对于我来说事实上已经没有太多实用性的、功能性的意义。因为，我已不需要依靠它找工作或者依靠它换一个更好的工作来改变命运，也不需要靠它来评职称。花费如此之多的时间、精力，目的是什么呢？仔细梳理一下，我觉得大致可以说有两个方面：

其一，从人生追求的角度讲，攻读博士学位一直是我的愿望。1991年，我从山东大学哲学系毕业，获得硕士学位。从那时起，攻读博士学位就是我的一个重大愿望，直到17年后这一愿望才得以实现。说人生理想也罢，说自我实现也罢，事实上，每个人都要对自己有一个准确定位，并依照这种定位来展开自己的行动，使自己成为真正像自己的那个样子。人生本不完满，但是每个人都在努力使它变得尽可能完满一些。说得狭隘一点，博士学位便是这种追求完满的极其重要的一部分。生活本平庸，平庸的生活之所以能够继续，是因为我们能够从中找寻到特定的意义，以仪式化的方式，在某些时刻真正有别于生物性的生存。这种仪式化使人震撼，使人感动，使人能够全身心地投入，愿意为此付出巨大的劳动和代价。以前有位名记者晚年时曾说："人这一生可以做很多事情，但是最为激动人心的有三件，谈恋爱、当记者、干革命，这三件事我都做了。"言语之中充满着难以尽述的满足感。从纯粹个人追求的角度上，攻读博士学位的过程于我而言，便近乎具有这样的一种意义。

其二，从学术经历的角度讲，攻读博士学位是我继续学术研究的需要。诚然，从事学术研究不一定非要攻读博士学位，有了博士学位也不一定就意味着自然会有更好的研究成果。然而重要的是，攻读博士学位是一个规范化程度很高、要求极其严格的过程，是一种近乎苛刻的严格的学术训练。我从20世纪80年代末开始进行学术研究，到90年代中后期，已取得一些被学术界认可的成果，并获得山东省拔尖人才、国务院特殊津贴等荣誉，我不认为必须要通过再拿一个博士学位来为自己做学术上的证明。但在长期的学术研究过程中，我确实发现了自身的一些问题，那就是虽然思考的主题是一贯的，所关注的方向也是一贯的，但是研究的问题却往往是有些零碎的、不系统的，甚至是不深入的。多年以来，结合工作实践，我一直在尝试着使用多学科的理论和方法研究问题，从马克思主义特别是中国化马克思主义理论、政治学、经济学、社会学等学科角度对中国，尤其是中国农村现代化问题进行探索研究，也取得了一些成果，有些成果还是自己相当满意的。但是问题在于，一方面这些研究成果在不同时期都有不同的相当具体的针对性，还不能够形成一个严整的系统，需要进一步的整合，需要围绕着一个在理论上既具备高度的抽象又具有很强操作可能的核心概念去做体系化的努力；另一方面，多年来学术研究虽然是我生活的重要组成部分，读书与研究甚至成为我的生活方式，但毕竟不是我的职业，或者说我不是一名职业化的学者，在自由的阅读和研究中我真实地感受到思考的巨大乐趣，也使我的思维能力得到了很大锻炼，这种自由事实上也在妨碍着我将力量集中到一个点上，产生更大的"压强"，达到更进一步的深入和透彻。这样就需要有一个规定性，有一种明确的要求和压力，让我在自由阅读基础上所取得的思维成果和研究成果能够在严格的规范条件下完成提炼的过程。在我看来，自由思考和规范训练缺一不可，两者的结合是达到新的学术高度的必由之路。这样，博士课程的学习与博士论文的撰写就成为我学术道路上必然要完成的一项修炼。

田克勤先生给了我这样的机缘。2005 年我投入田先生门下攻读当代中国政治方向的博士学位。田先生是马克思主义政治学方面的著名学者，是东北师范大学乃至全国这一方面最早的博士生导师之一，是中央实施马克思主义理论研究与建设工程的首席专家，能跟随田先生读书是我的荣幸。田先生博学广闻，思维宏阔，在马克思主义政治学方面学问精深，而又不囿于某一学科的限制。他经常教导我，要在特定学科意识的基础上，形成强烈的学术意识和问题意识，鼓励我要发挥自己的学术优势，将学术研究和行政实践紧密结合起来，勇于实践、勇于探索，敢于质疑、敢于使用新的核心概念和分析工具去涉猎前人未至之领域。这是对我的激励，更是对我的信任。先生并不要求学生的理论观点和自己完全一致，不要求学生在自己身后亦步亦趋，而是经常鼓励我们去探索新的问题，发表新的观点。先生常说，他不要求学生一定要能够说服老师，但一定要能够自圆其说。所谓"自圆其说"，事实上给了学生多么大的思维和探索的空间，给学生潜力的发挥留出了多么大的空间啊。先生对学生的这种宽容和鼓励无论何时回想起来都令我都感激不尽。先生待人接物谦和平淡，有君子之风，有很高的个人修养和人格魅力，与先生交往，正如古人所云"如沐春风"，这种修养对学生会产生很重要的潜移默化作用，我从先生这里学到的不仅是为学和治学的方法，还有如何明己、修身的道理，如何将一己的才智与社会的福祉更紧密结合起来的道理，对于我保持更加良好的精神与心理状态面对工作生活中的种种困惑，益处良多。先生教育学生有独到之处，深入交流、因材施教是他一贯的风格。先生指导的博士生中有全国百篇优秀博士论文获得者、全国五四青年奖章获得者，还有的与先生同为中央"马工程"首席专家。我虽不才，忝列门墙，实有幸也。我的论文写作过程当中，年逾六旬的先生数次来青州亲自指导，颇多思维和理论困顿之处在先生指点下茅塞顿开，那种感受的确是极大的人生乐事。

东北师范大学政法学院的郑德荣教授、刘彤教授、吴敏先教授、赵连章教授，国际关系学院的栾雪飞教授在我求学的三年中，特别是在我的博士论文开题、撰写和修改过程中，给了我很多支持和鼓励，我深深地感谢他们。博士论文答辩委员会的各位教授特别是吉林大学周光辉教授、宋连胜教授对我的论文提出了一些重要的修改意见。如果说我的博士论文还有一定的学术价值的话，那么很大程度上要归因于各位尊敬的老师。答辩委员会的老师给予我的论文以很高的评价，我感谢他们对我的认可和鼓励。东北师范大学将我的论文列为优秀博士论文研究基金项目，山东省社会科学规划办将我的有关研究课题列入山东省社科规划重点项目，我感谢这种信任。

我的诸多同门，柏维春、李彩华、唐德先、齐仁庆、康秀云、黄桂英、董一冰、杨弘、李婧等为我的求学提供了许多帮助，年轻的师弟刘洪森帮助我解决了论文印制过程中的许多细节问题，他们的学问与人品，都令我感动和难忘，同门之谊让我备感温暖。

还要感谢《社会主义研究》《科学社会主义》《当代世界与社会主义》《现代哲学》《社会科学》《毛泽东邓小平理论研究》《国家行政学院学报》《中共党史研究》《党的文献》《求是》等刊物的编辑同志，感谢《新华文摘》《中国社会科学文摘》《马克思主义文摘》的编辑同志，使我的博士论文的主体部分在这些重要的学术刊物上得以刊出，并且在学术界形成了一定的影响。特别感谢人民出版社的李椒元同志，没有他的卓有成效的工作，这本书不可能这样快地呈现在读者的面前。

李安增、聂家华、张晓琼教授是我多年的朋友，更是我在学术研究上志同道合的同志，他们的关心、帮助和支持对我是一种重要的力量。与他们的交谈与讨论使我受益良多。我在青州的同事们，青州的干部和群众，时时刻刻给我以工作和学术研究的信心与灵感，每一次与干部的工作交谈，每一封人民群众的来信，每一个需要解决的具体问题，每一个具体政策的制定与落实，事实上都构成本书的有机成分。这本书是关于中国农村现代化方向、动力和机制的研究，它的指归是广阔的土地，我的研究成果的一部分已经在实践中发挥出了作用，我希望它能够为青州人民带来更多的福利，能够为中国农村现代化进程发挥应有的推动作用。这是我最大的心愿。

丘吉尔说：这不是结束，甚至不是结束的开始，也许这只是开始的结束。博士论文的完成和本书的出版，对于我的研究计划而言只是序幕的完成，我希望能够得到我的导师——田克勤教授和其他老师及朋友们的更多支持和帮助，在这个研究论题上取得更大的进展。我相信，最壮美的景色往往在那些人迹未至之处。

王立胜

2008 年 12 月

修订版后记

拙著出版近十年以来，受到各方面的广泛关注，不仅有学术界的专家重视，有的同志甚至认为"社会基础重构"具有农村社会治理的方法论意义，一些在农村工作的领导同志也给予了高度评价。当然了，由于此书是以问题意识为导向，所使用的方法也是跨学科的，所以不同的学者在阅读的时候也就有了不同的角度。有些学者是从中共党史角度来读，有些学者是从社会学角度来看，有些学者是从管理学角度阅读，还有些学者把"社会基础"当成农村研究的一种范式来对待，用"社会基础"和"社会基础再造"或者"社会基础重构"来分析和研究农村历史和现实中的一些问题。每当听到看到朋友们对这本书给予肯定或指出不足，我都非常感动。鉴于此书原版在市场上已经售罄且不断有读者咨询购买，早有朋友建议我出"修订版"，责任编辑李椒元同志还提议我压缩篇幅和改用通俗语言出"农家书屋版"，但是因为我一直忙于行政工作，所以无暇顾及。

时至今日，我已经从新疆调到北京工作，又是供职在科研单位，因此修订此书也就成了正业。尤其是党的十九大提出"实施乡村振兴战略"，我认为此书对国家这一战略的实施有一定的参考价值，加之山东城市出版传媒集团·济南出版社崔刚社长和张元立副总编的支持和催促，修订工作才正式提上日程。今年 3 月 1 日到 7 月 15 日，组织安排我在中央党校中青班学习半年，这也给我提供了比较宽裕的时间和安静的读书写作环境，使我得以集中精力修订此书。感谢济南出版社领导的厚爱，也感谢中央党校的老师和同学给我的鼓励和帮助，使我下定决心修订出版此书。

写这本书的时候，我还在基层工作。我读硕士和博士的专业是马克思主义哲学和中共党史，可我现在的本职工作需要我研究政治经济学，尤其是中国特色社会主义政治经济学。进入这个研究领域是工作的需要，非我所愿，但我历来都是干一行爱一行，所谓干什么吆喝什么，在什么山上唱什么歌。幸运的是我在工作中得到了同事们的大力支持，尤其是得到政治经济学领域很多大专家的大力支持。本书修订出版，马克思主义政治经济学研究泰斗卫兴华先生欣然作序，这是对我莫大的鼓励，在此对卫兴华先生表示崇高的敬意和深深的谢意。

此次修订主要是对书中的一些错误进行了改正，同时把此书出版后的一些相关新闻报道、专访、书评和会议纪要等附录在后面，以便于读者阅读时参考，从而进一步理解本书的思路和精神。

王立胜

2018 年 6 月 6 日